# ハチスン 道徳哲学序説

A Short Introduction to Moral Philosophy

近代社会思想コレクション 03

田中秀夫 Hideo Tanaka
津田耕一 Koichi Tsuda 訳

京都大学学術出版会

# 目次

# 道徳哲学序説

# 〔ラテン語版から英語版への〕訳者による読者への告示

著者は、本書が翻訳されるべきだとは思っていなかった。というのも、著者は、わが国のすべての学生がラテン語に習熟することを望んでいたからである。ラテン語は、過去二世紀にわたって（そしてそれぞれの時代の文体においてはもっとずっと昔から）、ヨーロッパ中の教養人のあいだで、コミュニケーションの共通の手段であった。著者は次のことに充分に気がついていた。たとえば、ある著者がある概要をできるかぎり簡潔に書き、しかも、そのなかできわめて多様な主題に言及し、そのうえ、推論をおこなう主要なトピックをわずかにほのめかすだけであるとする。この場合、そうした概要は一般の読者にはとても無味乾燥でつまらないと思われるにちがいない。しかも、平易な日常語には翻訳できない専門用語をどうしても使わざるをえない場合には、なおさらである。このことに、著者は充分に気がついていたのである。しかし著者は、英訳を制止することはできないと悟った。というのも、本書の初版〔ラテン語版〕が出版されたすぐ後に、ロンドンでそれが計画されたからである。そこで著者は、英訳はむしろグラスゴーで出版されるのが適切だと考えた。この英訳の読者に対して、訳者としてお許し願いたいのは、第二部と第三部でいくつかのラテン語の専門用語を用いたこと、市民法におけるラテン語の言い回しにのみかかわる節を一つ二つ省略したことである。訳者はときおり短い文章を挿入し、注を一つ二つつけ加えて、いくつかの点をいっそう明瞭にしようとした。また、訳者が非常に厳密に原典に忠実であろうとするあまり、文章が長くなりすぎていることがあったり、わが国語としてさほどこなれた分かりやすい文章にもなっていなかったりすることがあるとすれば、この点でも読者にご寛恕をお願いしたい。

# 大学生たちへ(1)

よく知られているように、古典古代の人々のあいだでは、哲学は、合理的あるいは論理的哲学と、自然哲学と、道徳哲学とに分割されていた。彼らの道徳哲学に含まれていたのは、いっそう厳密に考えられた倫理学と、自然の法についての知識とであった。倫理学は、徳の本性を教えるものであり、内的な性向を制御するものであった。自然の法についての知識は、三つの構成要素からなっていた。すなわち、一、私的な諸権利についての教義、すなわち自然的自由の状態においておこなわれている諸法についての教義、二、家政学

---

(1) 原文では、以下（原注を除いて）地の文がイタリック体で、人名などがローマン体となっており、凡例どおりにイタリック体の英文の訳語に傍点を付すと、見た目に煩わしい。そこで、地の文はローマン体で、強調語句などはイタリック体で書かれているものとみなし、後者の訳語に、必要に応じて傍点を付すことにする。

すなわち家族の各成員に関する諸法と諸権利、三、政治学すなわち市民政府(civil government)[2]のさまざまな構想と、国家相互間の諸権利を明らかにするもの、である。以下に述べる本論には、道徳哲学のこうした各分野の基本項目が含まれている。若い人たちがそれらを注意深く研究すれば、次のような人物が哲学のこの分野について執筆した、よく知られ賞賛された著作にいっそう容易に取り組めるようになるであろう。すなわち、古典古代の人としては、プラトン、アリストテレス、クセノフォン[3]、キケロ[4]の著作、また近代の人としては、グロティウス[5]、カンバーランド[6]、プーフェンドルフ[7]、ハリントン[8]などの著作である。

教養のある人なら、この概要のうちのどれくらいが他の人たちの著作から取り入れられているのかを、ただちに見分けることができよう。ここでいう「他の人たちの著作」とはキケロやアリストテレスの著作であり、近代の人でただ一人名前を挙げるとすれば、プーフェンドルフの小著『人間と市民の義務』である。ちなみにプーフェンドルフのこの著作に関しては、かの立派で創意に富む人物、グラスゴー大学の故ガーショム・カーマイケル教授[9]が抜群に優れた注釈者であり、プーフェンドルフのこの著作を充分に補い、訂正しているので、注釈のほうが原典よりもはるかに価値あるものとなっている。非常に学識のある人たちが、哲学のこの分野について多数の概要を著しているのに、どうして私があらたにそうした概要を書こうとしたのかというと、それは次のような理由による。すなわち、教師たる者は誰も、これらの主題についての自分自身の判断と、自分固有の方法とを用いざるをえないからである。また、それぞれの構成要素の配列にしても議論にしても、もっとも説得力があると思われるもの、学生の理解にとってもっとも適していると思われるもの、学生の心を動かしてこうした主題に関心をもたせることが一番ありそうに思われるものを——少なくと

も自分の判断においてそのように思われるものを用いざるをえないからである。また、私がもっとも満足し

（2）「市民政府」とか「統治組織」、「政治体制」といった訳語が考えられるが、「市民政府」と訳すことにする。

（3）クセノフォン（Xenophon, 434?-355? B.C.）。アテナイ出身の軍人・歴史家・随筆家。ソクラテスの弟子。ソクラテスの告訴・裁判・刑死という一連の事件に対して『ソクラテスの弁明』『ソクラテスの思い出』を著し、徹底したソクラテス賛美を公にして、彼を擁護した。代表作『アナバシス』。

（4）キケロ（Marcus Tullius Cicero, 106-43 B.C.）。ローマ共和制の最後を飾る政治家・雄弁家。文人として哲学の著作も多い。ギリシア哲学をラテン世界に移植した功績は大きく、とくに、はじめてラテン語で哲学の術語をつくり、ラテン語を思想伝達の必須の武器にした。

（5）グロティウス（Hugo Grotius, 1583-1645）。オランダの法学者・政治家。三十年戦争の惨禍をふまえ『戦争および平和の法について』（1625）を執筆。人間本性から不易の自然法を論理的に演繹し、諸国家は等しくこの自然法に拘束されるとして、国際法を自然法によって基礎づけようとした。

（6）カンバーランド（Richard Cumberland, 1631-1718）。イギリスの倫理学者・牧師。倫理説では、ホッブズの利己主義に強く反対し、公共善を求める感情が人に本源的にあるとする。徳とは、自己の幸福を公共善にしたがわせ、すべての人の幸福を増進させることにあると説く。

（7）プーフェンドルフ（Samuel von Pufendorf, 1632-1694）。ドイツの法学者・歴史家。主著『自然法と万民法』（1672）、その要約版『人間と市民の義務』（1673）のなかで、社会的存在としての人間の社交性から自然法の原理を導いたうえで、社会契約と服従契約の二原理によって、国家の成立を説明した。

（8）ハリントン（James Harrington, 1611-1677）。イギリスの政治哲学者。ヴェネツィアの共和政治に共鳴。ピューリタン革命では議会派でありながら、チャールズ一世に重用された。『オシアナ共和国』（1656）で、土地財産の均等配分、官職の輪番制、審議と決議の分離などの共和国案を提出した。

ている方法と構成順序は、近ごろ世におこなわれているものとは非常に異なっている。したがって、もしその方法と構成順序に教育上のなにがしかの利点がありうるとすれば、学生たちがその方法と議論の主要論点とを含む縮約本を手元において、講義時にいっそう詳述された諸論点を思い出せば、それは学生たちにとって有益となるにちがいない。

キケロの著作『義務について（*De Officiis*）』は、すべての人からきわめて正当に称賛されているけれども、その意図に関しては、いく人かの非常に優れた人たちが軽率にも誤解してきた。彼らはこの著作を、道徳あるいは倫理学の完全な体系を意図したものだと言うのである。しかるにキケロが明瞭に述べているのは、徳や至高の善についての教義は倫理学の主要部分であるが、それは他の著作のなかで述べられている、ということなのである。それだけではない。彼は、自分自身の著作『善と悪の究極について（*De Finibus*）』と『トゥスクルム荘対談集（*Tusculanae Disputationes, Tusculan Questions*）』のなかで、すでにこうした主題をより詳細に論じていた。[原注1] そして、彼がわれわれに明言していることは、彼の著作『義務について』のなかでは、彼はストア派にしたがい、この主題を扱う際のストア派の方法を用いる、[原注2] ということである。ところで、よく知られているように、ストア派は、徳すなわち彼らが唯一の善とみなすものと、義務（*officia*）すなわち人生における形式的な義務（external duties）とを明確に区別し、後者の義務をどうでもよいもの、道徳的に善でも悪でもないもののなかに含めた。したがって、『義務について』という著作の意図は次のようになる。[原注3] すなわち、比較的高い地位にあって、道徳哲学の基本的なことがらについてはすでに充分な教育を受けた人物が、徳と完全に調和しながら、大きな利益、権力、人気、高い役職、そして栄光を手に入れることができるためには、人生においていかにふるまうべきなのかを明らかにすること——それがこの著作の意図なのである。

（原注1） キケロの著作『善と悪の究極について』の第一巻からわれわれは、ブルートゥス[10]が、キケロにあてた著作『徳について（*De Virtute*）』を書いていたことを知るのだが、もしかしたらキケロの著作にそうしたタイトルのものがないのは、このためかもしれない。もっとも、『善と悪の究極について』と『トゥスクルム荘対談集』を読んだ人なら誰にとっても、倫理学の根本的な教義がそこで詳述されていること、その教義が『義務について』では前提とされていること、一つ二つの節でその教義が簡単に触れられていることは、明らかなことである。

（原注2） 〔キケロ『義務について』〕第一部第一章、第二章、および第三部第三章を見よ。

（原注3） そればかりでなく、彼はまた、『義務について』の第三巻第三章において次のように述べている。すなわち、自分はただ中庸の義務について（*de mediis officiis*）のみ書いているのであり、それらは賢明な人でも賢明でない人でもおこないうるものであるが、賢明でない人がおこなっても、そのためにいかなる徳も得られはしない、ということである。さらにまた、

---

（9） カーマイケル（Gershom Carmichael, 1672–1729）。グラスゴー大学の初代道徳哲学教授。一六九四年から没年まで教鞭をとり、自然権・自然法の伝統をスコットランドに導入した。グロティウス、プーフェンドルフ、ロックの自然権論をローマ法、スコラ的な自然法思想と和解させようとした。本文で高く評価されている「注釈」は、ハチスンが自己の思想を展開するにあたっての一つの源泉となった。

（10） ブルートゥス（Marcus Junius Brutus, 80–42 B.C.）。ローマの政治家。カエサルの恩義を受けたが、その独裁的傾向を嫌ってカッシウスらと暗殺に走った。アウグストゥス、アントニウスと会戦、敗北して自殺。キケロの友人でもあった。

一般的にいって、古典古代の人たちは、彼らの『政治学』（*politica*）において、あるいは『法について』の（*de legibus*）著作において、自然法学（*jurisprudentia naturalis*）のすべてと市民政府（civil government）についての自分たちの教養とを述べていた。それゆえにこそ、それらは、古典古代の人たちにとっての道徳哲学の構成部分であるにもかかわらず、『義務について』においては、ほとんど、あるいはまったく述べられていないのである。

本書の第二版においては、いくつかの加筆と修正が必要であると思われた。著者はかつて、本書の各主題を論じた古代と近代の有名な著者に、終始言及するつもりだった。しかし、こうしたことは、引用された書物を手元にもっている人にしか有益とはなりえないし、そういう人は書物の索引によって対応する箇所を容易に自分で見つけることができると考えて、著者はその不快で不必要な労を惜しむことにした。こうした主題を研究したことのある人ならば誰でも、倫理学の一般的教養と根拠とが上述の古典古代の人々やカンバーランド博士やシャーフツベリ卿[11]〔の著作〕に見いだされることを知っている。また、自然の法と国際法に関しては、たいていの問題が次に述べる人々の著作に見いだされることも知っている。すなわち、グロティウス、プーフェンドルフ――とくに詳しい注釈がついているバルベイラックの仏訳版[12]――、ハリントン、ロック、ビンカーショーク[13]などである。さらに、バルベイラックの注釈には、個々の細かい論題について詳しい論文を発表したおもな著者たちが載っている。そうした論点についてもっと詳しい議論を知りたい人は、この著者たちにあたらねばならない。

こうした入門書は、大学で学んでいるあなた方が利用するためにあるのであって、すでに教養をもっている人のためのものではない。本書を充分に検討したならば、いっそう偉大で重要な書物に進みなさい。すべての学問（sciences）の、すべての優美なるものの偉大なる源泉へと進みなさい。すなわち、あらゆる独創的な学問（arts）[14]を生み出し、改良してきたギリシアやローマの著者へと進みなさい。そしてまた、彼らからできるかぎりの知識を引き出しているあいだは、はるかに純粋な源泉である聖書を頼みとしなさい。聖書だけが、罪深き死すべき運命にある人間に〔死後も幸せに永遠に生きられるという〕幸福な不死の確かな希望を与え

---

（11）　シャーフツベリ（Third Earl of Shaftesbury, 1671–1713）。イギリスの道徳哲学者。ロックの友人・庇護者である初代シャーフツベリ伯爵の孫で、幼少の教育はロックの指導下になされた。主要論文集『人間・風習・意見・時代の諸特徴』（1711）は、仏・独訳され、十八世紀の思想界に大きな影響を与えた。奇跡を否定する自然宗教の立場に立ち、キリスト教的な来世における賞罰の観念から道徳を解放した。ホッブズの原子論的・利己的人間観を排し、人間は本来的に社会的存在であり、自愛心と利他心を二つとももち、自己と他者の利益のバランスをうまくとることができるとした。自然・社会・人間における秩序と調和を感得する能力を「モラル・センス」と名づけた。

（12）　バルベイラック（Jean Barbeyrac, 1644-1720）。フランスの法学者。国際法に関しては、慣習や条約の結果としての実定法よりも自然法（自然国際法）を重視した。グロティウス、プーフェンドルフなどの著作の編集・注釈・仏訳によって、英語圏を含む思想界に大きな影響を与えた。

（13）　ビンカーショーク（Lornelius van Bynkershoek, 1673–1743）。オランダの法学者。

（14）　ハチスンは science と arts をここではほぼ同義に用いており、したがって両方とも「学問」と訳すことにする。ヒュームになると science は「学問」、arts は「技術」ないしは「技芸」という語義に分化し、それが通例のこととなる。ハチスンも、すぐのちには「技術」の意味で用いている。

てくれるのである。聖書を頼みとすれば、あなた方は自分の魂をあらゆる徳の輝きで飾り、人生におけるあらゆる栄誉ある任務（office）に備え、知識に対して当然もつはずの、人間らしい称賛に値する渇望を癒せるようになるであろう。哲学を机上の空論にするのではなく、魂の混乱に対する薬としなさい。すなわち、心配事に気をもんだり、何かを激しく欲望したりすることから心を解放するための薬、そしてまた恐怖心を追い払うための薬としなさい。態度や心持ちや行動が、正しい理性（right reason）の望むようなものとなるようにしなさい。哲学のこの分野を、知識を見せびらかしたり誇示したりするためのものとみなすのではなく、人生と行動についてのもっとも神聖な法とみなしなさい。この法を軽蔑する者は、必ず罰を受けることになる。あるいは、神への信仰心をもっていれば、誰もそんなことはできない。そして、神の教えは、それにしたがおうとできるかぎり真剣に努力するすべての者に、もっとも真実の価値と卓越さ、そして最高の叡知を示してくれるし、また、その者の人生における最大の利益に、真にもっとも適しているのである。

人生の最善のコースを選びなさい。そうすれば、習慣によってそれはもっとも快いものとなるでしょう。

ピタゴラス(15)

完全なる人のように生きること、あるいは哲学において偉大な進歩を成し遂げた人のように生きること、それを自らに課しなさい。そして、もっとも徳があると思われる任務を果たすことを不可侵の法としなさい。

エピクテトス(16)

他の動物たちは人間の支配にゆだねられている。しかし神は、人間が生まれながらにもつ自らの良心によって支配されるようにされた。この支配するものに、われわれは決して背いてはならない。というのも、それは神に対する冒瀆であり、われわれをわれわれの内なる良心の敵とするものだから。

エピクテトス　断章

情念のゆえに矯正され処罰されることよりも、むしろ自らの情念を矯正することを選びなさい。

同右

神のことを念頭におきながら、たえず一つの社会的行為から別の社会的行為へと進んでいくこと。この一つのことを楽しみ、そこに安らぎを覚えなさい。

マルクス・アウレリウス(17)

偉大なものであろうと、ささいなものであろうと、あらゆる企てや試みにおいて、われわれは神に頼らねば

(15)　ピタゴラス（Pythagoras, 582-500 B.C.）。ギリシアの哲学者・数学者・宗教改革者。天体の運動にも、協和音を発する琴の弦の長さのあいだにも、数の法則が貫いていることに示唆を受けて、数が万物の根本原理であり、万物は数の関係にしたがって秩序あるコスモスをつくるとした。

(16)　エピクテトス（Epictetus, 55-135）。ローマ帝政時代のストア学派の哲学者。著書はないが、弟子アリアノス（Arrianos, 95-180）の筆録した『語録』と同人の手になる『提要』がある。宇宙をつくり、秩序づけ、支配するものは神であって、人間はその子であり、子孫であり、親類であるとした。

ならない。

永遠なる神々とあなたを愛してくれる人々に喜びを与えなさい。

プラトン

マルクス・アウレリウスにおける不詳の詩人

(17) マルクス・アウレリウス(Marcus Aurelius Antoninus, 121-180)。ローマ皇帝で後期ストア派の哲学者。エピクテトスの影響を受ける。運命を愛し、内的自由に生きて、静かに死を待つのがわれらの生活であるとした。

# 第一部　倫理学の基本項目

# 第一章　人間の本性とその役割

一　道徳哲学以外のすべての学問は、獲得されるべきなんらかの善を、各学問固有の目的として目指している。それと同じように、人生の全体を規制する学問たる道徳哲学は、もっとも高貴な目的を目指さなければならない。というのも、道徳哲学が任務としているのは、人間の理性のなしうる範囲内において、自然の意図にもっともかなった、もっとも幸福な人生のコースへと、われわれを導くことだからである。しかも、たとえわれわれがその他の学問を通じてどのようなものを手に入れようとも、それは今述べた目的に役立たねばならないからである。したがって、道徳哲学は、その他の学問がどれくらい探究されるべきかを教える主要な学問の一つでなければならない。すべての哲学者は、たとえもっとも正反対の考え方をする者であっても、少なくとも言葉のうえでは次の命題「幸福は、徳および有徳な義務に存するか、それらを通じて獲得され保持されうるものである」という命題に賛成する。したがって、道徳において探究されるべき主要な問題点は、自然の意図にかなっているのはどのような人生の行路なのか、幸福はどこに存するのか、徳とはどんなものなのか、でなければならない。

この宇宙とりわけ人間の本性は、神の叡知と意図によって形成されたのだ、と信じているすべての人々は、われわれ人間の心身構造のなかに、人類固有の本分を明らかにするなんらかの明瞭な証拠が見いだされるだろうと期待しているにちがいない。つまり、どのような人生の行路、どのような任務が、わが創造主の摂理と叡知によってわれわれに与えられているのか、また、どのようなものが幸福にいたる適切な手段なのか、という疑問に対する明瞭な証拠である。したがってわれわれは、自らの本性の構造を正確に調べなければならない。そして、それによって、われわれがどのような種類の被造物であるのか、どのような目的のためにに自然はわれわれをつくったのか、わが創造主たる神は、われわれがどのような性格をもつことを望まれるのか、という問題を理解しなくてはならない。ところで、われわれ人間に関する自然の意図をもっともよく知ることができるのは、次のような疑問点を検討することによってである。すなわち、先天的なさまざまな感覚や知覚能力を通じて、われわれが望ましいと感じるものはどんなものなのか、また、それらのうちでもっとも卓越したものはどんなものなのか、さらに、いくつかあるわれわれの自然な欲望はどのような目的をもっているのか、それらのうちのどれが、われわれの幸福にとってもっとも重要なのか、という疑問点を検討することによってである。以上のような考察をおこなうにあたり、われわれは、他の学問において取り扱われている先天的な諸能力については簡単に言及するだけにしよう。そして、われわれの道徳を規制する場合に重要となる諸能力については、とくにじっくり考察することとしよう。

この学問においては、他のあらゆる学問と同じように、いっそう容易に知られる主題から始めて、より曖昧模糊とした主題へと進んでいかなければならない。自然〔神〕の優位性すなわち主題のもつ威厳にひきずられてはならない。それゆえ、義務についてのわれわれの最初の概念を、神の意志から導き出すのではなく、いっそう直接に知られるわれわれの本性の構造から導き出すのである。そして、そうすることによって、われわれは、その本性の構造について充分な知識を得て、わが創造主がわれわれの行動に関してもっている意匠・意図・意志を発見するだろう。しかし、われわれが自分たちの世俗的な利益についての考察からさえ引き出される明証性を無視しないようにしよう。もっとも、おそらくのちに明らかになるように、世俗的な快楽や利益に対するどんな欲望と比べても、あらゆる真の徳はいっそう高貴な源泉をもつにちがいないのではあるが。

二　まず、人間の本性は魂と身体とから構成されている。そしてその魂と身体には、それぞれ固有の能力、役割、機能がある。身体の探究は、魂の探究に比べて容易であり、それは医者がなすべきことである。人間の身体が明らかに他の動物よりも高貴な構造をしていることは一目瞭然である。（原注1）身体には、個体や種の保存に必要な、感覚器官を含むあらゆる部位があるだけではない。合理的で創造力に富む精神が意図する限りなく多様な行為やふるまいに必要な部位や、繊細な御業によってつくられた器官も身体にはある。見逃してはならないのは、次のようなことである。まず、人間の身体が直立した状態になっていることの気高さであり、それは明らかに思考力を拡大することに適している。次に関節が楽にすばやく動くことである。さらに手の興味深い構造であり、それはあらゆる巧みな技芸の偉大なる道具となっている。また表情も見逃せない。それはきわめて多様に変化し、魂のもつあらゆる感情を表現することができる。そして発声器官も見逃せない。それはあらゆる多様な発話とハーモニーの快に見事にかなっている。以上の点は、解剖学者によっていっそう詳しく説明されるものである。

（原注1） このことは、カンバーランド博士が『自然法について（*de Lege Naturae*）』で説明している。それを見よ。

人間の身体についての以上のような興味深い構造は、周知のように、常に衰え朽ちつつあるものである。だから食物によるあらたな補給を日々必要とし、また外部からもたらされる無数の危険に対して、衣服や住居やその他の便宜品によってたえず保護されなければならない。それゆえ、身体の管理は、先見の明と賢明さを授けられた魂にゆだねられるのである。この魂は、われわれ人間の構造におけるもう一方の要素であり、身体よりもはるかに高貴な部分である。

三　魂の役割あるいは能力は、身体よりいっそう輝かしく見える。それらは多様な種類からなるが、すべては知性と意志という二種類にまとめることができる。（原注1） 知性には、知識を目的とするすべての能力が含まれている。意志には、幸福を求め、不幸を避けようとする、いっさいのわれわれの欲望が含まれている。

（原注1） 人間の本性に関しては、アリストテレスの道徳についての著作のほかに、ネメシオス[1]の『人間について（***de Homine***）』、そしてまたロックやマールブランシュ[2]の著作がある。たくさんの卓越した観察がなされているのは、キケロの『善と悪の究極について』の第五巻、アリアノス[3]の著作、シャーフツベリ卿の『美と徳の探究（***Inquiry***）』と『ラプソディー（***Rhapsody***）』である。

知性のいくつかの働きについては、論理学と形而上学において充分に論じられているから、ほんの少しだけ述べることにする。それらのうち、はじめに論じられるべきなのはさまざまな感覚（*senses*）[4]である。ここで、この感覚という言葉は、「ある特定の対象が魂にもたらされたときに、ある特定の感情や観念や知覚を生じさせる魂の構造あるいは能力」のいっさいを意味している。感覚は、外的であるか、あるいは内的、精神的かである。外的感覚（external sense）は、身体のある特定の器官に依存し、身体の外部からの刺激にせよ、身体の内部の力にせよ、そうしたものによってこの器官に作用が及ぼされたり、運動が引き起こされたりすると、特定の感情や概念が魂のなかに生じる、というふうになっている。身体にとって有益または有害ではない作用や変化が引き起こされると、それに続いて生じる感情は、一般的にいって、快いものであるか、少なくとも不快なものではない。しかし、身体にとって破壊的あるいは有害な作用や変化が引き起こされると、それに続いて生じるのは不快な感情である。

身体的な快楽や苦痛は、魂にきわめて強い影響を及ぼす。しかし、周知のように、それらは短いあいだしか持続せず、すぐに消えてゆく。また実際にふたたび生じるとは思われないので、たんに過去の身体的な快楽を思い出しただけでは快いものとなることはめったにないし、また過去の苦痛を思い出しても、そのこと自体が不快なものとなることはめったにない。

以上のような感覚を通じてわれわれは、善と悪についての最初の概念を手に入れる。上に述べたような心地よい感覚を引き起こすものを、われわれは善と呼ぶ。苦痛な、あるいは不快な感覚を引き起こすものを、われわれは悪と呼ぶ。その他の対象もまた、なんらかの別種の感覚によって知覚され、快い感情を引き起こしているならば、われわれは同じように善と呼ぶし、それとは正反対のものを悪と呼ぶ。一般的にいって幸福とは、「今述べたような、ある種の心地よい感覚を引き起こすものがたくさんあって、しかも苦痛を免れている状態」である。不幸とは、「苦痛で不快な種類の感覚が、たびたびかつ持続的に生じていて、しかも心地よい感覚のいっさいが排除されていること」に存する。

また、身体の器官に依存し、快楽と苦痛に関しては中間的な性質をもち、快楽や苦痛のいずれかがわずかしかその器官に直接に結びつかない、特定の知覚がある。それは、われわれが外的対象の一次的性質やそれらに生じた変化、つまり外的対象の大きさ、形、位置、運動・静止の状態を識別するのを可能にする知覚で

---

（1）ネメシオス（Nemesios de Emesa (Nemesius of Emesa), 生没年不詳）。四世紀末ころのフェニキアの人。エメサ（シリア）の司教。哲学的にはアレクサンドリア派の新プラトン主義者であるが、キリスト教の影響が強い。宿命観に対して自由意志を説く。『人間本性について（*De Natura Hominis*）』。

（2）マールブランシュ（Nicolas de Malebranche, 1638-1715）。フランスの哲学者。デカルト哲学における物心の二元の問題と、摂理と自由の二元の問題を、「機会原因論」（世界のいっさいの事象の唯一の作用者を神とし、被造物はたんにこの神の作用の「機会因」とする見解）の立場から解決しようとした。

（3）アリアノス（Arrianos, 95-180）。エピクテトスの弟子。師の教えを『語録』と『提要』にまとめた。

（4）sense と sensation はキーワードであり、これまでの訳語の慣習にしたがえば、それぞれ「感覚」と「感じ」とでも訳すべきなのかもしれない。しかし、日常の語法において「感覚」という言葉は、sensation の意味で用いられることのほうが多いように思われるので、さしつかえのない限り、両方とも「感覚」と訳す。

ある。外的対象の大きさ、形といった性質はすべて、おもに視覚や触覚を通じて識別され、それ自体ではいかなる快楽も苦痛ももたらさない。とはいえ、そうした性質を通じて、欲望や嫌悪、喜びや悲しみを引き起こすような事象をわれわれにほのめかすことはよくあることである。

われわれが動物と共有しているような身体的な快楽と苦痛は、われわれの幸福や不幸にとってある程度は重要である。もう一方の種類の知覚は、われわれの魂の外側にある事物の性質や状態について、われわれに知らせてくれるものであるから、魂の外側へはたらきかけるとき、〔魂の外側の世界について〕知識を得るとき、そしてまた、生きていくうえでのさまざまな知恵を学び、実践していくときに、もっとも有用である。

以上のような二種類の外的な知覚はともに、直接的で先行的と言うことができる。というのも、それらはすでに獲得されたいかなる観念をも前提にしていないからである。しかし、これらとは別種の知覚がある。それは、外的な感覚の対象に関してさえ引き起こされるものだから、われわれはそれを区別するために、反省的あるいは後続的と呼んでいる。というのも、そうした知覚は、あらかじめ受け入れられた別の観念の後に続いて自然に生じるものだからである。この知覚については、これから述べるとしよう。外的な感覚については、この辺で終わりとしよう。

四　内的感覚（internal sense）とは、精神がもつ次のような能力あるいは決定力である。すなわち、精神が、自らのうちにおけるすべてのもの、その働き・情念・判断・意志・欲望・喜び・悲しみ・行為の目的を知覚したり、意識したりするのを可能にする能力あるいは決定力である。この能力のことを、意識とか内省と呼ぶ有名な著者〔ロックなどを指す〕もいる。というのも、ちょうど外的な感覚が外的な事物をその対象としているように、この能力は精神それ自体の性質や働きや状態をその対象としているからである。この二種類の感覚、外的感覚と内的感覚とによって、われわれはいっさいの観念を蓄える。そしてその観念の蓄えを素材にしてわれわれは、人類に特有の推論というかのもっとも高貴な能力を行使するのである。以上のことについてもまた、よりいっそう詳しい解説をおこなうべきではあるが、それは論理学に属する。

この理性という能力を用いてこそ魂は、事物の関係と連関、その結果と原因を知覚できる。また、そこから引き続いて生じることや、それに先だって起こったことを推論できる。さらには、〔事物のあいだの〕類似性を認識できるし、また一望のもとに現在と未来を考察し、魂自体に人生の草案全体を示し、その草案に必要なあらゆる事物を準備することができる。

理性を働かせれば、以下のことが容易に明らかとなるだろう。すなわち、この全宇宙は、はじめに、もっとも完全なる知性をもつ者の考案と意図とによって形づくられ、その同じ者によってたえず支配されている。また、彼のおかげで人類は、理性という能力と、精神や身体のあらゆるこのような卓越に関して、他の動物たちよりもずっと優れている。しかも、この優越性から、われわれは、なんとも気前のよいわが創造主にして守護者の意志を明らかに知ることができる。さらに、彼が自らの目にかなうものとして、いかなる種類の任務と、いかなる人生の行路をわれわれに望んでいるのかも、われわれは理解できる。

**五**　ところで、幸福にとって直接に重要なあらゆる種類の善は、いかなる見解や推論にも先立って、なんらかの直接的な能力あるいは感覚によって知覚されるにちがいない。(というのも、推論の仕事は、それぞれの感覚によって知覚されたそれぞれの善の種類を比較すること、そして、そうした善を獲得するための適切な手段を見いだすことだからである。) したがって、われわれは、より崇高ないくつかの知覚能力あるいは感覚を注意深く探究しなければならない。というのも、この能力によってこそわれわれは、どのような人生の状態あるいは行路が神と自然の意図にもっともかなっているのか、真の幸福はどこに存しているのか、という問題に答えることができるからである。しかしわれわれは、意志についての若干の考察を前もっておこなっておかねばならない。というのも、意志の動き、われわれが抱く感情、欲望、目的は、それらをその対象とし、またそれらにおける多様な性質と重要な差異とを知覚する鋭敏な感覚の対象だからである。

精神が、なんらかの種類の喜ばしい感覚や不快な感覚を通じて、善・悪についてのなんらかの概念を手に入れる。するとただちに、感覚そのものとは異なった意志の特定の動きが自然に発生する。すなわち、善への欲望と、悪に対する嫌悪である。というのも、すべての理性的存在においては、自らの幸福と、それに役立ちそうに思われるあらゆるものを欲し、自らを不幸にすると思われるその正反対のものを避けようとする、不変の本質的な性向が常にあるように思われるからである。もちろん、幸福にとって最重要なのはどのような事物なのかを、真剣に探究した者などほとんどいない。けれども、あらゆる人々は、幸福に対してなんらかの重要性をもつと思われるあらゆるものを自然に欲しているし、その反対のものを自然に避けている。では、いくつかの喜ばしい対象が生じていて、しかも精神がそれらすべてを同時に追い求めることができない場合はどうであろうか。その場合には、もしもその精神が冷静であり、やみくもの欲求や情念といったいかなる衝動にもかられていないならば、その精神は、もっとも重要と思われるものを追求するだろう。しかし、もしもある対象のなかに、善と悪が入り混じって存在しているように思われるならば、善が勝っているように思われるか、悪が勝っているように思われるかにしたがって、魂はその対象を追い求めたり、避けたりするだろう。

以上のような意志の動きのうちの静的で主要な二つ、欲望と嫌悪のほかに、一般に意志に帰されているものが、さらに二つある。喜びと悲しみである。しかし、この二つは、人を自然に行為へかりたてる意志の動きというよりは、むしろ魂のあらたな状態、あるいは魂のもつより純粋な感情や感覚（feelings or senses）と呼ばれるべきものである。しかしながらわれわれは、古代人が言及していたこの四種類のもの、すべてが意志あるいは合理的欲求に帰されるこれらのものを、以下のように関係づけることができる。すなわち、獲得されるべき善が目前にあるとき、欲望が生じる。拒否されるべき悪が目前にあるとき、嫌悪が生じる。善が獲得されるか、悪が回避されると、喜びが生じる。善が失われるか、悪がわが身に起こると、悲しみが生じる。

六　しかし、魂の静かな動き、あるいは、魂が抱く静かな心の動き（the calm motions or affections of the soul）、幸福を求める不変の欲望——これらを導くものとして理性が用いられる。だが、そのほかに、非常に本性の異なったものもある。激しく荒れ狂う衝動である。この衝動は、特定の場合において自然に魂を揺さぶる。そして、われわれが幸福または不幸にとって重要であるとこれまでに熟慮して確認したことがない事物をめぐってこの衝動が働くと、やみくもで思慮のない力でもって、ある行為をさせたり、それを追い求めさせたり、あるいは、それを避けるように奮闘させたりして、衝動は魂をかりたてる。ところで、自分自身が、情欲・野心・怒り・憎しみ・妬み・愛情・憐れみ・恐れといった、より激しい情念につき動かされていたとき、しかも、これら各情念を引き起こす事物や出来事が、自分の幸福や不幸に対してどのような影響を与える傾向があるのかについて、あらかじめ熟慮した見解をなんらもっていないときに、自分はどんなことを感じていたのか、いかなる激しい性向によって自分はかりたてられていたのか、という点について考察をおこなう人ならば誰でも、われわれがここで〔魂の〕やみくもで激しい動きと言っているものを理解できるだろう。今述べたさまざまな情念が、それに先立つ幸福への静かな欲望から生じるなどということはまったくありえない。それゆえにこそ、これらの情念は、しばしば幸福を求める静かな欲望と対立し、魂を反対の道へと引きずり込むことになるのである。

以上のような各情念を、古代人は二種類にまとめている。すなわち激しい欲望（*passionate Desire*）[5]と激しい嫌悪（*passionate Aversion*）である。彼らは、この二つが意志とはまったく違うものだと教えている。激しい欲望は、なんらかの快楽を得ようとするものである。激しい嫌悪は、不快なものを避けようとするものである。これらは両方とも、スコラ学者たちによって、感覚的欲求（*sensitive appetite*）に属するものとされている。彼らはさらに、この感覚的欲求を享楽的なもの（*concupiscible*）と気概的なもの（*irascible*）[原注1][6]とに分類している。そしてそれらの衝動を、彼らは情念〔受動〕と呼んでいる。しかし、もしも彼らが、感覚（*senses*）という言葉をもっと広い意味に使って、身体的な感覚よりももっと高級なたくさんの知覚能力をも含めるようにしないのであれば、感覚的欲求という名称は、今述べた魂の傾向を表すのに、充分に適切なものとはならない。というのも、外的な感覚のいずれにも影響しない特定の場合において、もっとも激しい情念の多くが生じるのは、明らかだからである。すなわち、野心、祝意、悪意を秘めた喜び、栄光や権力に対する激しい情念、その他たくさんのものが生じる。またこれらの反対のものに対する激しい嫌悪も生じる。しかし、ス

---

（5）「激しい欲望」と訳すが、哲学的厳密さを考えて「情念にかられた欲望」と訳すことも可能であろう。

（6）concupiscible と irascible をそれぞれ「享楽的」「気概的」と訳した理由は以下のとおり。

この表現は、たとえばスミスが『道徳感情論』(VII. ii. 1. 1-8) でプラトンを解説するところに出てくる。プラトンは「魂の機能」を「理知的部分」「気概の部分」「欲望的部分」の三つに区分（『国家』第四巻、岩波文庫版を使用）していて、これを英語で表すと、それぞれ reason, irascible part, concupiscible part になる。さらにスミスは、irascible part に基づく情念として、野心、悪意、名誉への愛、恥辱への恐れ、勝利・優越・復讐への欲望を挙げ、concupiscible part に基づく情念として、身体のすべての欲求、安楽と安全への愛、すべての性的満足への愛を挙げている。

以上の例から、irascible な情念とは、「さまざまな意味で他の人より上位に立ちたい、そのためにはどんな困難もいとわないし、他の人からの攻撃も許しはしない」という性格をもっていることが分かる。これはまさに「気概」のある人物が抱く情念であろう。

他方、concupiscible な情念は、上の例からまさに日常的な意味で「欲望」に相当するものであることが分かる。しかし、本書で「欲望」は desire の訳語として日常的な意味より広い意味をもっている。そこで、「身体の欲求」の点でやや意味がずれるものの、「理知的部分」の指令のもとに「気概の部分」によって抑圧される部分という点を考慮に入れて「享楽的な」と訳すことにした。

コラ学者たちは、意志の思慮を欠いた激しい動きをすべてこの感覚的欲求に帰しているのである。ところで、その思慮のない激しい動きには、それを引き起こすものがどのようなものであれ、混沌とした不穏な感覚が伴っている。

（原注1）*ἐπιθυμία καὶ θυμός.*

以上のような情念については、四つの一般的な種類がある。外にあらわれたある種の善を追い求めるものは激しい欲望あるいは強欲と呼ばれる。悪を遠ざけようとするものは恐れあるいは怒りと呼ばれる。望んでいたものが手に入ったとき、あるいは、悪を遠ざけることができたときに生じるのは、激しい喜びである。善を失ったとき、あるいは悪がわが身に起こったときに生じるのは、激しい悲しみである。［われわれの言語には、意志の静かな動きと激しい動きをそれぞれ区別しうるような、充分に適切な表現は存在しない。］これら四種類の各情念については、それが向けられる対象の多様性にしたがって、たくさんのさらなる分類が存在する。このことについては、のちにいっそう詳しく説明されるであろう。

七　また、意志の動きについては、それが穏やかであろうと激しかろうと、目的となっている利益や喜びが自分自身のためか、他人のためかにしたがって、別の分類の仕方もできる。人間には、ある無私の善良性があって、自分自身の利益を顧みることなく、最愛の人物の利益を究極的に追い求める。このことは、自分自身の心、友情や自然な愛情という心の動き、尊敬すべき卓越した人物に対してわれわれが抱く愛情や熱情を、充分に吟味する人々には明らかであるにちがいない。また、死の床にある人がその最期の瞬間にいたるまで、愛する者に心を配り、真剣に願いごとを抱き、その者のためになる役割を果たそうとするのを注意深く観察する人々、あるいはまた、より英雄的な人物において、その偉大な行為や意図を注意深く観察し、さらに、その英雄的な人物が自らの子どもや友人や祖国のために、喜んで、しかも悠然と、死に向かっていくのを注意深く観察する人々にとっても、それは明らかであるにちがいない。

無私の感情（disinterested affections）は、穏やかであるか、激しく情念的である。ちょうど、人が自分自身にとって利益または快適と思われるものを追い求めるときに抱く利己的な感情がそうであるのと同じである。また、それぞれの心の動きや情念がより単純であろうと、より複雑であろうと、その対象が多様なのに応じて、それらにはさまざまな名称がある。というのは、感情や情念は、それらを感じている当人自身にか、他の人々に、また彼らの人格や境遇や長所に、さらには、彼らとわれわれとのあいだの社会的な絆や彼ら相互の社会的な絆に、さもなければ彼らを仲たがいさせる敵意や不和にかかわっているからである。また、他の人々の以前の行動や意図が、われわれの情念をかきたてる出来事を引き起こしたからである。

以上のような特定の思いやりに満ちた個別的な情念は、人類に対する冷静で全般的な善意とはまったく異なっているし、そうした善意から生じることもまったくない。この情念は、前もって考察をおこなったり決意を抱いたりしなくても、自然に生じる。すなわち、この情念を引き起こすのに本来ふさわしいとされた種類のことがらや機会が起こるやいなや、ただちに生じる。われわれが、もっとふさわしい場所を得て、こうした情念をもう少し詳しく説明できるようになるのは、われわれがよりいっそう崇高な知覚能力について言及したあとであろう。というのも、そうした知覚能力についての知識がなければ、意志の動きの多くは、知ることが不可能であるにちがいないからである。

いかなる感覚であろうとも、それが直接に好むものは、それ自体のために究極的に望まれるのである。そして幸福は、そのような対象をすべて所持、あるいは、そのうちのもっとも重要でもっとも卓越したものを所持することにあるにちがいない。しかし、理性を使用することによってわれわれが気づくのは、いかなる感覚に対してもそれ自体ではなんら喜びをもたらさない多くの事物が、それにもかかわらず、直接に快く望ましいものを手に入れるための不可欠の手段となっていることである。この場合には、この適切な手段もまた、すべてがその目的のゆえに望まれることになるだろう。このような手段に含まれるものとしては、社会における広範な影響力、富、権力がある。

ところで、魂には、利己的で個別的ないくつかの情念だけでなく、魂それ自身の最高の幸福を求める揺るぎない性向もしくは衝動が深く植えつけられている。この性向は、いかなる人でもほんの少し内省をおこなえば、見いだせるものである。また、個別的で利己的な情念が、いかなるかたちにおいてであれ、この性向と対立するのなら、各人はそのいっさいの利己的な情念をこの性向によって抑制・支配できる。したがって、自分が冷静なときに、他の人々の身体構造、気質、性格を考察し、人間の本性について充分な観察をする人は誰でも、世界全体があまねく繁栄し幸福であるように願う、上述の性向に似た魂の全般的性向を見いだすことだろう。さらにまた広い愛情（extensive affection）――それは、自らの魂がもつ内的な感覚によって、常に最高のレベルにおいて是認される――を、私心のない思索の繰り返しによって育む人は誰でも、この愛情をかなり強靭なものにできるから、たとえその他の心の動きが自分自身の幸福に、あるいはそれほど大きくない社会や団体の幸福にかかわろうとも、そのいっさいの心の動きをこの広い愛情によって抑制・支配できるようになるのである。

八　以上、意志についてざっと見渡した。次にわれわれが考察するのは、われわれのいう反省的あるいは二次的な感覚である。それによって特定の新しい形相あるいは知覚が受け取られるのであるが、それは外的もしくは内的な感覚によってそれ以前に捉えられた他の形相あるいは知覚の結果としてなのである。また、あらたな形相と知覚のうちのいくつかは、他の人々の境遇、理性によって見いだされた出来事、および他の人々の証言について、観察をおこなうことを通じて獲得される。この二次的な感覚のうち、倫理学においてそれほど重要でないものには、ほんの一時的に言及するだけにする。それは、より不可欠なものについて、いっそう詳しい説明をおこなうためである。

視覚や聴覚という外的な感覚を、われわれは獣と共有している。しかし、人間の目や耳には、驚嘆すべき精巧な鑑賞力（Relish）あるいは感覚がさらに備わっている。この能力によってわれわれは、よりいっそう繊細な喜びを享受する。たとえば、質量をもつものにおいては優雅さや美しさや均勢を享受し、音においては和音やハーモニーを享受する。また、絵画、彫像、彫刻といったより精巧な芸術作品、またはふるまいや演技において、正確な模倣を見るとき、大いに喜びを感じる。以上のものはすべて、われわれに、外的な感覚が与えてくれるよりもはるかに人間的な喜びを与えてくれる。以上の喜びは、職人の技であれ、自由な技芸であれ、多くの技芸・学芸が目的とすべき喜びである。また人々は、あらゆる家具や家庭用品にまで、つまり、たとえそうした喜びが見いだされないとしても、便利な生活のためには必要なものにまで、そうした喜びを求める。そして、対象における偉大さと新しさそのものが、上述した知覚とそれほど異ならない心地よい知覚を引き起こす。この心地よい知覚は、知識に対するわれわれの欲望と自然につながっているし、また、その欲望に役立つものでなければならない。以上のような知覚能力のいずれかにとって心地よいものはすべて、それ自体のために望ましいものであり、ある状況においては、われわれにとって究極の目的となるかもしれない。というのも、神の賢明なる工夫によって、われわれの感覚と欲求とはわれわれの幸福にとって非常にうまく構成されているので、その感覚と欲求とが直接に心地よいとしたものは、一般的にいって別の観点からも、われわれ自身にとって、あるいは人類にとって、有用となるようになっているからである。

以上のようなより人間らしい喜びのうちで、われわれが無視してはならないのは、もっとも特有なかたちで人間の本性に適した楽しみ、真理の発見や知識の拡大から生じる楽しみである。それは、あらゆる人々にとって究極的に望ましいものである。また、その主題に価値があればあるほど、そして、その発見に明証性や確実性があればあるほど、それだけいっそうその楽しみは喜びに満ちた快いものとなる。

九　さらに、はるかにもっと高貴で有用な感覚が存在する。共感あるいは同胞感情（*sympathy* or fellow-feeling）である。この共感という感覚を通じて、われわれは他の人々の状況や境遇からはなはだしい影響を受ける。そして、それゆえにわれわれは、推論や思索をおこなう前に、本性の力そのものによって、もし他の人々が繁栄していれば、それを喜ぶし、悲惨であれば、その人々とともに悲しむ。というのも、われわれは自分自身の利害を考慮に入れることなく、他の人々が快活でいるのを目にすれば歓喜し、涙を流していればその人々とともに泣くという性向をもっているからである。したがって、たとえ自分一人だけの使用や快楽のために必要ないっさいのものを完全に備えていたとしても、それで自分が充分に幸福であると考えられる人はほとんどいない。そういう人はさらに、自分にとって最愛の者のために、ほどほどの蓄えをもつにちがいない。というのも、最愛の人たちが不幸であったり、苦しんでいたりすると、その人自身の幸福は必ずかき乱されるからである。

ちょうどある種の伝染や感染と同じように、この共感となんらかの無私の愛情を通じて生じるのは、われわれのあらゆる喜びが、たとえもっとも低級な快楽でさえ、他の人々と共有されることによって不思議なほど増大するという事態である。およそ快活な、あるいは喜びに満ちた心の動きで、広まり伝えられることを自然に望もうとしないものはほとんどない。快かったり、愉快だったり、ウィットに富んでいたり、滑稽であったりするものは、すべて自然に輝きを発し、他の人々のあいだへと広まり、伝えられるにちがいない。しかしその一方で、他の人々を苦しめる労苦・苦痛・悲嘆・不幸を見なければならないことほど、われわれにとって不快で嘆かわしいことはない。とくに、もっとすばらしい運命に値したはずの人々の場合はなおさらである。

一〇　しかし、さらに次のことも考えなければならない。人間が本性的に行為へと運命づけられていることは、人間にとって自然な行為の本能と欲望がたくさんあることから明らかである。このことはさらに、ある特定の行為を是認または非難する感覚が〔魂のなかに〕深く植え込まれていることからも確認される。魂は自然に行為を欲する。人は、たとえもっとも甘美な夢を保証されたとしても、永遠の眠りへ引き込まれることに決して同意しようとはしないだろう。もしエンデュミオン[原注1][7]のような眠りが、自分自身や最愛の人物を襲ったとしたら、われわれはその眠りをほとんど死と変わらないものとみなすだろう。それゆえ自然〔神〕は、それぞれの能動的力能（each active power）に注意を払い規制する特定の感覚、特定の先天的な鑑識力（*taste*）[8]をつくったのである。行為の能力が、自然に対してもっともよく調和するように、そして人類全体の利益にもっとも資するように行使されるとき、それはこの鑑識力によって是認される。非常に下等な動物は、もちろん、すでに言及した反省的な感覚（reflex senses）をまったくもたないが、しかしたとえなんらかの快楽を経験したり予測したりする前であっても、特定の本能を通じて、それぞれがその種に応じて自然な行為へと導かれ、そこに主要な満足を見いだす。人間の本性にも同じような本能が満ちている。しかし、人間は、自分自身の感情や行動について内省する能力と理性が授けられていて、しかも、優れた識別力と判断力を備えた多様な反省的な感覚ももっている。この感覚が対象とするのは、もっと粗雑な感覚では捉えることのできない多くのことがら、とくに自らの先天的な能力の行使である。この感覚によって直接的に是認されるのは、われわれが自らの先天的な能力を、自然の意図にもっともかなうように、そして個人や人類にとってもっとも有益となるように行使する場合である。また、他の人々が同じように〔自らの先天的な能力を〕行使している場合も、同じように是認され、それゆえ喜びや栄光の対象とされる。われわれ自身の身体であれ、他の人々の身体であれ、身体の状態や動きそのものには、直接に好ましいものがある。声や身ぶり、身体や精神のさまざまな能力、模倣芸術のすばらしい作品、目に見えるかたちでなされた行為や実践——それがまじめな仕事のためなのか、気晴らしのためなのかは問わない——こうしたそれぞれのものにおいて、前者に道徳上の徳（moral virtue）があらわれていたり、後者に道徳上の悪徳があらわれていたりしない場合でさえも、われわれは、優雅で人間らしいものと、反対に見苦しく卑しいものとを識別する。しかし、それでもなお、優雅さと尊厳があらわれるのは、おもに人類に固有の能力と実践においてである。われわれが動物と共有しているものには、尊厳は少ないように思われる。そして、道徳上の徳とは区別された、人間のおこなう追求のなかでは、知識の追求がもっとも敬うべきものである。われわれはみな先天的に好奇心が強く、真理の発見に心底から魅了されている。われわれは、いっそう優れた知識〔をもっていること〕を、非常に栄

(7) エンデュミオンは、ギリシア神話の人物で、永遠の眠りによって不老不死の若さと美しさを保つようになった若者である。彼を愛した月の女神セレネ（Selene）は、夜ごと彼の眠る洞窟を訪れたと伝えられる。

(8) taste も、訳語に困る言葉である。この言葉には「趣味」の意味があるが、「趣味」は、日常の語法としては、お茶・お花・映画鑑賞といった「専門家としてでなく、楽しみとしておこなうことがら」の意味をもつ。もちろん「あの人の服装の趣味はよい」という場合には、「ものごとを味わい感じとる力」という語義になるが、そこではもっぱら美醜についての感受性の意味で用いられている。そこで、ここでは、後者の語義をふまえつつ「美醜についてだけでなく、善悪などについてもよく見定めて識別する能力」の意味をこめて「鑑識力」と訳すことにした。

誉あることとみなす。しかし、間違えること、失敗すること、無知でいること、騙されることを、悪で恥ずべきこととみなす。

（原注1）エンデュミオンは、古い神話において、永遠に生きつづけた人物である。しかし、ディアナ〔アルテミス〕によって引き込まれた眠りから、決して目覚めることはなかった。

しかしそればかりではない。われわれの本性のもっとも高級な諸能力、重要なことがらにおける心の動きと行為の意図的な計画を規制するために、あらゆる感覚のうちでもっとも高貴でもっとも神聖なものが、自然的にわれわれのなかに植え込まれている。良心（共通感覚 *Conscience*）である。この良心を通じてわれわれは、魂が抱く心の動き、日々の行動、言葉づかいや行為において、何が優雅で適切で美しく栄誉あるものなのかを識別する。われわれはこの感覚を通じて、精神や気質の特定の傾向、特定の行為のあり方、人生についての特定の構想を、自然によって明らかに望ましいと思うようになる。そして、精神は、この感覚が望ましいとする任務を実行または考察するとき、そこにもっとも喜びに満ちた感情を見いだす。だが、正反対の行路について考えるとき、精神は不快で恥ずかしくなる。他の人たちに同じ栄誉ある行為や意図が見られるとき、われわれは彼らに、自然に好意をもち、賞賛する。また、われわれは、そうした卓越した性向を見いだすすべての人々に、高い尊敬の念と善意をいだき、愛情を示す。しかし、その反対の方向へむかう人々を、われわれは非難し嫌う。この感覚によって是認されるものを、われわれは正しく美しいもの（*right and beautiful*）とみなし、それを徳（*virtue*）と呼ぶ。この感覚によって非難されるものを、われわれは卑しく醜い悪徳のもの（*base* and *deformed* and *vitious*）とみなす。

われわれに是認する気をおこさせる諸形相（本質的なもの Forms）が何かといえば、すべてのやさしい愛情と行為の目的である。また、やさしい気質から自然に生じる、もしくはそれと自然につながっている、精神の性向や能力や習慣である。あるいは、洗練された楽しみに対しては高級な鑑識力を示すが、卑しい快楽や自分自身の利益に対しては低い関心しか示さない、精神の性向や能力や慣習である。そして最後に、自分自身の利益や卑しい快楽だけをその目的としている視野のせまい偏狭な利己心を、明らかに排除する性向である。是認されない諸形相は、今述べた節度のない利己心である。あるいは、自然に他の人々を傷つけることにつながる、気むずかしい、怒りやすい、嫉妬深い、あるいはひねくれた気質である。そしてまた、卑しい利己的な肉欲である。

いかなる時代、いかなる国においても、特定の気質や行為が例外なく是認され、その正反対のものが例外なく非難され、しかも、自分自身の利害をなんら考慮に入れない人々までもが、同じように是認や非難をすることから、この〔良心という〕感覚が自然に植え込まれていることは、明らかである。ところで、こうしたことはすべて利害の考慮から生じるのだという利己的な説明が、優秀な人たちによってたくさんなされてきた。しかし、そのような説明を調べてみれば誰にでも分かるように、そこで提起されているのはむしろ正反対の議論であって、最終的にはわれわれは、あらゆる利害の考慮に先立つ、直接的で先天的な原理へと導かれることになる。行為者自身は、なんらかの利益が自分にだけ得られるだろうという見通しがあれば、おそらく自らの利にさとい行動を是認できるだろう。しかし、そのような利益では、他の人々の是認を得られないだろう。また、他の人々に利益がもたらされる場合には、もし行為者が道徳感覚〔モラル・センス〕をもっていなければ、その行為を是認するようにはならないだろう。行為者は自分自身の利害の見通しにきわめて心を動かされているかもしれないが、そのことが知られるとき行為の美しさは明らかに減少するし、ときには完全に失われる。人々がおもに是認するのは、自らが無償のもの、無私のものとみなす善行である。見せかけだけのもの、しかも、私的な利害の考慮からのみおこなわれるものは、忌み嫌われる。もしも行為者が、栄光、人気、儲けのよい報酬という、さらにあからさまな利益を考慮に入れているのが明らかならば、栄誉あるものはほとんど、あるいはまったくないと思われる。よく知られているように、そのような利益ならば、真の内的な善性がなくても、うわべだけの行為や、偽善的な行為を通じて獲得できる。

　しかし、さらに考えてみよう。あらゆる善なる行為は、その実行者にとって、骨が折れ、危険、あるいは高くついたものであればあるほど、それだけいっそう栄誉ある、賞賛に値するものと思われるのではないだろうか。したがって明らかに、有徳のおこないは、それが行為者にとって有益であるからという考えで是認されるのではない。かといって、そのおこないを是認する人々にとって有益であるからという考えで是認されるのでもない。というのも、われわれはみな、なんら利益を引き出せない古代の英雄たちのいかなる栄光ある行為をも、現代になされた同じ行為のように、同じレベルで賞賛し感嘆するからである。われわれは、自らの恐れる敵の徳さえも是認し、しかも、自ら〔敵国の〕裏切り者に、自分自身の利益のために賄賂を使って背信行為をさせておきながら、彼らの有用な貢献を非難する。それどころか、きわめて自堕落な者が、自分の悪徳に役立っている他の人々の悪徳を嫌うことさえ、たびたびある。

また、われわれがある行為を是認するのは、その行為が称賛と報償をもたらすという考えに基づいてである、と主張することもできない。というのも、この考えでは、その行為が望ましいものとなるのは、行為者にとってだけだからである。それにまた、賞賛を期待する人は誰でも、特定の行為や心の動きには、自分自身と他の人々の両方にとって、その本性上明らかに賞賛に値する、または卓越している何かが含まれている、と想定しているにちがいない。したがって、善なるおこないに対して報償や見返りを期待する人は誰でも、善性と善行が他の人々の愛を自然に刺激する、と認めるにちがいない。いかなる者であれ、ある行為がそれ自身の本性において神の許容できるものだと認めなければ、神から報償を期待できない。また、悪の行為には本性上の欠点があると想定しなければ、誰も神の罰を恐れるはずがない。われわれが神の法を神聖で正当で善なるものと賞賛するとき、それは明らかに次のような理由による。すなわち、この法は、前もって道徳的に善であると考えられているものを要求し、それと反対のものを禁止する、さもなければ、その神聖・正当・善なるという修飾語は賞賛に値するいかなるものも意味しないことになろう、とわれわれが信じていることである。

この感覚が生来的に植え込まれていること、それゆえにわれわれには、心の動きや行為が、おのずから、また、それ自身の本性において、正しく栄誉があり美しく賞賛に値すると思われるにちがいないこと、このことは、意志におけるもっとも自然な心の動きの多くを考えれば、明らかとなるだろう。というのも、そうした心の動きの多くは、穏当であれ、激烈であれ、われわれが自分自身の利益を考慮に入れることなく、他の人々の行動や性格や境遇を目にすると、自然に引き起こされるからである。そしてまた、それゆえに、自然はわれわれにいかなる気質を望んでいるのかが明らかとなる。このことについては、すぐに述べるつもりである。この道徳感覚は、あらゆる階級の人々、人生のあらゆる状況や局面に浸透している。また、人々が享受しているあらゆる人間らしい楽しみやもてなしに入り込んでいる。詩作と修辞は、この感覚にほとんど全面的に依存している。それはちょうど、画家や彫刻家や俳優の技法が、大いにこの感覚に依存しているのと同じである。友人や妻や仕事仲間を選ぶときには、この感覚はなによりも大切である。そしてそれは、われわれの遊びや笑いにさえも入り込んでいる。以上のいっさいのことがらを充分に考察するなら、誰でも、アリストテレスの次の言葉に同意するだろう。「馬は本性によって速く走ることに、猟犬は追跡することに、牛は耕すことに適している。同じように人間は、一種の地上の神のように、本性によって知識と行為に適している」。

また、いかなるあり方にせよ魂に植え込まれていて、身体には依存しない感覚から、すべての道徳上の概念が導き出されるというこの考え方にしたがえば、徳の尊厳が損なわれるのではないかと懸念する必要もない。というのも、自然・本性の構造は永遠に安定した調和的なものだからである。つまり、偉大な重力の法則が変化したら宇宙は崩壊してしまうのではないかと恐れる必要がないように、われわれの〔本性の〕構造になんらかの変化が起これば、徳の本性も変化してしまうのではないかと心配する必要はないのである。また、〔感覚から道徳上の概念を導く〕この考え方から、あらゆる種類の心の動きと行為がもともと神にとってどうでもよいもので、それゆえ神は、現実とは正反対の本性の感覚をわれわれに授けることで、われわれに、現在のところ是認しているのとは正反対のものを是認させるようにもできただろう、という帰結にもならないだろう。というのも、神がもともと全知であれば、次のことを予見していたにちがいないからである。すなわち、互いに利益または損害を与えあうことができる行動的な種〔である人間〕に、彼がやさしい愛情を植えつければ、その種に含まれるすべての個体の全般的な善を創り出すことになるが、しかし、反対の感情を植えつければ、必ず反対の結果を得ることになる、という予見である。同じように、すべてのやさしさと善行を是認する感覚を植えつければ、別の点でも世界にとって有益なあらゆる行為が、行為者にとっても直接に快いものとなるだろう、しかし、正反対の感覚（それが可能かどうかについては結論を示さないでおこう）を植えつければ、別の観点からは行為者と世界の両方にとって有害にちがいない行動が、直接に快いものとなるだろう、と神は予見していたのである。したがって、もし神がもともと賢明で善ならば、すべてのやさしさと善行を是認するわれわれの感覚の現在のかたちのほうを、きっとその反対のものよりも望ましいと考えたにちがいない。それゆえ徳の本性は、神の叡知と善性と同じくらい不変である。以上の問題から、神はこのように完全であるという考慮を除いてしまえば、確かに、いかなるものも確実あるいは不変でありつづけることはないだろう。

一一　しかしながら、是認と非難には実にさまざまな度合いがあって、徳のなかには、他よりもはるかに美しいものがあるし、悪徳のなかには、他よりもはるかに醜いものがある。一般的には次の原則が成り立つ。「同じ大きさの意志におけるやさしい情動のなかで、静的で安定的なもののほうが、激しいまたは情念的なものよりも美しい」。また、静的な情動どうし、激しい情動どうしを比較する場合には、「その対象がいっそう広範なものであればあるほど、それだけいっそう好ましいものとなる。そして、その対象がもっとも広範で、本性上感覚的である人間からなる世界全体の最大の幸福（the greatest happiness of the whole system of sensitive nature）を追求するものが、もっとも卓越したものである」。

すでに見たように、われわれは、ある人の徳に尊敬の念を抱くと、その人に対して、善意という暖かい感情をもつようになる。ところで、魂は、自らのあらゆる能力、性向、感情、欲望、感覚について内省することができ、それらを観想の対象にすることができる。したがって、道徳上の卓越に対するきわめて高い判断力（relish）、この卓越に対する強い欲望、さらに、卓越した徳をもっているのが認められるあらゆる人々に対する心からの強い愛情は、それ自体もっとも有徳な性向として是認されるにちがいない。また、最高の道徳上の卓越に対する最高の愛以上に、愛されるべきものはない。さらに、神は至高の卓越性として、また、善そのものの無尽の源泉として、われわれにあらわれるにちがいないし、神のおかげで人類は、ほとんど無償で授けられる数えきれないほどの恩恵に浴している。それゆえ、魂の抱く感情のうちで、神に対するもっとも熱烈な愛と崇拝の念以上に是認されうる感情などありえない。もちろん、この熱烈な愛と崇拝の念には、次の二つの意図が伴っている。まず、神に服従しようとする確固とした意図である。というのも、われわれは、その他の方法ではいかなるお返しもできないからである。神に服従しようとするときには、われわれ自身とわれわれのすべての利害を神の意志に謙虚にしたがわせ、ゆだね、そして神の善性に信頼を寄せるのである。もう一つの意図は、われわれの不完全な本性のなしうるかぎり、神の模倣をしようという変わらぬ意図である。

われわれの非難の対象にも、同じようにさまざまな度合いがある。ひねくれた、やさしさのない心の動きや目的は、より強固で意図的であればあるほど、それだけいっそう非難される。突然の激しい欲望から生じるものについては、それほど非難されない。また、突然の恐怖心や挑発から引き起こされるものは、なおいっそう許容されうる。われわれがおもに否認するのは、次のような卑しい利己心である。すなわち、その利己心に取りつかれると、やさしさのある人間らしい感情をすべて失い、やさしい愛情はすべてこの利己心に打ち負かされる。そして、この利己心のせいで、われわれ自身の利益になんらかの損害がもたらされる。そんな利己心である。

また、神に対する不信心が神への直接的な軽蔑の念にあらわれようと、神の完全な無視にあらわれようと、われわれは正当にも、これを精神の最大の堕落であり、理性的な存在にもっともふさわしくないと判断する。その結果、神についていかなる考えももたなくなり、神に対していかなる崇拝の念も感謝の念ももたなくなる。また、信心があるからといって神に利益を与えられるわけではないし、不敬だからといって神に害を与えられるわけでもない、と述べたところで、敬虔の道徳上の卓越性を汚したり、不敬の醜さをごまかしたりするのに役立つわけではない。というのも、われわれの良心すなわち道徳感覚がおもに重視するのは、心のうちの愛情であって、その外面的な効果ではないからである。たとえ返礼ができなくとも、恩人に対して感謝の心をもつこと、また、おそらくは善良な人々に役立ったり、彼らを励ましたりできなくとも、それでも彼らの徳を愛し、賞賛し、褒めたたえること――こうしたことをしない人は、腐敗していて嫌悪すべき者とみなされなければならない。もし善なる心があれば、それは自然に今述べた情動や表情にあらわれる。そのときには、自らの尊敬し愛する人に利益を与えられるかどうかは関係ない。以上の点は、推理推論なしに、すべての善良な人の内的な感覚にとって明白である。

一二　人生の導き手となるよう自然が意図したこの〔良心という〕より高貴な感覚は、もっとも注意深い考察に値する。というのも、この感覚は明らかに、人生の全体に関する裁判官、つまり、さまざまな能力、心の動き、意図のすべてに関する裁判官であり、本性によってそれらに対する支配権をもっているからである。しかも、この感覚は、われわれの真の尊厳、本性上の卓越性、至高の幸福が徳そのものにあり、また、いかなるものが生活態度において美しく栄誉あることなのかを注意深く研究することにある、という最重要な判決を宣言する。この感覚を育み、それに磨きをかける人々は、次のことに気づく。すなわち、この感覚は自分を強くしてくれるので、この世での最大の悪に耐えられるようになる、また、自分の友人や祖国のため、あるいは、あらゆる人々の全般的な利益のために自らの義務を忠実に果たさなければならない場合には、自ら進んで自分の外にある利益を手放せるようになる、そして自分自身と自らの行動とを完全に是認できるのは、そのように行動するときのみである、と気づくのである。同じように、魂のなかに形成されたこの自然の統治組織にしたがわない人々、あるいは、なんらかの恐れや世俗的な利益の見通しのために、この統治組織が要求する義務を無視する人々を、この感覚は、厳しい後悔の念と内面的な苦痛によって罰する。

上述のより大きな愛情を自然に是認するこの神聖な感覚、すなわち良心が、人間において支配的な能力となるはずであることは、次の二つの理由からただちに明らかである。まず、この感覚自身の本性から明らかである。というのも、この感覚は、魂における多様な〔心の〕動きのすべてについて、判断、是認、非難する権利を本性によって有しているると、われわれが直接に感じているからである。第二に、どんなときにあらゆる善良な人が自身を称賛し、自己の気質を完全に是認し、それゆえ自分にもっとも満足するのか、を考えることから明らかである。というのも、彼らが低級な感覚的欲求だけでなく、利己的な種類のうちでより崇高な欲求をも抑制し、そのうえ、もし肉親や友人への愛さらには祖国への愛という比較的せまい制限された愛情が、より広範な人類の利益や、すべての人々の共通の繁栄を阻害するなら、これらの愛情までも抑制するときこそ、彼らは自分にもっとも満足するからである。正・邪に関する内的な良心は、魂におけるあらゆる他の心の動き――利己的なものであれ、比較的せまい好意であれ――よりも、もっとも広い善性のほうを好む。だが、それだけにとどまらない。有徳であろうとして、背負い込んだあらゆる損失、断念したあらゆる喜び、被ったあらゆる犠牲を、この内的な良心は充分につぐなってくれる。この良心によってわれわれは、自分には真の善性とそれに値する栄光があるのだという、いっそう喜ばしい意識がもてるからである。というのも、これらすべての損失を被ることで、有徳の任務における道徳上の尊厳と美が、それだけいっそう増大し、その任務が内的な感覚にとってそれだけいっそう望ましいものになるからである。もちろん、以上のことは、この感覚の場合に特有の状況である。この感覚が、それ自身よりも低級な力しかない感覚を支配している場合には、他のいかなる感覚においても同じことは見いだされない。(原注1) さらにまた、今述べたような行為をしない人は誰でも、もし自らの魂のもつ内的な感覚を充分に吟味するなら、自らを完全には是認できないであろう。われわれは、他の人たちの性格や行動を判断するとき、彼らもまた同じ感情でいるのに気づく。いやそればかりか、もっとも広範な利益にいっさいを従属させることこそ、われわれが彼らに望むことである。そして、この場合われわれは、もし望むものとは正反対の行動がなされれば、それを非難しないでいることはない。というのも、他の人たちについて判断をくだす場合、われわれは、自己の私的な情念や利害から生じる偏見を決してもたないからである。したがって、次のように言えよう。人々に起こりやすいあらゆる出来事や性向や行為は、確かにある意味において自然なものと言われるかもしれない。しかし、このいっそう神聖な能力——すなわち、その他の能力を支配する運命を明らかに与えられたこの神聖な能力によって是認される行動だけが、われわれの本性にとって快い、あるいは、ふさわしいと適切に言われうるのである。

(原注1)　著者がここで言おうとしていることは明白であるが、とても重要だから、もっと詳しい解説をする必要がある。肉欲にふける生活で、人が自らの健康、財産、人格を損なえば損なうほど、あるいはまた、知識およびいっそう優雅な喜びにおける進歩を阻害すればするほど、それだけいっそう彼は自分自身の気質と行動を非難し、それらに不満を抱くにちがいないし、あらゆる観察者もそうするにちがいない。名誉と権力もしくは豪華な暮らしを追い求める場合には、人が自己の財産と健康を損なえば損なうほど、そしてまた、この目的のために自然な喜びと楽しみをいっそう多く犠牲にすればするほど、それだけいっそう彼は、自分自身のやり方に不満を抱くにちがいないし、他の人々からも否認されるにちがいない。しかし、良心の命令にしたがう場合、すなわち、自己の義務と徳の実践を忠実に果たす場合には、彼がその他のあらゆる楽しみをいっそう多く犠牲にすればするほど、それだけいっそう彼自身と他のすべての人々は彼の行動と気質を是認するようになるし、また彼は、自分を愛し尊敬してくれるあらゆる人々の願いと期待に、それだけいっそう完全に応えることになる。

一三　この道徳感覚〔モラル・センス〕と本性上結びついているのが、栄誉と恥辱（Honour and Shame）に対するもう一つの感覚である。われわれの行動を是認する他の人々がその是認、感謝の気持ち、尊敬の念を表す場合には、この感覚によって強い喜びが引き起こされ、反対に、彼らから咎められ、非難され、悪評を与えられる場合には、激しい不快感が引き起こされる、しかも、たとえ彼らの是認から〔喜び以外の〕別の利益が得られることを期待しないとしても、また、彼らの嫌悪から〔不快感以外の〕悪が生じることを恐れないとしても、である。というのも、この感覚によって、彼らの是認や非難は直接にかつそれ自体において善や悪とされるからである。そして、それゆえにこそわれわれは、多くの人が死後の名声を気にすること、つまり、自分はこの世を去った後も死後の名声に対する感覚をもっているだろうとか、その名声のおかげで利益を得るだろうなどとは少しも考えないで、この名声を気にすることを理解するのである。ところで、われわれが他の人々の賞賛に喜びを感じるのは、その賞賛がわれわれの徳の証拠となっていて、われわれが自分自身についてもちうる好意的な見解を確認してくれるからにすぎない、と言うことはできない。(原注1)というのも、人類のなかでもっとも善良な人は、自分自身の徳を充分に意識していて、そのような確認をなんら必要としないにもかかわらず、それでも賞賛を得れば喜びを感じるからである。

（原注1）　このことは、アリストテレスが『ニコマコス倫理学』第一巻第五章において示している。

道徳感覚を確かに基礎あるいは前提にしているのだが、しかしこの感覚やその他のいっさいの感覚とは区別される、栄誉と名声に対する生来の感覚が存在することは、生来の慎み深さがあることから明らかであるように思われる。ただし、ここに言う慎み深さとは、赤面するときの表情そのものを通じてあらわになるものであり、自然によって、道徳上の徳だけでなく、ふるまいの隅々における礼儀正しさに対しても監視人となるように、さらにはまた、低級な欲求のいかなる動きに対しても注意深い番人となるように、明らかに意図されたものである。したがって、この感覚は、生きていくうえできわめて重要である。というのも、人はしばしばこの感覚に鼓舞されて、栄誉あることへと向かうことができるのだし、不名誉なこと、卑しいこと、凶悪なこと、有害なことのいっさいを、この感覚のおかげで思いとどまれるからである。

道徳上の善と悪に対する感覚と、栄誉と恥辱に対する感覚——この二つの感覚に関して、人間は、その他の感覚に関してよりもいっそう均質に造られている。このことは、行為の直接的な形態や種類のうち、同じものが人々によって判断されれば、明らかとなるだろう。つまり、もし人々が、是認されるべきものであれ、非難されるべきものであれ、同じ心の動きについて考察するなら、彼らは例外なく同意に達するだろう、ということである。実際、もし彼らが幸福に関して、あるいは、幸福の促進または維持のための外的な手段に関して、正反対の見解をもっているなら、彼らの道徳感覚がどれほど均質であろうと、ある人が非難することがらを、別の人が是認するとしても、なんら驚きではない。また、もし人々が神の法について正反対の見解をもっているなら、神にしたがうことこそがわれわれの義務であると、すべての人が同意するにもかかわらず、あることがらに関しては、神はそれを要求していると信じている人がいたり、反対に、神はそれを禁じている、あるいは、どうでもよいものとみなしていると考える人がいたりするだろう。また、最後に、もし彼らが集団や党派の性格に関して正反対の見解をもっているなら、ある党派の連中を、正直で敬虔で善であると考える人がいたり、逆に、野蛮で邪悪であるとみなす人がいたりするだろう。これらの場合においては、たとえ彼ら全員の道徳感覚が均質であり、同じ直接的な対象、すなわち、同じ気質や心の動きを是認するとしても、彼らはまったく正反対の是認や非難をおこなうかもしれない。

一四　以上の〔二つの〕感覚を通じて、美しく、優雅な、栄誉ある、敬うべきだと思われるにちがいない対象もあれば、卑しく恥ずべきだと思われるにちがいない対象もある。ところで、もしこれら正反対の諸形相あるいは諸性質が、ある対象のなかに混ぜ合わさっているように思われるなら、もう一つ別の感覚、すなわち滑稽なものに対する感覚があらわれるだろう。そして、一般的に人類にはある程度の尊厳と思慮分別と知恵が想定されているけれども、「ちょっとした失敗やミス」を示している人々の行動は笑いを引き起こすだろう。「ただし、その失敗やミスは、当人にひどい苦痛を与えたり、死にいたらしめたりするところまでいってはいけない」。というのも、そうした出来事はすべて、むしろ憐れみを誘うからである。笑いは、心地よい精神の振動である。しかし、嘲笑やあざけりの対象になることは、誰にとっても不快であり、また、人々が尊敬への自然な欲望から注意深く避けようとするものである。

　したがって、人々の生活態度を洗練する場合や、彼らの欠点を正す場合には、この〔滑稽なものに対する〕感覚あるいは性向が、重要になってくる。また、人間の行為とはきわだって異なった性質をもつものも、一方ではなんらかの敬うべき外観を示しながら、同時に他方では卑しい軽蔑すべきものも示すことによって、笑いを引き起こすだろう。この感覚から生じるのが、快い、ときには有用な娯楽であり、会話への心地よい加味であり、人生という重い営みのただなかでの無邪気な気晴らしである。

一五　人間に授けられた、以上のさまざまな感覚を通じて、善悪のきわめて多様な事物が形成される。そうした事物はすべて、三種類にまとめることができる。すなわち、魂の善、身体の善、および境遇（fortune）の善すなわち外在的な善（external goods）である。魂の善とは、独創性と明敏さ、すばらしい記憶力、学問と芸術、思慮分別、そして意志におけるいっさいの自発的な徳または善なる性向である。身体の善とは、完全な感覚器官、力強さ、充分な健康、動きのすばやさ、機敏さ、見た目の美しさである。外在的な善とは、自由、栄誉、権力、富である。ところで、なんらかの感覚にとって心地よい対象はすべて欲望をかきたて、その反対のものは嫌悪を引き起こすように、意志における心の動きは、静的であろうと激しかろうと、同じように多様であるにちがいない。われわれがすでに言及したように、この多様な心の動きは、四つの一般的な種類にまとめることができる。欲望、嫌悪、喜び、悲しみである。しかしわれわれは、他の言語においてなされているように、静的な情動と激しい情動とを常に区別するために、その名称が特定されるようにはしなかった。しかし、これら四つの各種類には、その向けられている対象がきわめて多様であることに応じて、また、それら心の動きが、利己的であったり無私であったり、自分自身の境遇にかかわったり、他の人々の境遇にかかわったりすることに応じて、さらなる多くの分類をおこなうことができるし、きわめて多様な種類が存在している。そしてさらに、他の人々の境遇にかかわる情動においても、当人の性格や状況、当人の思い入れや友情や敵意、そしてそれらの感情の原因がさまざまであるのに応じて、きわめて多様なものが存在している。

こうした区別をすべて追求し、教養ある人々によってなされた分類をそれぞれ吟味するとすれば、退屈であろう。われわれは、主要な諸情念を簡単に述べることとしよう。ただし、各情念に用いられたそれぞれの名称は、意志における静的な安定した情動にもしばしば用いられている。［そればかりか、欲望と喜び、嫌悪と悲しみに対して、同じ名称がしばしば用いられている。］

一、自分自身の身体や境遇にかかわる利己的な欲望の各種類としては、食物への自然な欲求、そして——わりと淡泊であれ、かなり強烈であれ——肉欲、野心、賞賛・高い地位・富に対する欲望がある。これらの反対のものが拒絶されるのは、恐れや怒りとしての嫌悪によってである。これらの嫌悪にはさまざまな種類がある。

魂の善をわれわれが追求するのは、知識と徳に対する欲望においてであり、価値ある性格たらんとして競うことにおいてである。その反対のものをわれわれが回避するのは、恥辱や慎み深さとしての嫌悪によってである。こうした主題に関しては、適切な名称が見つからないので、われわれは困ることが多い。

二、なんらかの種類の繁栄が他の人々にもたらされるように配慮する無私の欲望としては、博愛心や善意(benevolence or good-will)、親の愛情、そして親族に対する愛情がある。価値ある性格に向けられた欲望としての情動には、好意や善なる願い、熱烈な尊敬の念、感謝の気持ちがある。その人格者たちが不幸であれば引き起こされる嫌悪には、恐れ、怒り、同情、憤りがある。邪悪な性格の者が繁栄していると、妬みや憤りという嫌悪が引き起こされる。

三、自分自身の幸運な状況にかかわるさまざまな喜びとしては、楽しみ、誇り、尊大、顕示欲がある。しかし、身体や境遇に関して、なんらかの有利さを長いあいだもちつづけると、飽き飽きした気持ちやうんざりした気持ちになることが多い。それらとは正反対の悪から生じるのが、悲しみ、いらだち、絶望である。怒りは、確かに古代人によって常にある種の欲望とされている。すなわち、有害だったと考えられる者を罰したいという欲望である。

魂の善をもっていると――とくに、有徳の心の動きを胸のうちに抱いていると、良心による内的な喜ばしい称賛が得られ、栄誉ある誇りと栄光が得られる。それらとは反対の悪からは、恥辱、後悔、落胆、やる気の喪失が生じる。これらは悲しみに含まれる。

四、他の人々の徳を目にすると、喜ばしい愛、尊敬や畏敬の念が生じ、もし相手と親交があるなら、友情という愛情が生じる。他の人々の悪徳を目にすると、悲しさを伴った憎しみや、軽蔑や憎悪の念が生じる。有徳の人やわれわれの恩人が繁栄していると、喜ばしい祝意の気持ちになる。反対に、彼らが逆境にあると、悲しみ、憐れみ、憤りが生じる。悪徳の者が逆境にあると、喜びや満足の気持ちになることが多いし、彼らが繁栄していると、悲しみや憤りを感じることが多い。

もし意志におけるそれぞれの〔心の〕動きに関して、その詳しい一覧表を見てみたいなら、誰でも、アリストテレスの『倫理学』、キケロの『トゥスクルム荘対談集』第四巻、アンドロニコス(9)の著作にそれを見いだせるだろう。しかし、上の記述から明らかなように、正・邪に対するなんらかの先天的な感覚があることは明らかである。すなわち、気質や情動には、われわれがそれ自体のために自然に是認し、栄誉ある善なるものとみなす何かがあるということである。というのも、そうした道徳上のなんらかの現象や形態を目にするときにこそ、もっとも自然な情念の多くが生じるからである。また、類似の現実の出来事において、道徳的に正反対の性格は、その観察者に、自己の私的な利害にかかわらず、正反対の感情を引き起こすからである。

一六　以上のような情動のいくつかは、充分に本性に根ざしているので、それらをもたない人は存在しない。身体を保存する欲求は、生活のあらゆる局面で、飢えや乾きや寒さという不快な感覚によって引き起こされる。ある年齢になると、子どもをもちたいという欲望と親としての愛情も、誰もが例外なく抱き、また

(9) アンドロニコス（Andronicus）。紀元前一世紀のペリパトス学派（アリストテレス学派）の人。アリストテレスを含めて十一代目のリュケイオン（紀元前三三五年以降アリストテレスがアテナイの北東郊外に営んだ学園）の学頭。当時忘却されていたアリストテレスの著作を蒐集編纂し、批判的に分類して、これを出版した。また注釈も書いた。これらの活動によって後世のアリストテレス研究のために不朽の功績をあげた。

その結果として、親族への同じような愛情も、誰もが抱くようになる。その他の情動も、それほど必然的ではないが、その対象が認識されると同じように自然に生じる。ある人に徳があらわれていると、愛、尊敬の念、友情を感じる。ある人が栄誉ある意図を抱いていると、好意、心からの願い、熱意を感じる。その意図がうまくいけば祝意を叫びたいほどの喜ばしい気持ちになるが、うまくいかなければ悲しみや憤りを感じる。しかし、悪徳の者が繁栄していると、今述べたのとは正反対の感情を抱く。そして、こうした徳と悪徳のいずれの場合でも、われわれは、たとえ自分にはいかなる利益も危害も及ばないだろうと思っていても、そのように感じるのである。恩恵を自然な気持ちで無理なく受け取ることができるなら、感謝の気持ちが生じる。わが身に害が及ぶと、憤りや怒りを感じる。また、罪のない人が苦しんでいれば、憐れみを感じる。そしてまた、知識への欲望、それぞれの徳への欲望、健康・強さ・美しさ・快楽への欲望、さらには、なんらかの感覚にとって心地よいあらゆるものに対する欲望――われわれは正当に、これらの欲望も自然であるとみなす。

一七　われわれの身体構造には、無視してはならないその他の構成要素があって、それは、知性と意志とに同等にかかわるものである。すなわち、なんらかの複数の観念や情動が、どれほど共通点のない、似ていないものであっても、同時に強力な印象をわれわれの精神に形成した場合に、それらを連合または結合しようとする先天的な性向である。それゆえ、それらのうちの一つが、なんらかのきっかけで引き起こされると、残りも必ずそれに伴って引き起こされる、しかも、なんらかの欲望が生じる前に、ただちに引き起こされる。われわれの記憶力すなわち過去の出来事を思い出す能力や、さらには話す能力までもが、ほとんど全面的にこの連合に依存している。しかし、軽率に形成された連合のせいで、われわれの気質が害されることがある。感覚が受け取る卑しい快楽や低級な欲求の対象と、なんらかのはるかに高貴な概念との結びつきが、たとえ自然的でも必然的でもなくても、われわれがそれらを、容易には切り離せないほどに結合してしまうとき、その卑しい快楽や低級な欲求の対象は、きわめて大きな力をもつことになる。それゆえ、慎慮、気前よさ、恩恵というものをまとった、優雅さ、奇抜さ、洗練された趣味という概念によって、奢侈的な暮らしぶりは、実際にそうである以上に、はるかに大きな評判を獲得するようになり、幸福にとってはるかに重要であると思われるようになる。したがって、どのような方法で若者たちは教育されているのか、どのような人物と親しくしているのか、どのような会話に慣れ親しんでいるのかということが、きわめて重要になってくる。というのも、これらすべてのことを通じて、強い観念連合が形成され、しばしばその気質が改善されるか、堕落させられるからである。

上述したことと同じ本性をもつのが習慣である。というのも、われわれのあらゆる能力が、実践を通じて強められ、完全なものとなっていくということこそ、魂と身体両方の本性だからである。もちろん、快楽を長くまたは頻繁に享受していると感覚の鋭さは弱められるし、それと同じように、慣習になると苦痛の感覚は弱められる。しかし、もしわれわれが長く慣れ親しんできた満足感や快楽を失うことになれば、それだけいっそう不快になるし、われわれの後悔はそれだけいっそう深くなる。だからこそ、人々は自分が慣れ親しんできた快楽や快い行為の道筋へといっそう向かいやすいのであり、それらへ向かわないように思いとどまらせることは、それほど容易にはできないのである。

究極的に望ましいものはすべて、ある直接的な感覚の対象であるにちがいない――われわれはこのことをすでに明らかにした。しかし人間は生来、明敏さ、予見力、記憶力、理性、知恵を授かっているから、直接に望ましいものと同時に、それらを獲得するための適切な手段と思われるすべてのものを自然に欲する。そのような手段とは富と力である。そして富と力は、われわれのあらゆる欲望――有徳であれ、悪徳であれ、善意であれ、悪意であれ――に役立ちうる。だからこそ富と力は、きわめて普遍的に欲望の対象となるのである。

人間本性のこのような構造には、上述の理性の諸能力、崇高な知覚能力、愛情という社会的な絆が授けられている。だが、神はまたこの構造を完成するために発話と雄弁の能力を加えた。この能力によってわれわれは、自分の知らなかったことについての知識を得ることができるし、自分の知っていることを他の人々に伝えることができる。この能力によってわれわれは、訓戒したり、説得したり、悩める人を慰めたり、恐れ慄く人に勇気を奮い立たせたりできる。また、この能力によってわれわれは、節度のない愚かしい感情の高ぶりをおさえ、放縦な欲望や激しい憤りをおさえることができる。そしてまた、この能力を通じてわれわれは、正義と法と政治体からなる絆に結びつけられてきたのであり、この能力を通じて人類は、粗野で野蛮な生活から改善されてきたのである。

われわれがこれまでに述べてきた各能力と各機能は、そのすべてが全人類にとってまったく共通のものだから、そのうちのいずれか一つをまったく与えられていない人はめったにいない。けれども、〔各人の〕気質は驚くほど多様である。というのも、それぞれの人においては、その人生の全行路を決定するくらいに、それぞれ異なった能力や性向が支配的になっているからである。多くの人においては、肉欲が支配的であるが、もっと人間らしい洗練された喜びに対する高級な感覚をもつ人もいる。また鋭敏な知識欲が支配的な人もいれば、野心や激しい強欲に支配された人もいる。さらには、思いやりに満ちた愛情をもち、悩める人には同情を感じ、たえず自分のまわりにいる取り巻きの連中や支持者には恩恵を与える心をもち、道徳上の卓越に対する高級な感覚と徳に対する愛をもつ人もいる。さらにまた、怒り、妬み、ひねくれた情動を抱きやすい人もいる。堕落し腐敗していることが明らかな人類の現在の状態においては、肉欲と卑しい利己的な目的追求とがもっともよく見られる。そして、もっと高級な能力が望ましいとみなす楽しみについては、ほとんどの人がわずかしか知らないか、それを調べたり、追い求めたりなどめったにしない。

このような気質の多様性は、ときには幼少のころから見られるが、慣習、教育の方法、教化、習慣、そして対立する実例などの多様なものによって、不思議なほど増幅される。もちろん言うまでもなく、身体の構造の差異によってもこの多様性は増幅されるが、しかしそれは医学に属する問題である。〔今述べたような、気質の多様性を増幅するのと〕同じ諸原因が複合的に作用して、人々の生活態度を腐敗させることはよくある。しかし、われわれの現在の状態における堕落を、全面的にそれらのせいにすることはできない。というのも、あらゆる人が、程度の差こそあれ、なんらかのかたちの魂の欠陥や異常を必ずかかえて生まれてくると思われるほど、人類の現在の状態は悪化しているからである。あらゆる人は、自分自身のなかに真に善良な人という概念を見いだす。しかし、自らの行動においてその概念を実現した人はいまだかつていない。それどころか、人類のなかでもっとも善良な人でさえ、無数の事例において、自己の義務を完全には果たすことができず、自己のうちに見いだす道徳上の善性の基準にいまだ到達していない、と認めざるをえないのである。もちろん、自然は、それぞれの徳をいわばかきたてるために、すべての小さな閃光をわれわれに与え、またいわば徳の種子を植えつけている。けれどもわれわれは、自分自身の悪行と愚かしい概念のせいで、その閃光や種子が充分なものになるまで成長させられないことが多い。しかし、この〔魂の〕混乱が各人に生じている多様な程度に応じた効果的な対策と、この混乱のそもそもの原因について、充分かつ正確に説明をおこなうことは、神の啓示でもなければ、誰にもできないであろう。けれども、人間の本性における真の幸福を探求すること、その真の幸福の偽りの見せかけを暴くこと、そして、魂の高貴な諸機能を育てることに心から取り組む人は誰でも、激しい各情念を抑制する相当な能力を身につけることができるだろうし、さらに、自己の気質と性向の全体——もともと自然が彼に与えたものであろうと、彼のそれまでの行動と環境が形成したものであろうと——を、かなりの程度修正または改良することができるだろう。

一八　多様な感覚や趣味によって、きわめて多くの対象や行為が人類にとって自然に望ましいものとされる。また、同じように多様な自然的欲望は、すべてが移ろいやすく変化しやすいものであり、互いに対立しあうこともよくある。つまり、一方には、すでに言及した多様な種類の自分自身の利益や快楽のうち、そのいずれかを追求する欲望があり、他方には、他の人々の善を追求する欲望もある。というのも、われわれには、きわめてたくさんの人間らしいやさしい愛情もあるからである。——このような多様な感覚と自然な欲望を考察してみると、錯綜した光景が広がってくるだろう。それゆえ、はじめのうちは、あえて言えば、人間の本性が奇妙なカオス、対立しあう諸原理の混乱した組み合わせのように見えるにちがいない。しかし、そのうちにわれわれは、もっと周到な注意力を働かせれば、それら諸原理のあいだになんらかの自然な連関や秩序を、そして、その他のいっさいの諸原理を規制するのに本性上ふさわしい若干の支配的な諸原理を発見できるようになるだろう。そうなれば、もはや人間の本性が奇妙なカオスのようには見えなくなるだろう。これを発見すること、そしてそれら構成要素のすべてがどのように秩序づけられているのかを明らかにすること、それこそが道徳哲学の主要な任務なのである。しかも、われわれは、次のようなすばらしい知恵によって、そのことを理解するであろう。すなわち、

神とやさしい自然によって、〔魂における〕この対立はうまく折り合いがつけられている。

という知恵である。このことに関しては、道徳上の能力——われわれの行為における適切で栄誉あるものを対象とする感覚——についてこれまでに説明したことから、われわれはなんらかの概念をもつことができよう。しかもその場合に、長たらしい論述や論証は必要ないであろう。というのも、内的な反省をおこない、胸のうちの感情について調査すれば、われわれは以下のことを確信するだろうからである。すなわち、われわれにはこの道徳上の能力、良心があって、これによって正・邪の弁別がなされる。この良心は明らかに、人生の全体を規制するように定められていて、しかもそれに適している。この良心がわれわれに明確に示す人生のコースと行動こそが、完全に是認されうる唯一のものであり、それはすなわち、やさしい愛情のいっ

さいを育み、同時に、すべての人々の全般的な幸福のために、広い範囲にわたる配慮を維持していく、というものである。したがって、たとえわれわれが自分自身の利益や友人あるいは肉親の利益を追い求めるとしても、それは、いっそう広範な利害の許容する範囲内においてでしかない。そして、われわれは常に、穏やかな気質、やさしさ、思いやりのある愛情を保ち続け、神と人類に貢献するために、身体と精神のあらゆる能力を改良していく。――以上のことを、われわれは確信するだろう。この同じ道徳感覚はまた、魂をもっとも喜ばしい満足感と内的な称賛で満たし、もっとも元気のでる希望を魂に抱かせ、そして魂を強化して、たとえ労苦や危険が伴おうとも、いっさいの善なる任務へと立ち向かえるようにし、われわれの努力をもっとも栄光ある報賞によって報いるだろう。

それればかりではない。われわれの理性はまた、われわれに示された証拠を自然の全秩序のなかで再検討し、われわれに次のことを明らかにする。すなわち、全般的な繁栄（general prosperity）に貢献するのと同じ人生のコースをたどれば、その当人にとっても、もっとも安定したもっとも価値ある至福がもたらされる、しかもたいていの場合、外在的な事物のもつ諸力のうち、その本質において善なる精神にとってもっとも喜ばしいものがもたらされるだろう、ということである。さらには、世界がもっとも賢明でもっとも善なる神の摂理によって支配されているということ、それゆえ、いっそう大きな、いっそう喜ばしい希望がわき上がってくるだろうということも、この同じ理性はわれわれに明らかにするだろう。したがって、われわれは次のように結論づけることになろう。すなわち、われわれ自身の〔本性の〕構造と自然の構造についての内省から明らかになったこれら実践的な真理はすべて、神の法の本性と力をもっていて、どんなことを神はわれわれに望んでいるのか、どんなことが神にとって快いのか、どんな行動をすれば神の是認と好意を得られるのかという点を指示しているのだ、という結論である。それゆえ、死後も来世の幸福があるという希望を抱くことができるし、いっさいの栄誉ある意図をもつときには、揺るぎのない確固とした魂になれるだろう。さらには、魂は信心と神への献身の喜びに満たされることになるだろうし、また、善なる精神はすべて、善なる神の摂理の庇護のもとで、喜ばしい栄光あるあらゆることを、自己のためだけでなく、あらゆる善良な人々のため、さらには宇宙全体のために、期待するだろう。そして、以上の真理を確信するとき、われわれの社会的感情と利己的感情は調和的して、両方が一つの同じ人生と行動の行路を望ましいものとするだろう。

# 第二章　至高の善について

一　前章では、前置きとして、人間の本性とその各能力について、充分に詳しい説明をした。つづいてわれわれは、至高の善（Supreme Good）と悪（Evil）を探究する。また、人類の主要な幸福はどこに存するのかという問題を、この幸福を獲得するための人生の適切な計画とともに、探究する。

知性と意志の相互作用の能力に関するよく知られた問題[1]については、ほんの少しだけ言及するにとどめよう。というのも、その問題は本来プネウマ学や形而上学に属する問題だからである。ただ、その際に次のことだけは指摘しておきたい。[2]すなわち、まったく知られていないものは欲望の対象になりえないが、各人は、ある特定の対象や行為についてなんらかの概念をもつようになれば、ただちにそれらに対する特定の先天的な性向もしくは本能をもつようになり、また、それらとは正反対のものに対しては嫌悪をもつようになるということである。この先天的な性向と嫌悪を、スコラ学者は意志における最初の単純な動き（***first simple motions of Will***）と呼んでいる。この性向があまりにも強い場合には、精神は、さもなければ向かっていたかもしれないその他の対象から意識をそらされ、怠け心や休みたいという性向が克服される。このとき精神はまた、欲望の対象を獲得するための適切な手段を探し出したいという欲望と、その各手段のうちでもっとも望ましいものを発見したいという欲望とをもつ。さらに、適切な手段についての問題が解決されると、われわれは、ストア派にしたがえば、その手段を実際に用いようとする、つまり、行為への実効的な決意が生じる。たいていの場合、確かに意志は、最終的な実践的判断にさえしたがおうとするけれども、ペリパトス学派〔アリストテレス学派〕の多くの人たちはこれを否定する。すなわち、適切な目的や手段について、たとえどのような判断や欲望があろうとも、意志には、行為すること、または思いとどまることを自ら決意する固有の能力がある、と彼らは主張するのである。そればかりではない。意志は正反対のどちらの方向にでも、すなわち、善を追求することも、悪を——その概念のもとにおいてさえ——追求することも、いずれをも決意できるのだと、つけ加える者もいる。以上の点については形而上学者たちに解決してもらうことにしよう。ただし、われわれが人生における自己の行動に関してどんな行為の能力をも知性に適切に帰すことはできない、ということは、一般的には正しいように思われる。真理を発見することだけが、知性の任務である。これに対して、意志すること、命じること、指図すること、決意することは、意志の作用である。

(1) ストア学派においては、宇宙はプネウマという一種のロゴス的な火気からなる。これはもっとも根本的な物質であって、それ自身に増減はなく、いっさいはこれより出て、またこれに帰る。これは神とも呼ばれる。人間は小宇宙であって、その本質たるロゴスは宇宙の本質であるロゴスと同一のものとされる。したがって、理性にしたがうことは宇宙にしたがうことであり、自然にしたがうことになる。ここに言うプネウマ学 Pneumaticks（ニューマティックス）は、人間の本質としてのロゴス＝プネウマについての学問のことであり、心理学や精神学というほどの意味である。

(2) 原文ではここに「一、」という数字が入っている。しかし、そのあとに「二、」「三、」と続くわけではなく、また、内容上そのような数字を入れることもできない。そこでこの「一、」は無視することにした。

また、人は〔選択すべき二つのケースがある場合に〕自己の意志のままに、両ケースのあらゆる根拠について、自己の知性にその考察をおこなわせ、そして、もっとも確実な根拠があらわれない場合には、〔いずれのケースにも〕最終的な同意を延期し、その原因についてさらに調べようと決心することができる。意志が、知性に対してもっているのは、このような能力だけであるように思われる。しかし、〔いずれか一方のケースに〕充分で確実な根拠がある場合には必ず、〔そのケースに〕同意するのを思いとどまることも、もう一方のケースに同意することも、とても喜んでできるものではない。そればかりか、一方のケースにいっそう高い可能性が見られる場合には、そのケースのほうがいっそう起こりやすいと判断せずにはいられないのである。

二　また、善（Good）と目的因（Final Causes）や目的（Ends）という一般的な諸概念と、それぞれの分類に関する思弁的な問題についても、簡単に言及するにとどめよう。というのも、それらは容易に理解できるし、また、他の学問に属するものだからである。以下の格率は明らかであるように思われる。一、欲望の対象が追求されるのは、究極的にそれ自体のためか、さらなるものの手段としてか、その両方のためである。二、究極的に望ましいものは、それがどのようなものであれ、あらゆる推論に先立って、なんらかの直接的な感覚、あるいは、なんらかの先天的な本能もしくは衝動によって望まれる。理性の任務は、欲望の対象を獲得するための手段を見いだすことである。あるいはまた、多様な欲望の対象が互いに対立する場合には、その対象のうちでどれが幸福にとって最重要なのか、さらには、その最重要な対象を獲得するための最善の手段とはどんなものなのかを探究することが、理性の任務である。三、快いもの、有益なもの、栄誉あるもの――この三つの形相もしくは概念のいずれかのもとで、われわれは事物を追求する。快さという概念のもとで追求されるのは、われわれが自分自身に対するなんらかの心地よい感覚を目指すだけの事物である。けれども、人間の本性や道徳についての著作をあらわす人々（moral writers）は、この快いものの分類項目のなかに、道徳上の徳、または学問や独創的な芸術を含めることはめったにない。有益なものと呼ばれるのは、さらなるものの手段として望まれるものである。栄誉あるものとは、知性的なあるいは道徳上のそれぞれの徳である。そうした徳は、それらに特有の尊厳によって望まれるが、この尊厳はもっと低級な快楽や快さとはまったく異なったものである。四、なんらかの善が、われわれの至福にとって重要かどうか、あるいは、その契機となるかどうかは、その善がどれくらいの尊厳や価値（dignity）をもっているのか、そして、どれくらい持続するのかによる。尊厳や価値の観点からすると、各種の善のあいだには大きな差異がある。もし比較しようとするいくつかの善が、同じ次元の感覚に対応しているなら――たとえば、外的な感覚に対応しているなら、その尊厳や価値は、〔各善が与える〕感覚における快さや快楽の強さよって決められる。しかし、より高級な感覚の対象〔としての善〕には、それぞれに特有の卓越性がある。この卓越性は、もっと低級な快楽や快さとは比較されえないもので、おのずからあらわになり、この対象を知る人々の欲望をかきたてる。だからこそ、もしある人が、この対象との比較において、すべての身体的な快楽・快さを軽蔑するのなら、われわれはその人を是認し、賞賛し、そして、その人が幸福であり、その行動において賢明であるとみなすのである。われわれは、次のような人に対しても明らかに同じような判断をくだす。すなわち、知識への喜びや、徳や有徳の行為に対する喜びを、その他のいっさいの喜びよりも優先する人、しかも、最高の肉体的な享楽にさえ逆らって、その身のすべてをそうした喜びに捧げる人である。

したがって、予見の能力を授けられた理性的存在〔である人間〕にとっては、次に述べることが、その至高の善の性質であるにちがいない。すなわち、「それは、その他のほとんどの事物がそこに帰せられうる究極的に望ましいものであるにちがいない。それは、最高の尊厳をもち、安定的あるいは持続的であり、そして、〔われわれに〕充分な満足感を与え、〔われわれを〕充分に幸福にするものである」。

三　幸福とは、あらゆる種類の善を完全に享受すること、あるいは少なくとも、そのうちの主要な善を完全に享受することにあるにちがいない。けれども、われわれがこの幸福を探求する場合に注目しておかねばならないことは、誰も、あらゆる種類の快楽や快さを完全に享受し、しかも、いっさいの悪を免れることを、自分自身に保証することはできない、ということである。人間にかかわる出来事の本性は不確かで流動的だから、あらゆる物質的な享楽（external enjoyments）は、不確かにちがいない。〔物質的な享楽の〕対象そのものが朽ちやすい。また、われわれ自身の好みや嗜好も変化しやすい。たくさんの〔物質的な〕享楽が味わえるかどうかは、身体の健康に依存しているが、その健康も非常に不安定である。物質的な対象は、われわれの能力に依存しているのではなく、よく言われるように、運命のたまものである。あるいは、もっと適切に言えば、神の摂理に依存している。しかし、神の摂理は、この物質的な対象の不断の所持を、いかなる者にも保証したことはない。

また、それぞれの享楽のあいだには多くの矛盾があるから、すべての享楽を精力的に追求したり、味わったりすることはできない、ということにも言及しておく必要があろう。さらにまた、より高級な享楽の尊厳は著しいものだから、この享楽は、低級な享楽との共存を拒絶する。つまり、高級な享楽の美と最高の喜びが生じるのは、われわれが、この享楽のために低級な快楽を軽蔑し、犠牲にし、しかも、この享楽のために、断固とした態度でわが身を労苦や苦悩にさらすことまでしたときなのである。

以上のように、すべての種類の善を完全に享受することや、すべての悪を免れることは不可能だから、われわれは、どのような種類の善が幸福にとって最重要なのか、そして、どのような悪がもっともひどく、魂の平静と幸福をもっとも乱すのかを、注意深く探究しなければならない。したがって、われわれは、さまざまな感覚に影響を与えるそれぞれの善を比較しなければならない。しかも、尊厳や価値と持続性という両方の観点から比較しなければならない。そしてまた同じように、それぞれの悪を比較して、そのうちのどれがもっともひどく、破壊的なのかを、明らかにしなければならない。

四　ここでさしあたって、以下のことに注意を向けておこう。確かにわれわれは、ロードスのヒエロニムス(3)やその他の古典古代の人々の言うことを一応は認める。彼らの主張はこうである。いっさいの苦痛を取り除いただけで、本質的に心地よい快適な状態が自然に生じる。不快な感覚から完全に解放されると、魂は安定的な平静と喜びを感じることができる。したがって、精神が激しい欲望や恐怖心に悩まされていないかぎりは、われわれの本性の構造は快い状態である。――この彼らの主張を、われわれは認める。それゆえ、いっさいの悪から自由であるときはいつでも、なんらかの善をもっていることになるにちがいない、という彼らの格率が正しいことも認める。けれども、非常にたくさんの感覚と、非常にたくさんの行為の欲求や欲望を授けられた存在〔である人間〕は、ただなにもしないでいるだけでは、明らかに幸福になれない。上述の快さは低級なものにすぎず、そこにはなんの尊厳もない。ましてや、人生における行為や行動の原動力となるほどの影響力を魂に及ぼすこともありえない。したがって、幸福は、われわれの知覚能力に適したその他の種類の善に依存するにちがいない。それを次に述べよう。

第一に明らかなことは、身体的な快楽には、賞賛の対象となるような尊厳はまったくない、ということである。たとえその感覚がそれほど強烈ではなかったとしても、それらはすべて明らかに卑しく、その多くは恥ずべきものである。それらはまた、はかなく移ろいやすい。そして、〔身体的な快楽の〕過去の享受を思い出したとしても、人生の悲しみや苦悩を和らげたり、悲しみや苦悩のなかのわれわれを支えたりできるほどの快楽が得られるわけでもないし、あるいは、それほどの喜びや栄光あるものが得られるわけでもない。

また、大多数の人々がこの身体的な快楽のみに憂き身をやつしているのを、われわれが目の当たりにしているからといって、人類の共通の感情はこの快楽をあらゆるもののうちで最高とみなしているように思われる、と正当に主張することもできない。それはまったく正しくない。だからこそ、熱にうかされた情念がほんの少しさめたとき、この快楽では幸福にとってまったく不充分であると認めようとしない人はほとんど見あたらないのである。もっとも無価値の者たちでさえ、不完全ながらも、なんらかの徳の概念をもち、ほとんど常にその概念から影響を受けている。たとえばそれは友情とか親切で、彼らは、生まれながらに愛情を感じている人たちや、つきあっているうちに愛情を感じるようになった人たち、そしてまた、深い考えもなくたまたま尊敬するようになった人たちに、友情を感じ、親切をおこなう。どんな人でも、ずっとなにもせずにいたり、常に肉欲的な快楽を享受したりしても、自分が幸福であるとは思えない。したがって人は、その概念にしたがえば有徳と思われる行為や任務をそれらの享楽と結びつけなければならない。しかし、低級な欲求がより高貴な欲求と比べてどれほど強いものであろうと、それでもなお、その他の能力や欲求を支配するよう先天的に定められた、かのより神聖な能力――この能力の命令からわれわれはおもに神と自然の意図について判断をくだす――は、肉欲的な享楽を、理性的な本性〔をもつ人間〕の尊厳にふさわしくないとして拒絶し、この享楽が真の幸福の一部を占めることを許さないのである。

さらに言っておく必要のあるのは、肉欲的な快楽が、ほとんどいつも、友情・人間愛・恩恵・優雅な趣味といった借りものの道徳的な色彩を帯びることによって望ましいものとなること、もしそうでなければ、肉欲的な快楽は卑しむべき恥ずべきものとなるであろうということである。だがそればかりでなく、われわれの良心すなわち道徳感覚は、肉欲的な快楽に反対しないことが多い。というのも、われわれは一般的にいっ

(3) ロードスのヒエロニムス（Hieronymus of Rhodes, 300?-230? B.C.）。ロードス島出身のペリパトス派の哲学者。第四代学頭リュコーンのもとの学園リュケイオンから離れたが、アテナイで活動し、おもに哲学史・文学史研究で知られる。倫理学では同派の傾向を継いでエピクロスに近い立場をとり、『無苦痛について』を著したとも言われる。

て、情念の奇妙なごまかしによって、それらが罪のないものであると納得しているからである。しかしその一方で、さまざまな徳は、それ自身の内的な美と尊厳によって、われわれを魅了し、われわれを幸福にする。幸福は、浮かれさわぎ・陽気さ・好色・気晴らしといった弱い精神の楽しみにしかないのだ、とわれわれが空想することはありえない。自らの善性と強固な精神と断固たる姿勢で正業に一心に取り組むまじめな人には、もっと高級な幸福がある。

また肉欲にふける人々のくだす判決には、上級審へ控訴するにたる正当な理由も存在している。というのも、彼らは、肉欲に身をまかせ、理性的な本性にもっともふさわしい有徳の喜びを経験することもほとんどなく、また、完全な安定的な高潔さと善性の快さを決して感じることもないからである。彼らは、堕落した判事で、その魂の高貴な感覚を大いに麻痺させている。しかし、あらゆる道徳上の徳において、たとえ魂が最大の尊厳と断固たる態度を示したとしても、そのために外的な感覚がなんらかのかたちで損なわれるとは決して思われない。善良な人は、肉欲的な快楽における善のすべてを知っているけれども、この善を軽蔑して徳を忠実に守る。そして、この善と徳の両方を知り尽くしたうえで、徳にこそ至高の善があると考える。この栄誉ある徳の享受は、肉欲的な快楽と混ざりあうことも、それを獲得するための手段としてわれわれに推奨されることも決してない。反対に、この栄誉ある享楽は、招かれる労働や苦しみや危険によって推奨されるものとなる。それはまさに、

敗北と死のただなかにあって、武勇心は敵の剣から引き出すのだ

ホラティウス(4)

という詩にあるとおりである。

それればかりではない。われわれは、上述の控訴理由において、肉欲にふける人たち自身から度重なる証言を得るのである。すなわち、身体的な快楽ほど徳の美しさに心を動かされない恥知らずで卑劣な人間は、どれほど少ないことであろうか。友人の役に立ったり、自らの道徳上の人格を守ったり、なんらかの中傷に反論したりするときに、わが身を労苦や危険にさらそうともせず、快楽を放棄しようともしない人間がいったいいるであろうか。社会的で友好的な愛情や喜びもなしに、ひたすら孤独な肉欲にふける者は、どれほど少ないことであろうか。わずかしかいないこの者たちを、世間の人々は化け物とみなし、嫌う。それにまた、身体的な快楽は、どれほどはかなく移ろいやすいものであろうか。というのも、この快楽は欲求の持続に全面的に依存しているからである。自然な切望が満たされると、いっさいの快楽は消え去る。あとは必ず、長たらしく退屈で不快な無為の時間がある。もちろん、その無為の時間がもっと栄誉ある徳の追求で満たされるのなら、話は別であるが。

(4) ホラティウス(Quintus Horatius Flaccus, 65-8 B.C.)。主義者で、自然と人生を歌い、またラテン人的精神を讃ローマの叙情詩人。ウェルギリウスにつぐ大詩人として長く後世に大きな影響を与えた。洗練されたエピクロスえている。

また、ほんの少し内省をおこなえば、次のこと――それは、今の問題においてきわめて重要である――が明らかになるだろう。すなわち、自然な欲求が生じるまで、もっとも有徳のものを常に追求しながら、節制した生き方をしていると、一般的にいって、もっとも安全でもっとも喜ばしい低級な快楽の享受がえられる、なぜなら節制や自制によって、その享受はより強くなるから、ということである。そのような善性を与えられてわれわれの本性は神によってつくられているので、徳の支配はこれほどやさしいのである。それゆえ徳は、被統治者に、正当に評価すればもっとも害が少ないと判明する身体的な快楽の享受を禁じたりはしない。ただし、それと同時に徳は、われわれがより高級な快さに対する充分に鋭敏な感覚を依然として保持し、低級な欲求がなんらかの抵抗をするときには、この感覚がそれらを充分に支配できるようにしておかねばならない、と要求する。しかし他方で、肉欲の支配のもとでは、徳へいたる道はふさがれている。すなわち、善であろうとする意識と、徳に対する感覚と、他人による評価から生じるあらゆる高貴な喜びが追放されるにちがいない。さらには、一般的にいって、その喜びだけでなく、独創的な学問・芸術の理性的で人間らしい快楽までもが追放されるにちがいない。

五　次に、生活の優雅さと壮麗さから生じる快楽について考察しよう。この快楽は、明らかに獣のような肉欲よりもはるかに高級であるけれども、きわめて偉大でも持続的でもない。生活が優雅で壮麗であれば、人生のなんらかの重大な悪、たとえば、身体の病、精神の病――それは、身体の病よりも辛いことが多い――すなわち、自分自身の心配・憂慮・悲しみを、少しは和らげてくれるだろう。この飾り立てるもの、優雅なもの、壮麗なものは、われわれにとって目新しいあいだは、きわめて快い。しかし、しばらくするとそれらにも慣れてしまうので、その快楽にも終わりがくる。われわれはすぐに飽きてしまう。けれども、もしその好みに変化がなければ、われわれはまたしても目新しいものを、異常な気まぐれと移り気で、追い求める。そして、数知れない後悔と憂慮とに身をさらしながら、獲得するものといえば、ふたたびすぐに飽き、吐き気をもよおすようになるものである。

さらに、上述のすべてのものが同時に友好的な社会を必要としている、と言っておく必要があろう。つまり、それらのおもな魅力は、気前よさ、親切心、善意、他の人々との快楽の共有といった概念にある。おもにこれらの概念を通じて、それらはわれわれにとって喜ばしい、栄光あるものとなる。そして、それゆえにこそ、人類でもっとも価値ある人々だけでなく、まさに最悪でもっとも卑劣な者たちまでもが、それらを享受することになるのである。

以上の快楽に、さらに、独創的な芸術の快楽、知識や学問においてわれわれが享受するもっとも真に人間らしい快楽をつけ加えておこう。かなりの才能や紳士にふさわしい趣味をもっているあらゆる人の感覚は、身体的な快楽よりもこれらの快楽をはるかに好むにちがいない。しかもそれらは、〔身体的な快楽と比べて〕はるかに持続的で安定的である。したがって、われわれが人生の栄誉ある任務から解放されたときにはいつでも、この快楽のために費やす研究や努力は、真に賞賛されるべきであるし、また、のちにそれを思い出せば快いだろう。この研究や努力は、理性的な本性の自然の糧であり、この本性にふさわしい快楽である。そしてこれは、かの神聖な部分の適切な実践と改善である。これらの快楽は、より純粋なものであり、より栄誉ある喜ばしいものであり、また、意志的な徳にも役立つものである。しかし、容易に分かるように、これらの快楽だけでは幸福には不充分である。それらは必ずしも絶対的に最高級というわけではない。また、それらは明らかに本性上それ以上のもの、われわれが友人や祖国のために貢献できるような栄誉ある任務にさえ役立つように運命づけられている。したがって、もし友人や祖国を救わねばならないのであれば、あるいは、親切な、すなわち思いやりのある任務を実行しなければならないのであれば、もっとも重要な問題についてのもっとも喜ばしい研究さえもわきへ投げ捨ててしまうと思われる人物を、あらゆる人々は是認するにちがいない。

次のような人物を想像してみよう。すなわち、身体的な快楽のためのあらゆる手段だけでなく、生活におけるいっさいの装飾と優雅さをもち、しかも、それを奇跡的な摂理によって与えられた人物である。そして、彼は、誰にも邪魔されずゆったりした気持ちで、もっとも高貴な思索にふけっている。けれども、彼はあらゆる社会的な感情をもたず、誰も愛さず、誰からも愛されず、親切をおこなう機会もない。あるいは、彼は、他の人々に対する自然な愛情はもっているのだが、彼の肉親たち、彼の愛する者たちすべてが不幸で悲惨である、と想像してもよい。このようなめぐり合わせが、わが身に起こるよう願ったり、それを望ましいと考えたりするほど人間性を失っている人がいるであろうか。どんな人でも、それは不幸で嫌悪すべきことだと考えるはずではないだろうか。さらにまた、〔上述の人物には〕妬み・憎しみ・疑念・恐怖心といった、憂鬱でやさしさのない感情も生じているとしてみよう。これらの情念は、たとえわれわれが最高の富裕のなかで暮らしていても、たいてい、われわれの胸中にやさしい愛情が欠けているときにその空隙を満たす。確かにこのような人生の状態は、もっとも不幸で、あらゆる真の喜びや快楽を欠き、苦痛に満ちた死さえよりも恐ろしいと思われるにちがいない。しかし他方で、人生において人々と親しくつきあい、互いに愛しあい信頼しあい、有徳の任務を遂行している場合には、たとえ苦労の多い骨の折れる人生でも――苦悩のただなかにあってさえ、その人生は望ましく栄光あるものとなるだろう。

六　つづいて、幸福や不幸のもう一つの源泉へと話を進めよう。すなわち、他の人々に対するわれわれの共感もしくは社会的な感情（our sympathy or social feelings with others）である。この共感によってわれわれは、他の人々が繁栄していれば、喜びを感じ、逆境にあれば、悲しみを感じる。そして、この共感こそがきわめて重要であると、あらゆる人々が認めるにちがいない。というのも――神聖なるいっさいのものの名において！――肉欲的な快楽ばかりか、芸術や学問の利己的ではあるがもっとも高貴な快楽よりも、自分の子ども・肉親・友人・同郷の人の自由と徳と至福のほうを、比較するまでもなく優先しないような人は存在しないからである。そしてまた、自分にとって愛しいすべての人々が不幸なあるいは恥辱的な状態でいるのを傍観しているくらいなら、今述べた快楽のいっさいを放棄してしまったほうがましだ、と考えない人がいるだろうか。もし社会的な性質の自然な愛情がいささかでも息づいているなら、あるいは、生き生きとしているなら、他の人々の境遇ほど、われわれの幸福や不幸に影響を及ぼしうるものはほとんどないだろう。たとえわれわれ自身は逆境にあっても、われわれにとって愛しい人々が繁栄しているのを見れば、どれほど心の底からの安らぎを感じることだろうか！　そして、彼らが不幸であるのを見ると、人生における楽しみのいっさいが、どれほど破壊され、どれほど粉々にくだけ散ってしまうことであろうか！

この社会的な共感を、われわれは自然に是認する。他の人々の逆境に深く心が動かされることは、栄誉あることである。したがって、たとえこの〔共感という〕感覚によって厳しい苦悩と悲しみがわれわれに生じるとしても、われわれがこの感覚を奪われたいと願うはずはない。もちろん、それとは正反対の気質、すなわち冷酷で無感覚な心であれば、その心配や悲しみを感じないですむが、われわれはこのような心を自然に嫌悪し、不幸であると考える。というのも、この心は憎むべき卑しいものだからである。

また、われわれの愛する人たちの繁栄あるいは逆境が続くにしたがって、この種の喜びや悲しみはきわめて持続的でありうる。そればかりか、われわれは、友人の苦悩や死という出来事が起こったあともずっと長いあいだ、それらの出来事について考えると、深い悲しみにおそわれる。そして、このような感覚がいつまでも持続するからこそ、それらの出来事の重要性がとてつもなく増大するのである。

われわれがこの〔共感という〕源泉から得る幸福のいっさいは、明らかにわれわれから独立していて、神の摂理によって決められている。人は、ちょうど外的な快楽を自分に保証できないように、共感から得る幸福を自分に保証できない。かといって、共感による苦痛が生じないようにしてみても、すなわち、人はたいていの場合、自らの不幸の原因であり、その責任がある、と考えてみても仕方がない。そればかりか、もし人が、外的快楽という非常に卑しい一時的な対象に自分の幸福への希望を託すという自らの失敗によって不幸になるとしたら、それはとくに嘆かわしく、きわめて憐れむべきことである。自分自身を不幸と考える人はすべて本当に不幸である。もっとも、たとえまわりの現実の状況が同じでも、彼ら自身の気質が変われば、彼らも幸福になれるのだが。

このような悪から逃れるためには、あるいは、やさしい心にとっての平静や安定的な喜びを基礎づけるものとしては、明らかに、この世界を支配する神とその叡知と善性への不断の配慮しかない。しかも、この配慮には、以下のような確固とした信念が伴わねばならない。すなわち、いっさいのものは、全宇宙の至福のために、もっとも賢明で最善の仕方で秩序づけられている。われわれが目にするさまざまな悪は、そのいっさいが宇宙の繁栄と完成のために必要とされるものにすぎず、それ以上のものではない。これらの悪は、ある人たちが逆境にいるのをわれわれが嘆き悲しむその人たちに真の善を最終的にもたらすことがよくあるだろう。

七　上述の共感と本性上関連づけられる、幸福や不幸の次なる源泉は、良心、すなわち、正しい栄誉あることを対象とする感覚である。これもまた、人生においてきわめて重要である。活力、友情、義務に対する強い感覚、あるいは不屈の精神をもって他の人々のためになんらかの任務を果たしたことを思い出すことのできる人、しかも、このことを思い出すと必ず、自己の魂がどれほどの喜びで満たされるのかを知っている人なら、誰でもこの感覚を知覚できるだろう。〔このような人々である〕他の人々に対するわれわれの感情は、どんなものだろうか。われわれは、どれほどの好意、どれほどの熱い善意をもって、このような任務に取り組む人々を抱きしめることだろうか。彼らが労苦と危険のただなかにあるときさえ、いやそればかりか、彼らが自己の友人や祖国、あるいは真の宗教の普及のため自ら進んでその命を賭すとき、彼らがいかに幸福であると、われわれは思うことだろうか。ある人が、自分自身あるいは愛する人のために、自ら考えられうる最高の尊厳と幸福に満ちた人生の全体計画をねるとき、彼がなにもせずに夢想することからさえ充分に明らかとなるのは、もし揺るぎない徳をたゆまず実践していくのでないなら、そして、その生き方が労苦と危険のただなかでも貫かれるのでないなら、人生の幸福な行路についてどんな概念ももちえない、ということである。以上の感情は、子どものころからわれわれの心に根ざしているように思われる。われわれの本性の全体構造が示すのは、われわれが行為へと運命づけられていること、有徳の行為にのみわれわれは最高の幸福を見いだせること、この幸福と比べたら、いっさいの感覚的な快楽など軽蔑すべきものと思われる、ということである。

したがって、善良な人は、どれほどの喜びと、どれほどの〔魂の〕平静と自信で満たされていることだろうか。というのも彼は、できるかぎり神の模倣をしようと努力しつつ、慈悲深くやさしい支配者で父にして気前のよい報償者である神が存在していることを確信しているからである。彼は、いっさいの出来事が神の摂理によって統治され、決定されると確信しているので、自己の身に起こることはすべて、完全なる叡知によって命じられ、自分自身の善に資するはずである、と固く信じて、それらをすべて喜んで受け入れる。彼は、至高の卓越者を知り、愛する人、そして、しばしばこの存在について思いをめぐらし、その模倣をしようとする人である。

以上のすべてのことに加えて、われわれの善なる性向についての意識とこの性向にしたがって行為したという意識とから生じる喜びがもっとも安定的で持続的である、と指摘しておこう。栄誉ある〔行為に伴う〕

労苦や困難は、やがては消え去り、後に残るのは喜ばしい栄光ある回想である。道徳的判断力（taste）は変わりやすくもないし、気まぐれでもない。すなわち、徳の実践には決して飽きはこない。そればかりか、徳の実践はむしろ、同じような、あるいはもっと高貴な善なる任務をさらに果たそうという欲求をあらたに刺激する。そしてさらに、われわれが、うまく手助けできた人々とともに喜びをわかちあうとき、あるいは、人々からの是認と賞賛を正当に期待できるとき、また、自らの安心と至福に必要ないっさいのものを神と人々から獲得できるという喜ばしい希望をもっているとき、徳の実践に伴って、いっそうの喜びが生じる。もし、自己に与えられた人生の条件にしたがって自らの徳に取り組もうと心から決めているのなら、善なる任務において自らの徳を実践する機会がめぐってこないのではないかと、恐れる必要はない。確かに、貧しい人や弱い人なら、この世の中の現実的なことがらでは、他の人々に重要な貢献ができないかもしれない。しかし、そのような人でも、人類の繁栄をもっとも熱心に願うなら、また、少なくとも自らが信心の模範となることによって、あるいは、ささいではあってもなしうるかぎりの任務を果たすことによって、人類に役立とうと決心しているのなら、ひかえめな自負心と喜びをもって、自分の心の善性を是認することができるし、さらには、もっとも公正な裁判官たる神と、人類のなかでもっとも賢明な人々に対して、正当な愛情を抱くことを是認でき、神と賢明な人々から好意と是認と保護を期待することができる。

八　上述の感覚〔良心〕の結果として自然に生じるのが、栄誉と不名誉を対象とする感覚である。これは非常に鋭く活発な感覚である。賞賛と栄光は、徳に基づくとき、幸福にかなり近づく。しかし、徳に基づかないとき、それらはほとんど重要ではない。自分にはふさわしくないと知っている賞賛に喜ぶことができる精神は、不公正でとるに足りない精神にちがいない。真の栄光は、生き生きとした樹木のように、その根を深くはり、その枝を広げる。しかし、偽りの栄光は、花のようにすぐに朽ちてしまうにちがいない。一日として続かない根拠のない栄誉が自分のものであることを、誰も確信できない。真実には力があり、われわれは、しばしば予想以上にこの力の影響を受けている。だからこそわれわれは、これみよがしの偽善者の仮面を剥いだり、栄誉を傷つけられた人を擁護し、中傷から徳を救い出したりする。真実の力とはそれほどのものである。また、賞賛の真の対象は徳だけである。それゆえ、賞賛に対する先天的で強い情念の刺激を受けて、すべての賢明な人々は、徳の規則にしたがって自己の人生全体を規制しようとし、真に栄誉ある任務にたえず取り組もうとするのである。

九　娯楽・気晴らし・冗談のなかには、うきうきとした喜びや楽しみ〔mirth and gaiety〕があり、ここに、低級ではあるがもう一つの享楽の源泉がある。われわれは、この源泉をまったく無視することがないように、ほんの少しだけ以下のことに言及しておこう。すなわち、もし高貴な能力がさほど麻痺しているのではないなら、さらに、人間らしい考えや内省のいっさいをわきへ投げ捨てて、もっとも重要な関心事について卑しい無頓着に陥っているのでもないなら、われわれは、人生の義務に対する注意深い配慮と徳によってしか、自己に〔魂の〕平静や陽気な喜びを約束することはできない、ということである。なぜなら、良心の呵責、徳に反する妬み深いひねくれた情念、または恐怖心や猜疑心で、魂がいらだち腐敗しているときには、充分に満足することはできないからである。この問題には、ありきたりのたとえ話が成り立つ。すなわち「酸っぱい樽に注がれたものは、どんなものでも、すぐに酸っぱくなるにちがいない」のである。われわれが本当にくつろぎ、陽気な心持ちで、あらゆる人間らしい楽しみやうきうきとした喜びを味わうことができるのは、われわれが礼儀正しい、思いやりのある、やさしい気質と善なる良心をもち、善良な人々と仲良く打ち解けた社交を続けているときだけである。したがって、うきうきとした楽しみや喜びをもたらす価値あるものはすべて、あらゆる種類の徳の涵養へ向かうようわれわれを刺激し、また、人生のあらゆる義務を果たすための活動へ向かうようわれわれを勧める。

一〇　富と権力についても述べておこう。富と権力にどのような善があろうとも、賢明な人は、その善に導かれて、同じ有徳の生き方を自然にするようになるだろう。というのも、他の人々の好意と善意を獲得し、社会における信頼を維持することによってこそ、富と権力はもっとも容易に獲得され維持されるからである。そして、最大の富や権力でも、あらゆる人々の憎しみや憤りからは、その所有者を守れないからである。だが、富と権力はそれ自体のためではなく、さらなる目的のために望まれる。また、われわれはこれまでに、どんなものが人生のもっとも高貴な喜びであり、もっとも高級な利益と幸福であるのかを明らかにしてきた。これらのことから必ず明らかとなるのは、富と権力を気前よさと恩恵に用いる人々だけが、真の果実を手に入れ、もっとも安全かつ甘美に、そしてもっとも栄誉ある仕方で富と権力を享受できる、ということである。

しかし、あらゆる動物においてもっとも強力な第一原理の一つは、自己保存の欲望だから、この問題について若干の考察をしておかねばならない。なるほど確かに、この欲望は、その他のほとんどの欲望と同じように、非常に強烈かもしれない。しかし、この欲望の目的は、ただたんに生きることではなく、むしろ幸福に生きることである。そして、ある状況では、生きることが望ましくなくなるのは確かである。たとえばそれは、非常な卑しさと不名誉と良心の呵責なしには生きつづけることができない場合であり、あるいは、ひどい身体的な苦痛のもとで生きてゆかねばならない場合である。友人が死以外の方法ではこれらの悪から逃れられないとき、友情にあつい心をもつ人なら、彼の死を望むことだろう。死は、あらゆる人に確実に起こる出来事であり、死がどれほどわが身にせまっているのか、誰も知らない。したがって、命を守ろうとするあまり、それを生きるに値するものにしているすべてを失うことがないように、もしなんらかの神聖な義務を必要とするなら、自己の命を最大の危険にさらすことは、しばしば自己の利益にとって賢明な行動であるにちがいない。それゆえ、われわれは、死の恐怖に対して自己の精神を強化しなければならない。というのも、今にも起こりそうな悪や、われわれをいつ襲ってもおかしくない悪を恐れる人は、〔魂の〕平静を保つことができないからである。そして、この精神の強さは、以下のことを若いころから深く考察することによって獲得できるはずである。すなわち、もし死が身体だけでなく精神も破壊するのなら、死後には、いかなる悪も、いかなる不安な感覚も存在するはずがないということ、しかし——まさにわれわれが神の善性と魂それ自体の神聖な能力とから正当にも結論づけるように——もしわれわれの魂が死において消滅しないのなら、すべての善良な人々は、喜ばしい状態を期待できるし、また、このはかない限りある命がいっそう高

貴なあらたな命に、すなわち唯一その名に値する命に引き継がれるにちがいないと期待できる、ということである。(5)

これまでのすべての推論を総合すると、以下の結論が導き出される。すなわち、幸福は、魂の徳にあり、また、善なる任務においてたえず徳を実践することにある。しかし、これを完全に実行するためには、身体と財産に関して、ほどほどに恵まれていることが必要である。少なくとも、われわれが健康を享受することと、〔人間の〕本性から生じる激しい渇望を満たしうる程度に、この世での事物の便益を享受することが必要である。徳を身につけていれば、それだけで人生は幸福とみなすことができる。しかし、人生を完全に幸福とするためには、この世の中で、ほどほどの繁栄に恵まれていなければならない。

一一　先に比較した各種の善に反対の各種の悪を比較してみれば、上述と同じ結論がさらに確認される。ここで、第一に明らかなのは、身体的な快楽と比べれば、身体的な苦痛の強さと影響力はいっそう大きい、ということである。このように〔神によって〕賢明に定められているのは、われわれがそれだけいっそう強く自己保存へ向かうようにするためである。けれども、この身体的な苦痛を、悪のなかの最大のものとみな

(5)　原文で「考察 meditation」を文法的に受けているのは「……不快な感覚も存在するはずがないということ」までで、「しかし……」以下は、独立した長い文である。しかし内容からは、「考察」はパラグラフの終わりにまでかかっていると解釈せざるをえない。

してはならない。しかし人々は、この誤りに陥ることが多い。というのも、わりあい軽微な道徳上の卑しさと、もっともつらい身体的な苦痛とを比較するからである。しかも、その比較される道徳上の卑しさが、誘惑が大きいために、ある程度許容されるものであったり、大目に見てもらえたりするときさえあるからである。しかし、ある種の犯罪は、非常に嫌悪すべきもので、かなりの自己嫌悪ときわめて辛い後悔の念とを引き起こすにちがいない。また、われわれにとって非常に愛しい人物の不幸によって引き起こされる特定の悲しみと苦悩は、あまりにも深い。それゆえこれらは、どんな身体的な苦痛にもまさる不幸を生じさせるのである。

そしてまた持続性に関しては、身体の苦痛は、その快楽と同じように、きわめて持続的であることはめったにない。持続するような苦痛は、一般的にいって、わりあい軽微であるか、あるいは、その苦痛を感じない状態がしばしばおとずれるにちがいない。苛酷な苦痛は、一般的にいって、まもなく〔それを感じている人の〕死によって終わるにちがいない。また、もしわれわれが、過去と同じような苦痛の再発をなんら恐れていないのなら、過去の苦痛を思い出すことは、なんら不快ではない。むしろ、それは甘美であり、栄光を感じるものである。

美しさ・調和・巧みな模倣から生じる芸術の優雅な快楽、および、生活の装飾や壮麗さにかかわるいっさいの事物の優雅な快楽には、それに対応する固有な苦痛は存在しない。この〔優雅な快楽にかかわる〕より崇高な感覚は、快楽にいたる道であって、苦痛にいたる道ではない。確かに人々が、これらの満足を与えるものに強い欲望を抱いてきた場合、あるいは、それらを通じて栄光と卓越を装う場合には、それがうまくいかなければ、非常に失望するかもしれないし、また、われわれはそれらをもてないことを非常に悔しく思うかもしれない。けれども、それらをまったくもてないことは、なんらかの不幸の自然的・必然的な原因ではない。それればかりか、われわれが知っているように、大多数の人々は、それらをもたないけれども、充分に心安らかでいるし、またそれゆえに、それらを手に入れたいという切望をまったくもたないのである。

しかし、以下のことを見ておくことは、きわめて有益であろう。すなわち、徳それ自体には、上述のような物質的な喪失感や苦痛をわれわれに与える本性的な傾向はない、むしろ徳は、この喪失感や苦痛を阻止または除去する、ということである。だが、有徳の人だけでなく悪徳の人もきっと避けられないこの喪失感や苦痛を被ることが、もしわれわれの運命なら、あるいは——ときどき起こることであるが——もしわれわれが徳のために、ときにはこれらの悪に身をさらさねばならないのなら（もっとも人々は自分の悪徳のせいで、しかもかなり恥ずべき卑しいかたちで、これらの悪に巻き込まれることのほうがはるかに多いのだが）、徳は、われわれに決然とした態度でその悪に耐えるよう、あるいは打ち勝つよう教えてくれるだろう。あるいはまた、われわれにその悪のもとでの多様で強い慰めを与えてくれるだろう。少し考えれば分かるように、このような出来事は、もっとも栄光ある徳の実践に固有の問題、あるいは、この徳が日々あらたな力を獲得しながら実行され、鍛え上げられてゆくはずの道筋なのである。そしてまた、この徳に辛抱強く耐えることによってこそ、神に対するわれわれの服従と従順さと雅量が示され、強化され、ついには栄光あるかたちで報いられるにちがいないのである。

他の人々の苦悩に共感することから生じる不幸は、しばしばかなり苛酷で、感覚的な快楽や外的物体によって緩和されることはありえない。また、この苦悩はきわめて持続的である。というのも、われわれにとって愛しい人物のひどい不運や不名誉を思い出したり、考えたりすることは、まったくもって常にきわめて不快なことにちがいないからである。このような苦悩のもとでは、神への服従と信頼によって得られるにちがいないもの以外には、ほとんどどんな慰めもありはしない。そしてこの神への服従と信頼によってのみ、善良な人々はあらゆる出来事のなかで自らの精神を支えることができるのである。

だが、それにもかかわらず、あらゆる悪のなかでもっともひどいのは、自分自身の卑しさを意識している堕落した心の道徳上の卑劣さである。この卑劣さによって、人は自分自身が不快となり、また、自らの気質という、自分にとってもっとも本質的で密接なものが、卑しく恥辱にまみれた、さらには不名誉で嫌悪すべきものと思われるようになる。この悪はまた、その本性上もっとも持続的である。というのも、われわれは、過去の〔道徳的に〕恥ずべき行為や〔神への〕不信心を思い出すたびに、いつも辛く恥ずかしい思いになるにちがいないからである。そしてわれわれは、気質の全面的な改変と過去に与えた損害の補償をするのでなければ、この不快で苦しい感情をふっ切ることはできない。またこの不快で苦しい感情は、気質の改変と損害の補償をうまく実行するはずはないだろう。この不快で苦しい感情にいつも伴うのは、憂慮と恐怖心と心配である。そして、このような〔悪をなす〕人々は神と人々から罰を受けるに値する存在だから、彼らは、自己の欠点に応じてその報いを受けるだろうと、いつも恐れながら生きてゆかねばならない。

このような、不幸の内的な原因があると、不名誉をも招く。不名誉は、それが当然である場合には、いつまでも持続する苛酷な苦痛を〔当人に〕与え、他の人々との真の友情や好意に対する希望も、自分の利益のために他の人々から誠実な支援が得られるだろうという希望もすべて〔当人から〕奪う。

上述のすべてのことから理解できるように、このうえもなく正当な理由から、古アカデメイア学派[6]とペリパトス学派は、「順調に人生を歩むなかで、たえず最高の徳にしたがって活動すること」こそが幸福である、とみなした。この活動を、スコラ学者は至高の形相的善（*supreme formal good*）と呼んでいる。したがって、同じことは、次のように要約された幸福と徳の概念に示されている。すなわち、「われわれは自己の魂全体をもって神を愛し崇敬するとともに、人類に対して揺るぎない善意をもち、また、身体と精神のあらゆる能力を注意深く改善してゆかねばならない。というのも、われわれがすべての人々の共通の利益を促進できるのは、この心身の能力によってだからである」。これこそが、自然・本性にかなった生き方である。

一三　しかし、われわれは、以下のことをいつも肝に銘じておかねばならない。すなわち、われわれは全面的に神に依存している。精神や身体のあらゆる善、われわれのあらゆる徳は、神から派生してきたもので、神の恵みあふれる摂理によって維持または増進されるにちがいない。また、善なる気質をもつすべての人は、視野を外に広げ、他の人々の幸福を熱心に追求するにちがいない。けれども、他の人々の幸福もまた

（6）古アカデメイア学派（The old Academy）。「アカデメイア」とは、プラトンが紀元前三八七年にアテナイの西郊外に建てた学校のこと。この地には英雄アカデモスをまつる社があったので、この名前がついた。プラトンの死後約一〇〇年が、古アカデメイアと呼ばれる時期である。

神の意志に全面的に依存し、人間の力では実現できない。したがって、〔善なる気質をもつ人々が〕魂の平静と喜びを確実に手に入れようと思ったら、神の善性と叡知と力にたえず信頼を寄せ続けるしかない。そして、この絶えざる信頼によってわれわれは、神が全事物をうまく秩序づけていると確信しつつ、自分自身と友人と全世界を神にゆだねることができる。それゆえ、スコラ学者は正当にも、神を幸福の至高の対象、すなわち至高の対象的善（*supreme objective good*）と呼んでいる。この至高の対象的善たる神を知り、愛すればこそ、神に好意をもたれているという希望とともに、われわれの至高の幸福が得られるにちがいないのである。

# 第三章　徳の主要な分類項目について

一　われわれの主要な善は有徳の活動にあることを明らかにしたので、次の探究は、それぞれの徳はどんなものか、どんな行為がそれらの徳から導き出され、そして、どんな対象に向かうのか、という問題でなければならない。

われわれは、自己の先天的な良心、すなわち善で栄誉あるものを対象とする感覚を説明するとき、魂の主要な徳は、やさしい心の動き（kind affections）と行為の恵み深い意図（beneficent purposes of action）であること、これらのうち静的で揺るぎないものが、情念的なものより卓越していること、そして、もっとも広大な徳がもっとも卓越したものであることを、明らかにした。至高の卓越性に対する最高の愛を抱くので、われわれはまた、もっとも卓越したもののなかに、道徳上の卓越性（moral excellence）への熱烈な愛、その卓越性を自分自身のなかで増進したいという真剣な欲望、その卓越性をもつすべての人々に対する高い尊敬の念と愛を含めた。以上のことから、最高の崇敬の念をもって神を愛すべしというわれわれの義務と、上述の情動をもつ人間になるべきだというわれわれの神聖な責務が明らかとなった。

われわれが中級あるいは低級の種類の徳に含めたのは、〔家族や友人への愛情のように〕本性または知遇を通じて引き起こされた、比較的せまい愛情（affections）である。これらのうちでより愛されるべきものは、有徳の心をもつ人が他の人々に同じ有徳の性向を見るときに感じる愛情である。したがって、徳が生みだし育んだ友情は、きわめて愛されるべきものと思われるにちがいない。また、われわれが交際するすべての人々に対して常に礼儀正しく感じよくふるまうことには、非常に人を引きつけるものがある。

われわれがまた、すべての徳に含まれる習慣や性向と考えるのは、魂の高貴な能力を改善するのに役立つか、あるいは、やさしい情動（generous affections）に自然に伴うか、または育むものである。さらに、通常は徳への障害物となる卑しい肉欲的欲求を抑制するのに役立つ習慣や性向も、また、この欲求を制御する能力をわれわれに与える習慣や性向も徳に含まれると考える。これらすべての習慣や性向を、われわれは直接にそれ自体のために尊重する。というのも、わが創造主の賢明なる工夫によってわれわれの本性上の判断力（natural taste）はうまく形成されているので、今述べた心の動きや能力が一般的な善に対して非常に重要であればあるほど、われわれは、それだけいっそうそれらを直接に是認し尊重するようになっているからである。したがってわれわれは、比較的せまい範囲を対象とするやさしい愛情だけを是認し愛するのではない。もちろんこの愛情は、もっと広範な利害に対立しないかぎりは、人生における〔人間〕関係においてとても必要である。けれども、われわれはまた、誠実で率直で公平な気質をも直接に是認する。そして、節制すなわち富と快楽に対する軽蔑と、不屈の精神とを賞賛する。というのも、これらすべてによって、精神が道徳上の卓越性に対する高級な鑑識力をもっていることが自然に証明されるからである。しかもこのことは、肉欲と物質的な利益・不利益に対して〔その精神が〕無頓着または侮蔑的であることによって確認されるのである。それればかりか、われわれは、身体のある状態や動作が自然に徳を示唆していれば、それらをも直接に好む。そして、それらとは正反対の性向——精神のであれ、身体のであれ——は、不快で腹立たしいものと思われる。

さらにまた、われわれは、道徳感覚とは異なるが、それと似ていなくもない先天的な感覚にも言及しておく必要があろう。この感覚によってわれわれが判断・評価するのは、自発的な徳とはまったく異なった、精神と身体のいくつかの能力である。神がわれわれに与えたすべての能力には、ある種の感覚あるいは判断力（sense or relish）が結びつけられていて、われわれが自然とみなし、かつ〔すべての人々の〕全般的な善にもっとも役立つ各能力の行使を、この判断力は推奨するのである。それゆえわれわれは、知識の追求と技巧的な技芸、集中・勤勉・忍耐の能力を大いに是認する。さらに、われわれは、身体の運動や気晴らしにおいてさえ、いくらかの巧みさや力強さを示すもの、あるいはそれらを高めるのに資するものをとても是認する。

二　徳について、以上のような一般的で大まかな素描をしたうえは、その美をわれわれに示している各種類の徳にわれわれがもっと魅了されて、それを追求したくなるように、徳の各種類について考察するのが適当である。徳は、もっとも広い意味においては、感覚をもったなんらかの存在の幸福に役立つなんらかの能力や性質を意味するであろう。しかし、もっと厳密な意味においては、魂の諸能力を完成に導く習慣や性向を意味する。したがって、徳は知性の（*intellectual*）徳と道徳上の（*moral*）徳とに分類される。前者には、独創的な芸術と学問によって精神を改良するあらゆることが含まれる。後者は、意志と情動〔愛情〕の完成であり、主として徳とみなされる。この後者こそが倫理学（Ethicks）の主要な対象である。

しかし、知性の徳が道徳学（Morals）においてまったく取り上げられない、ということになってはならない。それはなにも、知性の徳が幸福の高貴な分野になる、すなわち大いにわれわれの理性的な本性に快楽を与えるから、というだけではない。確かに、この快楽に慣れ、それに対する高級な鑑識力をもつようになれば、誰でも、悪徳につながる卑しい享楽を軽蔑できるようになるだろう。だからこそ、学問は正当にも魂の浄化と考えられてきたのである。(原注1) だが、この理由に加えて、〔知性の徳が倫理学において取り上げられるべきなのは〕、知性の徳が道徳上の徳に対してもっと直接に役立つものを与えるからである。というのも、自然と宇宙への探究が深まれば深まるほど、偉大なる創造主の完全性が明らかになり、彼に対するわれわれの従順な崇敬の念が強められ、人々の低級で世俗的な〔事物の〕追求に対して、精神が正当な軽蔑の念をもてるようになるからである。そしてまた、謙遜という、自分自身の弱さと多様な不完全さに対する深い意識が得られるからである。この謙遜こそは、善良な性格における主要な飾りで完成である。そればかりではない。もし人生の比較的低級で通常のことがらについて、それほど充分な知識をもっていなければ、われわれは、行動するときに常に必要となる実践的な思慮分別を欠くにちがいない。けれども、上述の徳や業績は、おもに哲学の他の分野や芸術に属する。われわれはただ一般的なかたちで以下のことに言及しておくのみである。すなわち、知識を追求する際には、二つのあやまちを注意深く避けねばならない。一方は、思慮のない軽率な同意というあやまちである。これを避けるためには、われわれは時間をかけ、熱心に考えてみなければならない。そして、偏見と先入観、または激しい執着から自由な精神を育てなければならない。もう一方のあやまちは、難しい〔から好奇心をそそる〕が、人生においてほとんど有用でも必要でもない主題にあまりにも熱中しすぎることである。

（原注1）　ピタゴラスとプラトンは、これを καθάρματα ψυχῆς〔魂のカタルシス〕と呼んだ。

意志に基づいた道徳上の徳について述べよう。さまざまな著者によるこの徳の分類は、非常に異なっている。アリストテレスの支持者たちは、われわれが悪徳に導かれるのは、節度のない制御されない情念によってであるが、そのすべての情念は、必要な目的のために神によって賢明にもわれわれの本性のなかに植え込まれたのだ、ということをおもに念頭におきながら、徳の定義を「正しい理性にしたがって中庸（mediocrity）を維持する魂の思慮深い習慣」とする。というのも、情動はしばしば無秩序であるので、それらを過剰と欠如という両極端に陥らないように保つことは、確かに徳の任務の相当部分を占めるからである。こうした観点から彼らは、いくつかの徳を説明するにあたって、まずそれら自然な情念を説明し、そして、情念があまりにも無反応なときや、あまりにも激烈なときの、さまざまな程度を説明する。そうして、中庸の程度がもっとも安全で、もっとも有益で、もっとも優雅であることを明らかにする。そして、この中庸の程度を、彼らは有徳とみなすのである。ところで、この中庸を維持する各習慣を、彼らは、古代人の有名な分類にしたがって、四種類にまとめている。それらは主要な徳（*Cardinal Virtues*）と呼ばれ、それぞれ慎慮（*Prudence*）、正義（*Justice*）、節制（*Temperance*）、剛毅（*Fortitude*）である。彼らは、この四種類の徳から、徳のさまざまな分類のすべてを導き出す。

三　アリストテレスの支持者は、慎慮の説明として「よく考察し、先を見通す注意深い習慣で、人生における有益あるいは有害なものを識別すること」と述べている。この習慣は、経験と度重なる思索を通じて獲得され、維持されねばならない。確かに、この習慣は、人生のあらゆる仕事に必要である。だが、思慮分別は道徳上の徳よりもむしろ知性の徳のなかに位置づけられるべきだ、と思う人もいるかもしれない。しかし、もしある人の心が、道徳上の卓越性をよく感じとるということに関して、道徳上の徳を通じて改善されないなら、また、もしその人が善性というより寛大な感情を心の深くに抱いていないなら、その人は、真の確実な思慮分別に到達することはできないのである。もちろん、世俗的なことがらには、ある種の悪賢さをもっている者もいるだろう。この悪賢さは、思慮分別と知恵という称号を身にまとうだろう。しかし、それはこの称号から非常にかけ離れたものである。この徳の正反対の悪徳は、軽率さ、無分別、愚かしい、うぬぼれ、悪知恵である。

アリストテレスの支持者は、剛毅を次のように定義する。すなわち「われわれが自己の義務を果たすときにさらされるかもしれないすべての労苦や危険に立ち向かえるよう、魂を強化する徳」である。あらゆる空虚な恐れや過剰な恐れをおさえることができるのも、また、われわれが、死すべき運命にある我々の状態のあらゆる外的出来事に対して優位に立てるのも、この徳によってである。しかもそれは、この外的出来事の本性についての、次のような充分な知識に基づいている。すなわち、幸福という観点からすれば、現世的な利益は、徳の所有と比較されうるものではなく、われわれ自身の心からの是認も、また、われわれの気質を完全に知っているにちがいない神の是認も獲得できない。また、魂の道徳上の醜さと悪徳ほど、恐れられるべきものはありえない。したがって、いずれにせよ死はまもなくわれわれにおとずれるにちがいないのだから、徳と名誉を伴う早死は、もっとも長い不名誉な人生よりもはるかに好ましい。現世の出来事に煩わされることのない精神の真の偉大さと高尚さは、今述べた原理に基づいているにちがいない。

この精神の真の偉大さは、次の三つのものに見られる。すなわち、道徳上の卓越性に対する高級な判断力と愛、今述べたばかりの、現世の出来事に対する優位さと軽蔑の念、情念に煩わされることのない〔魂の〕平静である。したがって、道徳上の卑しさやたんなる不名誉を恐れないなら、そこに真の不屈の精神はない。真に勇敢で賢明な人は、有徳の任務には必要でない危険を避けるように、なによりもまずこれらを避ける。ところで、われわれの情念的な〔心の〕動きには、二種類ある。一つは情念的〔激しい〕欲望であり、もう一つは〔情念的〕嫌悪すなわち恐れや怒りである。節制が前者を規制するように、不屈の精神が後者を規制する。不屈の精神の種類のなかには、大度、恒心、度胸、忍耐に加えて、気質における思いやりと情け深さが含まれる。さらに、公的な利害が必要とするなら、きびしさと厳格さ、さらに損害・侵害を拒絶または抑制するために必要となる正当な憤りも含まれる。

剛毅に正反対の悪徳は、一方では、小心と臆病である。またそれらに共通に伴う冷酷さもこの悪徳に含まれる。他方では、すさまじい大胆さとむこうみずも含まれる。これには、頑迷さと野心、すなわち、〔他の人々より〕高位に立ちたいというあまりにも激しい欲望がしばしば伴う。しかしこの欲望は、自由な国家では維持されなければならない権利の平等に反している。

節制は、肉欲的な快楽に対する低級な欲求を抑制し規制する徳である。というのも、この低級な欲求によって、人々はもっとも頻繁に、あらゆる悪徳の生活態度に陥り、栄誉あるすべてのことを無視するようになるからである。この徳においてこそ、生活態度の優雅さと美がもっとも顕著にあらわれるが、それは肉欲によって完全に破壊される。

節制の各種類を挙げれば、精神の節度、謙遜、貞節、倹約、簡単で質素な食事に対する満足あるいは好み、さらに、猥褻で淫らなあらゆることに反対する生活態度の厳格さである。節制に対応する悪徳は、贅沢、大食らい、酒びたり、厚かましさ、気まぐれ、猥褻、軟弱なやさしさ、そして、食事などの身体についての気配りにおける繊細さである。

しかし、アリストテレスの支持者たちは正義を、その他のあらゆる徳が従属すべき至高の徳とみなす。この徳を彼らは次のように定義する。すなわち「公共の利益を常に尊重する習慣、そして、自然な要求があれば当然与えられるべきすべてのものを、公共の利益に資するかぎりで、各人に与えたり実行したりする習慣」と定義する。この正義のなかに彼らは、心がもつやさしい性向のすべてを含める。すなわち、人々のあいだで親密な関係が維持されるようにする性向とか、公共の利益のためになんらかの貢献がしたいという気をわれわれにおこさせる性向である。たとえば、気前よさ、善行、親切、感謝の念、立派さ、礼儀、人間愛、正直、誠実、もてなし、祖国への愛、人生の神聖な関係における忠実な愛情、そしてとりわけ神に対する信心である。というのも、神こそは、われわれの住む各地方がほんの小さな部分でしかない、もっとも崇敬すべき神聖な政治体すなわち理性的被造物の支配者で父とみなされているからである。われわれは先に、自然な欲望の各対象をめぐる比較と至高の善について述べたが、上述の三つの主要な徳の本性は、これらから知ることができよう。そして、正義の本性については、第二部(原注1)でより詳しく説明されるであろう。そこでわれわれは、人類の各権利について論じるつもりである。

〔原注1〕　第二部第二章および第四章を見よ。

アリストテレスの支持者たちは、これら四つの徳が本性上結合していて、分離不可能だと主張する。しかも、彼らが英雄的と呼ぶ、それぞれの徳の最高水準でのみそれらが結合している、というだけではない。低級な欲求が難なく制御され、節制と呼ばれる中間の水準でも、そうだというのである。ただし、節欲の水準と呼ばれる、最初のより弱い性質においては、それらは分離可能とされる。またさらに、それぞれの徳からは、その特有の義務が導き出され、その義務について彼らは嬉々として詳述している。しかし、以上の主題については、この辺で終わりとしよう。

**四**　ここで、徳の起源に関して、いささか厄介な問題が生じる。すなわち、徳はわれわれの本性の構造そのものから生じるのか、あるいは教育や習慣から生じるのか、それとも神のなんらかの影響や力によって生じるのか、という問題である。この問題についてわれわれは、簡単に次のことだけを述べておこう。すなわち、なんらかの自然の原理から生じるすべてのものは、あたかも神の力によって奇跡的な方法で生じたのと同じように、それは神の賜物であり、われわれはそれについて神の恩恵を受けている、ということである。つまり、〔神の〕恩恵に対するわれわれの感謝の念は、たとえ次のような理由があろうとも、そのために弱くなってはならないのである。たとえば、同じような善性を多くの人々のあいだに広めたのは、〔神ではなく、〔現実の人間の〕気前のよい贈与者だったのかもしれない。あるいは、その恩恵がわれわれにもたらされたのは、〔神からの直接的な作用ではなく〕一定の規則的な方法によってであったのかもしれない。すなわち、〔一つの原因から別の原因へと連なる〕諸原因の安定的な系列が、最初に自然の著者の善性と叡知によって決定され、その結果として、不変の法則にしたがって恩恵がもたらされたのかもしれない。あるいはまた、自然の著者は、自由意志をもったある者を自らの代理人や道具として利用し、その者がわれわれに善なる任務を果たすように仕向けたり、その気をかきたてたりしたのかもしれない。それゆえ、われわれが自分自身のなかに見いだす徳こそが、神に感謝と賞賛を捧げるための一番の根拠なのである。さらに、人々が栄光と栄誉のあるすべてのことを求めるように、世界の普遍的支配者はまた、その力を通じて人々の心をかきたてるはずである。この点に関して、信じられないものはなにもない。それどころか、現世の物質的な利益をわれわれに与える場合にはそうした善性を示してきた存在が、もっと高貴な恩恵をもたらす場合には同じ善性と力とを行使しないということは、むしろありえないのである。(原注1)〔この節のはじめに述べた人間の本性、教育・習慣、神の力という〕三つの原因が同時に作用すれば、確かに疑いなく人々は有徳になるにちがいない。幸福な先天的性向をもつ人が、教育や訓練からそれほどの助けを受けていないにもかかわらず、天啓のようなものによって偉大なものを生み出すのを、われわれは目にすることがある。けれども、ある程度の先天的性向がなければ、少なくとも、徳に対する先天的な鑑識力や能力がなければ（しかしながら、これをまったく欠いている人などめったにいない）、教育や慣習は、ほとんど、あるいはまったく効果をもたないだろう。これら二つのうちでは、善なる先天的性向のほうがより大きな重要性をもつように思われる。というのも、自然・

本性のほうがより安定的な原理だからである。しかし、教育と習慣は、先天的性向をすばらしく改善する。また、教育と習慣の助けなしに偉大で卓越したもの〔が成し遂げられるの〕を見ることができるだろうとわれわれが期待できるとしても、それはほんの稀なことである。

〔原注1〕　このことは、物質の世界の枠組みを維持する諸力が神の絶えざる作用によって生じていると考える人には、奇妙に思われるはずがない。マルクス＝アウレリウス、第一巻第一七章および第九巻第四八章を見よ。

アリストテレスが充分に主張する中庸については、われわれはこれ以上長々と論じるつもりはない。というのも、中庸は、われわれの考察に値するものではあるけれども、それでも徳の主要な概念（the primary notion of virtue）が中庸にないことは明らかだからである。中庸の程度は、過剰と欠如の両極端から等しく免れていて、もっとも賞賛に値する、という命題は、確かに、低級な欲求に関しては成り立つだろう。また、利己的ではあるがより人間らしい享楽をわれわれが追求するときに抱く、より崇高な欲求のいくつかに関しても成り立つだろう。さらに、比較的せまい範囲を対象とする、善意の心の動きに関しても、この命題は成り立つだろう。けれども、徳がおもに存する心の動きには、過剰はありえない。すなわち、神への愛、すべての人々に対する広範な善意、道徳上の卓越性に対する愛には、われわれが徳についての正当な概念をもっているかぎり、過剰はありえないのである。

**五**　〔徳には〕より明らかな、そしておそらくより自然な別の分類の仕方もある。すなわち、われわれの徳が実行されるべき各対象にしたがって、神に対する信心と人々に対する善意とに分類するのである。これらには第三のものを加えることができる。すなわち、直接に自分自身にかかわる徳である。この徳によって、人は完全なる自己を直接に目指す。もちろん、たんなる自己愛には道徳的に愛されるべきところはなにもない。また、神や人々に対するわれわれの義務となんらかの関連があればこそ、自分自身に対するある人の義務が尊敬すべきものや快いものと思われるようになるにちがいない。しかし、たとえそうだとしても、この第三のものは無視されてはならない。というのも、適切な自己の涵養（self-culture）によってこそ、われわれは神や人類に栄誉ある貢献を果たせるようになるにちがいないからである。そして、この関連によって、自己に対する義務はきわめて快いものとなるのである。

この最後の分類を追求するにあたって、われわれはまず信心の義務を説明して、その真の本性と、われわれの幸福にとってのその重要性とを明らかにしたい。次に、われわれは、同胞に対するわれわれの義務を考察することにしたい。そして最後に、信心と人間愛に役立つ自己の涵養について考察することにしたい。

# 第四章　神に対するわれわれの義務

一　信心（Piety）は、次の二つの本質的な構成要素からなる。第一に、神についての正しい見解と感情（just opinions and sentiments）、第二に、この見解と感情にふさわしい愛情と崇拝（affections and worship）である。

神についての正しい見解は、自然神学や形而上学において教えられる。その見解とは、神は、いっさいの根源たる独立した存在であり、あらゆる可能性の完全な実現において完璧であり、限りなき力と叡知と善性をもち、この世界の創造者・設計者・支配者であり、あらゆる善の尽きることなき源である、ということである。われわれは、倫理学を論じる際に、この教義を自明とみなす。そのうえで、この教義にふさわしいのは、魂のどのような愛情なのか、また、内面的であれ外面的であれ、いかなる崇拝がこの教義にふさわしいのかを、探究することにしよう。

心のうちの内的な感覚によって、以下のことがただちに明らかになるにちがいない。すなわち、あらゆるものの根源〔たる神〕のこの卓越性と無限の偉大さを、魂の抱きうる最高の感嘆と賞賛と従順な崇敬の念をもって、心に刻まねばならない。また、知識への欲望と、もっとも偉大な主題の本性と原因を明らかにしたいという欲望ほど、理性的な本性にふさわしいものはないから、精神のなすべきことのうちで、神の完全性を知る研究ほど、栄誉ある、または愉快でさえあるものはないはずである。実際、至高の卓越性の知識の高みに到達することなしに、われわれに授けられているこの栄誉ある知性的能力が、自らを存分に発揮しうる、そして自らを充分に満足させうる適当な対象を見いだすことはできないだろう。

二　神の道徳上の属性について述べよう。まず述べるべきは、すべてのものの根源たるもっとも恵みあふれる力（Power）である。この力は、その無限の威力（Force）と善性と叡知によって、この宇宙を形成した。そして、各存在に、それにふさわしい本性・能力・感覚・欲求・理性を与え、さらには道徳上の卓越性までも与えた。さらに、気前よくも各人に、それぞれの本性が受け入れ可能な快楽と幸福に役立つあらゆるものを与えた。したがって、あえて言えば、もっともありがたい気持ちと充分に広い愛と最高の賞賛と謝恩の念をもって、この力に感謝しなければならない。さらに、虚栄・うぬぼれ・傲慢のいっさいを免れた、喜ばしい希望と信頼をもって、感謝しなければならない。というのもわれわれは、享受するすべてのものをこの力に負う従属的な被造物だからである。

神の善性と道徳上の完全性を――すなわち、神がすべての徳と善性に喜ばれるにちがいないこと、そして、神がすべての善良な人々を是認し愛されるにちがいないことを、もっと充分に考察すれば、あらゆる人に、徳と神に対するより強いより楽しい確信と信頼とより熱烈な愛とともに、たいそう喜ばしい希望が芽生えるだろう。それゆえ、魂の永続的な安らぎと平静が得られ、魂は、自己とそのすべての関心を神の摂理にゆだねることができるだろう。したがってまた、休みなく努力をして、神を模倣しようとし、さらに、自己を神に似た存在にしうるあらゆる心の動きを自分自身の内面において育もうとするだろう。そしてまた、順境にあろうが逆境にあろうが、神と自然がわれわれに与えた役割を充分に果たそうと、確固とした意志をもって自己のあらゆる能力を発揮しようとするだろう。

あらゆる善良な人は神を、自己の行為を監視し是認する存在とみなすが、この神の崇敬すべき卓越性と無償の善性を上述のように考えるなら、われわれは、徳に安らぐ究極の状態へ導かれるだろう。しかも、そこでの徳はもっとも純粋である。この純粋な徳によってわれわれは、神の意志にしたがうこと、神がわれわれに与えた義務を果たすこと、そして自己の役割を充分に果たすことを、主要な善、徳の主要な果実とみなすのである。しかし、神についてのこの知識と上述の愛情がなければ、博愛的で善なる心をもつ人は、自分自身や、自己の愛情を注ぐもっとも大切な人々、あるいは宇宙の全体の状況に関して、希望と安心の確かな根拠を見いだすことはできないだろう。また、愛情こもる関心を全人類にまで広げる有徳の精神をもつ人、あるいは道徳上の卓越性それ自体への愛を抱く人は、次のような確信がなければ、満足して安らぎを得ることはできないだろう。すなわち、あらゆる完全性の実現において完璧な卓越した存在がいて、自分は、この存在に愛されているという希望をもちながら、この存在についての知識を完全に受け入れ、この存在を心から愛し、そして、自分自身と、自己の配慮を向けるもっとも愛しい人々と、人類の全体とを、完全に安心してこの存在の恵みあふれる摂理にゆだねることができる、と確信するのでなければ、彼は、決して満足して安らぎを得ることはできないのである。

ところで、人類のなかには次のような〔完璧な〕人はいないだろう。すなわち、魂の多様な弱さや混乱に陥ることのない人、人生の真の幸福にとって最大の重要性をもつ問題について多くの間違いや誤解をしたという心あたりのない人、そしてまた——もし神やわが同胞たる被造物に数多くの罪を犯せば、人は正当にも神の審判を恐れ、さし迫った罰を危惧することになるのだが——こんな罪を犯したという心あたりのない人である。確かに、このような〔完璧な〕人は人類のなかにはいない。けれども、神の善性と慈悲は非常に深く、また神は、充分な忍耐と慈悲の心をもって、長い年月をかけて、弱く堕落した人間に自らの恵みあふれる摂理を作用させ続けてきたのだから、神を誠実に愛し、また、人間という弱き存在のなしうる範囲で、義務の心と感謝の念をもって神に仕えようと望む人々は〔たとえ完璧な人間でなくても〕、神の好意が得られるという希望を完全には失う必要はない。そればかりか、彼らは、確かな根拠をもって以下のことを期待できる。すなわち、自己の罪を悔い、徳の追求にあたって最善の努力を払う人々に対して神は好意的で寛容だと判明するだろう、ということ。また、神の無限の叡知と善性は、罪深い現世に神の慈悲を働かせるある方法を発見し、神の法の権威と、道徳に関する神の支配の神聖さとが損なわれないようにするだろう、もちろん、その方法は人間の知恵をもってしては具体的に見いだされるべくもないのだが、ということである。さらに、ここでの問題におけるわれわれの目的を充分に満たすことがらには、議論の余地はありえない。つまり、徳の完全な実現が、われわれの至高の幸福を構成するにちがいない、ということ。また、完全な至福や少なくともその少し程度の低いものを獲得するときには、あるいは、不幸をかなりの程度和らげるときには、徳の完全な実現へ到達しようと熱心に望み、誠実に努力することが、きわめて重要にちがいない、ということである。

魂のより崇高な能力は、その本性そのものから、われわれを神のもとへ導く。この能力は、神から派生しているので、われわれを力強く神のもとへ引き戻すのである。理性がもつわれわれの高級な諸能力、かなり広い範囲を対象とする博愛的な心の動き、そして道徳上の卓越性に対する先天的な感覚と愛はすべて、今述べた本性上の性質をもつ。もしすべての理性的な存在がこれらの高級な能力を育てようと配慮するなら、これらの紐帯によってこの存在は、いわば神と結ばれ、つながる。しかし、神へのこの愛の動機は、たんにわれわれ自身の至福が神のもとに見いだされるという期待ではない。というのも、道徳上の卓越性がどこで見いだされようとも、それに対するわれわれの先天的な感覚と是認から、無私の愛と崇敬の念が、われわれ自身の利害のあらゆる考慮から切り離されて、生じるにちがいないからである。

さらに話を進めよう。魂のかなり活発なすべての心の動きは、ごく自然なかたちで表情や態度にあらわれ、その実践によってさらに強められる。したがって善良な人は、神への献身の次のような特定の行為に、しばしばそして定期的に自然に取り組もうとするにちがいない。すなわち彼は、神の卓越性について熟慮し、これを崇拝し、自己の善性を神に感謝する。あるいは、戒律の侵犯について恐れ入って許しを懇願し、神の摂理への服従と依存と信頼を表明する。そしてまた、あらゆる善なる仕事が実行できるよう自己の気質を改良するときや、徳を獲得するときに、神の助けを懇願する。彼は、こうした行為に取り組もうとするにちがいない。というのも、善性そのものの至高で完全な原型についてたびたび想いをめぐらせば、すべての純真な心に、必ずや同じ存在になりたいという激しい欲望が燃え立つにちがいないからである。

しかし、ここで、われわれの信心や崇拝が神にとって利益になりうるとか、神は自分自身の利害のために信心や崇拝をわれわれに要求している、という空想的な考えを避けねばならない。むしろ、信心によって促進されるのはわれわれ自身の利益であり、神がそれを命じるのは、われわれのためである。というのも、信心によってわれわれは、絶対的に真の至福と卓越性ともっとも純粋な喜びが獲得できるからである。神の崇拝に関してこうした見解をもっていれば、われわれは不信と迷信という両極端から救われるだろう。一方の不信は、あらゆる宗教的な崇拝を無視し軽蔑することにある。他方の迷信は、人々が自らつくった残酷で気まぐれな悪魔に対する愚かしい恐れである。彼らはこの悪魔を野蛮なあるいは奇怪な儀式によってなだめることができると考えている。

三　これまでわれわれは、内面的な崇拝を論じてきた。しかし、われわれの本性が事物を一人で楽しむことはめったにない。われわれの抱くあらゆる心の動きは、他の人々の前に〔表情や行為となって〕あらわれるのが自然であり、まるで伝染力をもつかのように他の人々に伝わる。このことから明らかなように、神は、心のうちだけでなく、公の場においても崇拝されるべきである。崇拝が公の場でおこなわれれば、われわれ自身の信心も増進されやすいし、他の人々に同じような感情を抱かせやすいし、さらに、こうして彼らをこの崇高な喜びの参加者にしやすい。この社会的な崇拝は、内面的な信心の自然な帰結というだけでなく、それ自身から生じる多数のよい結果からも推奨される。というのも、社会的な崇拝には、〔社会の全成員のおこなう〕全般的な信心（a general piety）を促すのに絶大な効果があるからである。そして、宗教に対する一般的な感覚が社会の隅々にまで浸透すれば、社会の全成員は、人生のあらゆる義務を忠実に果たそうという気にも、損害や不正を思いとどまろうという気にも、強くなるのである。だからこそ、人々をあらゆる社会的な義務にしたがわせ、社会を平和に安全に維持するには、宗教が最高の重要性をもっていると、人類はいつも確信してきたのである。

外面的な崇拝は、魂の内面的な信心の自然な表明でなければならない。それゆえ、外面的な崇拝は、次のようなことにあらねばならない。すなわち、神への称賛を公にし、その完全性を他の人々に明らかにすること。神に感謝し、神への信頼を表明すること。われわれが必要とするものへの祈りを通じて、神の力・普遍的な摂理・善性に感謝すること。自らの罪を告白し、神の許しを懇願すること。そして最後に、絶対的に自己を放棄し、神の指導と支配と懲戒に完全に自己をゆだねること、である。

上述のような信心深い感情と、それにふさわしい心の動きを、胸のうちに抱いているなら、神の意志を示すあらゆるものを探究したいという激しい欲望に火がつくにちがいない。そして、自然の秩序そのもののなかにせよ、超自然的な手段——異教徒のもっとも賢明な幾人かは、これを期待していたように思われる——によるにせよ、われわれが神の意志を示すと考えるすべての発見を、善良な人は喜んで受け入れるだろう。

# 第五章　人類に対するわれわれの義務

一　他の人々に対して果たされるべき義務は、〔神への義務と〕同じように、正・邪に対する先天的な感覚によってわれわれに示される。われわれは、これらの義務へ自分たちを促すたくさんの自然な愛情をもっている。人生のそれぞれの〔人間〕関係には、たくさんの種類のやさしい愛情があって、それらは明らかに自然によって〔われわれのなかに〕植えつけられている。たとえば自然は、男女両性に相互的な強い愛情を植えつけている。この愛情にはすばらしい力があり、その目的は、われわれが動物と共有する低級な欲求の充足というより、むしろ友好的な社会生活（friendly society for life）である。しかもこの関係は、お互いの道徳的性質（moral character）——それは外見の美しさにさえあらわれる——を相互に認めあうことから生じる親愛に基づくものである。また、〔われわれには〕子孫をもちたいという強い欲望と、子孫へのきわめてやさしい独特の愛情も植えつけられている。この愛情の延長として、兄弟、姉妹、いとこ、そしてもっと遠い肉親のあいだに、さらには、結婚によって親族となった人々のあいだにさえも、自然な愛情が生じる。

しかし、もっと弱い社会的な紐帯がある。〔一、〕互いに知り合いの善良な人々は、親族のあいだにおけるのとさほど異ならない自然な愛情をもつ。二、人々は、相互的任務を果たしあう関係を通じて、それ以上に強く結びつけられる。三、しかし、知人や隣人のあいだでは、博愛的な感情がもっとずっと遠くにまで広がるが、それはもっともありきたりの徳でさえ評価されるからである。四、さらに、多数の人々が共通の利害のために一つの政治体へひとたび統合されると、この博愛的な感情は、すべての同郷人、同じ政治体制の全成員にまで広がるのである。五、また、反省能力のある人には、人類全体やあらゆる知的存在を包括するより広範な善意がある。六、以上の諸感情のほかに、苦悩している人を救いたいという欲望を伴った、彼への心からの同情もある。また、成功した人々には、もし嫌悪や憎しみを抱かせる原因となるものが邪魔しなければ、自然に祝福の感情を抱く。

以上のやさしい愛情・感情は、それだけで直接に是認される。あらゆる人は、これらの愛情に満足を感じ、これらの愛情を発揮したいだけ発揮する自己を、本性にふさわしい生き方をしているとして称賛する。しかし、怒り・憎しみ・妬み・復讐心・悪意といった、人間にときどき起こる〔愛情とは〕正反対の感情は、おのずから不快である。これらの感情〔を抱いていたとき〕を思い出している自己を、誰も称賛するはずがないだろうし、また、他の人が同じような情念を抱いている場合、それを是認するはずもないだろう。これらの感情は、しばしば恥辱や後悔の原因となる。そして、それらが正当で必然的と思われるときでさえ、それらにはいかなる喜ばしさも、いかなる栄光もない。

二　適切な有徳の任務を伴った上述のやさしい愛情が、どれほどわれわれの幸福に資するのかを、われわれはすでに充分に明らかにした。誰でも、人間性を完全に失って野生の動物の気質に完全に染まるというのでないなら、相互的な愛と善意と親切なしにわれわれは幸福を享受できないと感じるはずだし、また、たとえ外的事物がきわめて豊かでも、孤独なら不幸にちがいないと感じるはずである。われわれはまた、愛情は、静かで揺るぎないもののほうが激しいものより栄誉があるということを明らかにした。けれども、行為の伴わないやさしい愛情、あるいは怠惰な願いだけでは、われわれは幸福になれないことを、依然として肝に銘じておかねばならない。われわれの主要な喜びは、自己のより栄誉ある能力を発揮することにある。そして、やさしい愛情がかなり活発であれば、この愛情が発条となって、善を実行しようとする精力的な努力が促されるにちがいない。

したがって、あらゆる社会的な徳のまとめは、次のようになる。われわれは、すべての人々に対する広範な愛情をもって、共通の利益のために自己の能力を精力的に発揮する。それと同時にわれわれは、もう少しせまい範囲のさまざまな〔人間〕関係のなかで、あらゆる思いやりのある愛情を抱く。これらの愛情が、共通の利益の許す範囲内で、個々人の繁栄に貢献する。

三　しかし、すべての人々の利益に直接かつ即座に影響を及ぼしうるどんなことでも実行できる能力や機会に恵まれる人は、きわめて稀である。これに対して、誰もがたいていは、自己の肉親・友人・隣人の利益のためになんらかの貢献をなすことができ、また、そうすることで明らかに〔すべての人々の〕全般的な善を増進することができる。したがって、これらのさほど大きくない任務が、より大きな利益をなんら阻害せず、また、われわれにそれ以上に重要な貢献をなす機会がまったくないなら、明らかにこれらの任務に取り組むことはわれわれの義務である。これを実行するとき、われわれは自然および自然の著者である神にしたがっている。というのも神は、このより強い絆によって人類のうちの幾人かを、われわれにとって他の人々よりはるかに愛しい存在にされ、そして、われわれがより格別に配慮せざるをえない存在にされたからである。

したがって、われわれは、より英雄的で大きな任務を自分の任務だと空想して、思いやりのある自然な愛情を抑制したり、弱めたりしてはならない。これらの愛情は、人生の喜びの大いなる源泉であり、もっとも不可欠なものである。それればかりか、共通の利益に対するこれらの愛情の重要性に応じて、これらを育て増進することは、むしろわれわれの義務である。しかしそれと同時にわれわれは、もっとも広範な愛情と、道徳上の卓越性への愛と、神の意志にしたがおうとする確固とした意図を、とくに強固にしなければならない。これらのより高貴な愛情が他の愛情を支配しているかぎりは、人生の比較的せまい範囲のそれぞれの親密な関係のなかでやさしい愛情を強化することは、むしろ道徳的性質の美しさと生活の調和を完成することに役立つだろう。それにまた、各人は、自己の利益に導かれて、すべてのやさしい愛情をこのように育むはずである。というのも、すぐ後に明らかになるように、孤独で、他の人からの助けもなく、互いに任務を果たしあう関係もない人は、喜びや幸福はおろか、安全に生きることや、生命を維持することすらできないように、われわれは自然によって創られているからである。ところで、われわれが他の人々の善意を獲得し、彼らが熱心にわれわれの利益を増進するようにできるのは、明らかに、親切と善行によってのみである。これに対して、正反対の態度をとり、あさましいほど利己的にふるまえば、われわれは、他の人々の憎しみを買うことになるし、ましてや暴力に及んだり損害を与えたりすれば、なおさらである。この場合、憤りと仲たがいが必ず生じ、また、われわれは、他の人々の憤りからわれわれに引き起こされる悪をたえず恐れて生きなくてはならない。そればかりか、こんな行動をすれば、われわれ自身の精神に、疑心・嫉妬・充分に根拠のある恐怖心といった不機嫌で不快なあらゆる情念が自然に生じるだろう。というのも、直接に損害を受けた人物だけでなく、公共の利益になんらかの配慮を払うその他のすべての人々までが、正当な憤りに促されて、自分の隣人に向けられた損害をくいとめ、それに復讐をしようとするからである。

また、人々のあいだで社会生活を維持し、損害を防ぐために、〔人間〕本性にはすばらしい仕組み（contrivances）がさらに備わっていることを、われわれは忘れてはならない。人なつっこい陽気さや快活さ、他の人々に対する愛情豊かな共感や祝福の気持ちを抱くとき、表情はどれほど明白に美しさを増すことだろうか。断固として自覚的に徳を実行したなら、また、〔自分が〕善なる心をもつことを内的に称賛しているなら、どれほどの優雅さが〔表情に〕あらわれることだろうか。親切にしてもらい、感謝の気持ちでいっぱいの人や友人の表情には、どれほどの魅力があり、その目にはどれほどのやさしい輝きがあらわれていることだろうか。反対に、損害を受けたり、受けるのではないかと危惧しているとき、しかも、それに復讐したり、防いだりすることが可能なときには、憤りが、どれほどすさまじい表情となってあらわれ、その目からは、どれほど怒りに満ちた炎がほとばしることであろうか。しかし、意図された侵害を防げるという希望がないとき、自然は、耐えがたい悲しみや苦痛、すさまじい恐怖心のもとにおかれている、人間だけでなく、物言わぬ動物にさえ、どれほどの力強い説得力によって教えてきたことだろうか。悲しみに沈んだ嘆きの声、落胆した表情、涙をうかべ意気消沈した目、ため息、涙、苦悶する声は、どれほど人の心を動かすだろうか。これらは、あらゆる人々の同情をどれほど力強く誘うことだろうか。その力強さたるや、苦悩する人に救済の手をさしのべよう、あるいは、意図された侵害を思いとどまろうという気にさせるほどである。

四　ここで、われわれは友情という徳を忘れてはならない。これは、人生において充分に愛されるべきものので、きわめて有用なものである。ところで、このかなり驚嘆すべき力をもつ熱烈な愛情が、われわれ自身の弱さと貧しさに対する感覚のみから生じ、それゆえ人は、独力では獲得できないものを、〔友情で結ばれた〕他の人々の助けを通じて獲得できるのだ、と主張されることがある。しかしこの主張は、友情に卑しい軽蔑すべき起源と、非常に不安定な根拠を与えている。というのも、この主張によれば、もしわれわれが友人関係による困難や不都合を危惧していたなら、なんらかの利害の変化によって、ただちにすべての愛情や善意が崩壊することになるはずだからである。そしてさらに〔この主張によれば〕いかなる真の愛〔友愛〕もありえず、ただ、利害の観点からの偽善的な愛の告白しかありえないことになるからである。

それゆえ、友情の真の源泉は、すでに述べた道徳上の卓越性に対する自然な是認と愛でなければならない。というのも、われわれの知り合いのふるまいに、徳があらわれるときにはいつも、ただちに、利害についての考慮なしに、彼らへの高い尊敬の念と愛が生じるにちがいないからである。また善良な人々は、一種の同質な魂として、相互からなる社会を自然に愛し望むからである。この愛は、互いが互いを思いあう熱意に接することで、また、互いが互いのために貢献しあうという関係を通じて強化され、ついには血の絆と同じくらい強くなる。このときわれわれは、自分自身に払うのと同じ最大の関心を、友人に払うようになる。

しかし、悪徳の人々は、本性上移り気で気まぐれである。彼らは、〔上述のものとは〕正反対の情念を抱いているので、長いあいだ自己に満足したり、他の人々に快く接したりできない。したがって確固とした友情は、善良な人々のあいだにだけ見いだされうる。というのも友情は、徳によって生み出され、維持されねばならないからである。それゆえここから友情の最高原則が導き出される。すなわち、われわれは、悪徳のことがらについて友人の同意を決して求めてはならず、かつ、友人の求めに応じて決してそれに同意してはならない、こうしてわれわれは、友情の唯一の基礎を侵食することのないようにしなくてはならない、ということである。それゆえ、友情とは、「有徳なふるまい方において互いに似た精神をもつ人々の愛情あふれる結びつき」である。この友情を享受するすべての人は、この友情を徳と幸福への旅のもっとも快い道づれと思うだろう。もし賢明で立派な友人をもち、まるで自己の魂と対話するかのように自由にその友人と対話できるとすれば、それ以上心地よく、有益なことがあろうか。たとえ幸運をつかんだとしても、それをわれわれと同じくらい喜んでくれる社交仲間がいなければ、われわれはどれほど喜ぶことができようか。また、逆境に関していえば、おそらく共感によってわれわれ以上に苦しんでくれる社交仲間がなければ、とても逆境には耐えられないだろう。どちらの境遇にせよ、われわれは、友人の賢明な助言をこのうえなく必要とする。どちらの方向にわれわれが向かっているにせよ、友情こそがそのときの助けである。いかなる状況であろうと、友情が不要となることはない。友情が時機を失したもの、面倒なものとなることは決してありえない。友情は、幸運に主要な輝きを添えるものであり、また、不幸のいくらかを分担することで、われわれの不幸をきわめて軽減してくれる。

**五**　やさしい愛情との関連で、さらに以下のことを見ておこう。すなわち、すべての人々に対するもっとも広範な善意は、どんなに大きくなっても大きくなりすぎることはなく、また、神と徳へのわれわれの愛も決して過剰にはなりえない、しかし、肉親や知人との結びつきから生じるよりせまい範囲を対象とする愛情はすべて、それ自体どんなに愛されるべきものであろうと、ときには過剰になることがあり、善なる人が是認するであろう限度をこえることもありうる、ということである。愛は、しばしば二種類に分けられる。一つは、仁愛または善意という愛である。もう一つは、好意または尊敬の念という愛で、この愛によってわれわれは他の人々の気質に満足し、彼らと一緒にいたいと望むようになる。前者の愛においては、正当な範囲を逸脱する危険性はより少ない。ただしそれは、われわれが神の摂理への正当な服従と信頼を保持し、かつ、より広範な愛情をそれにふさわしく優位なものとして維持して、われわれの国家の利害、より大きな社会の利害、あるいは、より価値のある人物の利害を、友人や好きな人々の利害の犠牲にしないようにするかぎりにおいて、である。しかし、好意という愛は、より友情に近いものではあるが、かなり不安定な根拠に基づいている。われわれは、次のことに非常に注意しなければならない。すなわち、この愛情がその価値のない人物に向けられたり、この愛情のせいでわれわれが悪徳のことがらに誘惑されたりすることがないようにしなければならない。さらに、この愛情に身も心もすっかり捉えられてしまって、もしその愛する人物が自分のもとから引き離されたり、なんらかの災難に巻き込まれたりすると、魂が完全に落ち込んで、敬虔と人間愛のあらゆる任務が果たせなくなってしまうことも、ないようにしなければならない。これらの悪を防ぐ最善の方法は、比較的せまい範囲を対象とする思いやりのある愛情を抑制することではない。むしろ、神への最高の愛と崇敬の念を涵養し、われわれの希望と信頼を神の摂理に託すことである。さらに、より公正な精神によって自らの視野と関心を、それ以外の全人類にまで広げることによって、全人類のなかでの真の卓越性はどんなものなのかを識別できるようになることである。この真の卓越性は、われわれが特別に大好きな人々のなかに愛情のこもった感嘆をもってこれまで見てきた卓越性に匹敵、あるいはそれを凌駕するものである。

# 第六章　自己に対するわれわれの義務と精神の改善について

一　私的な利害という強力な動機に促されて、自然にわれわれは自己に対する各義務を果たそうとするから、これらの義務が、いくらかでも尊敬すべき称賛すべき点をもつためには、究極的に神への献身、または、他の人々のために獲得されるなんらかの利益に関連づけられねばならない。この関連があってこそ、これらの義務は最高に有徳で栄誉あるものとなる。

われわれの精神の涵養には、まずなによりも、われわれの義務について正しい見解をもつこと、そして、もっとも重要な主題について価値ある知識を幅広く獲得することが必要である。というのも、あらゆる分野の知識には実際なんらかの有用性があるからである。また、これらの知識は、獲得すること自体が直接的な快楽であるか、あるいは、われわれに神の完全性をよりいっそう明らかにするか、また、われわれが自己の義務をより良く知りかつ実行できるようにすることによって、ある程度幸福に役立つからである。というのも、意志における心の動きは、知性が形成した判断に自然にしたがうからである。それゆえ、能力と適当な機会に恵まれたすべての人々は、諸学問の本性についての広範な知識によって、自己の精神を改善することに取り組まねばならない。そして、われわれの生活をたえず制御するのに必要なごく普通の慎慮を入念な思索と観察によって獲得することは、すべての人々の義務である。したがってわれわれは、自己の欲望を自然にかきたてるあらゆる事物について正しい評価をくだし、それらの事物が幸福にどれほど重要なのかを徹底的に考察し、さらに、われわれの至高の善はどこにあるのかを見いださねばならない。この至高の善を発見できれば、〔いかに生きるべきかという〕人生の真の目標もまた明らかになるにちがいない。したがって、われわれの主要な善が神への信心深い愛情と、人類への善意と善行にあるということを、われわれは心に深く刻みつけておかねばならない。

　したがって、神の本性とその無限の卓越性こそが、われわれのもっとも注意深い探究の対象でなければならない。とくに、神に対するわれわれの敬虔な崇敬の念と愛と信頼を呼び起こす諸属性がその対象でなければならない。そしてわれわれは、その被造物への愛と善性と叡知の完全性に矛盾するあらゆる想像や疑念を神の意図に関して抱くことを根絶しなければならない。

　われわれはまた、われわれ自身の本性と身体構造を注意深く研究しなければならない。すなわち神は、われわれがどのような存在であるべきだと望まれているのか、また、より一般的な性格であれ、各人により特有の性格であれ(原注1)、人生においてどのような性格をわれわれが維持し、その性格にしたがって行為すべきだと神は望まれているのか、という問題を研究しなければならない。そして、この研究を通じてわれわれは、幸福への確実な先導者としての神と自然にしたがうようになるだろう。

（原注1）　これらの性格の詳細は、キケロの『義務について』第一巻の三〇、三一、三二などで述べられているから、それを見よ。そこでは、生活態度の正直さと高潔さのすべてを含む一般的な性格と、各人のもって生まれた能力に適した個々の性格とが述べられている。

それゆえわれわれは、人間本性〔の考察〕へ深く分け入って、自分自身と他の人々のなかに真の行動原理と真の気質と意図を観察しなければならない。そして、それによってわれわれは、自分たちの仲間について、正しい理性なら示すことのない間違った観念を軽率にも形成することがないようにしなければならない。以上のことがらを徹底的に考察することによって、われわれは、怒り・憎しみ・妬みといった多くの残酷でひねくれた情念をしばしば防いだり抑制したりできるようになり、また、人間愛・同情心・思いやり・寛大さ・慈悲の心を育てられるようになるべきである。

二　また、以下のことをたえず念頭においておかねばならない。すべての出来事は神の賢慮にしたがって起こる。つまり神の配慮は、なんらかの卓越した目的のために、すべての出来事を直接に命令するか、あるいは少なくとも、もっとも完全な純粋さをもってそれらの生起を許容するのである。したがって、われわれには苛酷、有害、または不名誉と思われる出来事も、善なる人々のもっとも神聖な徳を実行し強化する機会を与えるために意図されたものかもしれない。しかも、それらの徳にこそ彼らの主要な至福があるのである。

魂は〔自己以外の〕その他の事物に対する心の寛い軽蔑に慣れなければならない。この軽蔑をわれわれが身につけられるようになるのは、それらの事物を徹底的に調べることによってである。たとえば、以下のことに注目してみればよい。あらゆる肉体的な快楽、その快楽を与えるすべての対象、さらに、われわれの肉体そのものが、どれほど卑しく、あさましく、移ろいやすく、束の間のものであることだろうか！　また、物質的に優美で壮大な暮らしぶりから得られる喜びは、どれほど卑小で不必要であろうか。そんな暮らしぶりは、どれほど不確かであろうか。また、この暮らしぶりを獲得し維持するには、どれほどの気苦労が必要になることだろうか。しかも、この暮らしぶりは、どれほどすぐに飽き飽きしたものとなり、嫌悪感を芽生えさせることであろうか！　また、観想的な知識について言えば、多くの学問はどれほど不確実で不完全であろうか。こんな学問は、当惑した精神をさらなる不可解なこと、理解しがたいこと、不安をもたらす謎めいたことへと導く。そして、無知と謎、あるいは、われわれの知性についてのほんのわずかな考察以外には、なにも明らかにすることはできない。――こうしたことに注目することによって、われわれはそれらを軽蔑できるようになるのである。また〔さらに続ければ〕、真の卓越性について判断のできない無知な人々が日常捧げている栄光や称賛は、どれほどみすぼらしい出来事であろうか！　こんな栄光と称賛をわれわれが享受するとしても、それは現世のせまい範囲に限られるし、この栄光と称賛が浸透しうるのは、現世の小さな部分にしかすぎない。しかも、それらは、称賛を捧げた人々や称賛を受けた人々のあらゆる思い出とともに、すぐさま永遠の忘却のなかに呑み込まれるにちがいない。そしてまた、人生のはかなさについてのこの考えによっても、魂は同じように、逆境に耐えること、なんとも思わなくなることが可能になる。しかもそれは、魂が次のことを真に理解することによってである。すなわち、逆境によく耐える魂は、あらたな、より大きな強さを獲得するだろう、そして、ちょうど勢いよく燃える炎が、そこに投げ込まれたあらゆるものを〔炎という〕それ自身の本性へ変え、いっそう強い熱をもってより激しく燃え上がるように、善良な人は、不幸な出来事をあらたな栄光とより高貴な徳の契機となす、ということである。以上すべてを簡単にまとめると次のようになろう。現世のはかない状態につながれたすべての事物は、移ろいゆき、安定せず、朽ち果てる。それらは、たちまち消滅し、すぐさま永遠の果てしない海に呑み込まれてしまうにちがいない。というのも、人の世で永遠と呼べるものなど、あろうはずもないからである。日々や年月はたえず過ぎ去ってゆく。あらゆる者は死なねばならない。今日というこの日に、死が思いもかけず自分のもとにおとずれることなどありえないとは、誰も確信できない。そして、最期の瞬間がおとずれたとき、過ぎ去りしすべてのものが永遠に失われる。その人のもとには、いかなる喜びもとどまることはできない。ただ、彼のなした有徳の行為に対する喜びだけは別である。この喜びこそが、〔死後も幸せに永遠に生きられるという〕幸福な不死の喜ばしい希望を与えることができる。この希望だけが、真の不屈の精神の根拠となりうる。この見通しだけが、神の支配の正しさと恵み深さについて、精神に充分な確信をもたらしうる。

ところで、道徳哲学以外の学問では、その教えをたんに知っているだけでは、ほとんどなんの意味もない。実践と訓練が伴わなければ、称賛に値するいかなるものも手に入れることはできない。同じように、よく生きるための学問である道徳哲学でも、その内容が重要であるがゆえに、習慣と絶えざる訓練が要求される。それゆえ、われわれの理性と、われわれの〔本性の〕構造におけるその他の神聖な部分とに、より低級な諸能力を支配する正当な権利を独占させ、そして、この低級な諸能力が常に服従するようにさせよう。しかし、このためには、現在のわれわれの堕落した状態では、ほとんど途切れることのない注意力と内面の鍛錬が必要となるにちがいない。そして、それを成功させるには、われわれが神への信心と献身の任務に常に取り組むこと、そして、常に神の完全性をあがめ、祈りを捧げ、罪を告白し、敬虔な願いを抱き、神への服従を誓うことが、大いに役立つだろう。

三　徳と悪徳の本性をより詳しく理解するためには、また、あらゆる道徳上の卓越性で魂に輝きを添えるためには、各種類の徳を、その諸特徴と確立された名称とともに、ざっと見渡すことが有益であろう。また、自然な欲望の過剰または欠如の状態にある〔徳に〕対応する各種類の悪徳を考察することも有益であろう。さまざまな情念を説明することは哲学の他の分野に属する。それらをすべて数え上げ、さらには、その各徴候や特徴にしたがって、称賛あるいは非難されるべき各段階に分類しようとすれば、非常に多種多様な問題ともかかわって、とても長い論述が必要となろう。しかし、われわれが徳に導かれるのにもっとも重要なことは、人間がかかわるあらゆることがらと自然な欲望のあらゆる対象について正しい評価をくだすこと、また、度重なる思索を通じてそれらの価値の正しい印象を心に深く刻みつけること、そして、魂のより優れた部分が劣った部分を常に支配できるように習慣づけることである。

しかしながら、われわれの自然な欲望と情念については、本質において絶対的に悪と言えるものは存在しないことを肝に銘じておかねばならない。しかも、それらを感じている当人またはその他の人々にとって、彼らの利益や快楽、あるいは彼らの徳までも増進するのに非常に有用なときもある、とは必ずしも言えない欲望や情念でさえも、絶対的に悪と言うことはできないのである。知性に優れた人なら、より優れた能力を〔劣った部分より〕いっそう活発にさせているから、このような激しい動機や刺激は不必要かもしれない。しかし、〔普通の〕人々には、それらはしばしば必要と思われる。しかも、各動機や刺激には、しばしば有益で称賛すべき中庸の程度がある。この中庸の程度に達していない心の動きは、当人の目的や社会の目的にとって不充分である。また、善の追求にしても、悪の阻止にしても、あまりにも行き過ぎで激しく、適切な限度をこえている心の動きは、それを抱いている当人にとって不快で不名誉となり、また、社会に対して有害あるいは破壊的となる。われわれは中庸の程度の各情念を、罪がないと考えるばかりか、徳の守護者または代理人として、さらには多くの栄誉ある行為への動因として、そして真の徳として、徳にきわめて役立つものとも正当に考える。善の追求であれ、悪の防止であれ、これらのより善い情念によって、われわれは人生に対するいっそう生き生きとした感覚を享受し、魂の力はより拡張され、そしてその活動はいっそう活気づけられる。だからこそプラトンはこれらの情念を、魂の翼、あるいは、魂の二輪馬車と呼ぶのである。

　以上の問題について自然が要求することをもっとも明瞭に指示するものを、自然はわれわれにすでに与えている。というのも、上述の情念が正しい支配のもとに中庸に保たれ、理性によって方向づけられているかぎり、〔当人の〕ふるまいはその隅々にわたり優雅で愛されるべきものとなっているからである。しかし、われわれが放埓ですさまじい情念に翻弄されているとき、われわれは、理性を働かせることや、われわれにふさわしい賢明なことがらを見いだすことがまったくできないし、また、まさにその情念の目的自体をまったく見失っている。そして、われわれのふるまいはその隅々にわたり不快で醜くなっている。怒っている人、かきたてられた激しい欲望にわれを忘れている人、恐怖で混乱している人、あるいは、喜びに浮かれている人――これらの人々のまさにその表情をご覧なさい。その全体の雰囲気、その身体の立ち居ふるまいのすべてが、醜く不自然になっている。

それゆえわれわれは、両極端に陥らないよう等しく抑制された上述の中庸の情念に、徳という栄誉ある称号を与え、その両極端を悪徳と呼ぶ。しかしわれわれは、中庸で正当な程度のいくつかの情念に、名称を与えてこなかった。そこで、われわれの自然な情念のなかには完全に絶対的に悪であるものが存在する、と軽率にも想像する人がいた。しかし、これらの情念にもまた、罪がなく必要でもある一定程度の中庸のものが存在することは、明らかである。

以上のことを例によって示そう。自己保存に対する中庸の欲望は、必要かつ快いものである。この欲望が欠けていると、人は、なんら警戒心をもたない命知らずで、むこうみずな性向を示す。この気質は一般的にいって落ちつきのない激しいもので、当人にとっても、彼の住む社会にとっても破壊的なものである。〔反対に〕自己保存に対するこの配慮が過剰となる場合には、それは卑劣さと臆病さとしてあらわれる。この性向は、社会にとってまったく役に立たず、そして、当人をあらゆる中傷と侮辱にさらし、苦しめる。

感覚的な快楽の中庸な享受は、有益であるばかりか必要である。〔この快楽に〕完全に無感覚になると、人はきわめて多くの罪のない快楽を失うことになろう。しかし、こちらの〔欠如の〕側では、われわれはめったに悪いことに出会わない。その嗜好（taste）がきわめて強いと、それは奢侈とか不節制と呼ばれる。そしてこの場合、一般的にいってより人間らしいすべての喜びが排除され、評判や名誉、健康や財産まで、あるいは生命の維持までもが顧みられなくなる。こんな精神の傾向をもっていれば、人は絶えざる悔しさと不安に常にさらされるにちがいない。

われわれの財産あるいは現世での持ち物（*estates or worldly goods*）については、二つの徳が挙げられる。一つは倹約（*frugality*）で、栄誉ある目的のために財産を賢明に管理することにある。もう一つは気前よさ（*liberality*）で、他の人々への思いやりのある行為をわれわれに促すものである。倹約は、気前よさの実行に絶対的に必要である。両者は、快く、有益で、栄誉あるものである。倹約はわれわれの利益にとりわけ役立ち、気前よさはわれわれの栄誉に役立つ。倹約が過剰で、気前よさが欠けているとき、それは貪欲（*avarice*）となる。これはもっとも醜いもっとも不快な悪徳の一つであり、これが追求するのは、決して使う気のない不必要な蓄え、獲得するには多くの苦労と困難を必ず伴い、維持するにはさらに多くの苦労と困難を必要とする蓄えである。倹約が欠けていて、気前よさが過剰であるとき、それは浪費（*prodigality*）となる。浪費は、われわれの財産を破壊し、人生の快楽や安全にほとんど役立たず、さらに、それがおもに目的とするように思われる名声にさえ役立たない。

最高段階の気前よさは、大度（*magnificence*）と呼ばれる。そこでは、なんらかの栄誉ある目的のために大いなる出費が賢明になされる。この立派さを欠く場合には、しぶしぶの了見のせまい心をもちながら、立派さを装ったり、そのふりをしたりすることになる。〔この立派さが〕過剰である場合には、良識と優雅さの正しい概念をもたない人物の下品で際限のない濫費となることが多い。

同じように、最高段階の不屈の精神は、雅量（*magnanimity*）と呼ばれる。すなわち、いかなる境遇にも動じず、あらゆる行動においてただ道徳上の卓越性のみを目指す魂の高尚さと揺るぎなさである。雅量が過剰の極端に傾くと、いかなる危険にもとどまることのない、命知らずのむこうみずな野心となってあらわれることが多い。このような気質は、当人にとって危険で不快にちがいなく、また、他の人々の安全だけでなく、当人の安全とも相容れないにちがいない。というもの、この気質は、周囲のすべての人々の自由と尊厳をも破壊するからである。雅量が反対の極端に傾くと、意気地なしまたは臆病となり、当人は役に立たない不幸な存在になる。

同じことは、世の中での昇進と権力への欲望にも当てはまる。〔この欲望の〕中庸の程度は有益なもので、善なる人にふさわしい。それが過剰になると、不快で落ちつきのない、非常に悪徳のものとなり、さらに当人自身と周囲の人々に対して危険となる。〔反対に〕正当な機会が与えられているときでさえ、この欲望があまりにもわずかで弱々しいと、徳と栄誉に適切な状況あるいは機会を逸することになる。

したがってまた、名声への欲望も、それが中庸の程度で、われわれが依然として徳へのより高級な欲望をもっているなら、明らかにきわめて有益である。この欲望が過剰になると、落ちつきのない不快なものとなり、しばしば有徳の行為の真の美しさを汚し、貶めることになる。この欲望が欠けている、あるいは、きわめて弱くなっていると、あらゆる有徳な任務への非常に強い刺激を欠くことになる。

また、怒り（*anger*）や憤り（*resentment*）は、どんな程度でも愛されるべきところはほとんどないが、それでも必ずしもすべてが非難されるべきではない。あらゆる侵害に対する完全な無感覚は、現実にはほんのわずかの例しかないが、もしあるとすれば、それはきわめて不都合な性向であろう。というのも、この性向は、当人を他の人々からの侮辱といらだちにさらし、また、彼自身の人格とも、彼が保護する義務のある人々の安全とも相容れないからである。反対に、過剰な怒りは、当人をもっとも苦しめる情念となり、当人を破滅させることが多い。そして社会にとっては、これ以上に危険な情念は存在しない。

無価値の人物が権力または尊厳のある地位へ昇進させられるときには、善良な人にふさわしい、ある正当な憤慨（*indignation*）が生じる。この感情を欠く人は、自己の友人や祖国の利益についてごくわずかしか配慮しないことになるだろう。しかし、この情念が過剰なとき、あるいは、正当な理由もなく生じるとき（それは妬み（*envy*）と呼ばれ、根深い悪意の普通の動機である）、それは魂に対するもっとも破壊的な毒薬となり、この情念が宿る胸を苦しめ、そして、極端な悪徳となり、もっとも恐ろしい犯罪へいたるだろう。

怒りの要素をいくらか含んだあらゆる冷淡な情念については、自分自身あるいは友人や祖国を守るために明らかに必要である限度をこえて、人はそれらの情念にとらわれてはならない、ということを見ておかねばならない。もしこれらの情念を抱かずに友人や祖国の安全を確保できるのなら、これらの情念にはいかなる望ましいものも、称賛すべきものもないだろう。それればかりか〔その場合には〕他方で、思いやり、慈悲の心、寛容の気持ち、情け深さ以上に愛されるべきものはない。

社会のなかでの会話における徳のなかで第一かつ主要なものは、正直さ（*veracity*）と率直さである。これについてわれわれは、別のところでより詳しく論じるつもりである。(原注1)〔これらと〕正反対の悪徳は、すべていわば〔徳の〕欠如である。すなわち、嘘、虚偽、欺瞞、悪賢さ、偽善、隠蔽である。

(原注1)　第二部第一〇章を見よ。

われわれのすべての話し相手に喜びを与え、感謝の気持ちを抱かせるのに資するその他の徳も、同じ種類のなかに含まれる。たとえば、丁重さ（*courtesy*）、よき作法（*good-manners*）、愛想のよさ（*complaisance*）、優美さ（*sweetness*）、陽気さ（*pleasantry*）、機知（*wit*）である。これらはすべて、称賛すべきすばらしいもので、社会における親しさと善意を増進する。これらに対して〔過剰と欠如の〕両側に、それぞれ対応する悪徳がある。一方〔の過剰の側〕には、卑屈なへつらい（*servile fawning*）、ご機嫌とり、下品な毒舌がある。これらが目指しているのは、自らが機嫌をとろうとする人々の好意を、何か楽しさを振りまいて得ようとすること、そして、自らの品位を汚してまで、もっとも紳士にふさわしくない冗談または猥褻な冗談を口にすることだけである。もう一方〔の欠如の側〕には、腹立たしく無作法な粗野な態度（*rusticity*）とぞんざいな態度がある。それは、一緒にいる人になんの敬意も配慮も払わず、見せかけの自由と大胆さに満足する。以上の悪徳から生じる不都合について、長々と論じる必要はない。というのも、それらは常に卑しく下品であり、最大の惨事にいたることが多いからである。以上の両極端〔の悪徳〕に対する真の予防法は、第一に、真に有徳の気質を獲得しようと注意を払うこと、そして次に、われわれが社会のなかでともに暮らす人々に対して真の善意と敬意をもちつづけることである。

謙虚さ（*modesty*）と内気さ（*bashfulness*）については、次のことに注目すべきである。すなわち、この情念は、礼儀正しい栄誉あるものに対する鋭敏な感覚と配慮から、明らかに生じる。したがって、若いときにこの情念をもっていれば、それは、有徳のあらゆることがらのために自然によってうまく形成されたすばらしい天賦の才をもつという希望に満ちた徴候となる。しかし、大人になったときにこの情念が過剰であれば、そのためにしばしば栄誉ある役割を果たすことに踏み込めなかったり、ためらったりしてしまう。〔反対に〕この感覚が非常に弱かったり、完全に欠けていたりすると、あらゆる徳への力強い保護者を欠くことになる。

以上の主題のすべてのことについてのより詳しい説明は、アリストテレスとその弟子たち〔の著作〕に見られよう。しかしながらわれわれは、この主題から離れる前に、以下のことを示しておこう。すなわち、上述のような深刻な危険がいわば両側から徳を脅かしているので、われわれは確かに、われわれが抱く各情念を支配すること、道徳上の卓越性に対する鋭敏で活発な感覚を維持すること、われわれの理性的な能力を涵養すること、そしてまた、自分自身の真の利益であろうと、他の人々の真の利益であろうと、それらに対するより高貴でより広範で静かな心の動きを涵養することに、最大の配慮と注意力を注ぎ、自己鍛錬を重ねなければならない、ということである。

四　また、われわれの身体にも注意を払わなければならない。われわれが自己の義務を果たすときに被るすべての労苦に耐えながら、われわれの身体が魂の命令にしたがえるように、強さと健康が、おもに節制と運動を通じて獲得または維持されなければならない。

また、若いころになんらかの有用な技術や仕事の訓練を受けたことのない人は、社会にほとんど貢献できないから、いかなる人も、自分の才能に適し、その本質において合法的で、人類に対して有益ななんらかの仕事を、適当な時期に選ぶべきである。しかし、財産のある家に生まれ、それゆえ自分自身の生活のために金銭を得る職業に就く必要のない人々も、今述べた責務を免除されていると考えてはならない。というのも、彼らには、公共的な利益に貢献することが格別に課せられているように思われるからである。なぜなら摂理は彼らをその他の配慮から免除しているからである。彼らは、人類の諸権利・諸法・統治組織についての完全な知識を獲得することによって、あるいは少なくとも、人類の共同の仕事のすべてについて充分に精通することによって、公共的な利益に貢献しなければならない。そうして彼らは、より優れた知恵によって、あるいは、自己の利害と影響力を通じて、彼らの祖国や隣人たちに貢献できるようにならねばならない。そして、ただ地上の産出物の消費に貢献するだけの、この世の無用の長物とならないようにしなければならない。

それぞれの職業や仕事に関してわれわれは、次の二つの理由でそれらを尊重すべきものと考える。つまり、それらはより優れた才能やより偉大な知恵を必要とするから、という理由と、それらが社会のなかでより大きな貢献を果たすから、という理由である。この二つの理由にしたがえば、敬虔と徳の偉大な原理あるいはより独創的な才能が必要な学問・芸術まで他の人々に教える仕事は、栄誉あるものとみなされる。同じように、法律・医学・戦争にたずさわる職業も、より洗練された専門知識を必要とするそのほかの職業も、栄誉あるものとみなされる。大規模な商取引やいくつかの手工業でさえ、まさに尊敬すべきものである。というのも、それらはきわめて有用であり、精神の相当な能力を必要とするからである。農業は、もっとも優れた精神をもつ人々の主要な喜びであったし、今もそうである。というのも、農業以上に無垢な生き方はないし、農業以上に心地よい楽しみをもたらすものもない。また、理性的な被造物あるいは人生における品のよい趣味をもつ人格にとって、農業以上にふさわしいものはないからである。

人生における仕事や職業を選ぶ際には、われわれは主たる関心を、自然によって与えられた自己の才能に向けなければならない。しかし、ある仕事で成功するかどうかは、第一には自己の才能によって決まるが、その次には境遇が有利な状況にあるかどうかによって決まるから、その両方に関心を向けなければならない。しかし、第一の関心は、やはり自然によって与えられた才能に向けなければならない。というのも、自然ははるかに確実な、はるかに揺るぎない原理だからである。

# 第七章　徳の研究を促進し維持するための実践的な考察

一　われわれは今、徳の追求の必要性を証明するにあたって、多言を費やす必要はない。その理由は以下のことから明らかだろう。徳にこそわれわれの主要な至福があり、その他のあらゆるものは、不確実で弱々しく、衰え、滅びゆくもので、理性的な本性の尊厳に充分ふさわしいとは言えない。もしわれわれがこのことを充分に確信しているなら、われわれは、われわれの本性にもっともかなうものとして、正しい理性だけでなく、われわれの良心すなわち内奥の感覚（inmost sense）も推奨する人生の行路、理性的な存在に固有の幸福にいたる人生の道に向かわねばならないと考えるはずである。しかも、この人生の道を歩めば、われわれは、自己の〔本性の〕構造におけるもっとも神々しい至高の諸能力を発揮かつ改善できるようになり、さらに、神と自然によってわれわれに課された任務を果たせるようになる。

きわめて多くの徳を知り、それらを実践するのによく適した魂を神がわれわれに与えたのは、他にどんな目的があってのことだろうか。きわめて多くの高貴な能力と、もっとも卓越した学問・芸術と任務に適した魂の諸能力のようなものを、神がわれわれに与えたのは、いったいどんな目的のためであろうか。たとえばわれわれには、次のような能力が与えられている。ものを考え、話す能力、発明の能力、知識への欲望、過去のことについてのほぼ限りない記憶力、予知能力とでも言うべき未来についての先見の明ある賢明な判断力、われわれの低級な欲求の制御機能としての、栄誉あるものと恥辱的なものを対象とする感覚である。また、他の人々の善に配慮する非常に多くのやさしい愛情、すなわち、正と邪、栄誉ある役割と悪徳の卑しい役割とを識別する良心あるいは感覚、そしてさらに、危険な労苦に耐えうる精神の強さと偉大さである。また、自然に対する洞察力は、天にまで達し、神が宇宙を支配していることを明らかにし、神の無限の完全性を捉え、そうして、肉体が朽ち果てたあとも永遠に生きられるという希望をわれわれに与える。こうした能力は、いったいどんな目的のためにわれわれに与えられているのか。

われわれはただ哲学者たちについてだけ話しているのだろうか。神が存在すること、神は人類に特定の義務を課し、彼らが維持すべき特定の品性を彼らに授けていること、また、彼らが死後、来世で幸福となるか不幸となるかは、現世での彼らの行動によること――この普遍的で揺るぎない確信が必ずしも信じられていないどんな国民や氏族が存在するだろうか。それゆえこの確信は、自然の命令であり、われわれの〔本性の〕構造に適した、明晰な理性によって支持される感情、人類とともにありつづけた感情である。これに対して、間違った根拠に基づいた作り話に対する信頼は、長い時間を経れば必ず揺らぎ、ついには完全に消え去ってしまう。

形而上学者たちは、魂の不滅について多くのその他の議論を提出している。しかしここでは次のことだけを示しておこう。宇宙の巧妙で精巧な構造からは、巧みな知性、すなわちこの物質の世界の創造者にして支配者の存在を証明するもっとも強力な議論を導き出すことができる。同じように、われわれの魂の構造から導き出されるそれとまったく類似した議論によって、神はまた理性的な被造物の道徳上の諸性質、徳や悪徳にも配慮していること、神は道徳に関して彼らを公正に支配し、この支配のもとで最終的には幸福が有徳な人々に保証され、不幸が悪徳の人々にもたらされるにちがいないことが証明される。しかし、このことが現世の現在の状態では普遍的に成立しているとはいえないことをわれわれは知っているから、来世では別の神の統治が、すなわち、あらゆる点に関して神にふさわしい統治がなされるだろうとわれわれが期待するのは、もっともなことである。このことはまた、魂そのものの本性によっても確認される。というのも、われわれのすばらしい精神生活と精神活動、広範な記憶力と賢明な洞察力、高貴な能力と徳、独創的な芸術と学問と発明——これらが存在することによって、これらの卓越性を有する実体〔である魂〕が卑しむべき肉体とともに滅び去るということが信じられなくなるからである。ところで、このように魂の不滅について期待がもてると、それは、あらゆる徳への強力な動機となり、悪徳を回避させるもっとも強い忠告になるにちがいない。

二　われわれがより大きな決意をもってあらゆる徳を涵養すべく努力できるように、いつも次の考えを念頭においておこう。（一）栄誉ある善なるものに心から傾倒していれば、われわれは、徳の追求にあたって力強さを欠くことはめったにないし、また、自信をもって神の助力を期待することができる、ということである。われわれは、事物の通常の成りゆきにおいてさえ、たえず用心し、活発に行動し、賢明な熟慮をすれば、あらゆることがたいていはうまくいくことを知る。つまり、このようにしていれば、人々は日々能力を高めていき、彼らのより優れた能力はあらたな強さを身につけ、より低級な欲求を支配できるようになり、そして、はじめは辛く困難に思われたものが、慣れによって容易になり、喜ばしいものにさえなることを、われわれは知る。栄誉ある任務に伴う苦労や困難はすぐさま過ぎ去るだろうが、そのときの思い出はいつまでも喜びをもたらすだろう。

(二) しかし、外的な利益への激しい欲望や現世の魅惑的な快楽が、われわれの徳の追求を弱めることがないように、われわれは、徳にどのような安定した確固たる喜びと希望が伴うのかを、しばしばもっとも注意深く考察しなければならない。同時にまた、われわれは、現世のあらゆる享楽の本性についても考察し、われわれがたびたび言及した、これらの享楽への正当な軽蔑の念を獲得しなければならない。さらに、この人生のはかなさを、そして、死がわれわれすべてをまもなく襲うにちがいないことを、たえず念頭におかなければならない。

(三) しかし、たとえ外的な快楽や享楽でも、ある程度のものなら、自然であり必要であるから、われわれは、はるかに重要な他のものが存在することを依然として肝に銘じているかぎりではあるが、現世的な快楽や享楽にいくらかの関心を払わなければならない。したがって、われわれは、現世のあらゆる便利さや快楽に、いわば宣戦を布告しなければならないと思われることがないように、それぞれの徳をざっと見渡して、それぞれが一般的にどれくらいわれわれの現在の繁栄と快楽に役立つのかを見よう。

慎慮は、情念の軽率で愚かしい衝動を抑制するもので、どのような人生の道を歩んでいようと、等しく必要であるにちがいない。すなわち、われわれが、自己の企図する目的を効果的に追求するためにも、また、肉欲に目をくらまされて、もっとも嫌悪すべき対象へまっ逆さまに身を落とすことがないようにするためにも、慎慮は必要であるにちがいない。

正義のいくつかの部門は、平和の維持にきわめて重要である。すなわち、他の人々に損害を与え、彼らを怒らせることを回避するため、また、安全、好意、評判、信頼、富、広範な影響力、および友人を獲得するためにも、それらはきわめて重要である。しかも、人生のあらゆる危険から身を守るもっとも確実な防御となる。これらの徳は、その本性において、魂を安らいで落ちついた状態に維持し、そしてわれわれに、本性上必要で望ましい事物をいつでも獲得できるだろうという喜ばしい希望を与える。反対に、暴力と不正への意図が心を捉えると、この意図はそれ自身の本性において激しく不快だから、この意図のせいで胸のうちは、消え去ることのない疑心と憂慮と恐怖にさいなまれることになろう。われわれは、正義のうちの最高の徳、神への敬虔について話す必要があるだろうか。世界の至高の支配者、われわれの境遇の至上の調停者の好意が信心を通じてわれわれにもたらされる。神が有徳の人々に常に与えるのは、もちろん即座にもっとも快適といえるものではないにしても、彼らに真に適した、最終的にはもっとも有益で喜ばしいものである。そして、この信心を通じてこそ、魂の不滅への希望が生じる。この希望をもつことができれば、たとえいかなる境遇になろうとも、魂はいつもそれを自己の支えにできる。

節制に含まれるいくつかの部分は、その他のすべての徳を忠実に涵養するから、われわれの人格の健康と強さ、さらには美しさと優雅さをも維持し、増進することに役立つ。というのも、魂の平静と内面の安らぎは表情にあらわれるからである。また、倹約、つましい素朴な生活態度、精励、それに勤勉は、明らかに富と豊かさに役立つ。けれども、富と豊かさは、奢侈と不節制によって破壊されやすい。というのも、奢侈と不節制はまた、われわれの健康と強さと美しさを損ない、われわれを不名誉と軽蔑にさらすからである。そして、魂のより高貴な部分を麻痺させ、あらゆる低級な欲求を、荒れ狂う、制御しにくいものとするからである。

剛毅とそこに含まれるすべての徳は、われわれ自身と友人を守るための楯である。これに対して、もし臆病であれば、われわれは栄誉と徳の状態を失うばかりか、不屈の精神と平静な心をもってすれば容易に抜け出せたであろう危険にしばしば巻き込まれることになる。この徳をもたない人は、他の人々の手に落ち、悪の脅しによって彼らの思いのままの人間にさせられるにちがいない。あるいは、もっとも不敬虔で卑しい悪徳に巻き込まれるにちがいない。それは悲惨な奴隷状態である。もし善なる人が大きな危険に脅かされているなら、あるいは、まさに自己の徳のためにその危険にさらされているなら、この場合、彼はもっとも困難な戦いに突入していて、われわれのもっとも主要な敵である苦悩に直面しているのだから、剛毅と忍耐と断念のあらゆる力を喚起し、これらの徳の神聖な法を思い出すことが、彼の務めとなるだろう。というのも、この神聖な法は、女々しい弱さに陥ることも、やる気を低下させたり失ったりすることも、この重圧のもとにうずくまることも、禁じているからである。彼が自分自身に納得のいくようにさせよう。というのも、今や彼はオリンピア競技祭よりも栄光あるもっとも栄誉ある戦いに取り組んでいるからである。〔この戦いでは〕神が立会と審判と褒美を授ける役を務めている。したがって、賞がこれほど栄光あるときに、〔現世での〕命を惜しむことは臆病で愚かなことである。というのも、この命は、どのようなあり方にもせよ、まもなく、しかもおそらくはなんらかの病の力によってより〔当人を〕苦しめるかたちで滅び去るにちがいないからであり、また、この命は、魂を消滅させず、ふたたびわれわれのところに戻ってくるからである。以上のように、徳の栄誉ある形、すなわち不屈の精神、雅量、神への義務、忍耐強い自己放棄といったものを思い浮かべているからこそ、上述の苦悩を弱めることができ、死への恐怖もある程度は和らげることができるのである。

三　先述したように、われわれが自らの徳のすべてを導き出したのは神からである。したがって、神学者だけでなく哲学者もわれわれに、熱心な祈りを通じて常に神を頼みとしなさい、と教えている。つまり、われわれが精力的に一生懸命努力していれば、神はまたわれわれに徳の輝きを授け、あらたな強さを与えてくれるだろう、と教えている。また彼らは、もし神からの霊感がなければ、誰も精神の真の偉大さへ到達することはなかっただろう、と教えている。われわれはさらに次のことをつけ加えておこう。すなわち、神の完全性が引き起こす深い崇敬の念をもってこの完全性を観想し、〔神に〕感謝と賞賛を捧げ、自己の罪を告白し、祈りを捧げれば、〔神への〕われわれの献身と信心が増進されるだけでなく、気質の善性と正直さが強化される、ということである。それゆえわれわれは、あらゆる困難な状況において神の助力を信じ、もっとも栄誉ある役割を果たす固い意志をもって、神を頼みとしなければならない。またわれわれは、以下のことを念頭に思い浮かべていなければならない。すなわち、この緊急事態が実践の機会を与えているのは、どのような徳なのか。この危険に立ち向かえるように神と自然がわれわれに与えたのは、どのような道具や武器なのか。もし〔過去を振り返ったとき〕われわれは誘惑に打ち勝ち、自己の義務を充分に果たしたのだ、と回想することができれば、それはどれほど喜ばしいことだろうか。そして、くだらない快楽の誘惑や、とるに足りない苦痛の恐怖に負け、そのために悪徳で不名誉な行動で自己の品位を貶めたとすれば、それはどれほど恥辱的なことだろうか。われわれは、以上のことを念頭に思い浮かべていなければならない。

徳へのすべての教えと動機を長々と述べるのは、ここでの目的ではない。それらは、ギリシアやローマの哲学者たちと近代の著者たち〔の書物〕に見いだされるだろう。彼らの書物を熟読する際には、そこに述べられた生き生きとして印象的なあらゆる見解を集め、必要とあらばいつでも利用できるようにしておくのが適切だろう。また、それぞれの徳の偉大さと卓越性についての明晰な概念を、われわれの精神のなかに形成し、刻みつけよう。そうすればわれわれは、それらの徳をもつ人こそが真に賢明で、完全に幸福な人物にちがいないということ以外、問題にする必要がなくなるだろう。「このような人物は、自分自身に満足しているにちがいない。彼は、困難なときに嘆き悩むことも、なんらかの恐怖に自分を見失うことも、我慢できない激しい欲望に苦しめられることも、くだらない快楽や喜びにうつつをぬかすこともない。彼にとって、このはかない現世のいかなる出来事も、その生命力を弱めるほど耐えられないと思われるものはないし、また、彼を舞い上がらせるほど喜ばしく思われるものもない。そして、真に賢明な人にとってきわめて重要と思われるものが、現世で追求するものやこの短く束の間の人生のなかに存在するであろうか。というのも、彼の魂は、たえず油断なく警戒しているので、予見されなかったり、驚かされたり、予期されなかったり、真新しかったりするような、いかなるものも彼には起こらないからである」(原注1)。

(原注1) キケロ『トゥスクルム荘対談集』第四巻。

四　ところで、自然の意図にしたがって〔すべての人々の〕全般的な利益と幸福のためになにがしかの貢献をなそうとたえず取り組むことは、善なる人の大いなる目的である。しかし、このような貢献がおこなえるには、明らかに、大多数の人々が友好的な社会に参加していなければならない。したがって彼はまた、正しい理性の規則や命令のすべてを、注意深く探究しなければならない。というのも、この規則や命令によって、人生のあらゆる局面が規制されなければならないからである。また、これらを遵守することによって、彼は、人々のあいだの友好的な結びつきを彼なりに維持することができるからである。そして、正しい理性のこの教えと結論が一つにまとめられると、いわゆる自然の法となる。これは道徳哲学の次の部門であり、人生の行動においてきわめて有用である。

# 第二部　自然の法に関する基本項目

# 第一章　自然の法について

一　いかにすれば人生のすべての各局面で自然と一致した生き方ができるのかを明らかにし、それによって人間の各権利と義務をよりよく識別できるようになるためには、われわれは、前提として道徳のより一般的な教義を説明し、そこにたえず登場するかなり複雑な概念や用語を説明しておく必要がある。これがこの章と次の二章の課題である。

　われわれは、自己の感情と行為における正・邪、徳・悪徳の最初の概念を、いかにすれば人間の本性の構造そのものから導き出せるのかを、第一部で明らかにした。また、次のことも明らかにした。すなわち、ある人物が特定の仕方で行為、所有、または他の人々への要求をすることは、「彼がそれをしたことが、すべての人々の公共の利益に直接に役立ったか、あるいは、その他の人々に損害（detriment）を与えることなく、特定の人々または特定の個人の利益に役立ったのなら」、正しく正当なことだ、ということである。したがって、この場合には、人間はそのように行為・所有・要求をする権利をもつ、とわれわれは言う。また、彼がこのように行為または所有をすることを、邪魔したり妨げたりする人、あるいは、彼の要求に応じようとしない人は誰でも、侵害（*injury*）あるいは不正（*wrong*）をしていると言われる。

しかし、この問題をもう少し高い見地から再考してみると、明らかに、われわれの本性の構造には、特定の行為を要求し、その他の行為を禁じる、われわれの行動についての神と自然の意志の明確な証拠が見いだされる。われわれの行為の基準となる法の概念は、疑いなく人為的で、観察に基づいて形成されている。しかも、法の概念は、あらゆる時代を通じて人々にあまりにも明らかでなじみ深いものだったから、それを自然なものとも呼びうるのである。というのも〔法と密接な関係にある権力をまず考えると〕正当な権力あるいは他者を支配する権利〔支配権〕の概念は、自然が親に授けた、彼の子どもに対する権力、しかも、その子どもの善にきわめて明白に役立つ権力から明らかに類推されるからである。また、人類の大多数は独力でどんなによく推論や観察をしても、人生で何が有益で、何が有害なのか分かりはしないことも、常々の経験からすべての人々に知られている。さらに、大多数の人々の日常生活上の賢明さや知恵のほとんどが、より優れた洞察力と賢明さをもつ少数の人々の発見と教えに依存していることも、すべての人々に知られている。そしてまた、もって生まれた才能は著しく異なるもので、ほんの少数の人間が普通の人々より優れた能力をもつことも、一般に知られていることであるし、賢明さで劣る人々でさえ認めることである。したがって、あらゆる人々に植えつけられている道徳原理は、共通の利害のために結合した人間の大社会が、その共通の関心事の処理を、賢明な少数者の評議会にゆだねるべきこと、そして、それ以後もなお反抗する人々を、こうして正当な支配権を獲得した彼らの命令に強制的にしたがわせるべきことを、すべての人々に有益として推奨するにちがいない。このことも、すべての人々に知られている。したがって、正当な権力あるいは支配する権利の概念は、人類にとってもっともありきたりでなじみ深いものの一つとなる。ただし、以上のような手順と形態によって権力が構成されるがゆえに、統治者がその権力を乱用して、社会全体に損害を与えようとしたり、なんら罰を受けずにそれができるという期待をもったりしないように、できるかぎりの用心をしなければならないのではあるが。以上のことから、法の概念もまた、すべての人々に明らかとなる。すなわちそれは「正当な支配権を授けられた人々の意志であり、この意志は、その被統治者に宣言され、賞罰の予告を通じて特定の行為を要求し、その他の行為を禁じるのである」。

二　ところで、神には叡知と力だけでなく最高の善性も備わっていることは、人々のあいだで一般的に認められている。したがって、ここから明らかに導かれるにちがいないことは、誰ひとり例外なく神の意志に服従すれば、それは全般的な善にも各個人の善にも資するにちがいない、ということである。この神への服従にあたって、われわれはまた、もっとも敬神の気持ちを抱きつつ感謝しなければならない。というのも、われわれは神によって創られたからであり、また、われわれは神の気前のよい手から、たえず善を得ているからである。また同じように、上述のことから導かれるにちがいないことは、神の意志に対する不服従は、必ず公共の至福に反し、卑しく恩知らずの精神を示すにちがいない、ということである。そこで、以上の考察から次のことが明らかになる。すなわち、神においては、自らの理性的な被造物を自ら支配することは、完全に正当で正しいことであり、また、神の〔支配する〕権利は、神自身の道徳上の卓越性に基づいている、ということである。

しかし、〔人間の場合、支配権は神のようにはいかない。〕いかなる者も、自分が安定した揺るぎない善性をもつことはおろか、他の人より優れた知恵をもつことですら、すべての人が納得できるほどの充分な根拠を示すことはできない。また、もし偽善の途方もない張ったりが、権力に到達するためのもっとも確かな手段なら、野心的で内面を隠す者は、いつもこの張ったりをきかすだろう。しかも、この偽善を見破るために互いの心を調べあうことはできない。そしてまた、その社会の人々から概して疑われ恐れられている権力は、自己のもっとも重要な利害に不安をもつ人々を安らかにしたり、幸福にしたりできない。したがって、誰も、自分がより優れた知恵や善性をもつことを説得して、それに基づいて他の人々に対する権力を正当に獲得することはできない。ただし、もし社会全体の人々もその説得を認めるなら、あるいは、ゆだねられた権力が乱用されて、社会の崩壊にいたることがないように、もし彼らが、自分たちに与えられた合理的な保証に基づいて、この権力への服従に同意するなら、話は別であるが。

三　そしてさらに、わが創造主たる神は、われわれの魂のなかに、正・邪に関する感覚を植えつけたし、理性の諸能力もわれわれに与えた。これらの能力によってわれわれは、自分自身の〔本性の〕構造や、周囲の人々と事物の〔本性の〕構造を観察し、どんな行動がすべての人々の共通の繁栄や各個人の繁栄に資するのか、また、どんな行動がその反対の効果をもつのかを、明らかにできる。そしてまた、あらゆる種類の親切は一般にそれを実行する当人の幸福に役立ち、その正反対の行為は当人の損害をもたらすことも、われわれは明らかにできる。したがって、正しい理性のこれらの命令あるいは実践的な指令はすべて、明らかに同数の法である。(原注1) この法は、神によって立法化され、罰則を設けて承認され、本性の構造そのもののなかに公布されたものである。［というのも言葉や表記は、法の本質にとって不可欠ではなく、それを知らせるためのもっとも便利な手段にすぎないからである。］

（原注1） この問題に関しては、カンバーランドの『プロレゴメナ（*Prolegomena*）』すなわち『序論』を見よ。また、第一章「自然の法について」を見よ。

いかなる法にも二つの部分がある。命令（*precept*）と賞罰（*sanction*）である。命令は、要求されること、禁じられることを示す。賞罰規定には、報賞と罰則が含まれている。法のもとにある人々は、その命令を遵守したか違反したかにしたがって、この報賞や罰則を受ける。市民法（Civil Laws）では、奨励金（*premiums*）という独特の報賞が提案される場合もあるが、それを別にすれば、あらゆる市民法には次のような一般的な報賞があると理解されている。すなわち、われわれは、〔その法に〕服従すれば、国家の防衛と保護、文明化された生活のその他の共通の便益、そして市民の諸権利を獲得することができる、という報賞である。人定法（human laws）の罰則は一般に公表されている。自然の法の賞罰は、命令の部分と同じように知れわたっている。その報賞とは、有徳な生き方に自然に伴う、あらゆる内的な喜びと楽しい希望である。また、外的な利益が、善なる行為から直接に生じるにせよ、他の人々あるいは神の善意と是認によって、現在または将来の生活において獲得されるにせよ、そのあらゆる利益もまた、この報賞である。〔自然の法の〕罰則とは、悪徳によって自然に引き起こされる内的あるいは外的なすべての悪である。たとえばそれは、後悔、憂慮、そして、苦悩を伴う恐怖や危険である。要するに、これらのすべての悪は、正しい理性が示すところによれば、神とわれわれの同胞の正当な憤りを通して生じると予想される。

**四**　神の法は、われわれが知る方法の違いにしたがって、自然法もしくは実定法となる。自然法は、われわれの理性が事物の本性を観察することによって、見いだされる。実定法は、言葉と表記を通じてのみ明らかにされる。法はまた、その内容にしたがって、必然的な法と必然的でない法とに分類されうる。あらゆる種類の法は、確かに国家に対するなんらかの現実の利益をその目的とすべきである。しかし、法のなかには、大きい利益を獲得するための、あるいは、大きい悪を回避するための、唯一の必然的な手段を指示するものもあれば、そうでないものもある。前者では、その法に矛盾する法はおろか、それと異なる法でさえ、社会の不可欠の目的を果たすことはできないだろう。他方、後者の法は、もっとも都合のよい手段を決定するにすぎず、その他の多くの手段でもいくらか目的を果たすことができたかもしれない。あるいはこの法は、さまざまな手段が等しく適切で、そのうちの一組を決定しなければならない場合、多くの人が同じ手段の使用に同意する必要がある。そのような場合とは、所定の時と場所、さらにその他の条件を指定しなければならない場合で、このとき公共の関心事が多くの人々の協力によって処理されることになる。この後者の種類の法は、その内容に即して実定法とも呼ばれ、同じ観点から前者の法は、自然法とも呼ばれる。

**五**　法は、一般的にいって、社会全体のすべての人々に等しくかかわるか、あるいは少なくとも、特定の階級または身分のすべての人々に等しくかかわる。このことは、あらゆる自然法に当てはまる。しかし、特異なケースでは、ただ一人の人物にかかわる市民法がつくられることがある。このような法をローマ人たちは特別法（*privilegia*）と呼んだ。それは、特異な好意または特異な憤りからつくられたものであった。もしそうした特権（*privileges*）が特別な功績のゆえに与えられ、しかも、社会全体になんら害を与えそうにないなら、それらはきわめて正当と認められる。また、次のようなケースも、めったにないことではあるが、起こりうる。すなわち、特別法（special law）によって非常に狡猾で危険な犯罪者を処罰することが正当となるのだが、それにもかかわらず通常の司法手続きにおいては先例にならないケースである。

衡平法（*equity*）(1) は、厳格な法律（*strict law*）とは区別されたものとして理解されることがある。というのも、衡平法は「ある法律の真の理由や趣旨からすれば、充分に意を尽くしていなかったり、あるいは、あまりにも解釈の余地がありすぎたりして、その法律の表現が不完全なとき、この不完全さを道理をわきまえて賢明に修正するもの」だからである。この衡平法がかかわるのは、言葉で表現された法律のみである。というのも、自然の法は、言葉ではなく正しい理性によって、また、思いやりのある善なるものによって、すべてを決定するからである。

六　適用免除（*dispensations*）の説は、教会法（Canon-law）を通じてもたらされた。適用免除とは「特別の好意に基づいて法の責務からある人を免除すること」である。罰則が免除される場合、それは、命令の適用免除か、または賞罰規定の適用免除である。たとえ罰則が免除あるいは変更されるとしても、公共の安全と矛盾せず、しかも、その法の権威と影響力を弱めない仕方でなされるなら、それは非難されるべきではない。このように異例の重要な理由で適用免除を決定する権力は、しばしば国家の至高の支配者や為政者にゆだねられる。〔ただし〕賢明な法の場合には、もしその命令の部分の適用免除が先例にないのなら、それは決して正当化されえない。

しかし〔ここで以下の三点に言及しておかねばならない。〕第一に、ある人が、自分自身の権利と、法によって自己に与えられた通常の権力とを用いて、別の人をなんらかの法的責務から解放する、あるいは、あらたな法的責務を課すとき、われわれはこれを適用免除とはみなさない。たとえばそれは、債権者が借金を帳消しにする場合である。あるいは、至高の統治者が被統治者たちに、彼が執行する権利をもつことを彼の名において実行するよう命じるのだが、もしこの命令がなければ、この被統治者たちはそれをおこなうと法に背くことになるという場合である。

第二に、きわめて悪徳で罪のある行動に対して、外的な処罰の免除罰が、神の法または人定法によって正当かつ賢明に認められることがある。たとえばそれは、人々が愚かあるいは堕落しているために、その悪徳

（1）資本主義の勃興による社会的転換期に際して、従来の法規範だったコモン・ロー（慣習法・判例法）が社会生活の現実調整機能に欠陥を露呈し始めたため、大法官裁判所（衡平法裁判所）が、新しい社会的要求に応じるべく、公平と正義の原理に基づいてコモン・ローの欠点・限界・非融通性を補充・矯正した判例を樹立するようになる。この判例法の一団が「衡平法」である。

を抑制しようとすれば、悪徳の容認から生じる事態よりもはるかに大きな不都合が必ず生じるであろう場合である。しかし、これは適用免除の概念には該当しない。

しかし第三に、いかなる統治者——それが人間であれ神であれ——の認可や許可によっても、邪悪な感情が、道徳的に善または無垢なものとなることはありえないし、また、博愛的感情が、邪悪なものとなることもありえない。同じように〔統治者の〕たんなる命令や容認によって、それらの心の動きから生じる行為の道徳上の本性が、変更されることもありえない。したがって、教会法学者の主張するように、適用免除が正当化されうるのは、法律それ自体が悪法であるか、思慮を欠いている場合のみである。実際、教会法にはそうした法がきわめてたくさんある。

七　自然の法は、巨大な戒律の集積であり、一般的に一次的なものと二次的なものとに分類される。前者は不変的とされ、後者は可変的とされる。一部の人々は、一次的なものが自明な命題からなり、二次的なものが論証を必要とする命題からなる、という分類をするが、(原注1) それはまったく役に立たない。彼らが一次的とみなす多くの命題は論証を必要とするし、また、正しい結論が自明な前提よりもいっそう可変的というわけでもない。この分類が唯一意味があるのは、まずまずの社会状態ならどんな社会でも絶対的に必要な命令が一次的と呼ばれ、それほど必要ではないが、生活の相当な改良または飾り立てに役立つ命令が二次的と呼ばれるときである。しかし、神やわれわれ自身の良心から見れば、この二次的な命令は可変的ではなく、一次的な命令と同じように、それに違反すれば必ず罪になる。もっとも、この二次的な命令に違反しても罰則を受けずにすむ政治体制はたくさんあるだろうが。
（原注1）『法学提要（*Institutes*）』第一巻、二、一一についてのヴィンニウス（Vinnius）[3]の解説を見よ。同様の分類は、その他の著者たちによっても多様に解説されている。しかし、その分類が重要となるくらいにうまく解説している人は、ほとんどいない。

第一部の教義から、以下のことが明らかになるにちがいない。すなわち、われわれのあらゆる義務は神の命令によって課されていると考えられるので、それらは次の二つの一般的な法のなかに含まれる。第一の法は「いっさいの愛と崇敬の念をもって神を崇拝しなければならない」ということ、そしてその帰結として「あらゆる事物において神に服従しなければならない」ということである。

---

（2）『法学提要（*Institutes of Justinian*）』。これは『ローマ法大全（*Corpus Juris Civilis*）』（を形成する四部のうちの一部で、これ自体が四巻よりなる。『ローマ法試論』とも言われる。ちなみに『ローマ法大全』とは、六世紀に東ローマ皇帝ユスティニアヌス一世（四八三―五六五年、在位五二七―五六五年）の勅命によって編集された、古代ローマ法の集大成および彼が発布した新勅法の総括的な名称である。これを形成する残り三部は『勅法彙集』『学説彙集』『新勅法集』である。原文では the Instit. とあるだけだが、『法学提要』と理解して差し支えないだろう。なお、一般に institutes と言えば「初心者のための法律の教科書」を意味する。

（3）ヴィンニウスはオランダの自然法学者。Vinnius, Arnoldus, *In quattuor libros Institutionum imperialium Commentarius academicus et forensic*, Amsterdam, 1692.

第二の法は「われわれは、機会があればすべての人々の共通の善を増進すべきであり、また、個々の社会や人物の善についても、それが共通の善やより大きな社会の善を決して妨げないかぎり、それを増進すべきである」ということである。

# 第二章　権利の本性および権利の分類について

一　多数の人々が一緒になって友好的な社会に加わることは、明らかにすべての人々の共通の利益に必要である。また、われわれに機会があれば、人々の幸福を増進すべきことは、彼らに対するわれわれの全義務の要点である。以上のことから必然的に導かれることは、ある人が自分自身あるいは友人のためになんらかの利益を獲得し、しかもその他の人々の利益をなんら妨げていないなら、彼のこの行為はすべて合法にちがいない、ということである。というのも、〔全体のうちの〕ある部分に利益をもたらしながら、しかも他の部分に損害を与えていないなら、その人は明らかに全体に利益をもたらしているからである。ところで、あらゆる人々が自然に欲する享楽や利益のなかには、次のようなものが多くある。すなわち、ある人が自分自身、家族、または友人のために獲得しても、その他の人々に損害を与えることがなく、さらに、各人が他人に妨害されずに獲得することを許され、しかもそれが明らかに社会の利益となる（というのも、もしそうでなければ、いかなる友好的で平穏な社会も維持されえないからである）――このような享楽や利益が多くある。それゆえ、各人は、こうした利益や享楽を自分自身や友人のために獲得する権利をもつと、われわれは考える。この権利が各人に明らかに確立され保証されるのは、先に述べた第二の一般的な命令によってである。この命令は、すべての人々の全般的な善に資することなら、あるいは〔全体のうちの〕ある部分の善に役立ち、しかも残りの部分には損害を与えないことなら、どんなことでも要求し承認するものである。したがって、人々は、このような場合にはいつでも、彼らの権利にしたがって行為している、と言われる。そしてまた、ちょうど他の人々に対して果たすべきさまざまな任務が、われわれ自身の胸中の感覚によって望ましいとされるように、彼らも社会生活のなかでその任務への要求をもち、なんらかの仕方で自分に果たされるべきものとして、その任務をわれわれに望み、かつ自然にあるいは正当に期待する。この帰結として、次のことが明らかとなるにちがいない。すなわち、個人や社会、さらには、巨大な集合体または社会としての人類一般にとって正当な、さまざまな要求あるいは権利のすべてを考察するときほど、義務のさまざまな規則、すなわち個別具体的な自然の法（special laws of nature）(4) が容易に知られることはありえない、ということである。以上のことはすべて、日常的な法の問題である。

したがって、人類の各権利がまず最初に知られるのは、人類の胸中にある自然な感情と自然な欲望を通じてである。この自然な感情と欲望は、各個人または彼が養う人々の善に役立つものを追求し、一定の有徳のあらゆる任務へと人類を向かわせる。しかし、このような性向あるいは欲望はすべて、すべての人々の全般的な善のために、正しい理性によって規制されなければならない。

以上のようにして、われわれは、自然の法によって特定の人物に授けられた道徳上の資質または能力（*faculties*）としての権利の概念をもつ。法や命令の考察に先立つ、われわれにとって先天的な、正・邪を対象とする道徳感覚〔モラル・センス〕から、いかにしてこのわれわれの権利の概念が生じるのかについては、すでに充分に説明した。しかし、全般的な善に資するあらゆることを要求し、正しい理性の実践的な命令のすべてを内包する神の自然法の概念にわれわれがいたると、道徳上の資質〔権利〕のわれわれの定義は、それを法に関連づけることによって要約しうる。しかし、自然法の偉大な目的がすべての人々の全般的な善であり、また、全般的な利益が許すかぎりでの各部分の善であることを、われわれが依然として肝に銘じているなら、その定義は同じ意味をもちつづけるだろう。

したがって、権利は「法によって確立された、行為、所有、または何かを他の人々から獲得する能力あるいは要求」と定義できよう。ただし、権利の本来の概念は、法の概念より先行し、また、人類全体のもっとも広範な利害への配慮を必ずしも含まない。というのもわれわれは、すべての人々の全般的な利益または法についてなんら考慮せずに、正・邪に対する自らの先天的な感覚と、他の人々への自らの共感によって、ある人がその他の人々には害を与えないなんらかの利益を自分自身や友人のために獲得することを、ただちに是認するからである。その理由は以下のようになる。全般的な幸福は諸個人の幸福の結果である。また神は、各個人や各家族のために〔自分のことだけを考える〕私的な欲求や欲望を各人のなかに植えつけ、同時に〔個人や家族という〕比較的小さな組織のなかに思いやりのある自然な愛情を植えつけた。したがって、それ

（4） **special law** を「日常的な法」と訳したことについては、少し説明が必要かもしれない。本書では **special law** は二つの意味で用いられている。一つは、第二部第一章における意味で、「特別法」という意味である。この意味についてては特に説明の必要はないだろう。もう一つは、第二部第一六章における意味で、そこでは **special law** は、われわれが **ordinary case** において遵守すべき法とされている。この場合には「日常的な法」と訳すべきであろうし、このパラグラフでは、後者の意味にとるのが妥当であろう。

らから生じる行為は、もし他の人々に対し有害と思われたり、もっと高貴な愛情と対立すると思われたりしないのなら、自然に是認される、あるいは少なくとも罪がないと考えられる――しかも、それら自体のために直接的に是認または罪がないと考えられる。以上のことから、他の人々に害を与えず、自分自身や自分にとって大切な人々の利益に自然に役立つあらゆることを、すべての人は実行あるいは要求する権利をもつと考えられる。

しかしながら、どんな私的な権利でもすべての人々の全般的な利害に対立することはできないことを、われわれは、依然として主張しておかなければならない。というのも、人類全体という組織のもっとも広範な利益への配慮こそが、各個人または個々の社会のあらゆる権利を制御かつ限定しなければならないからである。

二　ところで、他の人々と仲良くやっていくこと、互いに任務を果たしあうこと、また、多数の人々が協力することは、人間生活の喜びと便益だけでなく、その維持にさえ絶対的に必要である。このことは非常に明らかだから、(原注1) それについて論じる必要はない。したがって、人々のあいだの友好的な社会を維持するために必要と思われることはすべて、自然の法によって必ず命じられているにちがいない。また、特定の行為・所有・要求が誰にとっても自由で妨害を受けないものにされていることが、社会の平和の維持に必要な状況では、それがどのような状況であろうと、誰もが、そのように行為、所有、または他の人々への要求をする権利をもつ、と正当に考えられる。それぞれの権利にはなんらかの法が対応しているように、責務（*obliga-*

***tion***）も対応している。この〔責務という〕言葉には二つの意味がある。一、「各人の内的な感覚と良心が、特定の行為や実行を必ず是認し、かつ、その反対の行為を悪徳の卑しいものとして必ず非難するとき」、われわれは、他の人々に対してそのように行為または実行すべき責務をもつ、と言われる。われわれは〔ある行為を〕控えたり、慎んだりする責務についても、同様に考える。この種類の責務は、法の命令の考察に先立つものと考えられる。二、「もう一方の側のあらゆる動機よりも優先されるべき利害にかかわる動機で、われわれを特定の行為や実行、または行為の抑制へ促す動機」として、責務が捉えられることもある。こうした動機は確かに、全能なる存在の法から生じるにちがいない。偉大な著者たちはおそらく、すべての責務が優越者の法から生じると考えているのだろうが、彼らの次の比喩的な定義に、この二番目の意味がおもに示されているように思われる。すなわち、「行為すべし、または行為の抑制をすべしという必然性によってわれわれを拘束する正しさの束縛」あるいは「特定の仕方で行為すべしという、人間に課された絶対的な必然性」[原注2]という定義である。

（原注1）キケロの『義務について』第二巻の三、四、五などを見よ。

（原注2）これらは、プーフェンドルフやバルベイラックの定義である。後者の定義は、グロティウスについての彼の注釈や、『プーフェンドルフへの非難』[5]についての彼の辛口の批評のなかに見られる。なお『プーフェンドルフへの非難』は、一般的にはライプニッツ氏の手になるものとされていて、『人間と市民の義務』のフランス語訳とともに出版された。

三　権利は、社会生活の維持に必要とされる程度にしたがって、完全な権利と不完全な権利に分類される。完全な権利は、絶対に必要な権利で、もしその侵犯を一般的に許せば、必ず社会全体が完全に崩壊してしまうものである。それゆえ、この権利は、暴力に訴えてでもすべての人々の権利として維持されなければならない。さらに、この権利が侵害されれば、もっとも厳しい刑罰が科されなければならない。

不完全な権利あるいは要求は、なるほど確かに、社会の幸福と品位（happiness and ornament of society）にとってきわめて重要なときがある。また、この権利を維持すべき責務、そして他の人々がこの権利として要求することを彼らに対して遂行する責務は、非常に神聖なものかもしれない。しかし、たとえそうだとしても、もし不完全な権利が各人の栄誉の問題とされず、また、この権利に応じるかどうかが良心にゆだねられずに、強制されたなら、社会にいっそう大きな悪が生じるであろう。この権利はそうした本性をもつのである。他の人々のこの不完全な権利あるいは要求は、強制の対象でないからこそ、有徳の人がこの権利に対して良心的な配慮をすれば、自らの徳を発揮し、他の人々から尊敬と愛を獲得する機会に恵まれるのである。

しかし、完全な権利と不完全な権利のあいだの境界は、必ずしも容易に見て取れるわけではない。ある種のはしご、または漸進的な上昇があって、そこでは人々のあいだの絆の多様性や互いの能力・実績（merit）および要求の多様なレベルにしたがって、いくつかのほとんど感得不可能な段階を経ながら、人間愛のなかでのもっとも低レベルの弱い要求から、より高いレベルの神聖な責務に対する要求へ上昇して行き、ついには、完全な権利とほとんど区別不可能なほど強い不完全な権利へといたる。ある無邪気な人は、われわれに対して人間愛の特定の役割を要求するかもしれない。しかし、同じ状況でも、その相手がわが同胞たる市民や隣人なら、もっと強い要求をもつことになるだろう。われわれが不完全な責務の問題とみなしていることがらにおいてさえ、相手が友人、恩人、兄弟、または親なら、さらに強い要求をもつことになるだろう。

また、権利の第三の種類、あるいはむしろ、権利の外的な見せかけ（external show of right）もあり、それを形式的権利（*external right*）[6]と呼ぶ人もいる。この権利が認められるのは、次のような場合である。すなわち、遠い将来の効用をよりいっそう考えれば、たとえ特定の行為や享楽、あるいは他の人々への特定の要求が、善なる良心や道徳上の善なる性向に矛盾していても、人はそれらを抑制されるべきではない、とされる

（5） ライプニッツ（Gottfried Wilhelm Leibniz, 1646–1716）。ドイツの哲学者・数学者・物理学者。歴史・法律・政治・神学・言語学などの諸領域にわたって重要な貢献をなし、外交官・技術家・実務家としても活躍した。きわめて多方面な独創的・天才的思想家。

（6） なぜ external right を「形式的権利」と訳したのか、若干の説明をしておこう。ハチスンは、external right の具体的な状況を第二部第四章第三節で述べている。そのなかで彼は「私的な判断の権利」を論じている。その議論を要約すれば、以下のようになる。——人は、特に宗教に関してそれぞれ独自に判断する権利をもつ。しかし、独自な判断を許すと、誰かがまちがった意見・判断をもつことを防ぐことができない。宗教に関してまちがった意見をもつことは、魂という観点からすれば、望ましくないから、誰かに権力を与えて、まちがった意見をもつ人には強制的に正しい意見をもつようにさせるべきだと考えることもできる。しかし、この考えは危険である。そんなことをすればもっと大きな悪が生じるからである。そこで、たとえある人がまちがった意見をもっていても、実際に誰かに損害を与えていないかぎり、彼は external right を行使している、と考えるべきである。

ここでハチスンは external という言葉を「さしあたって現世で必要とされるが、あくまで魂にかかわりのない、非本質的な」という意味で用いている。そこで external right を「実質を伴わない形だけの権利」という意味で「形式的権利」と訳すことにした。

場合である。この権利の外的な見せかけは、行動の基礎として善良な人を決して満足させることはないが、当事者の一方が軽率にも結ぶ、慎重さを欠いた契約からしばしば生じ、また、もっとも賢明な市民法からさえもしばしば生じる。

ここで明らかに、二つの完全な権利のあいだや、二つの不完全な権利のあいだには、いかなる対立もありえない。しかし、不完全な権利は、形式的と呼ばれる権利とは対立するかもしれない。しかしながら、不完全な権利は正当な権力や強制の対象ではないから、〔不完全な〕権利と称されるものを暴力的に追求または防御する争いは、どちらの当事者においても正当であるはずがない。

**四**　権利はまた、譲渡可能なものと、譲渡できないもの、あるいは引き渡せないものとに分類される。次のような場合、その権利は譲渡可能である。すなわち、その引き渡しを実際におこなうことができ、しかも、社会のなんらかの利害のために、その権利がある人から別の人へ引き渡されるべきであると、しばしば要求される場合である。もしこれら二つの条件が両方ともそろっていないなら、権利は譲渡不可能と考えなければならない。したがって明らかに、たとえば宗教の問題に関するわれわれの意見は、この二条件を欠いているので譲渡不可能であり、また神への献身というわれわれの内的な愛情も同じく譲渡不可能で、それゆえ両者はどちらも、商業、契約、あるいは人定法の対象にはなりえない。人は誰でも、自分に明らかな証拠にしたがって判断せざるをえない。また、どのような社会的利害があろうと、人は、自己の胸中の感情と反対のことを偽善的に告白する必要はないし、また、もしある外面的な崇拝が、愚かまたは不信心で、しかも適切な愛情を伴っていないと判断するのなら、そんな崇拝に加わる必要もない。

権利の本性についてこれまでに与えられた一般的な説明から判断して、以下の二点が、社会生活の基本的な命令であるにちがいない。すなわち、まず第一は、「誰も他の人を傷つけてはならない」、あるいは、より優先されるべき社会的利害に必要でもなければ役立つこともない損害や苦痛を、誰も他の人に与えてはならない、ということである。第二は、「各人はその人なりに、機会があれば、社会の全般的な利益に貢献すべきである」、あるいは少なくとも、自分の友人や家族の利益に貢献することによって、そうすべきである、ということである。確かに、他に損害を与えることなく部分に利益をもたらす人は、実際に全体の善にも貢献している。

# 第三章　さまざまな段階の徳と悪徳、およびそれらが依存する事情について

一　これまで充分に講義してきた良心と呼ばれる内的な力は、われわれがこれまで説明してきた道徳感覚または道徳機能そのものである。あるいはそれをもっとも本質的な部分として含むものである。というのも、この道徳感覚がなければ、われわれはいかなる道徳上の性質も識別できないだろうからである。だが、この道徳感覚が前提されているなら、われわれの理性は、どのような具体的な行為が賞賛または非難に値するのかを、それが魂における善の情動を証明しているのか、あるいは悪の情動を証明しているのかに応じて、明らかにすることができる。良心は、一般的に「自己の行為の道徳性についての人間の判断力」、あるいは、自己の行為が合法なのか違法なのかをめぐる、自己の行為についての人間の判断力と定義される。そして、行為が行為者の意志によって引き起こされ、それゆえその行為によって彼の気質と情動が有徳あるいは悪徳と証明されるとき、行為は〔行為者に〕帰すことができると言われるのである。

良心は一般的に、確信的なもの、ほぼ確かなもの、疑わしいもの、用心深いものに分類される。これについては説明の必要はない。われわれが未来の自己の行為について熟慮するとき、それは事前の良心と呼ばれる。われわれが過去の行為について判断するとき、それは事後の良心と呼ばれる。

善良なる人の事前の良心、すなわち行為に先立つ熟慮によって、行為はすべての人々の全般的な善へ向けられる。あるいは、罪のない個々人の享楽や、この世界の諸集団の、害のない享楽へ向けられる。行為は、

この方向に向けられるとき、物質的に善となる。というのも、行為者の動機や目的がどのようなものであれ、その行為が上述の方向に向けられているなら、あるいは、法によって要求されているなら、その行為は質料的に善と言われるからである。事後の良心は、おもに動機、計画、意図にかかわり、これらが形相的な善性と呼ばれるものを規定する。というのも、あらゆる観点において法にかない、しかも善なる心の動きから生じる行為が、形相的に善と言われるからである。(7)

二　行為の道徳性を比較する場合に考慮される事情は、それが知性にかかわるのか、意志にかかわるのか、あるいは行為者の能力とともに考察される行為そのものの重要性にかかわるのかにしたがって、三種類ある。

しかし、ここで前もって確かなことがある。知識と意図をもってなす行為で、しかも、もしその行為をし

(7)　このパラグラフにおける「質料的」と「形相的」は、material と formal の訳語である。この文脈での両者の意味は、前者が「現実的・現世的・物質的・非本質的」であり、後者が「観念的・来世的・精神的・本質的」であろう。訳語としては「実質的」と「形式的」も考えられるが、この訳書では external の訳語として時に「形式的」を用いており、しかもそこに「非本質的」の意味をこめている。ハチスンにおいては、魂や精神の領域こそが本質＝実在であるから、formal の訳語として「形式的」を用いるわけにはいかない。西洋の哲学の伝統においては「形相」こそが「真の実在」と考えられてきたので、「形相」を訳語とすれば、ハチスンの意図を適切に表現できるであろう。一方を「形相」と訳すのであれば、もう一方は「質料」と訳すべきとなるだろう。

ないと真剣に決心していれば、生じることのなかった行為だけが、賞賛や非難の対象となり、〔行為者に〕帰すことができるということ。同様に、たとえもっとも心のこもった気持ちをもっていても、避けられなかったと思われるいかなる無為も、その責任を問うことはできないということである。はじめに述べた行為や無為は、自由なもの、自発的なものと言われ、また、それらだけが気質の善性あるいは堕落の証拠を示す。それゆえ、われわれが結果を知らなかったとしても、あるいは、われわれの意図に反してでも生じたであろう必然的な出来事は、当人に帰せられうるものではない。また、われわれがどんな欲望をもっていても達成できなかったと思われる不可能なことがらも、怠慢として責任を問われることはない。しかし、次のような行為に関しては、話は別である。すなわち、行為者の気持ちと気質があるものに向けられていて非常に強いために、あるいは彼の情念が非常に強いために、彼はこの気質の状態ではそれ以外の意志をもつことができないという理由のみで、必然的と言われる行為である。また、次のような行為を怠る場合にも、上述のことは当てはまらない。すなわち、ある人物の気質が非常に堕落しているために、彼はその行為をまったくおこなう気になれないという理由のみで、不可能と言われる行為である。徳と悪徳は、第一義的に気質と情動それ自体のなかにある。そして、どのような気質や気持ちをもつことも、それを変えることも、一般的にいって、かなりの程度われわれ自身がなしうることである。

非自発的と呼ばれる行為は、三種類ある。すなわち、自分よりも上位の外的な力によって強制される行為、そうとは知らずにおこなってしまう行為、そして、より大きな悪を回避するために、それ自体としては非常に不快なことをおこなう場合の、複合的と呼ばれる行為である。外的な力によって強制された行為は、その強制力を行使した人にのみ帰せられる。そうとは知らずになされた行為については、無知が咎められるべきかどうかにしたがって、〔行為者に〕帰せられるあり方は異なる。しかし、複合的と呼ばれる行為は、すべて行為者に帰せられる。というのも、それらは真に自由であるし、意志にしたがってなされたからである。しかし、その行為が無実とされるか有罪とされるかは、回避された悪が、それを回避するためになされた悪と比べて、全体の効果においてより大きいのか小さいのかにしたがって決まる。ところで、道徳上の悪や共通の利益を損なう悪は、自然な悪や当人だけに損害を与える悪よりもいっそう大きい。

三　知性に関連する事情について。道徳上の徳と悪徳はすべて、第一義的には意志にあるけれども、われわれが関与する事物の本性についての無知または誤謬は、しばしば行為の道徳性に影響を与える。また、もっとも善良な人々は、あることが実際には悪であっても、もしそれが善のように思われるなら、それをおこなおうとするにちがいない。けれども、もしその誤謬や無知がともかく意図的であり、しかも善良な人がこのような場合に普通に用いる注意力があれば避けられたと思われるものなら、そのあやまちはしばしば非難に値する。だが、完全に非意図的でしかも克服不可能な無知は、あらゆる非難を免れる。

意図的な、あるいは克服可能な無知が好まれるのは、次の二つの場合である。すなわち、まず、真実に対するなんらかの危惧の念のために、それを知らないでおこうと直接意図する場合である。もう一つはひどい怠慢やものぐさから生じるもので、人が自己の義務についてほとんど気を使わず、自分の行動についてほとんど考えをめぐらさない場合である。前者では、行為の罪は決して軽減されない。後者では、罪のいくらかの軽減がありうるが、ただしその軽減の程度は、ものぐさがひどいのか、ちょっとしたものか、あるいは真実の発見がかなり難しいのか、それほどでもないのかによる。

真に非意図的な無知は、それ自体においては非意図的だが、その原因においては非意図的といえない場合と、それ自体においてもその原因においても非意図的な場合とがある。前者は、真実を知ろうと心から望むにもかかわらず、現在のところ、そしてまた行為の最中において、真実を発見できない場合、しかし、前もって善良な人に要求されるような熱心さがあれば、真実を発見できたかもしれない場合である。後者は、われわれの無知が決して咎められるべき事前の怠慢のせいではない、という場合である。この場合の無知は、まったく罪を免れているが、前者の場合はそうはいかない。なるほど確かに、ある人が自分には現在のところ善と思われることを実行するときには、その行為によっていかなる道徳上の卑しさも示されない。しかし、無知や誤謬は、たとえ現在のところは克服不可能としても、咎められるべき事前の怠慢の強力な証拠になるかもしれず、それゆえに気質の堕落が明らかになるかもしれない。

無知は、法についてのものか、事実についてのものである。この分類がなされるのは、おもに実定法においてである。というのも、自然の法においては、ある行為の事実、またはその自然な傾向や帰結が、社会に有益であろうと有害であろうと、もし知られるなら、それによってただちにその法が知られるからである。

**四**　以上の原理から、われわれは誤った良心（erroneous conscience）についての主要な疑問点に答えることができる。一、自然法についての誤解や無知は、一般的に咎められるべきである。しかし、その程度は実にさまざまで、人が先天的にもつ賢明さの程度が異なっても、知識に接する機会や研究をおこなう機会が異なっても、さらに、法自体が発見しやすいのか発見しがたいのかによっても、違ってくる。

二、われわれが悪徳と思うことを実行するとき、あるいは、自己の義務と考えることを怠るとき、良心に反して行動することは常に悪にちがいない。というのも、それによって、義務の感覚が支配的原理になっていないくらいに気質が堕落していることが、明らかになるからである。しかし、この罪にも実にさまざまな程度があり、それは、怠った各義務の神聖さにもよるし、犯した罪の卑しさにもよる。また、われわれがその行動をするようになった動機の多様性にも、それらが好ましいかどうかにもよる。というのも、われわれが自己の良心に反する行為へ強制されるのは、もっとも恐るべき悪に対する恐怖心のみが原因の場合もあれば、また、この行為へ誘導されるのは、友情や感謝の念、子の義務や親の愛情、さらには祖国への愛といった愛されるべき原理が原因の場合もあるからである。ちなみにこれらの場合には、罪は著しく軽減される。

三、誤った良心にしたがうとき、罪は、この良心にしたがうことや、われわれが自分の義務と考えることを実行することにあるのではない。むしろ、誤解そのものにおける、あるいは、誤解の原因における咎められるべきものにこそ、罪はある。そして、ここでもさまざまな程度がある。というのも、誤解は、悪意・高慢・残酷さによって直接に触まれた卑しい気質をそれ自身が示すものもあれば、怠慢や不注意しか示さないものもあるし、また、胸中の高貴な心の動きがあまりにも弱すぎることを示すだけのものもあるからである。

四、たとえ誤った良心でも、この良心に反して行動するほうが、それにしたがうより悪いことは、一般的には正しい。どちらの場合でも過ちの罪は同じである。しかし、自己の良心が働かないようにする者は、神の法に対するあらたな軽蔑の念をも示すのである。しかし、誤った良心が、自己の命令における道徳上の卓越性についての明確な見通しではなく、むしろ義務の混乱した概念や権威に導かれるときには、思いやりのある、愛されるべき性向をもつ人はこの良心の命令に逆らうだろう。そしてこの場合には、この良心に逆らうことが、その命令にしたがうことより、気質がいっそう善なることの徴候となろう。これはちょうど、宗教のために迫害することが自己の義務だと考えているにもかかわらず、人間愛と同情によってそれができない人物の場合である。

**五**　行為の道徳性に影響を及ぼす事情のうち、意志にかかわる事情は、以前に述べたことから明らかとなるにちがいない。すなわち、魂のやさしい愛情はすべて好ましく、それと反対のものは悪徳であること。過度の自己愛、感覚的な快楽への激しい欲望もまた同様に悪徳であること。さらに、友人のためを思う静かで揺るぎない愛情のほうが〔同じ種類の〕激しい情念より愛されるべきこと。そして、愛情の対象が広範囲であればあるほどいっそう栄誉がある、ということである。

一、それゆえ、胸中の揺るぎない意図にしたがって慎重になされる義務のほうが、やさしさの情念が突然ほとばしることからなされる義務より、いっそう愛されるべきである。

二、同様に、前もって熟慮したうえで慎重になされる侵害や、執拗な悪意からなされる侵害のほうが、突然の怒りや恐怖、あるいは快楽を求めるなんらかの情念の動きから生じる侵害より、はるかに悪いものである。

なんらかのさし迫った悪を追い払おうとする、怒りや恐怖という〔心の〕動きすべてについては、次のように考察できよう。すなわち、幸福と安らぎへいたる最初の一歩、しかも、もっとも必要な一歩は、苦痛を避けることであり、また、徳の最初の任務は、悪徳を避けることである。したがって、悪を避けたいという情念は、現実の善を求める情念よりも、それ自身の本質において強いのが普通である。また、この情念の力に抵抗することが困難であればあるほど、〔この情念のせいで〕悪徳の行為を犯してしまったとき、罪はそれだけいっそう軽減される。しかし、この情念がどんなものであれ、それを理由として罪が完全に払拭されることはありえない。というのも、徳に対して心から配慮し、徳に向かって努力している人なら、この情念をかなりの程度抑制することも、この情念が外的行為にまでいたらないようにすることも常に可能だからである。

三、われわれは、等しく善良なすべての人々に、同じ程度の善行や同じ範囲を対象とする善行を期待することはできない。そのことは人々の気質、その能力、機会、余暇、仕事の忙しさも多様なことを考慮に入れれば分かることである。

四、やさしい愛情のうち、せまい範囲を対象とする各愛情は、その源泉や原因が異なれば、道徳上の卓越性の点で著しく異なる。というのも、その源泉や原因のなかには、他と比べてはるかに栄誉あるものがあるからである。善意がなんらかの利害関係から生じ、われわれが他の人々の幸福を願うとしても、それは彼らの繁栄からわれわれ自身も利益を得るからにすぎない場合がある。この場合の善意は、もちろん道徳上の卑しさとは無縁かもしれないが、そこには道徳的に好ましいものはなにもない。というのも、このような愛情は最悪の人間にも見いだされるかもしれず、また、最悪のものをその対象とするかもしれないからである。また、血の絆や愛する者の情念にしか基づかない愛情にも、それほど多くの道徳上の美しさはない。これらの〔心の〕動きは一般的に激しく、また、すべてがせまい範囲を対象とする。しかも、これらは、その他の徳をなんら示さない人々のあいだにもしばしば見いだされ、われわれの本性の構造がそのようになっているとしか言いようがない。さらに、この〔人間〕関係においてこの愛情をもたないとすれば、それは〔魂の〕大きな堕落を示すことになろう。〔血の絆や恋愛の情念という〕この強力で自然な原因によってもやさしい愛情へ動かされない心は、この愛情にきわだって冷酷で無感覚にちがいない。

恩恵を受けたことで生じる善意や感謝の念が真に正直なもので、さらなる好意を得るためのそのふりや見せびらかしを伴わないなら、そこにはより高級な道徳上の美しさがある。これと同じ部類に入るのは、苦しむ人を助けたいという欲望を伴う憐憫と同情だろう。だが、この善意と感謝の念、憐憫と同情は、本性上それほど広い範囲を対象とするわけではない。また、人間の心の構造はそのようになっているし、これらの感情の衝動はそれほど強い。怪物でもなければ、これらの感情をすべて欠く人などいない。これらの感情に基づくありきたりの任務には、なんら卓越した徳はない。しかし、この強い自然な衝動に逆らって、これらの任務を無視したり怠ったりすれば、それは〔魂の〕大きな堕落の証拠となるにちがいない。

互いが同じく有徳の性向をもつとき、そこからは友情と呼ばれる愛が芽生える。それは、はるかに愛されるべきものである。というのも、この愛は道徳上の卓越性を求める高級な好みを示すからであり、また、それが示す愛情は、かなりの程度の多数の人々にまで――もし彼らに同じ徳があらわれていれば――広がりうるからである。自分の祖国への強い愛は、よりいっそう卓越したものである。しかし、あらゆる社会的な愛情のなかでもっとも好ましいのは、全人類のもっとも広範な幸福を増進し、機会があるごとに各人に善をなすことにしっかりと向けられた、知恵と一体となった愛情である。

しかし、おもに魂のより高貴な欲望と道徳感覚によってわれわれが配慮する人類全体の共通の利益は、明らかに次のことを要求する。すなわち、自然のより強い絆によって各人が個別的に配慮する人々の利益のために――もちろんその利益が全般的な善に矛盾しないかぎりで――彼が個別的に活動すること、そして、彼らの利益のために彼の日常の仕事がおこなわれることである。大多数の人々は、それより他のもっと直接的な方法で全般的な利益を増進する能力も機会ももたない。

六　以下のことが、ここでの問題における評価の一般的規則と思われる。すなわち、せまい範囲を対象とする愛情の絆では、自然な衝動が強ければ強いほど、それに対応する任務を果たす場合の道徳上の美しさはそれだけいっそう小さくなり、その任務を怠った場合の道徳上の醜さはそれだけいっそう大きくなる。なんらかの実行に対する道徳上の責務、あるいは他の人々がそれを要求する権利が強ければ強いほど、その実行はそれだけいっそう称賛に値しないものとなり、その怠慢や拒否はそれだけいっそう非難に値するもの、侵害に及ぶものとなる。そして、他の人々の権利または要求が弱ければ弱いほど、任務を怠るか拒否しても、それだけいっそう悪徳ではなくなり、意欲的にそれを実行すれば、それだけいっそう栄誉あるものとなる。

ただし、他の人々がより神聖な要求をもつ任務を実行する場合には、われわれがそれ相応のより大きな意欲を見せるとしての話であるが。

悪徳の行為または意図を比較する場合、その他の事情が同じなら、われわれをそこへ導いた動機がより偉大なもの、あるいはより見た目に快いものであればあるほど、その卑しさはそれだけいっそう小さくなる。祖国への熱意から普遍的な正義の法に背いてしまうこと、あるいは、友人への熱意や恩人に対する感謝の念から祖国の利益を無視してしまうことは、自分自身の利益や肉体的な満足のためにこれらの大きな利益を無視または損なうことと比べたら、それほど卑しくも醜くもない。この後者の言い訳は、実際、あらゆる言い訳のなかでもっとも卑しい。

ある人が、自分自身の利益の見通しから、それ自身の本性上善なる行為をおこなうかぎり、その分だけ道徳上の美しさは減少する。そして、彼がその他の心の動きによって駆り立てられていないなら、たとえその行為が依然として無垢で、どんな悪徳をも欠いていても、そこにはなんら道徳上の美しさはない。

人類のなかで最善の人さえ激しく動かすにちがいない利害の見通しによって、ある人が咎められるべきことをしてしまった場合には、〔最善の人でさえ動かされるのだからという〕その理由で道徳上の卑しさは軽減される。なんらかの巨大な悪に対するさし迫った危惧の念から引き起こされる情念は、人類のなかの最善の人に、あらたな利益や快楽の見込みから生じる情念よりはるかに大きな印象を与える。それゆえ、この情念は、罪を軽減するより強い理由となる。激しい利己心や快楽への愛は、それ自体不名誉なものであり、また、魂の卑しい部分がそのより高貴な能力に対する卑劣な専制支配を簒奪したことを示す。

われわれが引き受ける栄誉ある任務が、もしわれわれにとって高くつく、苦労の多い、危険なものなら、この任務はそのためによりいっそう栄誉あるものとなる。しかし、善良な人の偉大なる目的は、公共の善を増進することであって、自分自身の徳に対する高い称賛に満足することではない。それゆえ彼はまた、できるかぎり自己の魂を強化し、自分を反対の道へ誘惑または魅了するあらゆるものを克服できるように努力しなければならない。このことは、次のような深い確信によってもっとも効果的になされる。すなわち、完全に公正で賢明な摂理が世界を支配し、有徳の人々の利害に配慮するだろう、そして、幸福な永遠の命へいたる唯一の道は徳を通じてである、という深い確信である。したがって、善良な人は自己の意図からこの栄光ある希望を決して排除しないだろう。そればかりか彼はその希望を育て、確かなものとするだろう。こうして彼は、あらゆる有徳の意図において、より揺るぎない確固とした人間になれるのである。

七　行為の重要性と行為者の能力については、以下の一般的な規則が成立するように思われる。一、その他の事情が同じなら、行為の道徳上の善性は、行為者が目的としていた共通の利益に対して、その行為がどれくらい重要なのかに比例する。

二、その他の事情が同じなら、ある行為の徳は、行為者の能力に反比例する。つまり、二つの行為の重要性が同じとき、相手より乏しい能力しかないのに、善行において自分より有能な人に匹敵する人は、より大きな徳を示している。

三、同じことは、有害な行為の悪徳についても成立する。すなわち、行為の悪徳は、予見された公共の損害に対する行為の重要性に比例し、行為者の能力に反比例する。つまり、〔公共の損害に〕最悪の影響を与える行為が最悪であり、また、乏しい能力の者たちが企てた行為で、しかも、彼らが損害を与えるに際して、悪意から、自己のすべての力を発揮したことが明らかな行為が、最悪である。

四、行為の重要性を評価する場合に、考慮に入れるべき一連の出来事の全体は、その行為の結果として引き続いて起こることが予見されたであろう一連の出来事、また、その行為がなければ生じなかったであろう一連の出来事である。その際、これらの出来事が、その行為の自然な直接の結果なのか、あるいは、その行為に挑発または刺激されて特定の対応をした他の行為者の介入によって生じたのかは問わない。というのも、善良な人は誰でも、自分がなんらかの行為をするたびに、その結果として生じうるあらゆることを考慮に入れるだろうからである。また彼らは、共通の効用に反するいかなることも、すなわち、広範なものにしろ、それほどでもないにしろ、なんらかの公共の損害を引き起こす契機または誘因を不必要に与えるいかなることも、避けるだろうからである。

行為によって生じる出来事、行為の帰結については、次のことが成り立つ。すなわち、〔ある行為の〕結果として生じた公共の利益が、予見されてはいたが、意図されても望まれてもいなかったなら、その行為の徳をなんら増進することはないし、それが賞賛の対象となることもない、というのも、そこには気質のいかなる善性も示されていないから、ということである。しかし、予見されたかもしれない公共の損害は、たとえ直接には望まれていなかったとしても、またおそらく実際には予見されていなかったとしても、〔実際に引き起こされれば、原因となった行為の〕道徳上の卑しさを増進するだろう。それゆえ、公共の利害に関する怠慢やいる。

無関心でさえ、それ自体悪徳であり、そこには気質の善性が完全にまたは大きく欠けていることが示されて

五、しかし、なんらかの悪の帰結が生じると予見されたとしても、もしその悪が直接にそれ自体として望まれたのでないなら、そのような行為がすべて悪だと断言してはならない。ほとんどの外的行為の帰結は複合的な性質をもち、いくらかは善であり、いくらかは悪である。人生を歩んでいれば、必ず善いことも悪いこともある。この善し悪しのすべては、実際に算定できるはずである。したがって、次のような行為だけが、その重要性の観点から善である。つまり、その予見された善の帰結が悪の帰結よりも優勢で、もしこれらの悪あるいはそれに匹敵する悪を生じさせなければ、その善を獲得できなかったであろうという行為だけが、善なのである。反対に、悪の帰結がいっさいの善の帰結よりも優勢な場合、あるいは、その悪を生じさせなくても、あるいはもっと小さな程度の悪を生じさせれば、その善を獲得できたかもしれない場合には、その行為は、同じ観点から悪である。

六、しかし、神や良心の視点では、こうした出来事が〔その行為者に〕帰せられるのは、それらが実際に起こったからではなく、それらがおそらく起こるだろうという蓋然的な見込みがあったからである。というのも、道徳上の善や悪は、外的出来事にあるのではなく、魂が抱く情動と意図にあるからである。したがって、二人の人物のうち、ひとりは偶然または他の人の思慮分別のおかげでなんら損害を与えず、もう一人はきわめて大きな損害を与えてしまったとしても、彼らは罪において同等だろう。また、自分の力の及ぶかぎり高貴な試みをしたけれども、成功しなかった人は、あらゆることが自分の望みどおりに進んだ人々と同等

に称賛に値する。

八　行為者の意志と能力の両方に影響を与える事情として、慣習や習慣を考えることができよう。それらは、個々の享楽の楽しみを強めるよりむしろ弱めるものだが、しかしわれわれが慣れ親しんできたものを欠く場合には後悔と居心地の悪さを強め、同じ享楽の追求へわれわれをより強く促し、また、特定の行為における滞りのなさと容易さを増大させるものである。このような習慣の獲得は自発的なことだから、われわれは依然として、その行為や享楽の注意深い節制または頻繁な中断によって、習慣の力を弱めること、あるいは習慣から完全に離脱することが可能である。それゆえ、徳が習慣になると、各任務の困難性が減少するから、個々の各任務の卓越性はほんの少しだけ弱められると思われるかもしれないが、それでもなおこの習慣によってその人の性格の美しさと卓越性は明らかに増大する。反対に、悪徳が習慣になると、個々の悪徳の行為の醜さはほんの少しだけ減少するかもしれないが、それでもなおその習慣は、その人の性格がより醜く不快であることを明らかに示す。

ある人が、他の人々の善なる行為のゆえに正当に賞賛されること、それればかりか、自然の無生物が原因となって引き起こされた望ましい結果でさえもが、栄誉あるものとして彼に帰せられることが、あるかもしれない。こうしたことは、彼が自己の栄誉ある行為によってこれらの出来事に貢献した場合に起こりうることである。同じように、直接には他の人々や無生物が原因となって生じた損害や侵害は、ある人が自分の義務に反する行為や怠慢によってそれを引き起こしたときには、罪として〔彼に〕帰せられる。

# 第四章　諸個人の自然的権利について

一　すでに明らかにしたように、人々が互いに立ち至るすべての各状態と関係のなかで、彼らに属するそれぞれの権利とそれに対応する責務を説明すれば、人生のそれぞれの義務も自然に説明されよう。ここで、状態という言葉でわれわれが理解しているのは、「一連の権利と責務をうちに含んだ、ある人のおかれている持続的な状況」である。われわれの状態は、自然によってわれわれがおかれている自由の状態か、あるいは、なんらかの人間の行為や制度によってもたらされる人為的な状態（*adventitious state*）である。

自然的自由（*natural liberty*）の状態とは、「いかなる人間の権力にも従属していない人々の状態」である。この状態は、明らかにこの世の中で最初に、親の権力から解放された成人のあいだに存在した。またこの状態はある人々のあいだ、少なくとも独立国家の主権をもつ君主のあいだ、あるいは相互の関係においては国家それ自体のあいだで、常に成立していなければならない。

ある状態の性質は、その状態のなかで強制力をもつ権利と法から導き出されるべきであって、人々がその法に背いて不正になしうることから導き出されるべきではない。したがって、われわれの本性とその法についての以前の説明から明らかなように、自然の状態とは、平和と善意の状態であり、無垢の、善行をなす状態であって、暴力・戦争・略奪の状態ではない。われわれはこのことを、義務に対する胸中の直接的な感覚と利害についての理性的な考察の両方から、感じとっているにちがいない。（原注1）

（原注1） ホッブズは、自然の状態を、万人に対する万人の戦いの状態としているが、その誤った推論は、ここで述べたことで充分に論破されている。

その理由として非常に明らかな次のことを見ておこう。すなわち、非常に多くのわれわれの仲間と親しくつきあい、互いに助け合い、友情の任務を果たしあうことがなければ、人々は生を受けることも、それを維持することも不可能だろうし、ましてやほどほどに便利な、あるいは快適な生活の条件を獲得することなど、なおさら不可能だろう。また明らかに誰も、自分が悪事や略奪をしたいと望むかもしれない人々を、また自分が有害な生き方をして自分自身に反感をもつように仕向けうる敵たちを、すべて打ち負かせると確信がもてるほどの充分な強さをもたない。というのも、悪事に対する公正な憤りによって、彼が直接に害を与えた人々より多くの敵が生まれるだろうからである。それに、正当な憤りを抱いているときに、自分自身や自分の隣人の仕返しをするために、相当な力を発揮しない人はほとんどいない。しかも、この場合に人々は、一般的に他の人々を心安らかで幸福にするよりも、不快で惨めにするほうが、はるかに確実かつ効果的になしうるのである。現世での繁栄には、この身体とそのもろく繊細なすべての部分の完全に正しい状態が必要だが、それらの多くは非常に小さな力で乱され、破壊されてしまうだろう。また、現世での繁栄には、きわめて多様な種類の外的事物も必要だが、それらは容易に傷つけられ、持ち去られ、あるいは破壊されるだろう。このもろく不確かな人類の条件について正当に考え、それゆえに人類の繁栄がきわめて容易に乱されるだろうと考えるなら、あらゆる賢明な人は、不必要な敵意や侵害で誰かを挑発するより、できるかぎりすべての人々と一緒に平和と友情を育もうとするにちがいない。

二　人間の権利が直接かつ主にかかわるのは、ある個人の利益、ある社会すなわちある人間集団の利益、または巨大な共同体としての人類一般の利益のいずれかである。これらの利益に応じて、人間の権利は、私的なもの、公的なもの、全人類に共通のものに分類される。個人の幸福に役立つものを推奨し追求する彼の感覚と自然の欲求によって、個人の私的な権利は指し示される。そして、われわれの道徳上の能力すなわち良心がわれわれに明らかにするのは、各人は自分自身の罪のない利益や快楽に役立つかもしれないものを獲得できる完全な自由を認められるべきであり、さらにわれわれは、彼に対しこの自由を維持し、擁護すべきであるということである。

したがって、この私的な権利を発見するには、われわれはまず、人間の内面にあるいくつかの自然の原理ないし欲求に注目し[原注1]、次に社会の全般的な利益や、周囲にいるすべての人々の利益へ視点を移さねばならない。そうしてわれわれは、結果的に他の人々の幸福や共通の善を妨げないかぎり、次のことを各個人の権利と考えることができる。すなわち、自己の罪のない利益や快楽に役立ちうるすべてのことを実行または所有すること、あるいはそれらを他の人々に要求し彼らから獲得することである。

（原注1）　グロティウス『戦争および平和の法について』第一巻第二章の一〔一又正雄訳『戦争と平和の法』〕を見よ。また、前章の第一節も見よ。

私的な権利は、自然的か、人為的である。前者は、いかなる人間の許可や制度ともかかわりなく、自然それ自体が各人に与えたものである。人為的な私的権利は、なんらかの人間の行為や制度に依存するものである。

三　私的な自然権は、完全なものか、不完全なものである。完全な種類のうち、以下に述べるのが主要なものである。一、生存し、身体を毀損されずに維持する権利。二、自己の貞節を守る権利。三、人間社会に不適格と思われない権利、すなわち普通の正直さをもたないとして人格を汚されることがない権利。四、自由の権利、すなわち、自然の法の範囲内で自分自身の判断と意向にしたがって行為する権利。五、命を支配する権利、すなわち、各人は、社会や友人への栄誉ある貢献において、自分の命の価値にまさる公共の善が目的なら、危険に身をさらすだけでなく、死をも辞さないだろう。われわれの良心すなわち道徳感覚と徳への愛は、多くの場合にこのことをわれわれに強く要請する。六、また、自然によって〔魂に〕深く埋め込まれたある感覚が対象とするのは、各人の私的な判断の権利、すなわち、義務についてのあらゆる問題において、とくに宗教に関して、自分自身で判断する権利である。というのも、卑しい判断や意見は、それ自体では他の人々に害を及ぼしえないからである。また、明らかに誰でも、自己の良心を働かないようにすれば、罪を犯すことになる。さらに、隠蔽や偽善にはいかなる徳もありえず、一般的にそこには大きな罪がある。それゆえ、宗教や徳についてのわれわれの見解は、商業や契約の対象にはなりえず、この見解を支配する権利を他の人々に与えることはできない。そんな商業は、社会のいかなる善にも決して必要ではない。また、ある人が、他の人の命じるままに判断または思考することなどできない。この種の取り決めや契約は、すべて無効である。今、ある人が誤った判断をして、間違った意見をもったとしよう。しかし、たとえそうだとしても、彼が誰にも損害を与えないうちは、彼は自分自身の形式的権利（*external right*）を行使しているのである。つまり、たとえ彼が誤った行為をするにしても、もしなんらかの権力が他の人物に与えられ、刑罰や拷問の脅しによって彼にその見解の変更や告白を強制できるようになれば、はるかに大きな悪が生じることになるだろう。

各人はまた、すべての人々の共有でありつづけるよう自然が意図した事物を使用する自然権をもつ。それゆえに彼は、他の人々と同じように、同じ手段によって、人為的権利を獲得でき、同輩と同じ扱いを受けることができる。同様に人は、既婚であるという制約がなく、その他の正当な支障の妨げがないかぎり、自分との結婚を望む人と結婚する権利をもつ。また、当事者たちに対する正当な支配権を獲得していない第三者や社会は、彼らの結婚の意図を邪魔する権利をもつかのような主張はできないし、また、その支配下にない人が自分自身の利益のために、その他の罪のない社交や交流に加わるのを阻止する権利をもつかのような主張もできない。

あらゆる人の胸中の道徳感覚と共通の自然的原理が示すように、各人は上述の完全な権利をもち、また、この権利を維持しなければ、いかなる社会生活もありえない。したがって、共通の効用の考察によっても、またわれわれのより広範な愛情によっても、この権利の正しさは確認される。

**四**　次の点で、あらゆる人は本来的に平等である。すなわち、少なくとも各人が成長して理性を充分に使えるようになるやいなや、上述の自然権をあらゆる人が平等にもつという点、また、この権利が自然の法によってあらゆる人に平等に確認されるという点である。この自然の法が要求するのは、共通の効用に矛盾しないかぎり、われわれが各個人の利益に配慮すべきこと、そして、優秀で活動的な人々にそのより大きな獲得物や利益を保証するだけでなく、知力体力ともに弱い人々にもそのわずかな獲得物や利益を保証すべきことである。というのも、もし理性と先見の明を授けられた人間が、自己の利害への配慮なしに同胞の意志に従属させられるとしたら、それは——社会の利益が必要とする稀な場合は別として——彼自身の同意または罪によるのでなくてはならないし、それが明らかに共通の善にかなうことだからである。自分自身と自分にとって愛しいすべての人々を、他の人の快楽や気まぐれに従属させ、最大の侮辱にさらすことは、死に次ぐことだ、と考えないほど愚かな、自己の利害に無頓着な人は存在しない。自然は誰も主人にも奴隷にもしない。けれども、より賢明で善良な人は、その他の人々の不完全な権利よりも上位のこの権利を多くもつ。そして、人間愛に根ざす上位の任務と貢献が、彼らのなすべきことである。

しかし自然は、より優れた知恵と善性の明らかな、あるいはそれと認知された徴候を、いかなる人にも与えたことはない。また、非力な人が自己はさも知恵があるかのようにうぬぼれることはよくある。さらに、最悪の人間が最大の善性をもつふりをするにもかかわらず、彼の仲間たちは、それが偽りであることを見破れない、ということもあろう。したがって、明らかに、たとえ外見上より優れた知恵や善性をもつかのように見せても、それを根拠にして他の人々を支配する権力を、彼らの同意なしに揮うことはできない。もしそれが可能となれば、明らかに共通の利益に反するし、また、永続的な戦いの原因となるだろう。

五　各個人のあらゆる不完全な権利には、われわれの良心が明らかに強制し、ときにはもっとも不可侵なものとして強制する同様な責務あるいは義務が対応している。以下に述べるものが主要な不完全な権利である。各人は、自己に有益で、かつその実行者になんら重荷や損失にならない任務を正当に要求できる。そればかりか、罪のない人は誰でも、自己にきわめて有益で、その実行者にわずかな重荷や損失にしかならない任務を他の人々に要求する権利をもつ。このことがとくに当てはまるのは、大きな不幸に見舞われて、他の人々からの思いやりのある援助を必要とする人の場合である。卓越した性格の人は、不幸に見舞われていなくても、より高級な任務を他の人々から自分に要求する権利、たとえば、とくに自己の昇進昇格に対する彼らの友好的な支持を要求する権利をもつ。各人は、自己の悪徳のために不名誉になっていなければ、より便利な暮らしや信心の改善のために、近隣に設立された世俗の集まりや宗教の集会に参加することを公平に許可される権利をもつ。そして最後に、各人は、なんらかの犯罪によって〔その権利を〕没収されていなければ、〔能力・実績が〕同等な人と同じ人間愛をもって扱われ、〔能力・実績が異なる〕その他の人々との比較では、その能力・実績（merit）に応じて扱われる権利をもつ。

六　恩恵と気前よさに関しては、次の一般原則が明らかである。(原注1) すなわち、恩恵が大きければ大きいほど、そしてそれを受け取る者が貧困であればあるほど、その恩恵は彼にとっていっそう重要となり、また恩恵は、その価値が小さければ小さいほど、そしてそれを与える者の富が大きければ大きいほど、彼にとって負担ではなくなる、ということである。したがって、気前よさは、多くの場合それを受け取る者にはとてつもなく有益でありながら、それを与える者にはわずかな負担、あるいはまったく負担にならないことがありうる。

（原注1）これはキケロの『義務について』第一巻の一四、一五などから引用されている。

恩恵は、とくに善良な人にふさわしく、彼の胸中の善性をきわだって表現するものだが、その実践には、以下のことに注意しなければならない。第一に、恩恵は、その対象の人物や共同体に損害を与えてはならない。第二に、恩恵は、それ自身の源泉を枯渇させないように、われわれの財産に比例していなければならない。第三に、恩恵は、相手の能力・値打ちや要求に比例していなければならない。この要求に関しては、われわれは次の四点を考慮すべきである。第一に、相手の道徳上の性格である。次に、われわれに対する相手のやさしい愛情である。第三に、われわれと相手とのあいだの社会的な関係である。最後に、われわれが以前に相手から受けた親切（good offices）である。これら四点の考慮のいずれも、無視してはならない。とりわけ最後のものは無視してはならない。というのも、感謝の念に基づく責務ほど神聖な責務は存在しないし、人生でこれほど有益な責務も存在しないからである。また、恩知らずほど不快な悪徳は存在しないし、社会においてこれほど有害な悪徳は存在しないからである。したがって、もしわれわれが、ある場合に、望むすべての恩恵を与えることができないないなら、感謝の念に基づく任務のほうが、気前よさに基づく任務よりも優先されるべきである。

# 第五章　物的な人為的権利と所有権について

一　なんらかの人間の行為や制度によって設定される人為的権利は、物的または人的（*real or personal*）のいずれかである。物的な権利は、最終的に明確に特定された財に帰着する。人的な権利は、最終的にある人物に帰着するのであって、彼のなんらかの財に、特別に関係するわけではない。

主要な物的権利は、所有権（*property*）である。所有権の発生は以下のようになる。まず、人間は、外的な感覚と欲求によって自然に外的な事物の使用へ導かれる。野生動物も、同様の感覚によって同じ状態へ導かれる（ただし野生動物は、これらの感覚と欲求を制御しうるより高級な能力をなんらもたない）。このことから充分に明らかなのは、動物の生存に役立つように、神は慈悲深くも生命感覚のないものを創造した、ということである。ところで人間は、明らかにこの大地における主要な動物である。同じことは省察によっても確認される。というのも、動物の関心を引くすべての植物はやがてひとりでに朽ち果てるにちがいないので、動物の命とくに人間の命を快適に維持するという目的と同じ神の善性にかなった他の用途が意図されていることなどありえないからである。

二　確かに人間には、野獣までも対象とする先天的なやさしさと、憐れみの感覚が植え込まれている。このやさしさと憐れみの感覚によって人間は、もし野獣への残酷な行為が〔害を受けた〕人々の不幸を防ぐのに不必要なら、それを抑制することができる。とはいえ、われわれは、依然として人間に対してはるかに強い同情の念を抱いているにちがいない。しかし、人間はその数が多くなると、もし労働に適した動物の助けを受けなければ、その生活がきわめて労多く大変になるにちがいないことに、やがて必ず気づく。また、人間は以下のことも理解するにちがいない。すなわち、そのおとなしい、飼育の容易な動物は、人間がその労役を不可欠とする一方で、人間の用心深い世話がなければ生存できず、飢え・寒さ・獰猛な動物のために死んでしまうにちがいない、そして人間は、もし家畜の助けを受けられず、生きていくために過重な労働をせざるをえなくなれば、自己の防備に注意や労力を割くことができなくなるだろう、ということである。したがって、理性が明らかにするのは、労働に適したこの飼育の容易な動物が、人間の世話と支配にゆだねられているということ、また、人間の世話によって保護されている以上、この動物が労働によってその埋め合わせをしてもよいだろうということである。こうして、人間とこの飼育の容易な動物両方の共通の利益のために、共同体すなわち社会が自然によって明らかに形成される。この共同体では人間が支配し、動物が服従することになる。

飼育は容易だが労働には適さない動物は、人間による保護に対して何か別の方法で埋め合わせをしなければならない。というのも、この動物を飼うにも多くの人間の労力が必要だからである。たとえば、この動物は、牧草地から木立をきれいに取り去ってもらわねばならないし、獰猛な動物から守ってもらわねばならない。人間は、この動物の乳・羊毛・毛で埋め合わせをしてもらわねばならない。そうでなければ、人間はそれほど多くの世話と労力をこの動物に費やすことはできないだろう。

三　そればかりではない。人口が増加して、食物がきわめて乏しくなると、動物の肉を食べなければ、多くの人間が飢餓のために死ぬにちがいない。もしこんなことになれば、理性によってわれわれは次のことに思い至るであろう。すなわち、食料にするために人間によってすばやく屠殺される動物は、いわゆる自然な死において感じるにちがいない痛みより、もっと軽い痛みで絶命すること、また、これらの動物は、もし人間に保護されなければ、飢え・冬の寒さ・獰猛な動物の凶暴な攻撃のせいで、一般的にはより早く、よりひどい死に方をするにちがいないことである。したがって、人間が動物を穏やかな方法で自分自身のために利用するとしても、そこにはいかなる不正義も残酷さもない。そればかりか、むしろそれは賢明で慈悲深いことである。というのも、これらの動物は、もし人間に利用されなければ、しばしばライオン、狼、熊、野犬、鷲や鷹などのより悲惨な餌食となるだろうからである。

弱い種類の動物は、より強い、より利口な動物の餌食となるべく自然によって運命づけられていることを、われわれは知らないだろうか。もしより劣った動物の同様な利用が人類に否定されるなら、人間の利用に適したこれらの動物は、はるかに少ない数しかこの世に生を受けないだろう。そして、この少数の動物たちの生存は、より多く危険にさらされ、あるいは、生存を維持することができないだろう。このとき、理性と内省を授けられ、それゆえより高級な幸福や不幸が起こりうる動物は、たとえより劣った動物の数を減少させても、生存を維持し、その数を増やすべきことが、動物界全体の利益のために要求されるだろう。以上の考察から、より劣った被造物を、たとえ生命を授かった被造物でも、もっとも豊富に利用できる人類の権利が充分に証明される。ただし、動物への無益で残酷な行為は、すべて厳しく非難されるべきである。

四　人々のあいだでの所有権の根拠は、〔上述とは〕別の本性をもつ。完全で無制限の所有権とは、「任意の財を完全に利用し、望むままにそれらを譲渡する権利」である。特定の事物を占有するためのある程度の知力と体力は、自然によってすべての人々に授けられている。また、人類は先天的に行為をせずにはいられない。自己保存の欲望と思いやりのある愛情に動かされて、われわれは、自分自身や自分の愛する人々に必要または有用なものを、占有または獲得しようとする。気力ある人は誰でも、こういう自己の先天的能力の発揮に自然に喜びを感じ、また、気前よさや友情のために利用しうるものを獲得すれば、自らを称賛する。さらに、強奪などしなくとも自己の勤勉によって生存できる人が、別の人の罪のない労働によって獲得または改良されたものを彼から暴力によって奪うことは、非人間的で本性のゆがんだことにちがいないと、正・邪に対するわれわれの感覚は示す。また明らかに、人の手が入っていない土地に自生する果実では人類の百分の一を養うのにも不充分であり、それゆえに〔あらゆる人が勤勉で労働にいそしむ〕全般的な勤勉と労働によってこそ、人類の生存が維持されねばならない。したがって、全般的な勤勉を促すのに必要な手段はすべて、人類の生存の維持にも必要であるにちがいない。ところで、生存の維持に適したものを占有または育成することに労力を費やしても、そこから所有権が発生しないなら、人は自己愛によっても、なんらかの思いやりのある愛情によっても勤勉に働こうという気にはならないだろう。そればかりか、たとえすべての人々に対するもっとも広い博愛心をもっていても、その気にはならないだろう。というのも、すべての人々の共通の利益にとって望ましいのは、すべての人々が、自らの必要のためにある種の勤労を余儀なくされることだからである。ところで、もし自分の労働の果実が自己の自由になると確信できないなら、誰も働こうとしないだろう。さもなければ、より活動的で勤勉なすべての人々が、怠惰で無価値な人々の永遠の餌食となり、奴隷となるだろう。

したがって、各人に彼自身の労働の果実を保証し、なおかつ、自らの消費をこえる部分は彼にとってもっとも愛しい人々への譲渡が完全かつ自由におこなえると保証するのでなければ、いかなる快適な生活も、いかなる普遍的な勤勉もありえない。しかし、その保証があれば、労働は快く栄誉あるものとなり、友情は涵養され、善良な人たちのあいだで親切をおこないあう関係は育まれる。そればかりか、無精で怠惰な者までもが、自分自身の貧困のゆえに自己の労働の分担部分を担わざるをえなくなる。また、いかなる政治体の構想においても、次のような絶えざる配慮と誠実さを為政者に望むことはできないだろう。すなわち、すべての人々に、労働の適正な分担部分を公平に担わせ、共通の獲得物を分配するときには、各市民の貧困の程度や貢献度に正確に比例させ、決して自分の気にいった者への偏った関心をもたない、という配慮と誠実さである。また、たとえそれが実際に達成されたとしても、市民たちはその為政者たちの知恵と誠実さに充分な信頼をおくことはめったにできないだろう。それゆえ、彼ら自身が自らの意向にしたがって友人や家族のあいだで自己の利益を分配するときと同じくらい、彼らの勤勉と労働が彼らにとって快くなることはないだろう。

# 第六章　所有権を獲得する方法

一　所有権は原初的（*original*）であるか、派生的（*derived*）である。原初的な所有権は、それまで共有だった事物の最初の占有から生じる。派生的な所有権は、最初の所有者から譲渡された所有権である。

自己の生存を維持したいという欲望や、自分にとって愛しい人々に役立ちたいという欲望から、大地に自生する果実や、人間の利用のために供された人の手の加わらない事物を、ただちに獲得する意図をもって最初に発見したり、あるいは、それらをもっと容易に獲得可能で利用しやすくするために、確保または囲い込むという行為や労働をしたりして、それらを最初に占有する人は誰でも、その所有者と正当に考えられる。というのも、もし強奪などしなくても生存できる別の人物が、彼がこのように獲得したものを彼から奪い、彼の労働を無駄にするなら、その人物は明らかに非人間的な行為をしていることになるし、また、あらゆる友好的な社会を破壊し、永続的な紛争を引き起こすことになるだろうからである。この人物は、そのとき要求していることを、どんなときでもあらたに試みるだろう。そして、他の誰もが同等の権利をもって同じことをしようとするだろう。こうして、ある人がなんらかの事物を獲得するときのあらゆる労苦は無駄となり、もし彼が獲得物を永遠に力ずくで防御するのでなければ、彼はいかなる事物の享楽をも、いっさい味わうことができなくなるだろう。

所有権とは人間と特定の財とのあいだの物理的な性質あるいは絆である、と想定したうえで、なんらかの事物を最初に発見する、触れる、偶然出くわす、あるいは囲い込むことには、神聖な所有の権利を構成するほどのいかなる強制力も効能も存在しないと反論したり、あるいは、これら全行為のうち、どれがもっとも大きな徳や力をもつのかを議論したりしても、それはつまらないことである。というのも、所有権の根拠や原因へのわれわれのあらゆる探究では、次のことが問題の核心だからである。すなわち、「特定の人物が特定の財を完全に利用し処分することを許され、その他のあらゆる人々がそのことから排除されるべきことが、諸個人に対して人間的で公正であり、かつまた友好的な社会の維持にも必要であるということが、どんな原因や事情によって明らかとなるのだろうか」という問題である。そしてこれらの原因や事情が明らかとなったとき、われわれの進むべき道は開かれ、所有権に関する原因や規則を見いだすことができよう。

二　したがって、以上のことから、われわれは占有のさまざまな方法について次のように判断しなければならない。すなわち、他の人々が開始し続行している無垢の労働を、それほどさし迫った必要もなく妨害すること、あるいは、われわれのよりすばやい試みによって彼らの自然な利益を横取りすることは、非人間的で不正だ、ということである。したがって、ある人が、自分自身に必要な事物を探していて、それらをただちに獲得しよう、あるいは追求しようという意図をもって最初に発見したとき、もしそれらについてなんの労力も払わず、探してもいなかった人が、自己のすばやさでそれらを最初に独り占めしたなら、その人は不正かつ非人間的な行為をしたことになるだろう。もし幾人かの人々が同時にこうした事物を探していて、しかも同時にそれらを目で発見したのなら、たとえある人が残りの人々よりもすばやくそれらに最初に触れたとしても、それらの事物は彼らのあいだで共有となるだろう。ただし、市民法や慣習によって、これらの点が違ったふうに決められているのなら、話は別である。また、〔二人のあいだで〕一方がこうした事物を最初に発見し、他方が彼の意図を知りつつ、自分でもこの事物を探して、最初にそれらを獲得したなら、その事物は二人に共通のもの、すなわち共同の所有になるだろう。というのも、いずれの側にも〔その事物を相手に譲るために〕相手以上の人間愛を発揮すべき強力な理由はないからである。また、ある人が自分の労働や創意工夫によって、野生動物を捕獲したり罠にかけたり、あるいは、それらを今や容易に捕獲できるほどに、狩りにおいてそれらを疲れさせたりするなら、たとえその人がそれらを見たり触れたりしなかったとしても、別の人がそれらを横取りすれば、それは明白な悪である。また、特定の土地や財が、誰もが占有できる共有の状態にあることが多くの人々に知られていて、幾人かの人々が互いの意図を知らずに、それらを占有する準備に同時にとりかかり、実行に移した場合には、これまでにおこなわれてきた慣習によって、それらに最初に到達した人がその所有者となる。しかし、受け入れられた慣習や法律を離れれば、それらの事物は、〔そこに〕到達するのが早かろうが遅かろうが、ごまかしや無分別な怠慢をせずにそれらの占有に労力を費やしたすべての人々の共有となるべきであり、またそれらは、共同で維持されるか、あるいは、各人がこの目的のためによく考えて投じた費用や労苦にしたがって、彼らのあいだで分割されるべきである。さらに、彼らがそれぞれ他の人々の意図を知っていたとしても、各人が相談して、他の人々との共同の権利を獲得するのが正しい。また、自分自身の過失によらずにあまりにも遅れてきた人や、賢明かつ精力的に試みたが、偶然の出来事のせいで遅れてしまった人も、それらの分け前から排除されるべきではない。

このような議論の余地のある場合、われわれがまず探究すべきことは、人間愛を発揮すべきどんな理由で、ほかならぬ特定の人物が〔所有者として〕優先されるのかという問題である。そしてとくに、「いかなる人の栄誉ある、または無垢の労働であろうと、その自然な果実は横取りされてはならない、あるいは、いかなる正直で勤勉な努力も裏切られてはならない、ということ」である。もしこの主張が等しくすべての人々に当てはまるなら、財はすべての人々の共同所有になると考えられるべきだろう。もしなんらかの偶然の出来事や事情によって、その点が非常に疑わしくなるのなら、そしてまた、もしある種の財が共同で維持することも、大きな損失なしに分割または売却することもできないのなら、われわれは、世におこなわれている法律や慣習によって明らかになる人々のあいだのある暗黙の取り決めにしたがって、次のような人物にその所有権を与えるべきである。すなわち、その人物の側の事情を考慮に入れれば、多くの解決不可能な論争や暴力的な争いが回避されるという、そうした人物に最初に所有権を与えるべきなのである。したがって、法や慣習は、最初の獲得者、公的な購入者、および財が公的に引き渡された人物を一般的に優先する。そして、これは共通の利益に役立つことである。

もし占有する意図をもつさまざまな人々が、すべては最初に占有した人に帰すべきだということに同意するのなら、彼らはまた占有の仕方をも特定しなければならない。そうでなければ、さまざまな〔占有の〕方法が等しく妥当と考えられ、共同所有と変わりなくなるだろう。これらの規則は平和にもっとも役立つと思われる。

疑いもなく、自分が最大の権利をもつと主張する幾人かの当事者が、不正として非難されることなく何をなしうるかについて、込み入った問題が持ち上がるかもしれない。しかし、有徳な役割を果たそうと誠実に望む人々は、利己心にあまりにも影響されているのでなければ、公正さと人間愛が要求することをいつでも容易に理解するだろう。そして、これらおよび同様な場合において自然がその境界線をそれほど正確には定めなかったから、われわれは、実際に非難を受けなければ、欺瞞や侵害にどれほど近づいているのか分からない、と不平を言うべき理由はない。というのは、そのときに明らかにわれわれが求められているのは、栄誉ある、気前のよい、恩恵を与えるあらゆることを公然となすことだからである。

三　しかし、人間は将来の予測能力を先天的に授けられているので、われわれは現在の利用に必要なものを正当に占有できるだけでなく、他の人々が非常に困窮していないかぎり、将来の利用のために正当に蓄えることもできる。また、多くのものは、育てるのに非常に長い労働行程を必要とするが、それらは、育て上げられると、たいていは永遠で豊かな効用を人類にもたらす。いったん人々がこの長い労働行程に導かれたからには、継続的な所有権がこの労多い育成の自然な帰結と報酬として彼らに許容されることが、絶対に必要である。このことが当てはまるのは、耕作地や牧草地のために樹木の多い土地をきれいな更地にする場合、ブドウ畑・オリーブ畑・庭園・果樹園をつくろうとする場合、労働させるために動物を飼ったり馴らしたりする場合である。

ある人がそれまで占有されていなかったものを耕作しはじめると、ただちに所有権が発生すると考えられる。そしてその耕作者が、自力で、あるいは彼を手伝わせることができる人々によって、耕作する能力もあれば意志もある範囲を画定したとき、所有権は完全になる。というのも、意図された無垢の労働を妨害することや、その果実を横取りすることは、明らかに不正だからである。

しかし、占有者とその協力者の能力が、彼の占有権に限界を引くにちがいない。ある一家の長が、その召使や家族とともに、一千もの一家を養える広大な島に最初に到着したとしても、彼は島全体に対する所有権を主張してはならない。彼は、自分が耕作できるなんらかの可能性のある範囲の土地なら獲得できよう。しかし、それをこえる部分は、依然として共有のままである。また、いくつかの帝国を擁しうるほど広大で、自国の植民では充分に占有できないほどの大陸に、自国の艦隊が最初に到着したからといって、どんな国家もその大陸全体の支配権を要求することはできない。この国家は、理にかなった期間内で入植者によって耕作できると無理なく期待しうる範囲の土地なら、正当に要求できるだろう。また確かに、その国家が最初の十年や十二年で耕作できる範囲をこえて、その境界線を拡大できるだろう。しかし、その国家がこれからもずっと耕作できるというあらゆる確かな予想をこえて、その境界線を広げることはできない。最初の占有国に認められるべき正当で合理的な期間は、慎慮ある調停者によって決定されなければならない。彼らは、この国家の事情だけでなく、その他の全関係国の事情、すなわち、それらの国家が人口の多い国なのか、少ない国なのか、入植者のための新しい土地を必要としているのか、それとも自国民に充分な土地をすでにもっているのかにしたがって、考慮しなければならない。もし多くの隣国が非常に人口の多い国なら、その国々は、最初の占有国に充分な土地を残しながら、このあらたに発見された大陸の未開地を正当に占有できるだろう。しかも、最初の発見国の許可なくそれができる。また、最初の発見国は、他の国から派遣された植民者が自国に従属すべきだと、正当には要求できない。彼らがこの国のそばで同盟国として友好的に生きていくことに同意すれば、それで充分である。そればかりでない。自由な民主政体では、少数者による富の著しい獲得を阻止することが、しばしば正当である。というのも、このような獲得は、たとえ私的な侵害なしに成し遂げられたとしても、公共には危険となるかもしれないからである。同じように、周囲のあらゆる国々の自由と独立に危険となるかもしれない一国の富の獲得に対して、その隣国は正当に、必要なら暴力に訴えてでも、早くから警戒をすることができる。とくに、充分な安全保障がもっと穏やかな形で実現できない場合にはそうである。多くの隣国の権利と独立と自由が、ある国の高慢、贅沢、野心、または貪欲さによって踏みにじられようとしていることほど、人類の全般的な善に反することはありえない。

しかし、明らかに、個人も社会も、それ自身のあらゆる消費をはるかにこえて、特定の財を蓄えることを認められるべきである。というのも、この蓄えは、個人や社会が必要とする他の種類の財を獲得するために、商業と交易の対象として役立ちうるからである。

四　所有権についての上述の諸原理から明らかなように、どんなに使用しても枯渇しない事物は、他の人々をそれらから排除しうるような占有や所有の対象にならない。このことは、また、これらの事物が人間の労働によってはめったに改善されえないという理由からも明らかである。実際、これらの事物のいずれかをより安全に利用するために労力や費用が必要とされるなら、この目的のために賢明に労力や費用を投じた人は、それらを利用するすべての他の人々が正当な比率にしたがってなんらかの補償をすべきことを、正当に要求できよう。したがって、空気、日光、河川、海はすべての人々にとって共有であり、占有されえない。同じことは、海峡や湾岸にも当てはまる。しかし、もしある国家がすべての貿易商人のために、防備を固めた港を建設したり、特定の海域から海賊を一掃したりするために費用を支出するのなら、その便益を受けるあらゆる貿易商人に対してその国家は、当該費用にみあった補填をする税金を正当に課すことができる。もちろんこのことは、その費用が本当にほかならぬすべての貿易商人の便益のためであるかぎりにおいての話である。ところで、以上のように永遠の共有を運命づけられた事物の利用のために〔誰かの〕所有地をなんらかの形で利用する必要がある、というのでなければ、いかなる人もその事物の利用から排除されてはならない。

以上の論証からまた明らかとなるのは、あらゆる事物が神によって人間に、積極的な、ではなく、消極的な、と呼ばれる共有の状態におかれていた、ということである。消極的な共有（*negative community*）とは、「占有によって私のものにすることが可能な事物の状態」である。積極的な共有（positive community）とは、「多くの人々が共有している事物の状態」であり、したがって、誰もその事物を、共同所有者の同意なしに占有または獲得できない。もともとは誰もが、その他の人々に相談せずに、欲しいものを正当に占有したのだろう。われわれは、所有権の導入を説明するために、あらゆる人々のあいだの古来の黙約（conventions）に訴える必要はない。

**五**　ローマ法学者によって無主物 ***res nullius*** と呼ばれる財は、彼らの言うように、〔誰にも〕所有されず、しかも占有される可能性のないものである。それら(原注1)はたとえば、寺院、都市の防壁、墓地であり、本当はより大きな社会または諸家族の所有物である。ただし、この所有物は、別の利用の仕方ができないように、しばしば迷信的な法律によって制限されている。このような事物が神に効用を与えるとか、万物に対する神の至高の権利が、なんらかの人間の行為によって拡大または縮小されうると、空想してみても仕方がない。

(原注1) これらには、聖なる場所 ***sacrae***, 聖なる物 ***sanctae***, 敬虔なる物 ***religiosae*** の三種類がある。その三例が、続いて順番に挙げてある。

国家に所属する財(原注1)は、いかなる個人の所有または世襲財産にもならず、彼らの商業の対象にもならない。それらは共同体の所有物であり、共同体はそれらを望むままに譲渡できる。こうした財は、たとえば、公共劇場、公道、柱廊玄関、水道橋、浴場である。

(原注1) 公共の物 ***res publicae*** あるいは民の物 ***res populi*** である。

これまで占有してきた事物をその所有者が捨てたり、自己の所有権を放棄したりすれば、この事物は以前の共有の状態へ戻ることになる。また、この〔所有権を〕放棄する意図がときに充分に明らかとなるのは、その回復になんら障害もないのに、長期間その所有権を主張しないことによってである。この場合、別の人が長期間その事物を所持していれば、彼に正当な権利が与えられるだろう。また、意図せずに失われた財も、その所有者を発見できない場合には、それを公正に所持する人のものとなる。さらに、他にもいろいろな理由があって、市民法には共通の効用のために、また複雑に込み入った論争を防止するために、その他のさまざまな法規（原注1）が導入されてきた。

（原注1）　時効 *Usucapio* である。

土地を占有する場合、その土地をなんらかの形で利用しなければ利用できない事物にも、所有権が設定される。たとえば、湖とか、所有地のなかを流れているかぎりでの川がそれである。さらに、本来は永遠の共有に適した事物の一部でも、〔隣接地との〕無差別の利用を認めれば、必ず〔隣接地をもつ〕われわれの所有権を侵害する場合には、そこに所有権が設定される。たとえばそれは、われわれの土地へ深く入り込んだ入江や、岸辺に隣接した海域であり、そこからわれわれの領地が侵害されるかもしれないだろう。しかし、われわれが土地を占有したとしても、その領域から容易に逃げられる、しかもわれわれの労働によって決して囲い込みまたは確保されない野生動物には、われわれは所有権を獲得していない。しかし〔土地の〕所有者は、他の人々が汚染、狩り、または魚釣りのために彼の土地に侵入することを正当に阻止できる。

自然な、偶然な、または人為的な価値の増加、あるいは付随的な量の増加は、すべて付加物と呼ばれる。たとえばそれは、木の実、家畜の子ども、樹木の成長、そして人為的な品種である。（原注1）これらについては、次の一般規則が成立する。一、「誰か他の人がわれわれの所有権を制限するなんらかの権利を獲得しているのでないなら、他の人々の財や労力に起因しないわれわれの財のすべての付加物は、またわれわれの所有物である」。

（原注１）　獲得物 *fructus*, 増加物 *incrementa*, 増地 *alluviones*, 混合物 *commixtiones*, 複合物 *confusiones*, 発明物 *specificationes*. これらすべてについての説明は、どんな市民法の概要にも、法律辞典にも見いだすことができる。

二、いずれの当事者の欺瞞や過失もなく、さまざまな人の財や労力が共働的に作用してなんらかの複合物をつくったり、なんらかの財を改良したりした場合には、「これらの財は、このように共働的に作用した財や労力を提供したすべての人々の共同所有となる。もちろん、各人の貢献に比例して、である」。したがって、これらの財は、彼らによって共同で利用されるか、今述べた比率にしたがう回数で順番に利用されるか、あるいは、もしそれらが損失なしに分割可能なら、同じ比率にしたがって彼らのあいだで分割されるべきである。

三、しかし、もしこれらの財が上述の共同利用や交互の利用、あるいは分割の不可能なものなら、それらをもっとも必要としない人々が、もっとも必要とする人に、合理的な補償と引き換えにその分け前を放棄すべきである。もちろん、合理的な補償は、判断力のある正直な人物が評価すべきである。

四、他の人の欺瞞や大きな過失のせいで、彼の財や労力が私の財と混合し、そのために私の財が以前ほど私の目的に適さなくなるときには、この事態を引き起こした大きな過失をした人物が、私の損失を補償したり、(原注１)私の財の価値分を埋め合わせたり、さらには、もし私の財が完全に以前の状態で私に残されていたなら、私が獲得できたであろういっさいの利益をも埋め合わせたりしなければならない。(原注２)そして、彼が私の目的に適さないようにした財は、彼が自分の手元におくようにさせよう。しかし、他の人々の干渉で私の財が私にとってより便利になるのなら、私の権利はそのままである。そして私が彼らに報酬を払わねばならないとしても、それは私の目的にとって改善された価値分をこえる必要はない、あるいは、私がより豊かになった範囲内でよい。

（原注1）この損害賠償 ***pensatio damni*** は、その事態においてなんら欺瞞がない場合でも、しばしば正当である。

（原注2）逸失利益賠償 ***pensare quod interest*** は、常に前者を含意し、また、しばしばはるかに広い意味をもつ。

完全な所有権は、本来、以下の各権利を含む。〔一、〕はじめに、所持し続ける権利。二、次に、あらゆる仕方で利用する権利。三、また、いかなる利用からも他の人々を排除する権利。四、そして最後に、所有者の望むままに、全体または一部を、無条件あるいはなんらかの合法的な条件のもとで、あるいはなんらかの出来事または不測の事態において、他の人に譲渡する権利と、特定の合法的な利用を他の人に認める権利。しかし所有権は、しばしば市民法によって制限され、また、以前の所有者たちの行為によってもしばしば制限される。

# 第七章　派生的な所有権について

一　派生的な権利は、物的または人的のいずれかである。われわれの所有物は、そこからすべての物的な権利が発生する素材である。人的な権利が根拠とするのは、われわれの自然的自由、すなわち、われわれが選択のままに行為し、われわれ自身のことがらを処理する権利である。これらの原初的な権利の一部分が他の人に譲渡されると、人的な権利が構成される。

市民法だけでなく自然の法でも有効なこの区別を理解するには、以下のことを見ておかねばならない。すなわち、すべての人々の共通の利益のためには、任務の交換と、多くの人々の結合労働が常に必要とされる、ということ。また、人類の数が多くなると、各人が自己の技術を選び、実践を通じて熟練の技を身につけ、こうしてその技術が生産する非常に多数の財を供給し、それらを他の職人たちが同じように生産した財と商業において交換するほうが、各人が次々とあらゆる必要な業をなし、そのいずれにも熟練の技を身につけられない場合よりも、はるかにうまくあらゆる必需品や便益品がすべての人々に供給されるだろう、ということである。

また、次のことも明らかである。人間が相当多数になったとき、容易に耕作できるすべての土地は必然的にほどなく占有され、それゆえ共有のままの土地は存在しなくなっただろう。また多くの人々は、自己の生存のために占有すべき土地を見つけられず、したがってこの人々は、自分自身の体力または知力以外には、なんの元手もなかっただろうし、彼らは、自己の普通の、あるいは巧みな労働で自分のための必需品を獲得したことだろう。裕福な人々もまた、自分たちの安逸な暮らしのために、貧しい人々の労働をよりたびたび必要としただろうし、彼らにもし良心があれば、その労働を無償で要求することはできなかっただろう。そこで、人々のあいだで契約を継続的に結ぶ必要が生じるのだが、その目的は、一つには所有権あるいは物的な権利を譲渡するためであり、もう一つには特定の役務を要求するとともに、特定の量や価値をこの役務の報酬として支払われるように要求するためである。これらの要求が人的な権利である。

ところで、土地またはその他の財の所有者が、それらの所有権を完全には譲渡せずに、それらを自己の債権者の特定の要求にしたがわせることに同意し、もし負債が同意した期限までに返済されなければ、債権者がこの土地または財を所持または売却して自己の損失を回避できるようにすることは、しばしば起こることだろう。この種の合意によって、物的な権利が設定されている。ときおり債権者は、自己の債務者の財力と正直さを充分に信頼して、担保や抵当として物的な保証をなんら要求せず、人的な責務を認めるだろう。もちろんこの責務は、債務者の財や所有物の特定の一部分に特別にかかわるものではない。同じように、何らかの被害をうければ、そこからは人的な権利のみが生じるだろう[8]。だが、さらに進んで、商業の信用を維持することが絶対的に必要と考えられた場合には、所有権の完全な譲渡を保証するため、公的で周知の特定の準拠法（forms）が導入された。この準拠法は常に、きわめて妥当で神聖と考えられたにちがいないので、たとえそれに先立って秘密の契約を他の人々と結んだとしても、この準拠法を無効にできなかった。もしこの準拠法がこのように同意されなければ、誰もなにも購入しないだろう。というのも、先行する秘密の契約に基づいて第三者が自分から購入品を奪うことなどありえないという保証を、誰もてないからである。もちろん、善良な人は、自己のあらゆる契約や責務を、それが人的であれ物的であれ、神聖に尊重するだろうし、他の人のどんな種類の権利であれ、それを無効にする可能性のあるものを避けるだろう。しかし、公共的な商業信用の維持はきわめて必要なことなので[原注1]、物的な権利を譲渡するために公然とまた詐欺なしにおこなわれたあらゆる契約は、そうした秘密の契約と人的な権利に取って代わらなければならない。たとえ後者が時間的に先行していたとしてもそうである。

（原注1）　人定法や法廷によってどんな決定がなされようと、債務を他の人々に返済するべきことを知っており、かつ彼らがその債務を回収できない危険があると思っていながら、借金の担保や抵当を優先すべきであるという正義には、自然な根拠はない。

二　派生的な物的権利は、所有の権利のうちの、残りの部分から独立して存続する特定の部分的権利、あるいは譲渡された完全な所有権である。しばしば独立して存続する部分的権利は四つある。すなわち、暴力や欺瞞なしに獲得したものを所持する権利、限嗣相続人の権利、担保や抵当に対する権利、それに用役権である。

他の人の財を欺瞞や暴力なしに所持する人は、この財が他の人の所有物だと分かっているか、あるいは、ほぼ確かな理由でこの財は自分のものだと信じている。この後者が、そうと信頼できる所有者（*bonaefidei possessor*）すなわち、そうと想定される所有者である。

他の人の財と知りながら、欺瞞や暴力によってそれを所持する人はみな、なんの権利ももたない。その所有者や、所有者のためを思う他の誠実な人は、所持する人にその財を返すよう要求し、力ずくで取り上げ、所有者に戻す権利をもつ。しかし、他の人の財と知りながら、欺瞞や暴力なしにそれを所持するようになるとき（たとえば、ある場所に落ちていた財や、海岸に打ち上げられたものを見つけるとき）には、所有者や、彼に権限を委任された人がその財を返すよう要求するときまで、われわれはそれを預かることができる。そして、もしそういう人物があらわれなければ、その財は、所持する人のものとなる。だが、このよう

(8) 以下の文章は、現代のわれわれには理解しにくいかもしれない。というのも、われわれは、商品を購入したとき、その所有権や物的な権利が同時に譲渡されることを自明視しているからである。しかし、以下のような事態を想定すれば、ここの文章は理解しやすくなるだろう。

まず、A、B、Cの三人を考える。いま、AがBから借金をしたとする。この場合BはAを信頼して、その借金に相当するものを担保として取らないことにする。すると、この契約によってAには「人的な責務」が生じ、Bには「人的な権利」が生じる。なお、この契約は、「準拠法に先行する」、Cにとって「秘密の契約」である。ここでCが、Aから何かを購入したとする。このあと、もしAが失踪したりすれば、Bは今述べた契約または人的な権利に基づいて、Cに「Aから購入したものを返せ」と要求できることになる。少なくともこの契約を正当と認めるかぎり、Cはこの要求を拒否できない。しかし、このような事態がいつも生じるようだと、経済活動が成り立たない。そこで、これを防ぐために、Aからの購入品に対する所有権あるいは物的な権利がCに完全に譲渡され、それがAへの人的な権利よりも優先されることを保証する必要がある。このために「準拠法」が導入され、それがAとBとのあいだの契約に取って代わるわけである。

な場合に所持する人は、自分がその財を見つけ、喜んで所有者に返すつもりであると、公衆に通知しなければならない。その財を隠せば、それは盗みと同じことになろう。しかし彼は、その財の維持または宣伝のためによく考えて投じたすべての費用を、自分に返済してもらうように正当に主張できる。

仮の所有者の責務は、〔一、〕第一に、所有者に財を返すときには、同時に財の果実・利益・増加分のすべてを消費せずに返すことである。

二、もし財やその増加分を消費したのなら、それらの使用で豊かになった分の価値まで、あるいは、彼自身の境遇からすれば、より優雅または快適に充分長く生活できたことが彼にとって価値のあることと考えられる範囲まで、彼自身の所有物からそれに相当するものを与えることで返済しなければならない。というのも、「いかなる人物も、他の人の同意なしに、他の人の費用でなんらかの快楽や利益を引き出してはならない」ということは、正当な原則だからである。

三、もし財とその増加分の両方を偶然の出来事で失ったのなら、それらによる利益をまったく保持していない仮の所有者は、その価値分を返済する責務を負わない。また、彼には、獲得するのを怠った利益に対する責任もない。というのも、彼はこの財が自分自身のものと信じつつ、ちょうど自分自身の財を使用するかのように、それを使用したからである。しかし、他の人がもっともな要求をしたことで、その財が自分のものではないというほぼ確かな通告を受け取るやいなや、人は仮の所有者とは考えられなくなる。その後、咎められるべき仕方で喪失または浪費したもの、あるいは、著しくおろそかにしたものはすべて、彼がその補償をしなければならない。

四、仮の所有者が、価値ある代価と引き換えに購入または獲得した財を、本当の所有者に返すとき、彼は、〔自分を仮の所有者とした〕本人、すなわちその財を売った相手に、その金額または代価を自分に返済するよう正当に主張できる。

五、この人物が破産者であるか、発見できない場合には、仮の所有者の申し立ては、本当の所有者の申し立てと同じくらい有効である。また、仮の所有権だけでなく、本当の所有権の通常の根拠でもある購入、相続、遺言、または贈与による〔権利〕よりも神聖ななんらかの権利を、本当の所有者が堅持しているわけでもない。そして、特定の損失が一方あるいは両方の当事者に発生するにちがいない以上、いずれか一方だけを弁護すべき、公共の利益に資する理由はない。その損失は、人間愛に根ざしたなんらかの理由で別の決定が望ましいとされるのでなければ、両者のあいだで等しく分担されるべきである。とくにその理由として考えるべきことは——しばしば起こることだが——もし仮の所有者が〔本当の〕所有者の財を購入していなければ、それは彼にとって永遠に失われていたかもしれず、それゆえ仮の所有者は彼の財を購入することで、彼にもっとも価値ある貢献をしたということである。購入者が、不正に獲得された財を購入しないように、充分に自己の権利に注意させることには全般的な利益があると〔一方で〕人が主張するなら、他方、所有者の不注意のせいで彼の財が紛失または盗難にあうとき、公正な購入者がそれによって損失を被ることがないように、所有者に自己の財についてもっと用心深くさせることも、同等な公共の利益である。

六、仮の所有権を無償で獲得したあとで、本当の所有者がその財を要求すれば、それを返さねばならない。この場合、その財を無償で獲得した人物は、その価値分を請求することはできない。

三　代々の限嗣相続人の権利については、次の点が明らかである。すなわち、完全な所有権をもつ人は、任意の不測の事態において、あるいは、任意の合法的な条件のもとで、自己の財を任意の人物に譲渡できるということである。それゆえ、将来の相続権をもつ人々の権利は、贈与に基づく権利と同じく神聖である。所有者が自己の所有権を、なんらかの不測の事態において、自分の愛しい人物に譲渡するのを妨げることは、自分の死に際して、自分の第一の相続人にただちに好意的な贈与または譲渡するのを妨げることにまさるとも劣らず非人間的である。将来の相続権をもつ第二・第三の相続人たちの希望を、彼らのなんらの落度もなしに砕くことは、友人へのその他の贈与物を横取りすることと同じくらい非人間的である。しかし、代々の各相続人にとって非常に不都合になりうる、あるいは、共同体に対して有害になりうる永続的な相続を、市民法が阻止するのには、思慮深い理由があるのかもしれない。それはちょうど、衡平法裁判所（courts of equity）(9)がしばしば、際限のない無分別な贈与を無効とするのと同じである。

四　債権者のさらなる保証のために、担保と抵当が導入される。すなわち、〔特定の〕財を債権者の権限に従属させ、もし債務があらかじめ決められた期間までに返済されなければ、その財が債権者の所有物となるようにするのである。(原注1)もしこの場合に債権者がまた、その財の公正な評価に基づいて、負債の総額をこえる価値の部分を債務者に返す責務を負うなら、ここ〔その財を債権者のものとすること〕にはなんら不正はないだろう。このような物的な保証が与えられている場合には、抵当が設定される前に公的に発表されなかったすべての先行する債務より、この保証が優先される。(原注2)〔この物的な保証に〕先行する債権者は、正当に不満をもらすことはできない。彼らには、より質の高い保証を主張しなかったこと、それゆえ、もっと用心してより質の高い保証を主張した債権者で、自分たちの先行する要求を顧みなかった債権者の後回しにされたことについて、自分自身を責めさせておけばよい。

〔原注1〕この条項は、*lex commissoria* すなわち全面的な没収の条項と呼ばれる。

〔原注2〕ここでは、〔ラテン語版〕原文のような *pignus* 質物と *hypotheca* 抵当権・非占有質の違いについてはなにも言及していない。われわれの言葉 *pledge* と *mortgage*〔担保と抵当〕は、その違いを充分には表現していない。*pignus* は、対象が土地であれ動産であれ、所持を伴う抵当のようなものであり、*hypotheca* は、所持を伴わない抵当のようなものである。

五　物的な権利の最後のものは、用役権、すなわち「他の人の所有物をある仕方で少しだけ使用する権利」である。この権利が一般的に発生するのは、契約によって、または、所有権の譲渡に際して譲渡する人がそれに制限を加える場合、あるいは、ときに市民法によってである。すべての用役権は物的な権利であり、特定の保有財産[10]に帰着する。しかし、それらが帰着する対象ではなく、それらを有する主体に関していえば、それらは物的なものと人的なものとに分類される。人的な用役権は、ある人物のために設定されるもので、彼が亡くなれば失効する。物的な用役権は、ある保有財産の〔利用によって生じる〕利益に対して設定される

(9)　第二部第一章の訳注（1）（一四九頁）を見よ。

(10)　これは **tenement** の訳語で、保有しうる永続的性質をもったすべての財産を意味する。たとえば、土地、家屋、官職、独占販売権などである。ただし、ここでは主に土地や家屋を意味すると考えてよい。

もので、それを所持する任意の人に属する。(原注1)前者の例としては終身の借地人があるが、これは〔借地人が老いると〕土地が荒廃しやすいので非難されるべきである。物的な用役権は、都市の住宅や、田舎の農場に対するものである。前者の例としては、隣接する切妻や壁に梁や垂木を取りつける権利、隣接した土地の建物で自分の家の窓がさえぎられないようにする権利、等々がある。〔後者の〕田舎での用役権はおもに、隣接する農場から敷かれた道路を通過する権利、あるいは荷物の運搬に利用する権利や、その農場から引かれた小さな水路を取水に利用する権利などである。

(原注1)〔ラテン語版〕原文で言及されている各用役権について英語の読者に説明したとすれば、非常に退屈で無益な議論が不可欠だったろう。というのも、古代ローマの用役権は、われわれのものとは非常に異なっていたからである。それらは、あらゆる市民法の概要に載っている。

# 第八章　所有権を譲渡する方法、すなわち契約、相続、遺言

一　所有権は、これまでの所有者の自発的な行為によって、あるいは、彼のいかなる行為もなしに、自然法や市民法での法の指定によって、譲渡されうる。これらの各方法によって所有権は、生きている人々のあいだで、または〔所有者の〕死という出来事に際して、譲渡される。

生きている人々のあいだでの所有者の行為によって所有権が譲渡される場合、それは、贈与として無償でなされるか、あるいは、商業において価値ある代価と引き換えになされる。商業では、ある価格、等しい価値の財、または権利が、その対価として譲渡される。この〔所有権を〕手放す権限は、以前に明らかにしたように、所有の権利に含まれている。われわれは後に、契約と商業について論じる。

二　死という出来事に際して所有者の行為によって所有権が譲渡される場合、それは遺言すなわち最終的な意志としてなされる。自然の法にしたがえば、「自己の死という出来事に際して、自分の財産がいかに扱われるべきかを指示するある人の意志の表明」は、有効な遺言である。ただし、この意志を示す充分な書類や証拠がなければならない。というのも、なんらの証拠も示せない意志は、あたかも存在しないかのように考えられねばならないからである。

自分自身が使用する以上の財を獲得し、自分のもっとも愛しい人々の幸福に貢献しようとする人類のよく

知られた意図と、所有権の本性それ自体とから明らかなように、故人の意志は、そこになんら不正なものが含まれないなら、遵守されるべきである。人が罪のない自分の労働によって獲得したものを、どんな不測の事態であれ、自分の意向のままに譲渡するのを妨げられることは、残酷で非人間的であり、勤勉に対して破壊的である。もしまだ存命中に、しかもおそらくはきわめて健康なうちに、親族へ自分の所有権の変更不可能な譲渡をする責務を人々に負わせるとすれば、それは不快で、しばしばきわめて不都合となるだろう。また、自分の獲得したものが友人たちに利益となるだろうという満足感を、死の床にある人から奪うとすれば、それも残酷なことだろう。残された友人、相続人や遺産受取人に故人が示したやさしさを、無効にしたり横取りしたりすれば、それは彼らに対して非人間的であろう。それゆえ、意志や行為が不可能になるまさにそのときに、人が意志および行為をすると考えられることは不合理である、と言って反論する人々の形而上学的に精妙な問題を無視すれば、自然の法は、遺言によって命じるこの権限を認めているという結論が得られる。

しかし、多くの完全な種類の責務と、ほぼ同等な神聖さをもつ多くの責務は、われわれの財産を用いて果たされねばならず、すべての正当な負債は返済されねばならず、われわれの子どもや貧しい親はその生活を支援されねばならないから、遺言は、これらの責務に抵触するかぎり、正当に無効とされる。さらに、残された親や子どもがいなくても、その他の貧しい近親者には、たとえこのように無視されたことに対してなんの正当な申し立てをしなかったとしても、そして非人間的で気まぐれな遺言に反してでも、故人の財産の一定部分を認められるべきであり、それは正しいことである。また、自然の法も、市民法と同様に、遺言のなかの共同体に有害となりうる部分を無効とし、文書偽造を防ぐのに必要とされる正式の形態と条件のもとで遺言が作成されることを強制し、さらに、この形態が必要もなしに無視されていれば、その遺言を無効とみなす。

三　所有権が生きている人々のあいだで、所有者の意志に反してでも、法の指定によって譲渡される場合、それは、所有者が厳格に実行すべきだが拒否したすべてのことを実行させるためである。この問題がより詳しく説明されるのは、われわれが、契約、および、不正にまたは罪なしに与えられた損害から生じる権利、そして、われわれの正当な権利を遂行する仕方を論じるときである。(原注1)

(原注1)　第二部第一五章。

所有者がなんら行為をしていなければ、死という出来事に際して所有権は、法にしたがって、無遺言死亡者の相続として譲渡される。このことの自然な根拠は次のとおり。つまり、よく知られているように、ほとんどすべての人々が、自分自身の使用をこえるものを獲得する意図は、自分の愛する人々に利益をもたらすことだ、ということである。この普遍的に知られた人類の意図は、彼らの意志の絶えざる表明である。ところで、人類の一般的な気質にしたがえば、われわれの子どもと近親者がわれわれにとってもっとも愛しく、また、彼らのためにこそ、われわれは生存に必要なものばかりでなく、生活の娯楽品と装飾品をも獲得しようとたえず努力する。それればかりか神と自然は、この血の絆を愛と善意の絆にもすることで、われわれの子どもや親族に、完全な要求や権利とまではいかないにしても、少なくともそれにきわめて近い要求・権利を与え、彼らが、悪徳の行動でそれを喪失してしまわないかぎり、豊かな両親や親族から生存に必要なものばかりでなく、生活の便益品までも獲得できるようにしたと思われる。したがって、誰も確かな対策を講じられない突然死という出来事に際して、自己の勤勉の果実が子どもや親族のものになるという誰もが抱く慰めを人から奪うことは、残酷である。そして神と自然が子どもと親族に与えたこれらの権利を無効にすることは、明らかに残酷で不正である。

さらに、子どもと親族に相続を認める慣習がおこなわれてきた場合には、これがまさに故人の意図だと正当に想定される。そして、この相続の権利は、遺言と同じ根拠を正義にもつ。

子どもやきわめて近い親戚がいない場合、もしある友人が故人にとって格別に愛しい存在だったと知られているのなら、人間愛に基づく同じ議論によって友人が〔相続人として〕考えられよう。しかし、慣習や法によって、もっとも遠い親族が友人よりも優先される場合には、この親族への故人の憎しみが証明されないかぎり、それが故人の意図だったと想定されうる。この法や慣習がいたるところでおこなわれている理由は、次のとおり。すなわち、自然はほぼ例外なく親族をわれわれにとって愛しい存在にするということ。血縁の程度を算定するのは簡単だが、友情の程度を算定するのは不可能だということ。さらに、親族ではなく、友人と一緒にいることをもっとも楽しむように思われた人々が、それにもかかわらず自分の財産について自分自身の意志を表明する段になると、ほとんど常に財産を親族に残すことを、われわれは非常に頻繁に目撃しているということである。

親族は、〔故人と〕彼らの〔血縁の〕近さにしたがって、近さが同じなら同じだけ、相続すべきである。第一は、われわれの子どもであり、また、彼らのなかに、死亡した子どもの子どもである孫も入れるべきである。少なくとも彼らの親が〔生きていれば〕もらえたであろう相続分は認められるべきである。そればかりか、多くのこの孤児たちが窮境にあるのなら、人間愛によって彼らにより多くの相続分が与えられることもあろう。子どもとともに、ある程度の相続分が貧しい親に、少なくとも生活の必需品に関して、与えられるべきである。さらに、苦況にある兄弟もある程度の相続分を受け取るべきである。もし残された子どもや親がいないのなら、兄弟と姉妹が〔相続を〕認められるべきであり、同時に、死亡した兄弟姉妹の子どもも、少なくともその親の相続分を認められるべきである。さらに、これらの人々もすでに死亡しているのなら、〔親の〕兄弟や姉妹の子どもであるいとこや、彼らの子孫が認められるべきである。

**四**　ある国家の国制、市民法、慣習は、次のことを要求するかもしれない。すなわち、故人の財産を相続するとき、男の相続人と〔血縁の近さが〕同じ程度の女の相続人や娘より、息子やその他の男の相続人が、そして、男の相続人のなかでは年少者より最年長者が、はるかに大きな相続分を受け取るべきだ、ということである。しかし、多くの国でこれらの理由に基づいてなされる著しい差別には、ほとんどどんな根拠もありえない。自然の法は、〔血縁の近さが〕同じ程度の人々のあいだに、性差や年齢差を理由とした差別をめったにつくらない。また、常に一人の人物がいわば故人の役割を演じ、彼の物的な財産を受け継がねばならないという直系による相続を、自然の法は確立しない。この相続は、まったく人間の考案(原注1)であり、しばしば不合理で不正である。〔たとえば、血縁の近さの〕第一の程度では、その他のあらゆる差異より性差が優先される。しかし、第二の程度やもっと遠い程度では、相続人自身の性と年齢の優位性より、その死亡した親の性と年齢の優位性が優先される。したがって、死亡した長男の幼い娘や女の孫、すなわち幼い女の孫やひ孫が、次男の成人に達し分別のある息子すなわち男の孫より、さらには、この次男自身より優先される。また、同じことが、甥、姪、そして彼らの子どもたちのあいだで、その叔父の財産を相続する場合に起こる。さらに、いとこやもっと遠い親族が相続する場合も同じである。

〔原注1〕この私有財産の直系による相続は、明らかにロンバルト族〔イタリア北部に定住した古代ゲルマン民族〕の封建法によって導入された。

# 第九章　契約一般について

一　生活上の便益品は言うまでもなく、人類の生存には、永続的な商業と相互の助け合いが絶対的に必要だから、神は人間に理性だけでなく、言語の能力をも授けた。この能力によってわれわれは、自分の見解・欲望・心の動き・意図・目的を、他の人々に知らせることができる。また、この能力の正しい使用のために、われわれはある崇高な感覚も植えつけられていて、この感覚は、知識へのわれわれの強い欲望によって自然に強化される。この感覚によってわれわれは、正直さ・誠実さ・忠実さを自然に是認し、虚偽・隠蔽・欺瞞を自然に憎む。われわれの取り決めにおける正直さと信義は、このように是認される直接的な美しさをもつが、これに加えてそれらは、共通の利益と安全に明白に必要だから、賢明で正直なあらゆる人々の是認と選択にふさわしいものである。ちょうど、嘘と虚偽が明らかに社会を崩壊させるのと同じである。

役務の交換、商業、そして共同労働においては、われわれの見解・意向・意図を互いに知らせあわなければならない。そして、「ある人があるものを彼の側で支払うあるいは実行するという公言された見通しのもとに、われわれが、あるものを支払うあるいは実行すると、他の人々に断言するとき」、われわれは約束あるいは契約をしたと言われる。信約（covenant）や契約（contract）とは、「なんらかの責務を構成あるいは放棄するために、特定の条項に二人あるいはそれ以上の人々が同意すること」である。ただし、自然の法は、契約（*contracts*）と協定（*pactions*）を区別しない。[原注1]

（原注1） 契約 ***contractus*** と協定 ***pactum*** の差異は、どんな市民法辞典にも載っている。

契約は生活において絶対的に必要であり、また、その信義を守ることも同様である。もっとも豊かな人々は、貧しい人々の財や労働を必要としなければならないが、彼らはそれらを無償で〔獲得できると〕期待すべきではない。それらについて相談し、契約（bargains）を結んで、両者が互いの実行〔すべき事項〕についで同意できるようにしなければならない。仮に、すべての人々が、われわれの望みうるかぎり正しく善であるばかりか、あらゆる親切を喜んでおこなうつもりであると想定しても、もし契約がなければ、誰も他の人々の助力をあてにはできない。というのも、たとえ私が隣人の助けを必要としても、彼は第三者へのより重要ななんらかの役務に従事しているかもしれず、あるいは、彼の諸事情においてより必要とされる報酬を彼に与えうる人々へのなんらかの役務に従事しているかもしれないからである。

契約における信義という神聖な責務は、その美しさとその反対の行為の醜さに対する直接的な感覚からだけでなく、もしこの責務に背けばただちに起こるにちがいない損害からも明らかである。信義に背くことは、その他の同じ状況で、契約によらずに負う義務を怠るか、拒否したことよりも、明らかに社会的な本性にいっそう反し、また、しばしばいっそう卑しい侵害となる。信義に背くことでわれわれは、われわれの正直さを信頼し、もしわれわれが信義を守っていればその必要とする助けを獲得していたかもしれない人々の意図を完全に打ち砕くことになる。そして、商業の必要性から必然的に明らかなように、契約に基づく権利は、完全な種類の権利であり、強制力によってでも追求されるべきである。自己の役割に不誠実な人は、人々のあいだのすべての社交（all social commerce）を破壊する。

二　さらに続けよう。善良な人なら、自己の取引で相手の弱点や無知につけ込もうとはしないだろうし、さらには、相手にはきわめて不都合で、自分にはそれほど必要でないと判明した契約について、相手が受けた損失が補償されるという条件で、しばしば彼をその契約から解除するだろう。けれども、商業における信義を守ることと、当事者たちの誰かにとってのわずかな不都合からなされる〔契約の〕あら探しを排除することは、明らかに非常に必要なことである。それゆえ、自然の法がその管理を人間の思慮分別にゆだねる商業の固有の対象については、軽率になされた信約でも有効でなければならないし、少なくとも他の人々に対する形式的権利（external rights）を構成しなければならない。もちろんこの権利は、共通の効用のために維持されねばならないものだが、おそらく善良な人ならそれを主張しないだろう。しかし、この形式的権利を要求する人物が自己の要求に極端にこだわるなら、われわれは、彼に激しく反抗する権利をなんらもてないし、むしろ自ら結んだ信約を遵守すべきである。これはまさに、「たとえなされるべきではなかったとしても、いったんなされてしまった以上、多くの場合それは義務となる」という古い規則にしたがうことである。

商業の固有の対象は、われわれの労働と財である。あるいは一般的には、社会の利益のために人々のあいだで頻繁に交換されるにちがいないすべての事物である。それらが交換されるのは商業によってだが、そこでわれわれは神に払うべき信心深い崇敬の念も、他の人の完全な権利も直接に侵害することはないし、また、商業に関して、どんな日常的な神の法[11]も、われわれから取引する権利を奪うことはない。

三　われわれは契約と、われわれの未来の意図のたんなる表明とを区別しなければならない。後者は、他の人々にいかなる権利も譲渡しないし、また、同じ目的を保持するようにわれわれを拘束もしない。契約により近いのは次のような不完全な約束である。すなわち、慣習によって理解されているように、この約束においてわれわれは、〔何かを〕実行する責務を自分に負わせるいかなる権利も他の人々に譲渡せず、ただ栄誉と正直さのために自分自身を拘束するにすぎない。しかも、われわれがこの約束をする相手が、自己に向けられた好意に値するようにふるまい、かつ、悪い行動によってわれわれに、その意図を変更する正当な理由を与えないという条件が同時に満たされなければならない。そして、この点においては約束する側が判断の権利を留保し、また、たとえ彼が理由もなく自分の意図を変更したとしても、彼は、相手が被るかもしれない損失を補償する以上の、より高級な完全な責務は負わない。

四　契約の本性とその責務に対する正当な異議を説明するときに考慮すべき事情がかかわるのは、知性や意志、すなわち行為の二つの内的原理と、それらが作用する対象である。

知性について。誰も、自らの諸事における決して非難すべきでない無知のために、どんな損害も被るべきでないことは、人間愛だけでなく公共の利益も要求することである。それゆえ、仕事の本性に精通していない未成年者の契約は効力をもたない。また、狂人、もうろくした人、愚かな人、さらには、自らの理性を使用しえないほど酔いで完全に酩酊している人まで含めて、彼らの契約も効力をもたない。ただし、酩酊には正当に処罰されるべき大きな罪があるかもしれないが、だからといって強欲な詐欺師が酔った人を食い物にしてよい理由はない。事情は、酔った人が犯した罪や侵害とは非常に異なる。というのも、われわれは、他の人々に配慮して、仕事をおこなうのに適した状態にいつも自分自身を保たねばならないわけではないが、それでもわれわれは、たえず罪のないように自己を保ち、〔他の人々を〕侵害することを回避しなければならないからである。もし〔契約の〕当事者の一方が、相手が酔っていたことに気づかなかったなら、この酔っていたほうは、自らの契約の不履行によって相手が被った損失を補償しなければならないだろう。しかし、酔いにはさまざまな程度があり、そのうちのいくつかの程度ならわれわれは、そのせいで警戒心や思慮分別を少しは失っているかもしれないが、それでも理性を最低限は使用することができる。もしあらゆる酔いの程度が、契約を無効にする理由になるとしたら、人々のあいだでのどんな確実な契約（transactions）も不可能だろう。この酔いの程度をめぐる問題は、それぞれの場合に思慮深い調停者の判断で決定されねばならない。

同じことは、市民法に先立って、若い人々の思慮分別のなさについても言える。というのも、商業に必要な程度の思慮分別は、人によって非常に異なった年齢であらわれるからである。したがって、商業を確実な

---

（11）これは special law of God の訳語である。これを「日常的な神の法」と訳した理由については、第二部第二章の訳注（4）（一五五頁）を見よ。

ものとし、際限のない責任の回避を防ぐために絶対に必要なことは、すべての社会で特定の年齢に関して同意がなされ、その年齢に達した人は誰でも自分自身の主人となり、自分自身の仕事を管理できると考えられねばならない、ということである。この年齢を決定するときに留意すべきことは、成熟した判断力をもちながら、自らの諸事の管理から排除される人ができるだけ少なくなるようにし、同時に、充分に成熟した判断力をもつ以前なのに〔その管理を〕認められる人も、できるだけ少なくなるようにすることである。ローマ法によって定められた方法は、いかなるものにも劣らずよいものである。それによれば、男子なら十四歳未満、女子なら十二歳未満の未成年者は、自らの諸事を管理できず、親の自然な保護のもとに、あるいは、もし親が死亡していれば、親または法の任命した保護者の保護のもとにおかれなければならなかった。そして、この年齢を過ぎても二十一歳になるまでは、あるいはローマの初期のころなら二十五歳になるまでは、彼らは後見人にしたがい、自分自身や自分の財産を拘束することを意図したどんな彼らの行為も、後見人の同意がなければ、有効とはみなされなかった。

一方において、未成年者が契約で損失を被るのは不正である。しかし他方において、彼らが他の人々の負担で豊かになるのも不正である。したがって、もしなんらかの契約が彼らと結ばれ、もう一方の当事者があるものを支払うか、実行したのなら、その契約を認めることが彼らに不利益でない場合には、彼らは、成人に達したとき、その契約を実行すべきである。その契約が彼らに不利益と判明する場合には、彼らは、その契約のおかげで受け取ったものを返却または補償すべきである。あるいは、彼らが利益を受けた範囲内でそうすべきである。法定年齢に達しない未成年者でも、特定の問題についてはしばしば充分な判断力をもつ。

もしそうなら、しかも、相手方に詐欺的なあるいは非難されるべきところがないのなら、彼らは、神と自己の良心の前で、まさに成人として自らの契約に拘束される。

親や後見人が近くにいるのに、彼らの同意なしに未成年者との重要な契約を結ぼうとすれば、それはほとんどの場合大きな過失を伴う。一般的にいって若い人の情念は激しく無謀だから、彼らは、約束において軽率で、欲望において激しく、また、近視眼的で、気前よく、希望に満ち、あらゆる疑念を欠いている。

**五**　契約の対象や財の本性そのものについての、あるいは、それらにおいて格別に重要視される諸性質についての間違いまたは誤解によって契約を結んだ人は、〔その契約に〕拘束されない。また、その契約のために彼が支払ったものはすべて、返還されねばならない。しかし、自ら公然とは主張しなかった性質や、それらの財には普通期待されない性質への密かな期待だけで契約を結んだ人には、この申し立てはできない。もし間違いの対象が何か別の問題や出来事であり、それらゆえに彼が契約を結んだのなら、その間違いが明らかになるとき、相手側は、人間愛によって〔その契約から〕彼を解放すべきである。とくに、彼が自分の間違いによって生じた損害を補償するつもりなら、そうすべきである。しかし、間違いをした人がこれを契約の明白な条件にしていないのなら、これは完全な責務の問題ではない。

財の本性、財の価値を決定する諸性質、そしてそれらの性質の欠如が、いわば契約における本質的な点である。もし〔契約の〕当事者の一方が、それらについて間違っていたのなら、彼は〔契約に〕拘束されない。もし間違いが現在の価格についてのみであれば、騙され、損失を被る側は、価格を〔両者の言い値が〕等しくなるところまで引き下げさせる完全な権利をもつ。もし相手側がそれを拒否するのなら、契約は無効となるだろう。

自己の過失や軽率さによって、〔契約の〕相手の間違いを引き起こしたか、自分自身が間違う羽目に陥った人はすべて、相手がそのために被った損失を補償しなければならない。しかし、詐欺的に対処した人は、もしその契約が正直に執行されていれば相手が獲得できたであろう利益も、さらに補償しなければならない。（原注1）われわれが契約する相手の欺瞞によって結ぶことになった約束や契約は、明らかに無効である。というのも、彼の欺瞞のせいでわれわれは、契約に必要な正しい知識を欠いていたからであり、また、彼は、自らの欺瞞によって生じたわれわれの損害を補償しなければならないが、それは契約を無効にすることでもっとも容易になされるからである。

（原注1）ローマ法学者は、このように損害賠償 ***pensare damnum*** と逸失利益の優先 ***praestare quod interest*** を区別する。怠慢や不注意のせいで他の人々に不正をした人には、前者が強制されるだけだが、欺瞞やもっとはるかに大きな怠慢があった場合には、常に後者が強制される。

〔契約の〕相手の共謀なしに、第三者の欺瞞ゆえにわれわれが契約を結んだのなら、その契約は有効である。しかし、われわれは、自分を欺いた第三者から損失の補償を要求する権利をもつ。

六　慣習によって同意を意味する記号・合図を自発的に使用する人は自発的に同意している、と常にみなされる。もしわれわれが、自らの表明に反する内心の不同意からの〔契約への〕異議を認めるなら、いかなる信義も守れないだろう。

言葉と文書は、同意の表明に最適の手段である。しかし、当事者間で同意されるか、一般的な慣習によって受け入れられているなら、その他の記号・合図でも充分である。さらに、特定の状況でのなんらかの行為についても、常識や公正さをもつ人なら誰も、特定の条項に同意しない場合にはそれをしないというものなら、その行為は同意を表明すると正当に考えられる。したがって、この行為をした人物が適切なときに関係者全員に正反対のことを前もって表明しないのなら、この行為からわれわれは、彼の同意を正当に結論づける。このように表明された同意に基づく信約や契約は、暗黙のものと呼ばれ、もう一つ別の種類の責務とは区別される。後者は、後に説明されるように、契約の様式にしたがって生じると言われる。(原注1) 両者の違いは、暗黙の契約では正反対の内容の明白な表明によってその責務が停止されるのに対して、他方の契約ではそうはならないという点にある。

(原注1)〔第二部〕第一四章。

契約のなかで成文化された主要な条項のほかに、合意内容の本性そのものから、あるいは、その仕事にかかわるすべての人々のあいだで自明な慣習から、付随すると明らかに理解される〔暗黙の〕条項もしばしばある。

所有権であれその他の権利であれ、無償であれ有償であれ、それを譲渡する場合には、両者の同意が、すなわち譲渡する側だけでなく受け取る側の同意が、必要である。というのも、なんらかの事物を友人に与えるある人の意図から、彼が受け取らない場合にそれを放棄する意図や、それを彼に強制する意図を、われわれは導き出すことができないからである。しかし、〔人間の貪欲さなどの〕低級な証拠がその証明に役立つように、〔人は〕価値あるものなら何でも受け取りに同意するものである。だから、価値ある事物が前もって要求され、譲渡する側がその要求に応えるのなら、われわれは常にそこにつけ込む〔ことでこの事物を相手に受け取らせる〕ことができる。

しかし、完全な所有権には、任意の合法的な条件のもとで、あるいは、任意の不測の事態において〔所有物を〕処分する権利と、なんらかの未来の出来事が起こるまで〔それを〕友人に委託する権利が含まれている。それゆえ、指名された相続人や遺産受取人に受け取る意志があるかどうか判明するまで、相続財産や遺産を管財人に委託することができる。さらに、まだ生まれていない人のために財産を保管することもできる。というのも、所有者が、自分の友人にたまたま子どもができるなら、その子らのために自分の財産を保管するように命じるのを妨げられることは、不正だからである。また、その子らの死亡した親、親族、または友人が彼らに残した恩恵を無にしたり、横取りしたりすることは、彼らに対する侵害だからである。しかし、どんな相続人や遺産受取人も、自らの同意なしに自己に残された事物の所有者となるよう強制されてはならない。しかし、人類、とくにその機会に恵まれた各人は、特定の管財人が任命されないときには、幼い子やまだ生まれていない子に配慮して、彼らが相続財産や遺産を受け取れるようになるまで、彼らのためにそれらを維持すべきである。

七　契約の責務は明らかに両当事者の同意に基づいており、それがなければ無効となるように、双方の同意が特定の条件のもとでのみ与えられた場合には、その条件が存在しないなら、どんな責務も発生しない。しかし、このような条件は、双方にその内容が知られていなければならず、さもなければわれわれの契約における信義が成立しえないだろう。したがって、その非存在が契約を無効にするほどの効力をもつ条件は、両当事者のいずれかが明白に条件としたものか、あるいは、合意内容の本性からその条件が付随することを相手側は理解していると、その条件を主張する側が良心にしたがって信じるものだけである。だから、その契約ではふだん同様の条件が期待されないのに、一方の当事者が内心で、存在するだろうと期待するものはすべて、効力をもつ条件ではない。一方の当事者が、相手に契約を結ばせるために、実際に彼に保証するか、または積極的に断言したことはすべて、彼がそれを自己の同意の条件としたと正当にみなされるだろう。

絶対的な契約と条件的な契約へのよく知られた契約の分類において、条件として理解されているのは、「当事者の一方または双方にとって依然として不確かで、信約によって前もって定められたこととは区別される、そして、契約の有効性がその存在に依存するなんらかの出来事」である。本性上不可能だと知られている条件では、明らかにいかなる取り決めもできない。法による禁止や道徳上の卑しさから不可能となる条件については、後に言及することにする。しかし、第三者の悪徳の行為が、契約する当事者の共謀なしになされたなら、それは正当な条件となろう。ただし、契約におけるいかなるものも、そのような行為の誘因になってはならない。

どちらかの当事者がその〔実行・不実行の〕決定権をもつ条件は随意的と呼ばれ、その他の条件は不随意的と呼ばれる。複合的な本性をもつ条件もある。しかし、どちらの側も、随意的または複合的と呼ばれる条件を実現する責務を負うとは考えられない。(原注1) というのも、もしそうなら、その条件は契約の絶対的な条項となるからである。

（原注1）　随意的な条件は次のようなものである。「もし私が引退して田舎に住むのなら、私の都市での家をしかじかの家賃で貸すことに私は同意する」。この条件によって私は、田舎に住むように自分自身を拘束するわけではない。〔また、次も随意的な条件である。〕「もし私がある土地を売る気になれば、しかじかの人が特定の価格でそれを手に入れることを私は約束する」。

八　同意の適正な自由は、恐れによって失われるかもしれない。しかし、恐れには二種類あって、一つは、一方の当事者が契約における自己の役割を果たしたとしても、他方がその役割を果たそうとしないかもしれない、という疑心を意味し、もう一つは、〔相手によって〕示唆されたなんらかの大きな悪に起因する恐怖を意味する。前者については、次の所見が正当と思われる。一、あからさまに不正で不信心な人々の性格をあらかじめ知りながら、彼らと自発的に契約する人は、明らかにその契約に拘束される。というのも、彼は、彼らの性格をあらかじめ知っていたことで、それらに基づく異議の申し立てを暗黙のうちに放棄したことになるからである。二、しかし、たとえ彼が契約したあとに彼らの性格を知っただけだとしても、契約はまったく無効とはならない。ただし、彼は、賢明な調停者が充分と判断するほどの保証を、彼らがその〔契約の〕実行に関して与えるまで、彼の側で〔契約の〕実行を正当に延期することができる。不正な人、異教徒、不信心な人と結ぶ契約はすべて無効であると主張することは、人々のあいだの信義を完全に破壊するだろう。というのも、すべての人々が賛同するほど明らかな、善人と悪人を区別する特徴など存在しないからである。そして、人類の弱さを考慮すれば分かるように、人類は常に、自己の周囲の人々の道徳上および宗教上の性格について、まったく正反対の意見をもちつづけてきた。それはちょうど、いつの時代にもきわめて多様で相矛盾した意見が存在し続けてきたのと同じである。

二番目の恐れについて。私が、示唆された悪への恐れによって契約を結ぶよう強制されたとき、その悪を不当に示唆するのが、私の契約する相手なのか、それとも私の契約する人物と共謀関係にない第三者なのかにしたがって、二つの場合がある。後者の場合で、第三者が示唆する危険に対抗して、私が契約によって罪のない人の助けを獲得するときには、その条項のなかにきわめて法外なものがないかぎり、もちろん私は〔契約に〕拘束される。というのも、このような危険に〔直面する人に〕救いの手をさしのべることは、明らかにもっとも有益な貢献であり、それに対して埋め合わせをするのが当然だからである。

〔また、後者の場合で〕もし私が、私を脅迫する人と共謀関係にない第三者と特定の契約または約束をしないかぎり、彼からなんらかの大きな悪で不当に脅迫され、しかも、自分の抱く恐怖をこの第三者には隠すよう強制されるのなら、その契約や約束は無効である。というのも、この恐怖によって私は、商業に必要な自由を奪われているからである。しかし、この罪のない第三者が〔契約の〕不履行によって被った損害は、私が補償しなければならない。なぜならその損害は、私自身の安全のために私によって引き起こされたからである。同じことは、私が臆病さのために理由もなく過剰に恐れた場合にも成立する。

正当な為政者への恐れまたは判事のくだす判決への恐れから結ぶ契約は、明らかに有効である。というのも、われわれはこの市民的権力（civil power）に服従していると考えられるからである。

九　しかし、私が契約する当の相手によって不当に示唆される悪への恐れから私が契約を強制されるとき、この悪の示唆が、おそらく正直な人を騙しうるほどのもっともらしい権利の見せかけに基づくのか、それとも他方で、このような権利の見せかけもなく、明らかに公然と認められる不正によるのかを、われわれは識別しなければならない。前者の場合には、この悪の張本人が、善なる良心をもって行使できる権利をそれによって獲得することはない。けれども、もっと遠い将来の人類の利益を考慮に入れると、彼はある種の形式的権利をもちうるし、それに対して相手側は応じるべきだろう。人類にとって、自己の権利について間違えることほど起こりやすいことはない。それゆえ戦争があまりにも頻繁に起こるのだが、戦争当事者のいずれも自己の口実の不正に気づかない。これらの戦争は、条約や契約によって調停されるか、あるいは一方の破滅によって終結を迎えるにちがいない。ところで、それらはむしろなんらかの条約によって終結を迎えるほうがはるかに望ましい。しかし条約は、不正な力〔による強制〕を理由とした異議の申し立てを依然として認めるのなら、なんら有効性をもちえないだろう。というのも、戦争当事者のいずれかが、古い論争を蒸し返す気になれば、いつでもこの異議を申し立てられるからである。したがって、先行する戦争に対して両方の側にもっともらしい口実があったとしても、この異議の申し立ては、講和条約に対して認められてはならない。もし講和条約の条項が明らかに不正かつ抑圧的で、すべての人間愛に反し、劣勢の側の人々に対して生活をまったく悲惨かつ奴隷的にするのなら、この条約は、なんらもっともらしい正義の見せかけをもたないし、異議の申し立てを認める。(原注1)

〔原注1〕 第二部第一五章第八節および第三部第七章第八節、第九節を見よ。

しかし、どんな権利の見せかけもなく暴力を行使するか示唆して、約束または契約を強要するのなら、それらは効力をもちえない。この暴力によってその張本人は明らかに、すべての人間の権利、自然の法に基づいて要求しうるすべての利益、あるいは仲間の人間愛を、放棄または喪失している。というのも彼は公然と、自分がすべての人々の共通の敵であり、いかなる社会的な絆からも自由であると表明しているからである。したがって、共通の安全のために、この怪物がなんらかの手段で排除されることが要求される。たとえこの強要された約束が有効だとしても、さらにまた、この約束で暴力の張本人になすべきことが何であっても、強制された相手が不当に被った損害を考慮に入れれば、彼には常に少なくとも〔自分になされるべきこと〕同じだけの借りが、その相手にあることになる。したがって、この〔両者の〕二つの要求は、補償によって相殺される。ここで、約束する側は、この恐怖のもとでの約束の行為によって、既知の不正な力〔による強制〕を理由とした異議の申し立てを暗黙のうちに放棄している、と主張することはできない。というのも、そこで主張されている強制された放棄こそが損害の一部だからである。そして、上述の理由のせいでもっとも明白な契約による権利を獲得できない人物、まさにこの事件ですべての人間の権利を放棄または喪失している人物には、暗黙の契約（tacit compact）による責務を主張するとき、いったいどんな口実があるのだろうか。

ところで、このように人類のすべての権利を踏みにじる人々には、いかなる配慮も払う必要はないのだが、それでも彼らが充分に明らかに以前より正気に戻り、過去のことについて許しを乞い、放埒な生活をやめること、武器を引き渡すこと、自己の未来の行動について保証を与えることを申し出るのなら、そして、〔彼らとの〕同盟が破られるときには必ず、わが市民の無実の血が大量に流れるのなら、共通の利益のために、彼らとそのような条約を結び、それを忠実に守ることが、ときに必要とされるだろう。そして、わが市民のなかで、このために彼らに損害の補償を求められなくなった人々は、その補償を共同体から得るべきである。

一〇　契約や約束は、もしその対象が両当事者にとって可能でないなら、効力をもちえない。したがって、真剣に望むにもかかわらず達成できないもの〔原注1〕なら、誰もその責務を負う必要がない。もしある人があることを約束し、それが彼の過失によらない後の出来事で不可能となったのなら、彼は、その約束と引き換えに受け取ったものの価値分を返還または補償する責務を負うだけである。もし一方の当事者の欺瞞やその他の大きな過失のせいで〔契約の〕対象が不可能となったか、あるいは、その不可能性が隠蔽されていたのなら、それがなければ相手が得ていたであろう利益分〔原注2〕を、彼は補償しなければならない。

〔原注1〕　第二部第三章第二節。

〔原注2〕　***Praestare quod interest***〔逸失利益の優先〕

また、契約の対象は合法的でなければならない。つまり、譲渡可能であり、その管理が人間の思慮分別にゆだねられ、いかなる日常的な法（special law）によっても禁止されていない商業の自然な対象だけが、われわれの契約や約束のかかわるべきものである。したがって、神への崇敬の念や他の人々の完全な権利を直接に侵害する約束、あるいは、なんらかの日常的な法が禁止することやわれわれの能力にゆだねられていないことをおこなう約束からは、どんな責務も発生しえない。

〔12〕したがって、両当事者が契約の条項の不法性を知っているか、知っていて当然なら、その契約は無効である。ある犯罪を実行させるためにある人物を雇った人は、その雇われた人物が犯罪を実行する前に、彼がその人物に与えたものを返還するよう要求できる。しかし、その犯罪が前もって実行されていたなら、その実行者が報酬を得てはならないし、また、彼がすでに報酬を受け取っていたなら、彼を雇った人はその報酬を返すよう要求できない。両者は等しく極刑に値する。いずれかの人物がこのような取り決めによってなんらかの利益を得てはならない。

両当事者が前もって考慮したことのない不正が、契約を結んだあとでいずれかの側に明らかになるのなら、〔契約の〕実行の前に、いずれの側もその契約を破棄することができる。ただし、与えられた報酬は返還すべきである。しかし、〔契約の〕実行のあとでは、雇われた人はその報酬を要求できない。もちろん、その道徳上の卑しさが雇い主にだけ及び、彼には及ばない、あるいは、彼の無知はなんら咎めるべきでないとい

---

（12）原文ではここに「一、」という数字が入っているが、後続する数字がないので省略。

うのなら、話は別である。つまり、その卑しさが彼を雇った人物にのみ及ぶのなら、彼は自己の報酬を正当に要求できる。このような犯罪への誘惑も、このような契約への依存もなんらないことが、人類の全般的な利益である。

しかし、ある人が、本性上商業の対象となる事物を、思慮深く用心深い人の義務に反して軽率に処理してしまい、そこにのみ信約の履行における悪徳があるのなら、商業の信義を守ることは非常に重要だから、この場合にもまた「われわれは自己の契約と信約を実行する際に過失をしたが、それでもその契約と信約は効力をもつ」のである。

われわれの権力に服従していない他の人々の財や行為についての信約は、不可能ごとについての信約と同じである。このような信約で詐欺的に行為した人は誰でも、その信約の忠実な実行によって生じたであろうすべての利益を補償しなければならない。また、咎められるべき怠慢で他の人々を欺いた人は、その損害を補償しなければならない。

一一　ある人の財または労働を対象とする契約は、どんな種類でも、彼がそれらについて他の人々と別の様式で契約する道徳上の権限（moral power）を、彼からただちに奪うことはない。それが奪われるのは、一度に所有権全体または物的な権利を譲渡するか、自分の労働に対する権利全体を、特定の期間または生涯を通じて、他の人に譲渡して、その財や労働について他の人々と契約できない人々だけである。しかし、ある人が、自分自身に対する人的な権利を構成する契約を結んだだけなら、その後も彼は、その契約についてなにも知らなかった人に、有効な物的権利を譲渡することができるし、この場合、先に構成された人的な権利より物的な権利が優先される。しかし、このあらたな〔物的な権利の〕譲受人が、先行する契約を知りながら、〔知らないかのように〕詐欺的に行為したのなら、後続の契約は無効となるべきである。というのも、自然の法は、欺瞞を決して認めるはずがないし、また、〔人的な責務という〕人間の責務（obligations of humanity）[13]を回避〔して物的な権利を優先〕する意図が契約の両当事者に知られているにちがいないときには、その企図が明らかな契約[原注1]を認めるはずがないからである。しかし、その他の場合には、「〔ある人が〕同一人物と結んだ二つの信約については、新しい信約が古い信約を失効させる」。しかし、同一の事物について幾人かの人々と結んだ契約については、「物的な権利を譲渡する契約が、人的な権利だけを譲渡する契約より優先される」。ただしその場合に、物的な権利が譲渡される人に欺瞞があってはならない。最後に、幾人かの人々

---

（13）obligations of humanity は、文脈によっては「人間愛に基づく責務」と訳したいところだが、ここで「人間の責務」と訳した理由は次のとおり。

まず、この語句は、文脈から「先行する契約によって構成される人的な責務」を意味すると解釈するのが妥当だろう。この責務は、「契約による責務」だから、「完全な責務」のはずである。他方、この語句を「人間愛に基づく責務」と訳すと、それは「不完全な責務」を含意しかねない（第二部第二章第三節を参照のこと）から、「人間愛」を用いることはできない。

なお、このパラグラフに付された原注で参照が求められている両福音書（指定個所の前後を含む）では、（a）「父母を敬え」という神の掟と、（b）「父や母に向かって『あなたに差し上げるべきものは、神への供え物にする』と言う者は、父や母に何もしないで済む」という人間の言い伝えとの対比が述べられている。

と結んだ同じ本性の契約では、「古い契約が新しい契約より優先される」。

（原注1）『マタイによる福音書』第一五章第五節。『マルコによる福音書』第七章第一一節。

一二　われわれは、われわれ本人が契約するだけでなく、代行者や代理人、すなわち、この目的のために権限を委任された人物を通じて契約することもできる。もし自分の代理人の委任された権限の範囲と、彼の合意内容に対して自分の諸権利を従属させる範囲を表明する特別の指示が、彼の取引相手すべてに明らかにされず、全権が〔彼に〕委任されるのなら、彼がわれわれの名においてなすことを、われわれは追認する責務を負うと考えられる。ただし、彼が詐欺的に行為したか、契約相手に買収されていたことを、われわれが証明できる場合、または、思慮深い調停者が、彼は堕落してしまったにちがいないと納得するほど彼の行為が明らかに不正な場合は、そのかぎりではない。われわれは、自分の代理人が他の人々を相手になしたことを追認する一方で、われわれが被るわずかな侵害については、その責任を彼に負わさなければならない。

しかし、代理人の権限が関係者全員にとくに公表されている場合には、この限度をこえて彼が合意することに、彼の依頼人は拘束されない。

# 第一〇章　言語におけるわれわれの責務

一　言語〔話し言葉〕(speech) の使用におけるわれわれの義務は、契約での義務と非常に類似している。人類が享受する他の動物に対する卓越性は、彼らが理性と言語の能力をもち、それによっておもに社会生活、商業、および親切の交換が維持されることである。一般的に明らかなように、われわれは、この神からのすばらしい贈り物を、全般的な善にもっとも資するように、そして人生でのわれわれの各責務にもっとも適するように利用しなければならない。

この重要な問題に関して、神がわれわれに要求することの明白な指示は、われわれの本性の構造そのものにある。つまり、直接的な感覚は、共通の利益に役立つ言語の使用を推奨するように思われる。幼いころのわれわれは自然に、知っているすべてのことを率直に口に出してしまう。われわれは、はじめは是認するこの心の率直さからなんらかの不都合が生じるのを経験するまで、あらゆる虚偽と隠蔽を先天的に嫌悪する。内省、共通の善への配慮、そして自己の安全への思慮深い関心によって、われわれはしばしば特定のことがらを隠蔽するか、それについて沈黙し、そして〔率直に話したいという〕われわれの精神の最初の衝動を抑制するだろう。しかし、われわれが他の人々に話そうと決心するとき、われわれの胸中の直接的な感覚と共通の利益への理性的な配慮の両方が、われわれに推奨し命令するのは、われわれの胸中の感情に反することや、他の人々を欺くことはなにも話さないという確固とした規則または決意である。これらは、われわれの判断の対象が自己の〔言語〕行為であれ、他の人々の〔言語〕行為であれ、われわれの自然な感情・見解(sentiments)である。

その理由について。人生の諸事においてもっとも有用な知識の大部分は、より思弁的な知識の大部分と同じく、自己の感情・見解をわれわれに伝達する特別な責務を負わない他の人々との会話から得られる。したがって、もし人々が互いを相手にした談話で真実と誠実さを維持しないのなら、相互の信頼を伴う会話の喜びはおろか、社会生活の今述べた利益も、完全に失われるにちがいない。

われわれが話し言葉について述べることは、われわれの感情・見解を伝達する同じ目的のために使用される他の記号・合図、すなわち、共通の書き言葉とか、象形文字についても成立する。

二　ここで、自然的であれ、人為的・制度的であれ、記号・合図の使用には二種類あることを見ておかねばならない。一方においては、(原注1)〔正当な理由があって相手を欺く場合のように、記号・合図の〕現象の原因たる人物が、なんらかの明言をしているとか、自己の感情・見解を他の人々に伝達する意図をもっているとは決して推測されない。〔欺かれる相手とは別の〕傍観者は、この現象の原因たる人物が自分になんらかの情報を与えるためにそれをしたとは考えずに、自己の賢明さにしたがって、この現象からある事実などを結論づける。記号・合図のもう一方の使用は、次のような本性をもつ。すなわち、そこには明らかに特定の明言がなされているか、あるいは、そこに示された正当な根拠に基づいて、観察者は、自分に何かを知らせるためにこの記号・合図が意図的に使用されたと結論づけることができる。

（原注1）　グロティウス『戦争および平和の法について』第三巻第一章の八を見よ。

記号・合図を使用する前者の方法では、特別の責務はない。われわれはただ、正当な理由もなく隣人に害を与えてはならないという、人生の全局面に共通の責務を負うだけである。しかし、正当な戦争の場合のように正当な理由があるときには、われわれは非難されることなく、戦略と呼ばれる〔相手を〕欺く術策を用いることができる。さらに、罪のない人になんら害を与えないのなら、この種の記号・合図を用いて無二の親友を欺いても、罪にはならない。(原注1)

（原注1）　たとえば、闇夜にまぎれて野営を引き払おうとする軍隊は、すべてのかがり火を元の場所でともし続け、自分たちの動きを隠蔽する。また、学問に励む人は、邪魔が入るのを避けるため、玄関は鍵をかけたままにし、通りに面した窓にはカーテンなどを掛けたままにしておく。そうするとわれわれは、彼が外出中と考える。

しかし、もう一方の記号・合図の使用では、われわれは非常に異なる責務を負う。というのも、なんらかの古い信約または正式の明示的な合意を前提しなくても、特定の状況での記号・合図の使用そのものが、明らかに暗黙の規約（*tacit convention*）(14)という本性を含意するからである。そしてまた、記号・合図を表現する人が自己の感情・見解を伝達する場合には、記号・合図の通常の解釈を離れるべき特別の理由が両者に知られていないかぎり、彼がその自然的または慣習的な解釈にしたがうことについて、相手と〔暗黙の〕信約を結んでいると正当に理解されるからである。というのも、もしわれわれが言語に関するこの合意を普遍的には理解していないのなら、他の人に話しかけることや、それに耳を傾けることは、滑稽な行為となるだろうからである。そして、同じことは、上述の様式で使用される自然的または制度的な他の記号・合図[原注2]にも当てはまる。

（原注1） たとえば、合意された暗号である。

（原注2） たとえば、宮廷にいる友人に矢羽根や拍車を送れば、彼が危険な状況にあるとわれわれが推測していることを彼に知らせることになり、しかも、それを明言していることになる。

したがって、次のことが話し言葉と書き言葉の法である。一、「相手が話し手のすべての感情・見解を知る権利をもつ場合には、話し手は、たんに真実を話すだけでなく、すべての真実を明らかにする責務を負う」。これが当てはまるのは、法廷での証人、そして、学問・芸術・技術のすべての秘密や奥義を伝えることに従事してきた人である。

〔二、〕第二の法は次のとおり。「相手はわれわれの感情・見解を知る特別な権利をもたないかもしれないが、われわれが彼らに話しかけるときには、知性のある人々が自明とみなす一般的な解釈にしたがって自己の感情・見解に一致することだけを話すべきである」。それゆえ、この意味で自己の感情・見解に反することを話す人は、虚偽または虚言の罪がある。もっとも、その言葉の普通でない解釈方法によるか、内面に留保された言葉〔を補うこと〕によって、彼の言葉はその感情・見解と一致するかもしれない。もしそんな策術が認められたら、あらゆる欺瞞と詐欺へ門が開かれるだろう。

三　この点でのわれわれの義務がより明らかとなるように、次のことを見ておかねばならない。一、すべての記号・合図、とくに言葉は、古い廃れた意味や語源的な意味への配慮なしに、慣習的な様式で使用されなければならない。丁寧で礼儀正しい表現や、栄誉の称号は誰も欺かない。それらの表現が別の機会に意味するものを、〔今は〕意味しないことが知られている。

二、もしなんらかのことがらで、特定の人物には〔他人を〕欺くことが許されていて、それが関係者全員に知られているのなら、欺かれた人は、それを知ったとき、侵害として訴えない。これらのことがらに用いられる手練手管や虚言は、罪とはみなされないからである。このことは、非常に多様な場合に当てはまり、ときにはまじめな仕事にも当てはまる。たとえば、患者が医者に、兵士がその最高司令官に対するように、われわれが相手の知恵と誠実さを信頼し、自己のすべてを彼らの行動にゆだねるときがそれである。

三、さらに、敵同士が可能なら虚偽の宣伝で互いに欺きあうという慣習が、もし戦時におこなわれてきたとしても、欺かれた側はそれを文明国民の法律への侵害として訴えはしない。平時には、他の人々に話しかけるときに含意される一般的な〔暗黙の〕規約に基づく権利があるが、〔戦時には〕あらたな暗黙の規約で敵

---

(14)　tacit convention は「暗黙の合意」、convention は「慣例」や「慣習」とも訳しうる。しかし、このパラグラフや、第三節の第五小節、参照の原注が付されている第九章第六節などを比較すると、convention は contract, covenant とあまり異ならない意味で用いられている。本書では contract は「契約」、covenant は「信約」と訳しており、convention に「規範」のニュアンスがあるから、これを「規約」と訳すことにする。

同士がその権利を互いに免除しあってきたのだと、判断することができよう。しかし、公正な精神〔をもつ人〕なら、きわめてさし迫った理由がなければ、このような手段に訴えることはないだろう。というのも、それらには道徳上の卑しさが強くあらわれているからである。

四、しかし、条約や信約の偽りの見せかけによって敵を欺くことは、過去にも許されなかったし、今も許されるはずがない。というのも、われわれが戦争継続のより人道的な手段を維持して、もっとも野蛮な残酷さを防ぐことができるのも、あるいはまた、一方の側を破滅させたり、悲惨な奴隷状態に貶めたりせずに、ふたたび平和を回復することができるのも、条約によってのみだからである。

五、しかし、言語についての以上の責務は、暗黙の規約に基づく他のすべての責務と同じく、関係者全員に適切なときに前もって表明することで(原注1)、停止されたり、免除されたりしうる。

(原注1) 前章第六節を見よ。

六、契約に関して、不正な力〔による強制〕を理由とした異議の申し立てについては以前に述べたが、そのほかに、ある人々が重大で途方もない必要性から別の異議を申し立てる。すなわち、罪のない人、人類のなかでおそらくもっとも価値ある人、あるいは国民全体までも、破滅から守るには嘘をつかざるをえない場合である。この〔言語に関する規約への〕異議の申し立ての理由としてどのような〔不正な〕力があろうとも、明らかに、それはこの主題に固有ではない。というのも、後に明らかにするように(原注1)、この異議の申し立ては、他の大部分の日常的な自然の法で起こるからである。

（原注1） 第二部第一六章。

七、悪意のある人々が、それを要求する権利もないのに、意地の悪い陰険な質問で、ある人物の感情・見解を暴こうとしていて、しかも、〔その質問に対する〕彼の沈黙からさえ、彼を破滅させるのに彼らが必要とするすべてが明らかとなる場合には、もし彼に思い浮かぶ答えが、偏見のない善良な人には彼の感情・見解と一致する正しい意味をもち、この陰険な敵たちにはまったく別のことを意味すると思われるのなら、彼は、たとえ彼の不正な敵たちがこの答えによって欺かれることが前もって分かっていても、この回避的な答えを用いることができる。(原注1)

（原注1） これに関しては、きわめて偉大な人物たちに例がある。また、聞き手が非常に間違った意味で理解するだろうと、話し手が充分に知っている多くの表現についても同様である。

八、われわれが会話するとき常に正直さを維持することは、社会においてきわめて重要だから、日常に頻繁に起こるささいな動機から――たとえば、怒りの情念に身をまかせる人をなだめるためとか、悲しみにくれる人を慰めるため、あるいは一般的にいえば、最高の種類ではない利益を獲得するためとか、最高の種類ではない悪を回避するために――虚言を用いることは明らかに違法である。というのも、われわれは一般的に、あらゆる公正さおよび誠実さと矛盾しないその他の手段で、これらの目的をより効果的に達成できるからであり、また、この悪を防いだり、人が不屈の精神をもってこの悪に耐えていけるように支援したりできるからである。そして、われわれがこの場合に真実を語る良心をもたないことが知られる前には、このような虚言がはじめはなんらかの効果をもつとしても、このことがいったん知られ、しかも人々が一般的にこの〔真実を語る良心をもたない〕自由を獲得するとき、彼らはこの場合に他の人々へのすべての信用を失い、相互の信頼は破壊されるのである。正直さに関しては、この辺で終わりとしよう。

**四**　しかし、言語の使用にはその他の神聖な義務がある。第一に、われわれは、自己の言語活動が他の人々に有益となるように努力して、誠実の徳（sincere virtue）を奨励・涵養し、人生の真の幸福についての人々の愚かな空想を正し、あるいは、〔相手を〕教え、諭し、戒め、慰め、ときには厳しく叱り、しかも、これらすべてのことが善をおこなうという心のこもった意図を示すようにしなければならない。また、これまで仲の悪かった友人たちを和解させること、憎悪の念を防ぐこと、それらの念を鎮めることも、もっとも栄誉ある任務に含まれる。そして、他の人々の評判を傷つけること以上に、善良な人がより良心的に避けようとすることはない。さらに、善良な人は、無垢な人を堕落させることを防ぐため、またはなんらかの公共の悪を避けるために、他の人々の秘密の欠点を明かさざるをえないというのでないかぎり、虚偽の中傷を広めないようにするだけでなく、その欠点を隠そうともするだろう。というのも、評判を落とし、公的に悪名高くなった人々は、まさにこのために徳へ改善されることがより難しくなるからである。また、そのような悪徳がこの世に多ければ多いほど、悪徳の人々はいっそう厚顔になるからである。

多くの言葉には、その第一義的な意味のほかに、話し手の性向を示す追加的な意義もあり、それゆえ同じ事物または行為にしばしば三種類の名がある、と批評家たちはこれまで述べてきた。第一の名は中立的な本性をもち、ただその対象を指示するだけである。第二の名は、その対象への話し手の喜び、またはそれに対する彼の激しい情念を指示する。第三の名は、それに対する彼の嫌悪感と憎しみを指示する。以上のことからわれわれは、言語の猥褻性になんらかの犯罪を想定することに反対する古代のキニク学派[15]の論証に、いかに答えるべきかを知る。その答えは次のようになる。確かに神の御業や自然な行為には、善良な人にとって時に探究と言語表現の適切な主題とならないものは存在しない。しかし、他の人々のふしだらな行為について話すとき、すなわち、自分自身の同じふしだらな気質とこの悪徳への喜びを露呈する言葉を使用し、聞き手の精神に同じ悪徳の情念を焚きつける言葉を使用するとき、われわれは〔自己の〕精神の大きな堕落と卑しさを証明していることになろう。そして、ここにこそ、会話において憎むべき、嫌悪すべき〔言語の〕猥褻性がある。

---

（15）キニク学派（Cynicks）。ソクラテスの弟子アンティステネスが創めたギリシア哲学の一派。幸福は有徳な生活にあり、有徳な生活は、外的条件に左右されず、意志で欲望を制することによって達せられると考えた。できるだけ恬淡無欲な自然生活を営むことを生活の理想とみなし、そのためにいっさいの社会的習慣を無視し、文化的生活を軽蔑した。

# 第一一章　誓いと誓約について

一　誓い（oaths）は、重要なことがらにおける約束または証言の自然な確認と考えられる。つまり、誓いは「不確かな事物の確認のために、〔われわれの〕目撃者であり、われわれが真実の道を踏み外せば報復者となる神に訴える宗教的な行為である」。真に善良な人は、実際、正直さをきわめて厳格に重視するから、彼のことをよく知る人々は、彼の誓いを要求する必要はない。しかし、彼の性格を知らない人々の利害が関係するときには、彼らは、彼の証言または約束の確認にあたって、彼の誓いを正当に要求することができる。というのも、この場合の誓いの利用は、神に対する不信心をなんら含まず、むしろ信心深い崇敬の念の表明となるからである。なぜならわれわれは、誓いをたてるとき、神の普遍的な知識・支配・正義を認めているからである。

また、神が世界への正当な支配を実行して、不正な人々に罰を与えることが、すべての民族と時代において信じられてきたから、目撃者・報復者としての神に上述のように訴えることは、人々の精神に自己の責務へのより高級な道徳を生じさせ、そして彼らに虚偽を思いとどまらせるにちがいない。しかし、われわれの訴えによって神がより注意深く観察するようになるとか、より厳しく背信行為を罰するようになるとか、あるいは、われわれの自発的な同意によって神がそれまでもたなかった新しい懲罰権をわれわれが神に与える、などと想像してはならない。〔しかし〕われわれが誓いの確認のあとで、自己の約束を破ったり、証言で嘘をついたりするとき、われわれ自身の罪は、確かにはるかに大きくなる。
瑣末なことについての誓い、あるいは、なんの理由もない誓いは、非常に不信心である。というのも、それは明らかに、すべての善良な人々が常に神に対して維持すべき厳粛な崇敬の念を汚すことに資するからであり、明らかに〔神への〕軽蔑の念を示すからである。どこかの国でまじめな問題について偽証が頻繁になされる場合には、もし為政者や立法者が必要もないのに瑣末な問題で頻繁に誓いを強要しているのなら、あるいは、その誓いでは目指すべき点についてなんの保証も得られないのなら、つまり、意図した取り決めが実行不可能であったり、関係者には非合法に思われたりするのなら、あるいは、人々から罰を受けない希望があって、偽証への大きな誘因があるときに誓いが要求されているのなら、一般的にいって為政者や立法者がその罪の多くの責めを負うべきである。また、この〔誓いの〕行為における〔神への〕崇敬の念を、人々の精神に思い起こさせるのに適した厳粛で荘厳な形式の言葉を定めていないなら、彼らは宗教にまちがった献身をしている。

（原注1） たとえば、誓いによって特定の宗教体系の信奉を取り決めても、その体系はのちに誤りと判明するかもしれない。また、政府への支持を取り決めても、その政府は不正な〔権力の〕簒奪〔によるもの〕と判明するかもしれない。

（原注2） たとえば、死罪、きわめて内密なスキャンダルおよび不正の問題、あるいは、ある人の秘密の意見、これらに関する無罪の誓い（***purgatory oaths***）には、一般的によい効果はない。

二　他の人々に〔誓いを〕強要すること、あるいは、なんらかの存在に、目撃者・報復者として訴えることができるほどの神的な力が授けられているとは誓う本人が考えないのに、この存在にかけて誓うことは、間違いなく空しいことである。しかし、ある形式の誓いは、もっとも好都合ではないが、真に有効であり合法である。それは、誓う人が神の名を挙げずに、自分にとって非常に愛しいまたは必要とするものの名を挙げ、(原注1)もし自分が背信的な行為をすれば、それらに神の報復が下ってもよい、あるいは、それらが自分から奪われてもよいと祈っていると理解される場合であり、また、彼が、換喩的な表現の(原注2)もとで本当は神に訴えている場合である。

(原注1)　この例として理解されるのは、人が次のものにかけて誓うときである。すなわち、彼の首、彼の命、彼の魂、彼の子ども、彼の君主または支援者、大地、日光、太陽である。

(原注2)　たとえばそれは、人々が自らの信仰にかけて誓うときである。その誓いは、信仰の対象〔の神〕に向いている。あるいは、天、寺院、祭壇にかけて誓うときである。その誓いは、それらに宿る、あるいは、それらが捧げられている神性に向いている。

ある人が、あるなんらかの存在には神的な力が授けられているとも、それがなんらかの摂理を行使するとも思わないのに、彼にその存在にかけて誓うよう強要することは、ばかげたことである。しかし、神については特定の一般的な表現があって、それに関しては正反対の宗教をもつ人々も同意する。それゆえ、異なった宗教的見解をもつ人々が誓いを要求されるときには、その表現を用いるべきである。

信約と同じように、誓いにおいても、ある人が誓いの意図を表明するとき、他の人々に対して普通誓うことを意味する記号・合図を使用するのなら、彼は〔確かに〕誓ったのであり、もし裏切るなら、偽証の罰を受ける責任がある、と正当に考えられる。

誓いと、約束または断言は、文法上まったく同一の文章でしばしば表現されうるが、誓いの行為は、約束や断言の行為とは明らかに別ものである。というのも、もしわれわれが信義に背けば、報復するように神に訴えることこそが、誓うことだからである。したがって、ここから明らかなように、〔誓いが神に訴えるものである以上〕誓うからといって、人間の義務はその対象に関して変更されないし、責務のあらたな対象は生み出されないし、誓いの前に無効だった信約や約束は承認されないし、正当な異議の申し立ては排除されないし、条件的な契約は絶対的な契約にならないし、さらには、他の人々の完全な権利に反する行為や、われわれの権限に属さない対象について、いかなる責務も課されない。というのも、それらは、神に対する直接の不敬の念や不信心、あるいは、特定のことがらについてわれわれが契約することを排除する特別な禁止令の侵害となりうるものだからである。しかし、本性上われわれの権限に属し、人間の思慮分別にゆだねられている対象については、ちょうどわれわれが通常の契約で自らを拘束できるように、たとえわれわれが思慮深さの規則に反して、よく考えず軽率に契約を結んだとしても、誓いで確認した契約によって、われわれはよりいっそう自らを拘束できる。ただし、人間の責務(16)を無効にする明白で欺瞞的な意図が前もってあったのなら、話は別である(原注1)。

(原注1)『マルコによる福音書』第七章第一一節、第一二節、第一三節。

---

(16)「人間の責務」は obligations of humanity の訳語である。前掲の訳注(13)(二三五頁)を参照。

三　約束は、たとえ誓いで確認されたとしても、もしそれが相手に受け入れられなかったら、そこからはなんの責務も発生しえないし、また、相手は約束を受け入れたあとでも、われわれに対して自己の権利を免除し、われわれをその約束から解放できる。約束をする者が自分自身にその責務を負わせるには、あるいは、相手がその約束を受け入れるには、ある人物の同意が不可欠であるにもかかわらず、その人物が不同意を宣言したのなら、約束は同じように無効である。

ある人が自己の正当な権威によってわれわれに誓いを要求し、われわれにある形式の言葉を命じるとき、もしわれわれが、その言葉について彼がいう意味を理解し、その意味で誠実に誓うことができるなら、それでよいし、もしそうでないなら、われわれは誓うべきではない。国家の名において誓うことを命じられた代理の下級役人は、至高の権力が命じた公式の文言（*formula*）について、解説する権利をもたない。

誓いは、そのさまざまな目的にしたがって、約束の誓いと断言の誓いに分類される。後者に属する誓いが、裁判官によって要求されるとき、それは必要なものと呼ばれ、裁判における一方の当事者が訴訟を相手の誓いにゆだねるとき、それは司法的なものと呼ばれる。もしそれが裁判でなく、両当事者間の私的な行為としてなされるなら、それは自発的なものと呼ばれる。犯罪行為で告訴された人物が、〔その犯罪の〕不完全な証明を論駁するために誓いを要求されるとき、それは無罪の誓い、または無罪証明の誓い（*oath of purgation*）と呼ばれる。

しかし、ある人物の命や評判がかかっている場合には、偽証へのきわめて強い誘因があるから、法廷で無罪の誓いを強要する上述の方法は、きわめて不適切かつ不正である。この方法では、不信心で不正な者がいつも無罪放免となり、信心に対する充分な感覚を保つがゆえに、たとえ自分の命や評判を守るためでも偽証しようとしない人々だけが、有罪を宣告されるだろう。これらの人々が宗教に対するその感覚のゆえに刑罰を受ける事態にいたるよりも、彼らが不確かな犯罪（もし彼らがその罪を本当に犯していたのなら、彼らはおそらくただちに誠実に悔いているだろう）のための刑罰を免れることを、善良な人は確かに望むだろう。

**四　誓約（vow）**は、なすべきまたは実行すべき何かについて神におこなう宗教的な約束である。誓約においてわれわれは、同時に契約も結ばれるのでなければ、なんらかの権利が〔他の〕人々に譲渡されるとは考えない。誓約の主なあり方は次のとおり。すなわち、公正にして神聖な神がわれわれのすべての行為を見守っていることを真剣に考慮することでわれわれは、信心深い有徳なあらゆる決意をさらに強固にすることができ、また、それによって自己の義務を怠らないよういっそう注意深くなることができ、偽証という忌まわしい罪をも犯すことがないようになる。

ところで、約束の相手がそれを受け入れないのなら、その約束は拘束力をもちえない。また、軽率さ、突然の恐怖心、人間の義務に反するその他の情念から神に対しておこなういかなる約束も神が受け入れるはずがないことを、われわれは確信している。そして、神が、軽率な者・小心者・激昂した者・迷信深い者たちの弱みにつけ込んでやろうと、いわば虎視眈々と目を輝かせていると想像すること、あるいは、すべての人々の共通の利益に反して、神がお気に入りの身分の人々をもち、彼らの利益のために詐欺の役割を演じ、彼らのためにあらゆる利得の機会に飛びつくと想像することは、もっとも神にふさわしくない。以上のことから必然的に明らかなように、もし行為または実行があらかじめ信心深く、思いやりのある、思慮深いものでなかったなら、誓約によって、それらに対する責務が生じるはずがない。ましてや、憎しみ、妬み、無根拠または過剰な怒りからおこなう誓約、あるいは、他の人々の完全な権利や人間愛に基づく責務にさえ反しておこなう誓約は、いかなる効力ももたない。したがって、誓約は、責務のあらたな対象をなんら生み出さない。(17)(原注1)

(原注1)『マルコによる福音書』第七章第一一節、第一二節。

# 第一二章　財の価値および価格について

一　財または役務を交換して人々のあいだの商業を維持するには、それらの価値がなんらかの仕方で評価されなければならない。というのも、重要かつ永続的な有用性または満足を与える事物を、ほとんど有用性も満足も与えない事物と引き換えに手放そうとする人や、獲得するのに多大の労力を必要とする財を、簡単に獲得できる財と引き換えに手放そうとする人はいないからである。

すべての価格の根拠は、生活における有用性または満足を与えるためにその事物がもつなんらかの適性（*fitness*）であるにちがいない。これがなければ、その事物は価値をもつことができない。しかしこれが前提されているなら、事物の価格は、それらに対する需要と、それらを獲得するときの困難性とに複合的に比例するだろう。需要（*demand*）は、それらを求める人々の数に比例する、あるいは生活にとってのそれらの必要性に比例するだろう。困難性（*difficulty*）は、さまざまな形で引き起こされるだろう。たとえば、世界での

（17）「人間愛に基づく責務」は obligations of humanity の訳である。原文では、第二節と、第二部第九章第一一節で、同じ表現にほぼ同じ内容の原注があるから、「人間の責務」で統一すべきとも思われるが、しかしここでは、他の二箇所と異なって「完全な権利」と対比されているから、「不完全な責務」を含意しうる「人間愛に基づく責務」とした。

それらの量がわずかなとき。なんらかの出来事でその量がふだんより少なくなったとき。それらを生産するには、多大な労苦が必要とされるか、あるいは職人に多大な創意工夫や優れた才能が必要とされるとき。それらの生産に従事している人々が、国の慣習にしたがってきわめて重視されている人々であり、大いに豪華な暮らしをしているとき。というのも、この〔豪華な暮らしの〕費用は、彼らの労働のかなり高い利益で支払われねばならないので、少人数しか維持されないからである。

最高の有用性をもちながら、まったく価格がつかない、あるいは低い価格しかつかない財がある。自然のなかに非常に豊富にあるので、ほとんどなんの労力も払わずにそれらを獲得できるとき、それらには価格がつかない。簡単な普通の労働でそれらを獲得できるとき、それらには低い価格しかつかない。もっとも有用で必要な事物が、一般的に非常に豊富にあって、容易に獲得できることこそ、われわれに対する神の善性である。

高い有用性をもつその他の事物にも価格がつかない。というのも、それらは本性上共有されるべきものだからである。あるいはそれらは、他の事物の付加物としてのみ商業の対象となりえ、付加された事物の価格はそれらによって上昇しうるのだが、それらを分離して評価することができないからである。(原注1) あるいは、自然法または実定法が、それらのあらゆる売買を禁じているからである。この最後の種類に属するのが、すべての宗教上の任務・行為・特権であり、また、宗教上の任務の俸給さえもここに属する。というのも、この俸給は、この任務を果たす人々の生存に必要なものにすぎないと考えられるか、あるいは、貧しい人々に対する気前よさと施しの基金として彼らの管理に委託されている〔ものにすぎないと考えられる〕からである。

よく知られた歴史の一断片に由来するこれらの事物の売買は、聖物売買（*simony*）と呼ばれる。

〔原注1〕　これらの種類の例は、大気、太陽の光、特定の場所での健康によい空気、すばらしい景色である。

二　しかし、隣人が豊富にもつある財を私が欲していて、しかも私は、自分の利用をこえてその他の財を豊富にもつのだが、彼は、私が余分に蓄えるいかなる財も必要としないかもしれない。あるいは、私が自分の必要をこえて蓄える財は、私が隣人に望むすべての財よりまったく高い価値をもつのに、私の財は、大きな損失なしには諸部分に分割できないかもしれない。これらのことはたびたび起こりうるから、商業を営むためには、なんらかの基準となる財が同意されなければならない。つまり、ある物がその他のあらゆる物の価値基準として定められ、しかも、それがきわめて全般的に需要されるので、誰もが、それによって自分の望むすべてのものを獲得できるという理由で、他の財との交換に喜んでそれを受け取るようにならねばならない。そして実際のところ、ある物がこのようにすべての価値の基準にされると、それはあらゆる目的に役立つから、ただちにそれへの需要は普遍的になるだろう。

〔価値の〕基準とされる財は、次の性質をもたねばならない。第一にそれは、携帯可能なきわめて少量で、多量のその他の物と等しい価値をもつように、高い価値をもたねばならない。第二にそれは、腐敗しやすいもの、あるいは使用でひどく痛むものであってはならない。最後にそれは、いかなる分割の仕方をしても損失を伴わないものでなければならない。ところで、これらの三つの性質が見いだされるのは、二つの希少金属、銀と金だけである。それゆえ、すべての文明国でそれらが商業の〔価値の〕基準とされてきた。

三　はじめ、金と銀は、これらの文明国で重量〔原注1〕によって取り扱われた。しかし、金や銀の延べ棒または断片をそれぞれ正確に分割する手間をはぶくため、また、金と銀をもっと低価値の金属と混ぜるという詐欺的行為を防ぐために、鋳造貨幣（*coinage*）が導入された。というのも、貨幣の鋳造を適切な規制のもとに信用できる職人にゆだねれば、各硬貨おける金と銀の含有量についてすべての人々に保証が与えられるし、また、いかに半端な金額に合意しても、なんの困難もなく正確に支払うことができるからである。

（原注1）このことは、歴史からも、また、***impendere***〔使う、消費する、支払う〕、***expendere***〔はかる、支払う〕などのローマの言葉からも明らかである。

しかし、これらの金属および貨幣の実質的な価値は、その他のすべての財と同じように、たとえ硬貨の額面が同じままでも、それらが豊富にあればあるほど低下し、希少になればなるほど上昇する。生活の一般的な必需品は、各季節の収穫の多さに応じて、その価値に多少の変動は生じるが、比較的安定した自然な価格がつけられている。もし特定の任務に対する生涯の給料を定めるとき、〔この任務に取り組む〕人々をその隣人との関係において生涯にわたって同じ状態に維持したいのなら、この給料は、人々の簡単で技術の不要な労働で生産される必需品、たとえば、穀物とか、素朴で単純な生活様式におけるその他の必需品などの一定量で、構成されなければならない。

四　隣国と商業をおこなういかなる国家も、諸財の価値に対する自国の硬貨の価値を好き勝手に変更することはできない。外国人が注意を向けるのは、われわれが〔その硬貨に〕与える額面金額ではなく、その硬貨における金や銀の実際の含有量であり、それゆえ、財の価格はこの含有量に比例していなければならない。しかし、硬貨の額面金額の法的な決定のあとでは、そしてまた、多くの契約や責務がこの法的な金額すなわち額面金額に基づいて決定されたあとでは、硬貨の名目上の価値を引き上げるという国家の命令は、すべての債権者に対して詐欺的行為となり、債務者に対して多くの利益をもたらすことになろう。また、その名目上の価値を引き下げることは、正反対の効果を及ぼすだろう。

これら二つの金属の価値もまた、互いに対するその比率を変えることがある。たとえばそれは、それらのうちの一方が鉱山から異例なほど大量にもたらされるとき、あるいは、いずれか一方だけが、生活の装飾に大量に消費されたり、また、そのきわめて多くの量が輸出されたりするときである。そして、もし硬貨の法定の額面金額や価値が同様に変更されないのなら、われわれにとってその金属の自然な価値との比較であまりにも低い価値しか与えられていない硬貨は、輸出されるだろうし、また、われわれにとってあまりにも高い価値が与えられている硬貨は、そのままとどまるか、輸入され、国家に大きな損害を与えることになるだろう。

より低価値の金属で鋳造貨幣がつくられるところではどこでも、各硬貨におけるその含有量は〔金属の価値の低さに応じて〕それだけいっそう多くならねばならない。そうでなければ外国人との貿易は失われるにちがいない。なんらかの紙片や札が貨幣として通用するとき、それらが一定量の金または銀の支払いについて充分な保証を与えることで、それらは価値をもつ。

# 第一三章　各種の契約について

一　契約は、贈与的なもの（*beneficent*）と互恵的なもの（*onerous*）とに分類される。前者では〔契約の〕両当事者の一方にある利益が無償で与えられる。後者では双方の利害は等しく尊重され、両当事者は等しい価値の事物を相互に譲渡しあうことを表明する。

贈与的な契約には三種類ある。すなわち、無償で引き受ける委任〔の仕事〕（*commission*）、使用のための無償の貸し出し（*loan for use*）、他の人々の財の無償の管理（*custody*）である。[原注1]

〔原注1〕　英語には、三つのラテン語 *mandatum*〔委任、命令〕、*commodatum*〔使用貸借物、貸借契約〕、*depositum*〔委任財産〕に対応する正確な専門用語は存在しない。それゆえ、形式的な定義は割愛した。

他の人々の委任によって彼らの仕事をおこなうことを無償で引き受けるとき、もし彼らがそれを実行する際の特別な様式を指定していたのなら、われわれは彼らの命令にしたがう責務を負う。あるいは、もしわれわれがその命令から逸脱するのなら、われわれはそこから生じるあらゆる損害を補償する責任を負う。その仕事がわれわれの思慮分別にゆだねられるのなら、われわれは、賢明な人が自己の同じ仕事で払うような注意力を払わねばならないと考えられるが、最高の注意力を払っていればもしかしたら防げたかもしれないあらゆる事故に対して、われわれは責任を負わない。ただし、われわれが最高の勤勉さを明確に約束したか、その仕事の高度な本性から明らかにそれが要求されたか、あるいは、もっと有能な人が得られたかもしれないのに、われわれが差し出がましく割り込んだのなら、話は別である。

すべての贈与的な契約については、次のことを見ておかねばならない。〔委任された仕事を引き受けて〕他の人々に好意を示すつもりの人は、自分が明確に同意した以上の、あるいは、その仕事の本性から普通要求される以上の、より高い責務を負うとは考えられない。しかし、好意を受ける人物は、感謝の念から自分にはもっと厳しい責務があると考えるべきであり、また、自分に好意を示したことを誰も後悔することがないように、自己のもっとも軽い過失でも、それによって生じるすべての損失を補償すべきである。

二　使用のための無償の貸し出しでは、同じ財そのものが返還されることになっているのなら、〔(一)〕借り手は最高の注意力を払わねばならないし、自分の不注意で生じた損失はすべて補償しなければならない。(二) さらにまた、もしその財が貸し手のところにあったのなら免れたであろう事故をも補償しなければならない。ただし、貸し手が自己の要求を気前よく放棄するのなら、このかぎりではない。(三) また、借り手は貸し手が認めた以外の使い方をすることはできない。(四) そして、借り手はその財を、良い状態で合意された期日に、さらには、許された使い方によって被る以上の損傷がない状態で、返還しなければならない。さらに、人間愛によって、もし所有者〔である貸し手〕がその財を必要とするなら、〔合意の期日〕より早く返還すべきであり、また、もし〔借り手の〕われわれが、その財をより必要としていて、それを保持するのなら、彼がそれを欠いたために被る損失を補償すべきであろう。

無償で貸し出す人は、その財を使用するときに通常必要となる経費を除いて、〔借り手によって〕その財にかけられた経費を返済すべきである。あるいは少なくとも、その財が彼の目的によりかなうものとなり、それゆえ彼が得をしたのなら、その範囲内でその財に施された改良の価値分を返済すべきである。ローマ法学者は、この契約と消費のための貸し出し（*loan for consumption*）とを区別する。後者では、同じ個別の財が返還されずに、同じ量、重さ、または大きさの財が返還されることになっている。

三　無償の管理のために財を預ける場合、保管者は、賢明な人が自己の同じ財を保管するときに発揮するような勤勉さを発揮しなければならないし、彼の大きな怠慢によって生じるいかなる損失も補償しなければならない。彼は、所有者の同意なしにその財を使用してはならないし、要求があればそれを返還しなければならない。ただし、彼が強制的に所有者に抵抗する権利をもてるような目的があるのなら、そのかぎりではない。また、彼は、その財の維持のために賢明につぎ込まれたすべての経費について、返済するよう正当に主張できる。〔原注1〕

〔原注1〕〔英語版の〕翻訳者は、〔ラテン語版〕原文にあるこの次のパラグラフを割愛した。それは、ローマ法学者のいう *actiones directae et contrariae*〔正訴訟と反訴訟〕を説明するところである。

四　互恵的な契約、すなわち価値ある代価を伴う契約では、両当事者が互いに等しい価値の財または権利を譲渡しあうことを表明する、あるいは受け入れる。それゆえ、正直な人々はなんら隠し事をすべきでない、つまり、その財の評価されうる性質および欠点についてどんな偽りの説明もすべきではない。そして、それらがたまたま等価性から外れたのなら、賢明な調停者の判断にしたがって、自己が与えたものより低い価値〔の財〕しか受け取らなかった人は、契約が等価性を回復するまで、さらになんらかの事物が自分に支払われるようにすべきである。そして彼は、これを要求する完全な権利をもつ。ただし、いかなる裁判所も、このような問題におけるささいな不正のすべてを是正するために、時間を割くことはできないのだが。

相互的な贈与は、互恵的な契約の一つとみなされるべきではない。というのも、この贈与では、互いに与えあう事物のあいだの等価性になんの考慮も払われないからである。

われわれが価格の根拠について述べたことから明らかなように、どこであれ財の価値を評価するときには、それを購入し、輸入し、安全に保管するのに要する経費と、このために用いられた貨幣の利子だけでなく、商人の労苦と配慮をも計算に入れなければならない。この労苦と配慮の価値は、この人々が生活する標準的な条件に応じて評価されるべきであり、また、その財にかけられた他の経費に加えられるべきである。この商人の労働の価格が商人の通常の利益の根拠である。しかし、輸出入される財は多くの事故にさらされ、そのためにそれらがすべて失われることすらありうるから、このことは、無事な財の価格を引き上げる自然な理由となる。また商人は、自分が充分に蓄えた財がたまたま予想に反して豊富になり、そのために価格が下落するときには、損失を引き受けなければならない。それゆえ彼らは、この不慮の損失を補償するために、自分が充分に蓄えた財がたまたま希少となり、その価格が上昇するときには、より大きな利益を獲得する権利をもつ。

五　おもな互恵的契約は次のとおり。一、バーター、つまり財と財の交換。二、購入と売却。これのもっとも単純な形は、貨幣の支払いと財の受取が同時になされる場合である。もし前もって代金が支払われるか、売り手が同意する保証がそれに対して与えられ、財が未来のある期日に〔買い手に〕届けられると合意されるのなら、定められた期日の前では、売り手はその財に起こるすべての事故の危険を引き受けなければならないが、その期日のあとでは、もし売り手がそのときにそれを届ける準備をしているのなら、彼はそれが預けられている人と同じ状態にあるにすぎない。もし彼がはじめからそれを届ける準備をしていたのなら、彼はそのときからこの状態にあっただろう。(原注1)

〔原注1〕〔英語版の〕翻訳者はここで、英訳本の読者には不必要な、ローマ法のいくつかの用語を説明するパラグラフを割愛した。その用語は、たとえば *addictio in diem*〔条件付売却〕、*lex commissoria*〔解除約款、没収条項〕、*lex retractus*〔買戻し法〕、*protimesios*〔再販売者に対する先売者の買戻し権〕などである。

人々はときどき、特定の財ではなく、ある偶然性、すなわち不測の事態におけるなんらかの利益を購入する。この契約では、なんの利益も得られない可能性との正当な比較におけるその利益の実質的な価値より低く、価格が設定されるのなら、等価性は維持されよう。

六　賃貸借契約〔*location*〕すなわち、一定の対価と引き換えに〔相手に〕使用させる契約では、われわれはある人に、自己の財または労働の使用を認める。提供者は、その財が使用に適するようにし、その状態を維持しなければならない。そして使用者は、思慮深い人が自分の同じ財を使用するように、その財を使用しなければならないし、自己の大きな不注意で生じるどんな損失も補償しなければならない。もし彼の過失なしにその財が失われるのなら、彼がそれまでに使用した以上に、使用料を払う必要はない。あるいはまた、もし彼の過失なしにその財がこれまでほど使用に適さなくなれば、彼はその価格または賃借料の引き下げを主張できる。しかし、土地の場合には、豊作の年のすべての利益が借地人の手元に入るのだから、彼は、それほど幸運でない年の不慮の損失を引き受けなければならない。ただし、戦争、洪水、疫病などの大惨事の稀な事態は、正当な例外的状況のように思われる。というのも借地人は、このような事態での地代の支払いに同意したと想定されえないからである。(原注1) そして、ほとんどの契約では、双方の合意によってその責務を変更することができる。

〔原注1〕〔前掲の原注と〕同じ理由のために、この節のこれ以降の部分も割愛されている。それは、*locatio operis* と *locatio operae* に関する部分〔原料が職人によって製品に加工された場合〕である。

特定の仕事のために雇われる人は、もしなんらかの事故でその仕事ができなくなるのなら、賃金を要求することはできない。しかし、一年あるいはもっと長い期間で人を雇うとき、雇い主は、もっとも丈夫な体格〔をもつ人〕が避けられない短期間の病気によって生じる損失を引き受けなければならない。また彼は、これを理由に、合意された賃金から差し引くことはできない。

七　消費のための貸付では、〔原注1〕われわれは、同じ個別的な財ではなく、重さまたは大きさが同じ量〔の財の返還〕を期待する。貸付が好意として意図されていないのなら、利息（*interest*）を要求する権利がある。しかし、貸し出される財が自然に果実を生むことが、利息を合法とするために必要なわけではない。というのも、たとえば貨幣は自然に増加しないが、増加する財を貨幣で購入することができるし、さらには、貨幣を商業や製造業につぎ込めば、はるかに大きな利益を得ることができるから、〔貨幣の〕貸付によってわれわれに生じるこのような価値ある利益に関して、われわれがその貨幣の所有者に、この利益に見合うなんらかの代価または報酬を与えることは、自然なことにすぎないからである。利息のための貸付をすべて禁止することは、商業を営む国家を破壊するだろう。ただし、たとえばかつてのヘブライ人の国のような農民の民主政国家においてなら、それはきわめて適切な禁止だったかもしれない。

〔原注1〕 ***Mutuum*** 〔借用、貸付〕.

貨幣の正当な利息は、商業に用いられる富の量に応じて決定されるべきである。ある国にわずかな量の貨幣しかなく、その結果あらゆる財がきわめて安価なら、外国人との貿易にわずかな金額しかつぎ込まれなくても、大きな利潤を得ることができる。それゆえ、大きな利息が支払われるのが至当である。しかし、多くの貨幣が商業に用いられるのなら、同じ金額が同じようにつぎ込まれても、〔貿易に出す〕財の主要な経費が高いから、より小さな利潤しか得られない。したがって、より少ない利息がそれに対して支払われうる。もし利息を定める市民法がこれらの自然な原因を考慮しないのなら、市民法は効力をもたないだろう。

協力関係（***partnership***）の契約における〔利息支払いの〕責務は、計算高い人々の規則によって充分に知られている。

八　われわれが上述したように、偶然性に関する契約は正当な等価性を保つことができる。そして、この契約のいくつか、とくに船の難破・盗難・火災に備える保険契約は、社会において非常に有用である。というのも、この契約によって多くの活動的で勤勉な人々は、さもなければ失われていた自らの在庫品を、自分のもとに保持するからである。この契約と同じ効果をもつように思われるのは、起こりうるどんな損失も多くの人々でともに負担する、彼らのあいだの思いやりのある有益な協力関係である。というのも、保険業者が不幸に見舞われた人々の損失を補償できるのは、財が無事な人々が支払った保険料によってだからである。

また、多くの人々が娯楽のために、ある財を購入するのに寄付し、そののち、誰がそれを獲得するのかを、くじを引いて決めるとしても、そこにはなんら非難すべきものはない。ただし、彼らのうちの誰も、もしそれを失えば自分自身や家族を困窮させることになるほど、自己の財産のあまりにも多くの部分をこの偶然に賭けてはならない。

同じことは、賭けごと、そして偶然性を伴う多様なゲームについても言うことができる。これらは、偶然性やなんらかの不平等性があるからといって、必ずしも非難されるべきではない。しかし、とはいえ、必要もないのに、それを失えば自分の家族を困窮させることになるほど、自己の財産の大部分を不確かな偶然性に賭けることや、あるいは、他の人々の愚かな軽率さにつけ込んで利益を得て、そのために彼らを困窮させることほど、善良な人に不相応なことはない。したがって、これらの契約は、富裕な人々が自分の楽しみのために投じることができるくらいの少額に関するものでないかぎり、すべて非難されるべきである。さらにまた、娯楽に完全におぼれたり、そのために多くの時間を浪費したりすること、あるいは、気晴らしに体がなじみ、そのために怠惰で無為に過ごす習慣が身について、まじめな仕事にこれまでほど適さなくなる、あるいは熱心でなくなることも、善良な人にきわめてふさわしくない。

非常に多数の人々が関与しうる宝くじの公的な事業について。この事業は、国家にあらたな富をもたらさず、ただ少数の市民を、その他の人々の損失によって豊かにするだけである。また、人々は一般的に、自分自身の幸運に対する空しい思い込みのために、この事業にきわめて乗せられやすい。したがって、この事業はどこであれ、法の規制のもとになければならない。つまり、もし製造業や商業に用いられれば、国家にあらたな国力をもたらす〔ほど莫大な〕富が、この無益で不名誉な経路に投げ込まれ、無数の詐欺にもさらされることのないように、そして、非社会的で愚かな無精な貪欲さが、市民のあいだで助長されることのないようにしなければならない。

九　契約の確認にあたって、人々はしばしば保証人と担保を決める。〔契約の〕当人が払うべきものを払えない場合には、保証人がそれを補償しなければならない。そして、債権者はしばしば当人よりも保証人に信頼を寄せているから、彼の責務は、〔当人と〕同じくらい神聖である。彼は、その負債がすべて自分自身のものであるときと同じように、責任逃れの手練手管を弄することができない。さらに彼は、債権者と当人のあいだに、自分を困窮させる詐欺的な共謀があることを見いだすのでないかぎり、支払いを正当に遅らせることすらできない。

保証人が担保を与えたか、〔債務返済の〕履行の誓いをしたのなら、彼の責務は〔契約の〕当人の責務よりも厳しいものとなろう。しかし彼が保証人だからといって、別の金額や別の財について義務を負うことや、別の期日や場所で、あるいは別の根拠で、支払う義務を負うことはありえない。訴訟はまず当人に対して始められ、判決がくだされるべきだと、彼は正当に主張できる。そして保証人が二人以上いる場合、各保証人は、損失が彼らのあいだで平等に、あるいは、彼らが負う義務に比例して、分担されるべきだと主張できる。

保証人は、ときに犯罪行為においても決められた。彼らは、罰金を支払う義務を正当に負うことになろう。しかし、他の人々の犯罪のために、彼らが身体的刑罰を受けることを認めるとしたら、それは非人間的なことだろう。

われわれは以前に担保と抵当の主題に簡単に触れた。もし担保に設定された事物が増加するのなら、その分は負債の利子や元金から毎年控除されねばならない。決められた期日における没収の条項（*clause of forfeiture*）にはなんら不正はない。ただし、没収によってその負債が返済されたあとに、担保における価値の超過分は債務者に返還されなければならない。質権者〔担保を預かる人〕は、思慮深い人が自分の同じ財を保管するときに払う注意力をもって、担保を保管しなければならないが、それ以上のものには責任を負わない。

というのも、この契約は両当事者の実益に等しく配慮するからである。担保と抵当が構成する物的な権利は、それに先行する人的な権利によって無効にされえない。

# 第一四章　契約から生じる責務に類似した責務（原注1）

（原注1）*Obligationes quasi ex contractu*〔準契約から生じる責務〕.[18]

一　すでに言及した責務と権利に加えて、義務を負う人物のある合法的な行為から生じるその他の責務と権利もある。不法な行為から生じる責務と権利については、次章で論じる。合法的な行為から生じる権利は、所有権の本性、および社会の明白な利害と共通の社会的な法（common social laws）から生じる。ローマ法学者たちは、行為の形態が同じになるように、この権利に対応する責務が契約から生じると仮定した。〔しかし〕それらは、暗黙の規約における責務とはまったく異なる。というのも、暗黙の規約においてわれわれは、ある行為から正しく同意を結論づけるからである。しかし、もう一方の責務では、状況そのものが公正だから、同意がなかったとわれわれが知っていても、同意が明らかに仮定される。暗黙の規約による責務

（18）リバティ出版のラテン語と英語の対訳版の訳者（ルイジ・トゥルコ）によれば、この章は、カーマイケルのプーフェンドルフへの注釈書の付録四「準契約」に全面的に依拠している。Carmichael, *Notes on Pufendorf*, II. 2. 2. p. 113. *Philosophiae Moralis Institutio Compendiaria with A Short Introduction to Moral Philosophy*, ed. and with introduction by Luigi Turco, Liberty Fund, 2007, p. 192 note.

は、当事者が前もって反対の内容を表明すれば、完全に停止される。しかし、われわれがこれから述べる責務では、そうはならない。というのも、それらは、責務を負う人物の同意から独立した別の正当な根拠をもつからである。

これらの責務には二種類あり、一方は、ある人物が、契約なしに、他の人々の財または他の人々が正当な要求をもつ財にかかわることから生じる。もう一方は、他の人々がなんらかの支出と損失を無償で引き受けることに同意していないときに、ある人物が彼らの支出と損失でなんらかの価値ある利益を自己のものにし、それを保持することから生じる。前者に含まれるのは、他の人々のものだと知りながら、その財を所持する人の責務、つまり、その財を、それが生んだ利益とともに返還すべき責務であり、また、委任なしに、不在の人物や未成年者のためになんらかの仕事をおこなう人の責務もそうである。[原注1] これらのすべての人々は説明する責任と、その財を、その増加分と利益と一緒に返還する責任を負う。

〔原注1〕 ***Negotii utilis gestor*** 〔有益な仕事の遂行者〕。

上述と同じなのは、故人の債権者または遺産の〔一部の〕受取人に対するその相続人または遺言執行者の責務である。この責務は、彼が相続人となることから、あるいは、遺言の執行を請け負うことから生じる。というのも、明らかに故人の全資産には、彼の負債と他の人々が完全な要求をもつすべてのものが自然に課されるべきだからである。したがって、これらの負債が返済されるときの唯一の元手である〔故人の〕資産を所持する人は、その管理に必要な経費を自ら控除したうえで、その資産が支払える範囲内で負債を返済しなければならない。しかし、相続人や遺言執行者は、自ら故人の資産〔および負債〕とみなす以上のものに拘束されないように、相続財産目録の作成の特権（benefit of an *inventary*）を常に要求することができる。われわれは、これらの責務の正当な根拠を説明するために、なんらかの契約を仮定したり、あるいは、相続人や遺言執行者が故人と同じ人格であると仮定したりする必要はない。

二　二番目の種類について。つまり、他の人々が、自己の支出が無償であることに同意していないときに、ある人が彼らのこの支出でなんらかの利益を獲得することによって負う責務である。また他方、この種類に含まれるのは、委任なしに、自分の仕事が他の人々によっておこなわれた人の責務であり、また保護者に対する未成年者の責務、つまり、〔年老いた〕保護者を保護し、〔自己に〕有益なすべての貢献における彼の労働を補償し、自分のために賢明に結ばれた契約を受け入れ、自分の教育に要した賢明な経費を返済する責務である。

親が自分自身の子どもを教育するのに支出するものは、親が前もって反対の内容を表明していないのなら、贈与として意図されていると、われわれは思いやりのある親らしい愛情から結論づける。さらに親は、自然に自分の子どもらをその環境にふさわしく養育するはずであり、また、死に際しては、自己の財産の残りを彼らに譲るはずである。しかし、もし親が非常に困窮しているのなら、あるいは、もしある子どもがなんらかの方法で豊富な財産を獲得したのなら、これらの場合、親はその子に、彼の生活費と教育費をすべて払わせることが正当にできるし、また、年老いたときの自分や、その他の子どもらの面倒を見るよう、彼に要求することができる。

三　しかし、ある人が他の人の子どもを養育するのなら、この場合それが贈与としてなされたとは想定されない。むしろ、これによって負債が構成され、それがその子の財産や未来の労働で返済されるはずと想定するほうがよい。ただし、その経費は、真にその子のために支出されたものであって、その子を養った当人の家族の見栄えのために意図されたものであってはならない。しかしさらに、一般的にいって、貧しい孤児に対するこの経費はすべて、彼が働き手になる前に死ねば、完全に失われるだろうから、養い親はおそらく、この危険性のために〔この経費〕より多くのものを請求することを、厳格な正義において許されるだろう。そして、これが許されるからこそ、人々は貧しい孤児に必要な世話をすることにより積極的になるだろう。しかしその場合に、子どもが年齢を増すにつれて、この危険性は次第に小さくなるし、また、はじめの数年を除けば、この危険性を理由にして請求金額をそれほどつり上げることはできない。したがって、このように養育された貧しい孤児は、自己の過失なしに大きな負債をかかえ込むことになった貧しい人物と同じく、それほど悪い状況にあるわけではない。というのも、この人物に対して債権者は、働いて負債を返済するよう正当に要求できるのだが、債務者〔である彼〕は、人類がもつその他のあらゆる自然的権利を保持しているし、自己の労働（これに関して彼は、自分にもっとも有益で、負債をもっとも早く返済できるものに専念することを正当に選択できる）によってであれ、友人の気前よさによってであれ、彼が負債を返済できるときはいつでも、彼はもはや〔債権者への〕役務に正当に引き留められるはずがないからである。ところで、もし養育に必要な全経費の評価と労働の価値の評価が正当に公表されたなら、明らかに、心身の健全な孤児は常に、三十歳になる前に、自己の労働でその負債を充分に返済できるだろうし、それゆえこの負債は、たとえ危険性のために、たとえば貿易における船底抵当貸借(19)の契約でなされているように、その費用に法外な利息が課されるのを認めるとしても、永続的に世襲される奴隷状態の根拠には決してなりえないだろう。しかし、この養育費の請求は、ひどい困窮にある人物にはきわめて非人間的なことに思われるにちがいない。しかも、親からのあらゆる援助を失った貧しい子どもの困窮以上にひどいと思われる困窮はありえない。

また、この種類に含まれるのは、必要性の訴え（**plea of *necessity***）（これについてはあとで述べる）をおこなって、他の人々に損害を与えた人の責務である。また、〔自分に〕与えられるべきだと思われたが、のちにそうではなかったことが判明するものを受け取った人の責務、あるいは、契約に基づいて支払われたものを受け取ったが、その契約を無効にする正当な異議の申し立てがあった人の責務、あるいは、自分が支払いや実行をしていない事物と引き換えに代価を受け取った人の責務も、この種類に含まれる。これらの人々はすべて、補償し返還する責務を負う。

ある会社の共同経営者の一人が、その会社の共有財産のいずれかを自らの出費で保存または改良したと

（19） **bottomry** の訳。船の所有者が船を抵当に入れて航海資金を借りることを意味する。「冒険貸借」とも訳される。

き、彼に対するその他の共同経営者たちの責務は、〔この章の最初に述べた〕二番目の種類に含まれ、彼らに対する彼の責務は、一番目の種類に含まれる。

他の人々によってわれわれのために契約された責務は、もしそれらがわれわれの委任によってなされるのなら、明白な契約〔による責務〕である。もしそうでないなら、その責務は、すでに言及した委任なしにおこなわれる仕事の場合にあたる。

# 第一五章　なされた損害から生じる権利と戦争の権利について

一　すでに述べた諸原理から明らかなように、各人は、もし他の人々に損害を与えたなら、そして彼らがその補償を望むのなら、補償する責務を負う。しかし、善良な人が、他の人々の損害を引き起こすかもしれないことを、正当におこなうことができるし、またそうするべきだ、という事態はしばしば起こる。たとえばそれは、他の人々に小さな損失を与えるかもしれないことをおこなう以外には、その損失と比較にならないほど大きな価値をもつ彼の財を守ることができない、あるいは、彼または彼の友人を脅かす最大の悪を防ぐことができない、という事態である。彼は、この行為をする完全な権利をもつ。しかし、彼はこの場合に常に、自己の安全または自分にとって愛しい人物の安全のために彼らが被った損失を補償する責任を負うことになる。というのも、「誰も、自分自身の利益のために、他の人々の利益を損なってはならない。あるいは、もしなんらかの必要性のために、そうせざるをえないのなら、できるだけ早く彼らの損失を補償すべきである」ということは、公正さの神聖な社会的原理だからである。

同じことは、不正になされた損害の場合にはより明白である。もし人々がこのようなすべての損害を補償する責務を負わないのなら、人間社会は維持されえない。もし侵害がなされたあとに、その張本人が刑罰を受けずに自らの利益を享受できるのなら、侵害を禁止する法はどんな効力ももたないだろう。

それればかりかさらに、善良な人がたえず不正な人々の餌食となることがないように、厳罰の恐怖によって彼らが侵害を抑制されることは、社会の安全が要求することである。したがって、神と自然はわれわれに、邪悪な人に対してさえも善意、慈悲、寛大さをもつことを要求するが、善良な人に対してはより高度なこれらの感情をもつことを確かに要求している。そして、不正な人々は、暴力と刑罰によって〔侵害を〕抑制され、犯した侵害の補償をする責務を負わされ、彼らに敵意や悪意が向けられないかぎり、将来にわたって誰にも害を与えないことを保証する責務を負わされうるだろう。いやむしろ、こうして彼らをさらなる犯罪をおかさないように抑制することは、彼らに親切をしていることである。

二　損害（damage）〔という言葉〕で理解されているのは、「人々から彼らの財を奪うこと、および、それらを不正に損なう、あるいは保持することだけでなく、最初の不正に起因するすべての不都合とともに、彼らの自然なまたは人為的な利益を横取りする、あるいは妨げること、つまり、被った損失だけでなく、妨げられたすべての利益」である。

自己の義務に反する行為であれ、義務の怠慢であれ、それがなければ起こらなかったはずの損害を、自らあるいは他の人々を通じて引き起こした人は誰でも、その侵害の張本人とみなされよう。犯した侵害に喜びを感じ、それを賞賛するばかりの人々は、確かに、刑罰に値するほどの気質の邪悪さを示しているのかもしれない。しかし、もしこの喜びや称賛がなければ、同じ侵害がなされなかったかもしれないかどうかは、識別しえないから、人々はこれらの理由だけで補償の責任を負わされるわけではない。ある侵害が複数の人々の協力でなされた場合には、彼らは共同でしかも各人が補償をしなければならない。しかし、一人がすべてを補償したのなら、被害者はこのために、残りの人々からさらなる補償を要求することはできない。しかし、損害のすべてを補償した人は、仲間に、その負担分を自分とともに分担する責務を負わせることができる。〔しかし〕刑罰の場合は、まったく異なっている。というのも、刑罰は共通の安全のためにすべての人々に正当に科すことができるからである。

損害の張本人たちのなかでは、他の人々に対して威力をもち、彼らに損害の実行を命じた者が首謀者と考えられる。それゆえ、可能なら、彼が最初にその責任を問われるべきである。それが不可能なら、われわれは残りの人々に補償を要求することができる。というのも、彼は、自己のいかなる命令によっても、この責務からの免除を彼らに与えることはできないからである。ところで実行者たちは、必要性の弁解をおこなったのなら、罪を免れることもあろう。たとえばそれは、彼らが〔彼の〕命令に服従しなかったなら、彼らを脅かしていたはずの、はるかに大きな悪を回避するときである。しかし、そんなときでも、彼らは補償をしなければならない。というのも、彼らが直面していた悪から解放されるために、罪のない隣人が苦しんではならないからである。

三　もしある人が自己の過失なしに、ただ偶然に他の人に損害を与えるのなら、彼は、その補償を厳格には求められない。さらに、共同体への重要な役務に従事していて、人が最大の注意力を払うことをほとんど期待できない危険な緊急事態に直面している人が、たまたま不注意によって隣人に損害を与えるのなら、それはむしろ共同体によって補償されるべきである。

雇われた使用人が主人の命令なしに与えた損害は、彼自身が補償すべきである。奴隷がしたことに関しては、ちょうど破産者の資産を債権者たちで分割するのと同じように、その主人が奴隷の〔売却による〕代金を〔被害者と〕分割しなければならない。つまり、一方で主人が要求する奴隷の価値を計算し、他方で被害者が要求するその損害の価値を計算し、そして、この二つの価値に比例して、奴隷の代金が分割されるべきである。同じように、家畜の所有者は、自らの責任や不注意がなくても、自分の家畜が引き起こした損害の補償をしなければならない。市民法が所有者に対してより厳格だった(原注1)とすれば、それは、所有者が、自分のためにに保有する奴隷と家畜をより注意深く見張るようにさせるためである。

(原注1)『出エジプト記』第二一章第二八節、第三〇節。『法学提要』第四巻第八編、第九編。

もしある人がいかなる悪意もなしに損害を与えたのなら、彼はまず、賢明な仲裁人が道理にかなうと判断するすべてのことを実行あるいは履行する用意があることを示し、そして、自分の意図に悪意がなかったことを表明しなければならない。もしある人が悪意をもっていて、後にそれを真に後悔しているのなら、彼は同時に、補償を申し出、許しを乞い、そして将来の侵害について思慮深い仲裁人が充分だと考えるあらゆる保証を与えねばならない。もしこれらのことをおこなうのを拒み、不正による利益を保持するのなら、人は自らが与えた侵害を真に悔いていることにはならない。それどころか、彼はその侵害を依然として与えていることになる。しかし、侵害を与えた人々がこれらのことをすべて自発的に申し出るときには、われわれは彼らと和解し、彼らを許さねばならない。各人は、自分の仲間の被造物によってではないにしても、慈悲深いわが創造主によって、非常にしばしば許しを与えられる必要があるから、われわれすべてはこの和解と許しを、それだけいっそう喜んで心底からおこなわねばならない。

**四** ある人が、自ら与えた侵害を頑強に改めず、警告を受けても自己の意図を変えようとしない、あるいは、与えた損害の補償をしようとしないとき、あるいは、われわれが完全な権利をもって要求できることについて、彼がその実行を拒否するとき、われわれの私的な利益だけでなく、すべての人々の共通の利益と安全も、次のことを要求する。すなわち、意図された侵害を暴力によって阻止すること。損害の補償と、完全な要求によってわれわれになされるべきその他のすべてのことを獲得すること。そして、なんらかのさらなる悪さえも彼に科して、その恐怖によって彼とその他の人々が同じ行為を思いとどまるようにすることである。

われわれの権利のこの暴力的な保護あるいは遂行が戦争である。しかし、すべての人々が知っているように、市民的権力（civil power）を構成する一つの大きな目的は、市民たちの論争が公正無私な裁判官によって決定されること、それによって、もし人々が侵害の生々しい印象に基づいて自ら〔不正を〕是正していたら、生じていたかもしれない災いを阻止することである。したがって、〔われわれの権利の〕暴力的な保護あるいは遂行の規則は、人々が自然的自由にあるのか、市民政府（civil government）のもとにあるのかに応じて、非常に異なったものがおこなわれなければならない。

戦争は、公的なものと私的なものに分類される。前者は、国家によって、または、一体となった民衆の名において遂行される戦争である。私的な戦争は、私人のあいだの戦いである。公的な戦争は、正式の（*sol-emn*）戦争、すなわち、なんらかの権利の見せかけに基づいて、国家の至高の権力によって両陣営で正式に認められた戦争と、一方の陣営でのみこのように正式に認められた戦争とに分類される。後者はたとえば、一群の海賊や泥棒、または、暴動をしている一群の市民に対しておこなわれる戦争、あるいは、同じ国家のなかで民衆または政府のある権利に関して争うさまざまな集団のあいだの内乱（*civil wars*）と呼ばれるものである。

われわれはまず、自然的自由における人々の私的な戦争について論じる。そしてその同じ論証は、公的な戦争においても成立する。というのも、主権国家と君主は、相互の関係では自然的自由と同じ状況にあるからである。

**五**　われわれがすでに明らかにしたように、公的であれ、私的であれ、戦争はときに合法であり、さらには共通の安全のために必要でさえある。また、聖書は、戦争をあらゆる場合に禁じているわけではない。（原注1）というのも聖書は、明らかに市民的権力を認め、剣に訴える権力（*power of the sword*）を為政者に与え、戦争での卓越した英雄を賞賛しているからである。

（原注1）　使徒〔パウロ〕が手紙を書いたローマ人のあいだでは、*jus gladii*〔剣の権〕が、死刑に処す権力と、武力で国家を防衛する権力を含んでいたことはよく知られている。これについては、『ローマの信徒への手紙』第一三章第四節を見よ。また、『ヘブライ人への手紙』第一一章第三二節、第三三節、第三四節、および『ペトロの手紙 一』第二章第一三節、第一四節

も見よ。

どちらの種類の戦争でも、次の三点が確定されなければならない。すなわち、正当原因（*just causes*）、戦争を開始する条件（*term of commencing*）、そしてそれを終結させる条件（*term of ending them*）、つまり戦争でのわれわれの要求の総和である。われわれが個別的な人物たちの戦争におけるこれら三点について述べるとき、戦争の当事者が自然的自由のもとに生きているのか、市民政府のもとに生きているのかに応じて、それらは異なった形で決定されなければならない。

しかし、われわれは、たとえある人物から最大の侵害を被ったとしても、彼に対して善意を維持しなければならないし、また、より善良な人々と共同体の幸福に反しないかぎり、彼の幸福を望むことまでしなければならないことを、肝に銘じておくべきである。これらの目的に反しない慈悲の心は、たとえもっとも不正な人をその対象とするときでも、すべての人が心から是認するにちがいないものである。したがって、われわれに対して侵害が意図されたり、実行されたりするとき、われわれは、それを阻止するため、あるいは、損害の補償と将来にわたる保証を得るために、まずはより穏健なあらゆる手段を試みるべきである。決してわれわれは、不正な敵がその全権利を失ったとか、彼に対するいかなる非道も正当化されうると、判断すべきではない。侵害を阻止したり、損害を補償したり、将来にわたる保証を得たりするのに必要な暴力、あるいは、本性上これらの目的に資する暴力だけが、正当である。これらの目的に不必要な残酷さは明らかに犯罪的であり、嫌悪すべきである。というのも、この残酷さは、他の人々の利益になんら必要でないのに、幾人かのわが同胞に苛酷な苦しみを引き起こすからであり、また、別の機会に、戦争での正当原因をもつ人々にまで向けられる同じような残酷さの先例となるからである。

六　自然的自由において戦争を開始する正当原因は、完全な権利の侵害である。もし侵害に及ぶ人々を抑制するあらゆる暴力的な努力が禁止され、彼らが刑罰を受けずにすむことが認められるのなら、生活における安全はありえないし、われわれの権利は何一つ確保されえないだろう。たとえ軽微な侵害でも、それが頻繁に繰り返されると、最大の富でさえまもなく尽きるにちがいない。また、もし罪のない人々が、こうして短気または横柄な隣人たちの継続的な侮辱にさらされるのなら、彼らにとって生活は耐えがたくなるにちがいない。善良な人はしばしば人間愛のゆえに、容易に補償しうる軽微な侵害を大目に見ようとするだろう。とくに、性格の主要な部分では善良な人々が、突然に情念を激発させたために軽微な侵害に及んだが、すぐにそれを後悔するだろうという場合には、そうである。しかし誰も、自分に対するこの忍耐を、他の人々に正当に要求することはできない。〔なお〕なんらかの侵害がおこなわれるか、試みられる前に、戦争を仕掛けることがおそらく正当となりうるような、より稀な事態がある。だが、これについてはのちに述べる。(原注1)

(原注1)　第三部第九章第二節。

したがって、われわれの財を破壊したり、傷つけたり、われわれが完全な権利をもって要求できることを拒否したりして、われわれの完全な権利が侵害されるとき、あるいは、同様な侵害が罪のない隣人になされるとき、われわれや隣人が自分の権利を獲得するのを邪魔する人々に、強制的にこれらの侵害をやめさせ、われわれに対してなされるべきすべてのことを実行させるのは、合法的であり、それればかりか、しばしば栄誉あることである。われわれは、請求権（claim）をもつ特定の財を奪うことができる。あるいは、もしその財を発見できないのなら、われわれに対してなされるべきすべてのことを補償するのに充分な、敵の財を奪うことができる。そして、この補償分を計算するとき、われわれは、〔被害を受けた財を獲得するのに必要だった〕すべての労働と、被った侵害を起因とする損失または費用を考慮に入れるべきである。さらにわれわれは、賢明な仲裁人が必要と判断するかぎり、刑罰あるいは将来にわたる保証の獲得にまで、要求を広げることができる。〔しかし、これについてはあとで述べる。〕

市民社会（civil society）では確かに、これらの侵害だけで、法にしたがう同胞の被統治者に対する私人の暴力が正当化されるが、その暴力は取り返しのつかない損害を引き起こすかもしれない。〔侵害の〕防止や、相手による補償は、為政者の支援を通じてより慎重な方法で実現されるべきである。しかし、この方法では防ぐことも修復することもできない侵害なら、われわれはそれを暴力で正当に阻止することができる。しかし、もし権利に関して市民あるいは被統治者たる人が、この紐帯を放棄するのなら、あるいは、彼がきわめて秘密裏に自らの企てを実行するので、彼を裁判にかける望みがほとんどないのなら、われわれは、あたかも自然的自由にあるのと同じ権利を、彼に対してもつことになる。このような人々は、(原注1)〔たとえば〕闇夜に忍び込むすべての強盗や泥棒たちである。その他の市民〔から被害を受けたとき〕には、われわれの救済策は裁判官や為政者から獲得されなければならない。

（原注1）『出エジプト記』第二一章第二節、第三節、および『十二表法』[20]のいくつかの断章。

七〔自然的〕自由において暴力を開始する条件は、相手が、明白な宣言あるいは敵意のある行為によって、われわれまたは罪なき隣人に害を与える確固とした意図を明らかにし、しかも、警告を受けてもやめようとしないときである。われわれは最初の攻撃を受ける必要はない。というのも、その攻撃はもしかしたらわれわれに致命的と判明するかもしれないからである。またわれわれは、侵害が実行されるのを待つ必要もない。その侵害はもしかしたら取り返しがつかないと判明するかもしれないし、また、一般的に〔侵害を〕修復するより阻止するほうが容易だからである。したがって、敵意のある不正な意図をかため、それを充分に表明した人々に対して、われわれは正当にその妨害と不意打ちをおこなうことができる。

市民生活（civil life）において相手に危害を与えるかもしれない暴力を開始する適切な条件は、攻撃者によってわれわれが、危険を伴わずに逃げることもできず、為政者や同胞の市民から助けを得ることもできないような苦境に陥れられたときである。

八　自然的自由において、もはや暴力を続行すべきではなくなる条件あるいは限界点は、攻撃者または侵害の張本人が、自発的に悔いるか、力ずくで強制されて、侵害をおこなうことをやめ、与えたすべての損害の補償を申し出、賢明な仲裁人が必要だと判断する将来にわたる保証を申し出るときである。もし彼がこれらのことを頑強に拒否するのなら、われわれは正当にそれらを力ずくでおこなわせることができる。さらに、もっともらしい権利の見せかけもなしに著しい侵害をおこない、他の人々にこの危険な先例を示した人々が充分に厳しい刑罰に処され、それによって彼ら自身のみならず、その他のすべての人々が同じ犯罪を思いとどまるようにすることは、人類の共通の利益が要求することである。

市民生活において刑罰を科すことを正当化する同じ理由は、自然的自由においてもそれを正当化する。ただし、この状態では刑罰が〔市民生活と〕同じように効果的に執行されるとか、同じように慎重に規制されると、われわれは期待することはできない。しかし、刑罰の根拠にしろ、刑罰を科す理由にしろ、どちらも刑罰を科す者に市民的権力を、刑罰を受ける者に市民的服従（civil subjection）を前提にしていない。

市民政府のもとにある被統治者は、さし迫った危険から救出されたあとでは、暴力を続行すべきではない。侵害の補償と将来にわたる警戒は、裁判官の判決によって実行されるべきであって、激怒した集団の暴力によって実行されるべきではない。あらゆる正当な暴力は、われわれの権利の擁護か、なんらかの公的な利益を目的とすべきである。このような意図をもたず、しかも、ある人物への憎しみと、彼の不幸に対する喜びを伴う暴力は、犯罪的な復讐（*revenge*）であり、それは自然法とキリスト教の法の両方によって非難さ

(20)『十二表法（The 12 tables）』。紀元前 451-450 年にローマの法典編纂十人委員会によって作成された法原則を、短い文章にして彫りこんだ一二枚の木版のこと。主として当時のローマでおこなわれていた日常生活上の重要な慣習・規則が述べてある。訴訟手続き、家族および相続、契約および物権、犯罪および不法行為、公法・宗教法などを規定している。

れる。

さらにまた、権利は、われわれがある財や役務を保持または所持することだけでなく、ときには他の人々からそれらを獲得することにもかかわるから、自然的自由において、われわれが正当に要求することを、他の人々が自発的に実行するのを拒否するとき、われわれは、自己になされるべきことを彼らに追求するにあたって、暴力を行使することができる。しかし、市民生活では、われわれの権利のこのような遂行はすべて、その目的が負債〔の返済〕であれ、損害の補償であれ、または危惧される損害に対する警戒であれ、法に基づく行為によって実現されねばならない。そしてこれらの問題は、為政者と裁判官の知恵によって解決されねばならない。以上のことは、自然的自由における戦争の原因と市民政府の目的について述べたことから明らかにちがいない。

**九**　以上の諸原理から次のことが導かれるにちがいない。すなわち、われわれのあいだでしばしば実践される決闘、つまり、それを申し込んだ者と受けて立つ者が、指定された場所で会い、互いの死を、あるいは死にいたるかもしれないことを目指す決闘は、自然的自由でも市民社会でも正当化されえない、ということである。理性は常に、われわれの権利を擁護し遂行するための、はるかにもっとよい方法を教えてくれるはずである。それはまず、自然的自由では、仲裁人に争点をゆだねることである。そして、いずれか一方の人が仲裁人にしたがうのを拒否するのなら、他方の人は、自己の大義の公正さや共通の安全への配慮によって自分の味方につけることができる隣人の助力を得て、自己の権利の遂行にあたって戦いを開始すべきである。非難の言葉や侮辱について、決闘は、これらに反論する手段として、しばしば愚かしく、あまりに残酷である。闘いの運は、しばしば何ものにも劣らず盲目的で気まぐれであり、死は、侮辱的な言葉に対するあまりにも苛酷な刑罰である。もしある人が、虚偽の中傷によって、あるいは、なんの必要性もなく非人間的に秘密の悪徳を暴露さえすることによって、他の人々の評判を傷つけたのなら、自然的自由においてわれわれは、親しい隣人の助力を得て、賢明な仲裁人がその犯罪に適切と考える公的な刑罰を科すことができる。そして、もしこの〔自然的自由の〕状態で、ある人が、われわれを破滅させるという敵意のある意図の充分な証拠を示したのなら、われわれはむしろ、われわれ自身の安全と共通の安全が要求する仕方で彼を抑制するための、あるいは、不意打ちで妨害するための、もっとも安全な方法を採るべきである。さらにまた、市民政府のもとでは、われわれは、ある人が自分を攻撃するつもりだと知っているからといって、公的な場所を避けたり、外出を要する仕事を休んだりする必要はない。ただし、人間としての弱さまたは自己の安全への配慮のために、われわれがそうせざるをえないのなら、話は別である。そして、もし自らの合法的な仕事に取り組んでいる最中に不正な攻撃を受けるのなら、われわれは、その攻撃者を殺すことまでしても、正当に自己を守ることができる。そして、そうすることは、しばしば人類への非常に有用な貢献である。このことはすべて、決闘を申し合わせなくても、おこなうことができる。

しかし、立法者がもっとも重要な問題について非常に不注意だったので、中傷や非難でその評判を傷つけられた市民のための適切な法的是正措置をなんら定めていない、という場合がある。しかも、もっとも野蛮で迷信的な時代にその起源をもつ慣習がおこなわれていて、もしある人が自分への特定の非難や侮辱について、その張本人に決闘を申し込まないのなら、彼は恥ずべきものとみなされ、常にあらたな侮辱にさらされ、しかもこのことが一般的にも是認される、さらにまた、ある人が、自分はこの相手から侵害を受けたと推定して、相手に決闘を申し込んだとき、彼が受け入れを拒否するのなら、彼にも同じことが起こるだろう、としてみよう。〔このような場合には〕この〔決闘の〕罪の大半を、統治者自身が負わなければならない。もちろん、決闘の当事者、とくに決闘を申し込んだ者がその罪を許されるわけではない。というのも、善良な人は一般的に、よりよい方法を見いだして、自己の評判を擁護することができるし、なおかつ、公的な戦争が起こるか、自分が最初に暴力による攻撃を受けるときに、自己の不屈の精神を示すことさえできるからである。

だが確かに、決闘の申し合わせが、一方の側では合法的になりうる事態が一つある。それは、(原注1) わが国より優勢な力をもつ公共の敵が、彼の側の戦士の勇気を信頼して、もしこの戦士がわれわれの側の戦士に敗れたら、その場合にのみ道理にかなう和平の条件をわれわれに与えると申し出る事態、あるいは、その敵が、この闘いの運命にしたがって争いを決しようとする事態である。もちろん、仲裁によって争いを決しうるかもしれないのに、こんな方法で争いを決するのは、愚かしく非人間的である。しかし、より勢力のある敵がその他の方法に同意しないとき、ある人が、大量の流血を避けようと、祖国のためにその身をこの危険にさらすのなら、それはわが方における栄光ある行為である。というのも、この危険において彼の国は、その他のどんな方法によるよりも、結果についてよい期待をもつからである。

（原注1） グロティウス『戦争および平和の法について』第三巻第二〇章の四三。

# 第一六章　必要性の事態における例外的権利と人類の共通の権利

一　直接的な感覚は、一般的にわれわれの各義務を指示かつ推奨する。そして、特定の上下関係のなかで、これらの義務にはさまざまな段階があり、あるものは栄誉が大きく、あるものは栄誉が小さい。前者と後者が対立するときは、後者より前者が優先されるべきである。また、至高の美があらわれたのは、魂が抱くもっとも広範な愛情であり、それゆえこの愛情が、よりせまい範囲を対象とする愛情を制御すべきである。この帰結として、個人の全権利と生活の日常的な全規則は、すべての人々の普遍的な利益の下位におかれるべきである。以上のことは、すでに何度も明らかにしてきた。したがって、日常的な自然の法（*special laws of nature*）と呼ばれるこの実践的な結論は、われわれがあらゆる日常的状況で神聖に遵守すべきものであり、ほとんど常に有徳の役割を指示するのだが、状況が異常なほど変化すると、別の仕方で行為することがわれわれの義務となりうる。そして、この異例の事態は、この日常的な法において例外とされていると考えるべきである。われわれは決して、異例の必要性の事態では正当に自然の法に違反できるとか、不当な行為あるいは悪徳の行為を正当にできる、と言ってはならない。このような表現は矛盾である。しかし、法に規定された例外的状況に有利に対処することは、その法を真に遵守することである。あるいは、より神聖な法がより重要性の小さな法の任意の点を無効にするときは、前者の法にしたがうことが、その〔後者の〕法を真に遵守することである。ところで、すべての社会的な法のなかでは、個人や小集団の利益と安全より

〔すべての人々の〕全般的な利益と安全を優先するものがもっとも神聖である。

二　しかし、あらゆる善良な人の感覚は、すべての日常的な法の権威を守ることと、この法を厳正に尊重することが、きわめて重要だということを明らかにするにちがいないから、われわれは、もしささいな理由でこの法の指令から逸脱するのなら、決して正当化されえない。それを正当化する必要性は、甚大かつ明白でなければならない。われわれは、この場合にこの異例の一歩からどんな当面の利益が生じるのか、あるいは、もし日常的な法を遵守すれば、どんな当面の不都合が生じるのかを、慎重に考えなければならない。しかし、それだけでなく、さらにわれわれは、すべての人々に認めらたこの〔異例の一歩への〕自由から、より大きく、より苛酷な、より全般的などんな悪が生じるのかを、はるかに慎重に考えなければならない。その他の場合を解説するために、具体例を一つか二つ考えてみよう。われわれの会話とつきあいにおいて正直さと信義を守ることは、社会にとって最高に重要である。同様に、所有の権利を維持すること、自由な身の処し方を各自にゆだねることも、社会における人々の相互の信頼と安全にとって最高に重要である。したがって、〔異例の一歩を正当化する〕理由は、最高に重要な性質をもつもの、つまり、避けるべき恐ろしい悪とか、獲得すべき途方もなく巨大な利益でなければならない。というのも、それらこそが、この重要な規則からの例外的状況を構成すると認められうるからである。そして、この必要性の弁解は、より瑣末な問題へ拡張されてはならない。というのもわれわれは、この〔日常的な〕法に対して人々がもつ深い崇敬の念を損なうことから必ず生じるもっと先の帰結まで含めて、あらゆる帰結を考察しなければならないからである。したがって、最高に重要な性質の事態だけが例外的状況とみなされるべきであり、そのときこのすべての悪の帰結よりすさまじい悪が回避されることになる。そして、明らかに不正かつ不信心で、義務への良心を欠く者でなければ、誰も、重要性のより小さな性質の日常的な事態をこの重要な事態の一つとみなさないだろう。

ここで、われわれは利益の見通しのためにどんな悪徳もすべきではない、と主張しても無駄である。これについてはすべての人々が同意する。しかし問題は、このような異例の行動がこの〔例外的〕状況で悪徳となるかどうか、である。躊躇すべき問題は、われわれが有利な役割のために良心的な役割を放棄できるかどうかではなく、結果として生じるなんらかの巨大な効用のおかげで、ある異例の一歩が合法的あるいは栄誉あるものとなるのかどうかである。しかし、われわれが常に〔日常的な〕神の法を墨守すべきこと、そして、われわれは未来の出来事の裁判官ではなく、それらを摂理にゆだねるべきことを主張しても同じく無駄である。これらのことは、幾人かの非常に善良な人々が説いているが、上述の論点についてそれほど鋭くはない。というのも、まさに問題は、この事態が〔日常的な〕神の法における例外的状況とみなされうるのではないか、そして、その法自身が知られるのと同じ理性の使用によってこの事態がわれわれに知られうるのではないか、ということだからである。われわれは、もし未来の傾向についての有能な裁判官でないのなら、日常的な自然法についての裁判官ではない。この自然法は、ある行為の仕方による傾向についてのわれわれの推論、つまり、公共の利益に役立ったり、それを損なったりするように思われるその傾向についての推論によってのみ発見されるからである。というのも、われわれが日常的な事態において一般的に是認しうる個別的な各情念の衝動が、われわれの生活の唯一の規則であると、誰も主張するはずがないからである。

もちろん、自分の利益や快楽しか眼中にない不正で利己的な人々は、上述の〔必要性の〕弁解を濫用するだろう。しかしそのときには必ず、法の拘束を打破するほどの精神の不信心と不公正を伴っている。情念的で復讐心に燃える人々は、しばしば自己防衛の原理を、とくに侵害に及んだ人を起訴することに関して、濫用する。しかし、だからといって、われわれは、この原理を放棄して、われわれの権利の擁護または遂行にあたって、あらゆる暴力を禁止すべき、ということにはならない。またわれわれは、日常的な自然の法が通常の場合に要求することからの、異例の事態におけるあらゆる逸脱を同じく非難すべきではない。所有権の共通の規則がある異例の緊急事態にその効力を失うことについて、人々は同意するように思われる。ちょうど嵐のなかで船を軽くする場合や、猛烈な火災〔の延焼〕を止めるために家を爆破する場合のように、多数の人々を守るために必要ならば、同意を得ずとも、他の人の財を使用または破壊することができる。そればかりか、より高級な法も、異例の必要性〔の事態〕では効力を失う。もっとも勇敢で最善の市民たちは、生還の希望がまったくありえない役務につくとき、祖国のために確実な死に直面させられる。全市民は〔城塞の〕橋や門によって守られる権利をもつのだが、まさにその橋が引き上げられ、あるいは門が閉ざされることによって、もっとも勇敢な人々は、ときにもっとも残忍な敵に立ち向かわねばならない。トゥルス・ホスティリウス〔古代ローマの伝説上の第三代国王〕は、ローマの民衆を守るために虚偽の説明をしたとき、精神の冷静さを保ったことで、あらゆる時代に有名である。しかし、この原理は、誤った適用を非常にされやすいので、以下の注意を常に必要とする。

三〔一〕はじめに、神と隣人を愛することに関する、またはすべての人々の全般的な善を増進することに関する、二つの一般的な法[21]には、どんな例外的状況も認められない。それどころかこの後者にこそ、より日常的な法に反するあらゆる例外的状況が基づいている。しかし、崇拝の外面的な行為は、必ずしも特定のある時間に結びつけられているわけではないから、緊急事態では無理におこなう必要はない。

二、ある人物の気質が栄誉あるものであればあるほど、ますます彼は、自己のより小さな利益のために例外的状況を自分自身に認めることを、あるいは、必要性に基づくなんらかの特権を要求することをしなくなるだろう。

三、われわれは、異例の一歩を踏み出すとき、自然な帰結によるのであれ、他の人々の不公正さや軽率さからであれ、おそらくこの一歩から生じるあらゆる結果を考慮に入れなければならない。もちろん、不正な人物が不適切な場合に真似をするかもしれないすべての権利を人々はもつべきでない、ということではなく、もっとも重大な事態以外でわれわれが例外的状況を認めるのを防ぐために、この悪い帰結までも一般的な考慮の対象とすべき、ということである。したがって、誰も、承認された法に違反するほどの精神の堕落もなく、上述の〔権利の〕真似もなしに、それほど重要でない事態で例外的状況を主張することはできない。

四、法が神聖かつ重要であればあるほど、例外的状況の根拠となりうる理由は、それだけいっそう重大でなければならない。

---

(21) 第二部第一章第七節、最後の二つのパラグラフを見よ。

五、〔例外的状況の理由のうち〕公的な本性をもつ理由は、ある人自身の利益がかかわる理由より、はるかに栄誉がある。善良な人はしばしば自分自身の権利のある部分を放棄するだろう。そして、彼が獲得できたかもしれない利益を獲得しないことは、しばしば栄誉あることである。しかし彼は、このようにしても、公共の利益の支配者ではなく、その時々の緊急事態が要求することにしたがって、行為しなければならない。

六、ある人が、さし迫った悪から逃れるために、同じような悪、あるいはより大きな悪を罪のない人物に与えるのなら、どんな必要性の弁解をしても、彼は正当化されないだろう。これは明らかに公共の利益に役立っていない。

七、われわれが、巨大な危険から逃れるために、小さな損害を他の人々に与え、しかも彼らがそれを無償で被ることに同意していないのなら、われわれは、この損害のすべてについて、必ず補償をしなければならない。自然的自由でのこの権利、つまり他の人々に有害な行為でなんらかの巨大な危険を避ける権利に、市民社会において対応しているのが、至高の権力の非常大権（*eminent right in the supreme powers*）である。これに関しては、のちに述べる。[原注1]

（原注1）　第三部第五章第四節。

**四**　すべての人と人を結ぶ共通の絆によって全人類は、自然・本性にしたがって、彼らを拘束するある共通の法（**common laws**）をもつ一つの巨大な社会として構成される。この共通の絆から、とくにある一人の、あるいは少数の人々の効用にかかわるのではない、すべての人一般の効用にかかわる特定の共通の権利が生じる。それゆえあらゆる人は、機会があれば、この権利を維持し、遂行しなければならない。この権利は、自然的自由においてもおこなわれているから、市民社会でのこの権利に先立って、考察されるべきである。いくつかの例を挙げよう。それらは、他の例にもわれわれを導くだろう。

一、集団としての人類と、その機会をもつ各人は、ある人が正当な理由もなく命を捨てるのを、すなわち彼に課された〔人生の〕義務をこうして放棄するのを、阻止する権利をもつ。したがって、自殺や、自らを人生の義務に適さない身体にするような自傷は、阻止されるべきである。

二、また、たとえ他の誰でもない一人の人物を侵害すると言うことができなくても、もっとも有害な実例となる特定の悪徳の実践を阻止することは、すべての人々の共通の権利である。この悪徳の実践は、たとえば、怪物のような肉欲、妊娠中絶の実行、あるいは、人類一般にとって有害なその他の実践である。

三、同じように、ある人が気まぐれやゆがんだ本性から、生活にきわめて有用となりうる自らの財を破壊するのなら、われわれはそれを阻止すべきである。そればかりか、その財が使用されずに放置されたままで朽ちていくのを許すべきではない。

四、また、侵害を防止すること、そして、刑罰の恐怖で他の人々も同じ試みを抑制されるように、なされた侵害に刑罰を与えることも、すべての人々の同じ共通の権利である。

五、人類はまた、生活に非常に役立つ秘密を発見した人物に、合理的な報酬と引き換えにそれを公表させ、彼とともにそれが失われることがないように強制する権利をもつ。それは、この秘密を必要とする人々も、その便益を享受できるようにするためである。

六、人類一般とあらゆる社会は、普通の健康と体力を享受するすべての人々に、もし彼らが別の方法で自己の生活を支える資金をもたないのなら、彼らは自らの労働で生活を維持すべきであり、善良な人々の気前よさや慈善〔による援助〕を横取りすべきではないと、正当に要求することができる。というのも、この気前よさや慈善は、独力で生活を支えられない弱者にのみ与えられるべきだからである。このような怠惰で恥知らずな者は、強制的に労働させるべきである。

われわれが挙げた例は、一体としての人類に属する完全な種類の権利である。この仲間の不完全な権利は、人間愛と善行の一般的な義務（以前に徳の本性を論じたときに説明した）、つまり人々の栄誉と良心にとって自由とされねばならない義務に対応している。

# 第一七章　いかにして権利と責務は消滅するのか、いかにして論争は自然的自由において解決されるべきなのか、そして解釈の規則〔について〕

一　責務は、三つの別々の方法で消滅する。すなわち、しかるべきものを支払うあるいは実行すること（*paying or performing*）、債務者のための免除（*remission*）、そして、条件の消滅（*failing of the condition*）である。

〔一〕支払いは、債務者本人でも、彼に委任された人でもおこなうことができ、また、彼の名における、彼のための行為によってもおこなうことができる。しかし、それは合意された時と場所でなければならない。支払いの申し出が、債務者の指定でなく、また彼のためでもなくなされる場合には、債権者は債務者に対する自己の権利を、このように支払いを申し出た人物に譲渡する必要はない。この人物は、債務者に対してなんらかの悪意をもっているかもしれないからである。ここで述べられていることは、普通の財または貨幣の引き渡し、あるいは、普通の労働または役務の実行にのみかかわる。それらにおいて誰が支払うかは債権者にとって問題ではない。〔しかし〕栄誉ある臣従の誓いとか、特異な独創性のゆえに評価される労働では、話は違ってくる。これらにおいては、その対象たるべき人物の同意なしに、代理はきかない。

重さ、大きさ、または量でのみ評価される財および貨幣では、もし二人の人物が相互に同じ額を借りていて、両者の支払いの期日が来るのなら、その負債は相互に帳消しになる。そしてこれは、とくに相殺（*compensation*）と呼ばれる。さらに、たとえ借りの額が同じでなくても、額が一致する範囲内で負債は帳消しにされ、残りの額だけが支払われればよい、と考えられるべきである。

〔二〕第二の方法、すなわちなんらかの免除の方法に含まれるのは、論争の的となった要求を無効にするために同意されるあらゆる合意または契約（*transactions* or bargains）である。また、債務者が、債権者の同意のもと、彼に支払うべき同額の負債を彼自身に譲渡する委任（*delegations*）も同じである。また、借金を免除し、代わりに任意のものを受け取ることも、そして最後に、当事者双方の見解の相違も、ここに含まれる。双方の見解の相違によって、契約に基づく互いの責務は解消されるからである。

三、条件の消滅の項目に含まれるのは、契約の一方の当事者の背信行為（*perfidy*）である。この行為がなされたとき、もし相手が背信者に契約の履行を強制するよりも、むしろ契約の解除を望むのなら、それが実現される。また、状況の変化（*change of state*）もここに含まれる。これによって、明らかに状況に基づいていたすべての責務が無効とされる。また、期日の終了（*expiration of the time*）もここに含まれる。これによって、もはや存続していない責務が帳消しになる。最後に、死（*death*）によって、当事者にのみ関係した、そして債権者の相続人に受け継がれるとか、債務者の相続人に効力が及ぶと意図されていなかった責務が帳消しにされる。そして、これらの点は一般的に、仕事の本性または契約の条項から知られる。

二　自然的自由において争いが最善の解決をみるのは、当事者同士の友好的な協議または共通の友人の介入、あるいは、是認された人格をもつ仲裁人への絶対的な妥協または服従（*compromise* or submission）によってである。そして仲裁は、権利の厳密な点に関して、あるいは、双方における公正で思いやりのある役割に関して、なされる。善良な人なら誰でも、常にこの後者〔の仲裁〕に服従することを選択し、権利の厳密な点を主張しようとはしないだろう。

適切な仲裁人は、知恵者で、どちらの側にも特別な思い入れがなく、そしてどちらの当事者に有利な訴訟の解決をしても、それによってなにも得られない人物である。利害や情念の影響をなんら受けていない人々は、たとえ論争中の当事者たちより賢明でも善良でもなくても、何が正当で公正なのかを、いっそう容易に識別するだろう。当事者たちは彼らの決定を守らなければならない。ただし、一方の当事者との密約といった〔仲裁人の〕堕落の証拠を彼らが見つけるのなら、あるいは、明らかに〔仲裁人の〕欺瞞や不公正を証明するにちがいないほどの明白な不正がその決定にあるのなら、話は別である。しかし、もしその不正が決定における小さな不平等や誤りにすぎず、しかもなんらかの権利の見せかけに基づくのなら、たとえそれによって一方の当事者が自分は不正に扱われたと考えようと、それにもかかわらず、彼はその裁定に服従しなければならない。

仲裁人は、裁判官のように手続きを進めるべきである。まず、当事者の告白、署名入りの証書、あるいはその他のしかるべき文書によって真実を明らかにする。次に、証人を召喚し、宣誓のうえで彼らに質問をする。その際、証人が利害のゆえに一方の側に組していないかどうか、たえず注意する。そして仲裁人は、手続きの進行にあたって、少なくとも二人の証人を要求すべきである。というのも、もちろん証人の数に比例して信頼性が増大するわけではないし、一人の賢明で正直な人物の証言で完全な満足が得られることもあるのだが、もし一人の証言に基づいて手続きを進めるのなら、それは危険だろうからである。というのも、途方もない偽善と狡猾さと冷静さをもつ人物なら、充分に首尾一貫した物語をでっち上げることができるから、彼に対する質問で、その虚偽を見破ったり、彼を自己矛盾に追い込んだりすることができないからである。しかし、二人あるいはそれ以上の証人が互いの証言を聞くことなく、別々に質問を受けるとき、しかも、実際にその場に居合わせた人物によって目撃されたであろうすべての状況（きわめて多数のこのような状況が賢明な裁判官には思い浮かぶだろう）に関して質問を受けるとき、もし彼らが互いに矛盾するのなら、あるいは、両者が常に同じ状況を思い出し、かつ、常に同じ状況を忘れたとか、見過ごしたと主張するのなら、彼らは、共謀による欺瞞の明白な証拠を示している。［したがって、このように質問された二人の〔供述の〕完全な一致は、充分な証拠となる。］

三　約束、契約、遺言、言葉で記された法の正しい趣旨と意味を明らかにするためには、解釈の適切な規則がしばしば有益である。しかしこの規則は、倫理学よりはむしろ批評の技術に属する。というのも、この規則は次の問題に固有ではないからである。

一、他の人々と契約を結ぶと明言し、契約することを一般的に表す記号・合図を使用する人々は、彼らの精神がそのときどんな状態にあろうと、〔契約に〕拘束されるとみなされることになる。われわれはこのことを依然として肝に銘じておかねばならない。そうでなければ、商業におけるいかなる信義も不可能となるだろう。

二、ありふれた日常的な言葉（*popular words*）の意味は、元来の意味つまり語源的な意味を考慮することなく、慣習によって決定されるべきである。ただし、それらが通例でない意味に解された証拠が明らかにあるのなら、そのかぎりでない。

三、専門用語（*terms of art*）は、専門家の定義にしたがって理解されるべきである。

四、ある証書のさまざまの部分が同じことがらに関係している場合には、多義的あるいは不明瞭な部分は、より明白かつ明晰な部分によって、明確化されるべきである。

五、ある言葉が、単純で比喩的でない意味に解されると、矛盾した不合理なことを表すのだが、比喩的な言葉として解釈されるとそうはならないのなら、それらは比喩的だと考えられるべきである。

六、その先行部分における権利を、後続部分に同意しない人には与えない証書では、後続部分が先行部分を限定している。このことは、遺言のさまざまな部分でも、同じ当事者間で作成されたさまざまな証書でも、成立する。

七、また、主題、状況、影響、および帰結（the *subject-matter*, the *circumstances*, *effects*, or *consequents*）から、正当な解釈の推測を導き出すべきである。というのも、主題と状況に適した解釈、あるいはなんら不合理な帰結を含まない解釈こそが、おそらく正しい解釈だからである。

八、契約は、その当事者の目的を知ることから、最善の説明がなされる。同じように、法は、その理由と意図〔を知ること〕から、最善の説明がなされる。

九、また、われわれは、問題が望ましい（*desirable*）、または好ましい本性をもつのか、反対に望ましくない、または不快なものなのかに注意すべきである。というのも、それぞれの場合に応じてわれわれは、言葉により広い意味を与えたり、より限定された意味を与えたりするからである。

四　しかし、自然的自由において、論争中の当事者たちの全員あるいは任意の人々が、自らの体力を頼りにし、しかも、敵が選ぶかもしれない仲裁人に影響を与える敵の勢力または術策を各自が恐れ、妥協を拒否する場合には、それぞれの〔権利の〕擁護者が、隣人から得られるすべての助力とともに、暴力によって自己の権利を遂行するよりほかに、解決策は残されていない。そしてこの手段によって、多数の人々がしばしば甚大な不都合と危険に巻き込まれるにちがいない。ところで、この災いを避けるために、そして、大きな社会が少数の賢明な人々の権威によって規制されるために、人々が、自らの論争の解決にあたって、また、自らの結合された力をすべての人々の共通の安全のために発揮するにあたって、政治的統合と市民的権力に頼ったことは、ありうることである。

# 第三部　家政学と政治学の諸原理

# 第一章　結婚について

一　われわれは第二部で、自然によって構成された自由の状態（*state of liberty constituted by nature*）の権利と責務を論じた。つづいて、人間の行為または制度に基づく人為的な状態（*adventitious states*）へ話を進める。この状態は、家族内的（*domestick*）であるか、公共的（*publick*）である。前者は少数の、一家族で生存しうるだけの人々の効用にかかわる。後者は国民または国家の全体の効用、さらには多くの国家の効用にまでかかわる。

家政学（Oeconomicks）は、一家族における権利と責務を扱う。その主要な論点は、最初の三つの章で述べられる。ある政治体の内部に存在し、そこに従属する、比較的小さな共同体または団体として結合された人々の人為的状態も、その他に多く存在する。それらは数えきれないほど多数あり、哲学の認識の埒外にある。

二　あらゆる種類の地上動物は、性の差異、子孫への欲望、そして子孫が独り立ちできるまでの子孫への思いやりのある配慮によって存続しているのだが、もし自然がこのような存続を顧慮しなかったなら、彼らは一世代しか生存しなかったにちがいない。野生動物の場合、自然はそれ以上のことをほとんどしなかった。というのも、野生動物の子どもは、その単純な生活形態のための教育をほとんど必要としないので、雌親の配慮で充分に保護と育成が可能だからである。自然は、彼らが必要とするすべての衣服と鎧を与える。そして大地はひとりでに彼らの食物を豊富に提供する。しかし、人間の生活の改善には、いやその維持にさえ、多数の技術と発明品が必要である。というのも、彼らの肉体はより繊細であり、より質の高い食物と衣服、そしてその他の配慮を必要とするからであり、彼らの精神は多くの楽しい技芸をおこなうことができるからである。それゆえ彼らの子どもは、自然の賢明な秩序によって、はるかに長く未熟で弱々しいままであり、大人の絶えざる配慮を必要とする。それは、彼らが、御しがたい強さを獲得する前に、このようにしてより容易に管理され、生活の多様な技術と知識を教育されるようにするためである。

ところで、この必要で骨の折れる仕事には、母親一人ではまったく不充分であり、また自然は明らかに、親としての強い愛情を両親に植えつけることで、彼らがこの仕事をせざるをえないように仕向けた。したがって両親は、共同労働と、自分たちの生活の大部分に対する統合された配慮をもって、この仕事で協力しなければならない。そして、もし彼らが前もって愛と揺るぎない友情で結ばれていないのなら、これは決して彼らには耐えられない。というのも、あらたに子どもが生まれ、この共同の仕事を延長していくにちがいないからである。この骨の折れる役務に人類がいっそう喜んで取り組めるように、自然は両性のあいだに激しい愛情を植えつけた。ただし、この愛情が刺激されるのは、獣のような快楽の見通しよりもむしろ、彼らの行動に示され、彼らの姿と表情そのものにさえ示される徳のあらわれによってである。この強い衝動は、明らかに次のことが自然の意図だと示している。すなわち、まず揺るぎない友情で結ばれ、そして生涯にわたる共同生活と二人の共通の子どもへの共同の配慮とに関する確固とした信約で結ばれた両親によってのみ、人間の子どもの増加が実現されるべきことである。というのも、あらゆる真の友情は永続性を目的とするからである。決められた年数の期間だけの結合（bond）に友情はない。あるいは、両当事者の最高の誠実さでも実現できない特定の出来事に基づく結合にも友情はない。

三　異性へのこの自然な愛と子どもへの同じく自然な愛から、プラトンとその他の卓越した著者たちが正当に非難されるべきことが明らかとなる。というのも、彼らはあまりにも無謀に自然から乖離していて、彼らの〔主張する〕国家では〔わが子かどうか〕両親に知られていない子どもによって、新しい臣民（new subjects）が供給されるように定めているからである。もちろんこれは、いくつかの悪を防止するためであるが、それらは、はるかに容易かつ穏当な方法で防止できる。というのも、自分の子どもについてまったく確信がもてず、それゆえ自然な愛情に動かされない人物がその子に適切な注意を向けるように、法や制度が充分な強制力をもつことは決してありえないからである。あるいは、仮に彼らへの強制が有効だとしても、自分の子どもだと確信している親にとっては容易で楽しいその労働が、彼らにとってはきわめて不快となろう。そしてさらに、人は、自分の子どもが分からないうちは、あらゆる勤勉と勤労へのもっとも強い誘因の一つを欠いている。それればかりではない。さらにプラトンの国家案は、理解しうる充分な理由または基準もなしに、優れた精神をもつ少数者の幸福のためだけに考案されていて、その一方で、多数者が悲惨な奴隷状態に服従させられている。

（原注1）プラトンの著作『国家』における彼の国家案を見よ。彼の案によって回避される悪は、貪欲と不正である。すなわち、広大な土地と、それに付随する権力と影響力が、無価値な相続人に受け継がれること、また、一つあるいは二つの家族の〔婚姻〕契約による集団において人々の愛情を利用することである。この愛情の利用は、もし回避されなければ国家全体にまで拡大され、そこから多くの紛争と党派が生じるかもしれない。

それればかりではない。各人が自分自身の子どもを知ることから上述の不都合が生じるのをプラトンは非常に恐れているが、その不都合は、その他の手段で、すなわち教育・遺言・相続についての適切な法と公的な制度で防ぐことができる。また、あらゆる国民において容易に知りうるように、われわれは、しばしば国家を瓦解させる党派を、われわれが血縁を知ることに帰すことはできない。〔もしプラトンが党派の形成を防ぎたいのなら〕彼は同時にまた、あらゆる個別的な友情を防止すべきだったろう。あるいは、子どもの教育や肉親への愛について、または自らの遺言の作成において、彼が人々に認める〔賢明さ〕以上に、人々は友人または国政担当者の選択にいっそう優れた賢明さを発揮することを、彼は証明すべきだったろう。

多くの〔心身ともに〕非常に脆弱な人々が思いやりのある親の愛情のおかげで巨額の富にありつくことから生じる危険に対する懸念には、根拠がない。虚弱な人の子どもはしばしば非常に壮健であり、壮健な人の子どもはしばしば心身ともに脆弱である。どんな国家にとっても、全成員が屈強または聡明たることは必要ではない。また、ときにはもっとも優れた才能が虚弱な身体に宿ることもある。

四　したがってわれわれは、少数の不都合に対する恐れから、自然がきわめて強く推奨してきたことを妨げてはならない。むしろ、いかにすれば結婚生活で信義に厚い友情が維持されうるのかを証明する論証の演繹的帰結のすべてを、子どもの適切な教育のために、同じ数の神聖な自然の法とみなすべきである。人々は、神と自然に対する侵犯として、すべての途方もない肉欲だけでなく、生活のための仲むつまじい関係についての適切な信約を伴わない自堕落な生殖をも抑制しなければならない。というのも、もしこのような耽溺があらゆる人々に許されたなら、それは若者の精神と身体をともに損ない、父親の保護を欠いた人種を生み、軽率な母たちを、評判のよい生活状態にいつかいたるという希望のない、汚名、貧困、永続的な放蕩生活にさらすにちがいないからである。〔だとすれば〕同等の汚名がもう一方の性に、すなわちこの悪徳の共犯者あるいは誘惑者に与えられることを、願わざるをえなくなろう。

自分の生活条件で家族を養えるだけの充分な富をもち、同時に、家族を治めるのに充分な思慮分別をもつ成人は、家族への配慮と両立しないなんらかの重要な任務によって妨げられないかぎり、結婚の責務を負っているように思われる。もしある人が、人類の維持に必要な配慮と役務の分担を、重大な理由もなく拒否するのなら、それは不名誉であろう。

五　この〔結婚の〕信約における主要な条項は次の通り。一、「女は、他の誰とも暮らさないことで、男に対して貞節たること」。というのも、不義の子どもを彼に押しつけて、彼の財産の相続人とし、また、本来は彼自身の子どもにのみ向けられるべき愛情の対象とすることは、最大の侵害にちがいないからである。

二、第二の条項は「夫は同じように妻に対して貞節たること」である。というのも、一方で夫婦としての妻の愛情と彼女のすべての配慮と財産が、一人の男とその子に捧げられねばならないのに、他方で夫の愛情は、数人の女とその子たちに横取りされるか、彼らのあいだで分散されるのを許され、それに伴い彼の財産もそうなるのなら、それは当然の不正だからである。

同時的な一夫多妻制は、男たちに認められるべきではない。それは、上述の不平等や不正のためばかりでなく、一夫多妻制が結婚におけるあらゆる友情を損なうからでもある。つまり、一夫多妻制は、必ずや永続的な言い争いの原因となり、このような不正な扱いを受けた女たちを不義へと誘い、男たちの精神を気まぐれな肉欲で腐敗させ、わが子への自然な愛情を破壊し、そして、幾人かの男たちにあまりにも数多くの子どもを与え、それゆえその子たちは顧みられず、この自堕落な親に対する義務の感覚をまったく欠くことになるからである。さらにまた、摂理は男の数を女の数と少なくとも等しくなるよう維持しているので、もし男たちに二人以上の妻を同時にもつことが許されるのなら、多くの男たちは、結婚および子どもをもつことから完全に排除され、それゆえ、社会のなかで男たちを主に文明化し統合する思いやりのある絆に与れなくするにちがいない。一夫多妻制は国民の人口を増やすことに貢献せず、むしろその反対の効果をもつ。

三、第三の条項は、結婚した人たちが、関心と追求目的の永続的な統一によって、自分たちの家族の繁栄、とくに彼らの共通の子どもの正しい教育と、その機会があれば自分たちの境遇の改善を、顧慮すべきことである。

われわれは、これらの条項の遵守によりいっそう適するように、幼いころから慎み深さと貞節に慣れるべきである。慎み深さと貞節に対する高級な感覚は、自然によってもっとも優れた精神のなかに深く埋め込まれている。言動におけるあらゆる猥褻と好色は、嫌悪すべきである。というのも、慎み深さの拘束によって、若者たち、とくに女たちが、あらゆる汚名と不幸に直面することから守られているのに、猥褻と好色がこの慎み深さを弛緩させるからである。

四、第四の条項は「〔結婚の〕絆が永遠で、ただ死によってのみ終わりを迎えるべきこと」である。これは、結婚を友情の場とするのに必要であり、また、一般的に子どもの正しい教育のためにも必要である。というのも、子どもは、人生のかなりの期間、次々とわれわれのもとに生まれてくるからである。この持続的な義務あるいは責任は自然によって等しく両親に課されている。また、道徳上の卑しさをなんら含まない理由で、貞節で愛情深い配偶者と離婚または別居することは、きわめて非人間的であろう。たとえばそれは、不妊症、虚弱体質、あるいは、人間には防ぐことができない、そして捨てられる人にも同じ苦しみを与えているにちがいない陰鬱な出来事、つまり、共通の子ども全員の死などを理由に、離婚または別居する場合である。

〔結婚の〕当事者のいずれかに与えられる、命令の適正な権力または権利は、結婚の源泉たる思いやりのある愛情と対立するように思われる。後者はむしろ、仲むつまじい対等な関係を目指すからである。屋内でのさほど重要でない仕事よりも優先されるべき、一家のより重要な仕事の経営に関して、男のほうが一般的により適しているということ以外に、夫に優位性を与えるべき理由は他にないように思われる。

上述の四つの条項は不可欠と思われるから、これらの条項に反する両当事者のどんな信約も有効となりえない。（原注1）したがって、結婚は「生涯にわたる誠実な共同生活と共通の子どもに対する共同的な配慮についての、男と女のあいだの信約」と定義することができる。

（原注1）もしある人が、この問題について、同時的な一夫多妻制が認められていた文明国民もあった、と主張するのなら、彼には、よりはるかに文明の進んだ国民において、人間のいけにえも、また、明らかに不正で非人間的なある種の奴隷制も、同じように認められていたことを思い出してもらおう。そして、複数の妻はユダヤの法によって認められていたけれども、よりはるかに純粋な法制度がわれわれに教えてくれることは、それが彼女たちの心の忍耐力（*the hardness of their hearts*）のゆえに許容されていたこと、あるいは、たんに罰せられずにすむことが認められていただけで、是認されていたわけではなかったことである。内縁関係（*concubinage*）は、異教徒のローマでもキリスト教徒の皇帝のもとでも、妻をもたない人々だけに認められていたのであり、それは自然法上の結婚であった。ハイネキウス(1)『古代ローマ法制論（*antiquities*）』第一巻第三八章の補遺およびその後続を見よ。

六　結婚の障害（*impediments*）は、はじめからその契約を無効にすると考えられるものか、または、有効

(1) ハイネキウス（Johann Gottlieb Heineccius, 1681-1741）。ドイツの法学者・道徳哲学者。ローマ法とドイツ法の権威。その著作は一世紀を超えて版を重ね、ヨーロッパ各国で高い名声を博した。英語・フランス語・イタリア語・スペイン語に翻訳された『自然法要綱』（1737）では、無限に賢明で善なる神の定義から愛が自然法の原理であるとし、そこから献身、友情、博愛心、正義、人間愛、善行などを論じた。また、君主と民衆はともに自然法に従うが、両者間の判定者は神以外にいないこと、それゆえ自然法のもとで民衆は、君主に裁きも抵抗もできないが、極限の状況では祖国を離れることができるとした。

な契約を後に無効にすると考えられるものである。前者には、自然的なものもあれば、道徳上のものもある。

自然的な障害には、結婚に適さないほどの明白な虚弱体質のほか、仲むつまじい関係を築けない、あるいは生存可能な子どもをもうける希望がまったくもてない重症の疾患と悲惨な不治の病も含まれる。たとえばそれは、白痴、治る見込みのない狂気、らい病[2]、その他の病気である。いずれか一方がかなり年上なら、若い盛りにある人との結婚が無効になると正当にみなされよう。しかし、〔たとえ大きな年齢差があっても〕ともに充分年を重ねた二人が継続的な共同生活について信約を交わすのなら、そこにはなんら非難すべきものはない。第三の〔自然的な〕障害は、いずれか一方があまりにも若いので、契約で自らを拘束するのに必要な理性の使用をおこなえるはずがない場合である。というのも、未熟な年齢のゆえに他の件では自らを拘束できないとみなされる者が、他のなによりもはるかに重要な、より優れた判断力を必要とするこの〔結婚の〕件ではそれができるとみなされるのなら、それはもっとも不合理なこととなるからである。

〔結婚の〕契約をはじめから無効とする道徳上の障害は、別の人との先行契約と、あまりにも近い血縁関係および姻戚関係（*too near consanguinity or affinity*）である。

前者について。もし他の人との〔結婚の〕先行契約をともに知る二人が結婚しようとするのなら、その結婚は完全に無効と考えられるべきである。そして、二人はともに厳罰に処されるべきである。もし二人のうちの一方が、その契約を知らなかったのなら、この人の言い分は非常に有利なので、共同生活によって確立されたその結婚は、この人が望まないかぎり、無効にされるべきでない。それはちょうど、他の契約で、後続の物的な権利が、先行する人的な権利より優先されるのと同じである。しかし、罪のあるもう一方の人は厳罰に値する。そして、完璧な結婚のあとでさえ、このような欺瞞が生じる余地がないように、あらゆる国家は、意図されたすべての結婚が前もって公表され、また、式を挙げる結婚ももっとも公的な方法で発表されるよう、配慮すべきである。

結婚を無効にする血縁関係については、もっと難しい議論がある。親と直系（*direct line*）の子どものあいだでは、自然の法はすべての結婚を禁じているように思われる。それは、相当な年齢差のゆえだけでなく、自然によって〔魂に〕埋め込まれ、教育によって確立された親への崇敬の念と、夫婦としての愛情と親密さがまったく両立しないように思われるからでもある。傍系（*transverse line*）の親族すなわち傍系親族（collaterals）[3] との結婚については、優秀な人々が提示する自然的理由は、この結婚が有害または不信心だと証明するほど決定的でないように思われる。だが、ユダヤの法からなにも受け継がなかった多くの国民が、傍系親族との同じ結婚を近親相姦で不純とみなしていたことを[原注1][4]、われわれは知っているから、この結婚が世界の

---

（2） **leprosy** の訳語。現代では「ハンセン病」と訳される。「らい病」は差別語となってきたが、しかし、本書が十八世紀の著作であり、病名の元となったハンセン（A. G. Hansen）が十九世紀から二十世紀初頭の人であることから、ここでは「らい病」とした。

（3） 「傍系親族」は、「傍系血族」と「傍系姻族」を含む親族の総称である。「傍系血族」は、自己と同じ始祖から分かれ出た血族で、兄弟姉妹、おじ、おば、おい、めい、いとこなどを言う。「傍系姻族」は、自己の配偶者の傍系血族および自己の傍系血族の配偶者である。

初期段階において神のある実定法によって禁じられてきたこと、そして、この法のなんらかの痕跡が多くの国民のなかに保存されたことは、ありえないことではない。この法の意図はおそらく、血縁関係と姻戚関係からしばしば生じる善意と親愛の情を、もっと広く多くの家族のあいだに広めることだったのだろう。神はまた、人類の子孫にとって、その他のなんらかの利益が多様な家族のこの混合から生じることを見通していたのかもしれない。

〔原注1〕以下を参照せよ。『レビ記』第一八章。タキトゥス[5]『年代記』第一二巻第五節〔および第六節〕。『学説彙集』[6]第二三巻第二編第五〇章第一七節と最終節、および第三九巻第五〇章第五三節。グロティウス〔『戦争および平和の法について』〕第二巻第五章の一二〔および一三、一四〕。

ローマ法と全キリスト教徒の慣習によって、四親等（*fourth degree*）以内のすべての人々には、結婚が禁じられている。ここで親等は次のように数えられる。つまり、血族関係にある〔二人の〕人たちには共通の祖先がいて、この祖先から両者までの世代数〔の合計〕が、その親等数である。同様に人は、自己の血族の女と同じく、自己の先妻のこのような血族の女、すなわち四親等以内の女との結婚も禁じられている。〔四親等という〕同じ言葉を保持する教会法は、しかし、この禁止の範囲をもっとずっと拡大した。というのも教会法は、親等を〔祖先から両者への〕系統の一方のみの世代数にしたがって、また、両系統の世代数が異なる場合は大きいほうで、数えるので、こうして市民法での七親等以内のすべての結婚[7]を禁じるからである。

七　有効な結婚を破棄する原因は、〔結婚の信約における〕本質的な条項の侵犯である。たとえばそれは、不義、〔夫婦の義務の〕頑強な放棄、きわだった敵意または憎しみ、そして、将来の仲むつまじい関係への希望を完全に失わせるほどのひどい乱暴である。結婚がこうした原因で破局を迎えるとき、罪を犯した人とその共犯者は極刑に値する。というのも、結婚におけるこれらの侵害は、死刑が科される窃盗や強盗よりも、いっそう大きな災いを与え、より深い苦悩を引き起こすからである。無実のほうの人は、再婚を許されるべきである。というのも、この人はすでに侵害を被ったのだから、法が、この人から再婚と子どもへの望みを

---

(4)　原文では、この原注は「ユダヤの法」に付されている。しかし、原注に挙げられた参照個所は、ユダヤの法だけでなく、古代ギリシア・ローマの慣習や法、自然法および神意法などにも関連している。そこで、この原注は「傍系親族（とくに傍系血族）との結婚が近親相姦で不純とみなされていたこと」の具体例をあげるために付されていると解釈し、原注をここへ移動させた。

(5)　タキトゥス（Cornelius Tacitus, 56?–120?）。古代ローマ帝国最盛期の政治家・歴史家。現在のフランス南部にある属州の中流家庭の出身ながら、元老院議員、執政官、属州統治者にまで出世した。『年代記』は、晩年に書かれた代表作で、アウグストゥスの死からネロの死に至る五五年間の、皇帝および側近たちと元老院との葛藤を描く。

(6)　『学説彙集（*the Digest*）』。六世紀に東ローマ皇帝ユスティニアヌスの命によって編集された五〇巻からなる学説の抜粋集で、『ローマ法大全』の大部分を占める。なお『ローマ法大全』については、第二部第一章の訳注（2）（一五一頁）を見よ。

(7)　ここで「市民法での七親等以内のすべての結婚」と訳したのは、原文で **all marriages within the seventh degree of the civil law** となっているからである。しかし、教会法の数え方で「四親等以内の結婚」を禁じれば、通常の数え方での「八親等以内の結婚」を禁じることになるはずである。

奪うことで、さらなる苦難を科すとしたら、それはあまりにも非人間的だろうからである。そればかりか、もし罪を犯した人が生存を許されるのなら、この人も、自分の罪の共犯者が相手でないかぎり、結婚を妨害されるべきでない。この人はむしろ、自分と同じ汚名を受けた人物と結婚する責務を負うべきである。

福音書における、不義の場合以外のあらゆる離婚の禁止は(原注1)(8)、誓いのあらゆる利用の禁止と同じように、省略的（*elliptical*）と思われる。この禁止(原注2)はただ、ユダヤの学者が特定するすべての〔離婚〕原因を、一つを除いて非難しているだけである。使徒パウロは明らかにその他の原因を、しかも明白な理由としてそれを認めている。すなわち、〔キリスト教徒でない夫または妻がキリスト教徒の相手から立ち去るという、夫婦の義務の〕頑強な放棄である。

（原注1）『マタイによる福音書』第五章第三二節。『ルカによる福音書』第一六章第一八節。

（原注2）『コリントの信徒への手紙 一』第七章第一五節。

既婚者たちの義務はおもに、誠実な不断の愛情、生活態度の穏和さ、自己の家族への周到な配慮にある。そしてこの目的のためには、彼らがあらゆる徳について、とくに気質の穏やかさと冷静さについて自己の精神を改善すること、それによって家庭内の出来事が刺激しがちな情念を抑制できるようになることが、必要である。これらの徳がなければ、〔家族との〕継続的な親しい関係とあらゆる事物の共有は決して耐えられない。自己の境遇を改善する方法について彼らは、哲学ではなく、その他の学問・技術から学ばねばならない。

# 第二章　親と子どもの義務

一　人間の子どもは長期にわたり脆弱で、独力で生存することができず、生活に必要な知識・技術および作法の教育のためにも、生存のためにも、他の人々の継続的な配慮を必要とするから、自然は明らかに、親〔の魂〕に植えつけられた特別な愛情によって、この仕事を親に課した。それゆえ自然は、親がこの委託〔された仕事〕の遂行に必要なあらゆる権力を引き受けるべきことを意図し、かつ、子どもをその権力にゆだねたにちがいない。と同時に、この思いやりのある愛情によって〔親には〕充分な予防措置がとられているから、子どもは、自らの自由を支障なく享受できるときには、ただちにそれを獲得することができる。というのも、自由なしに子どもは幸福になりえないし、それは親がもっとも気にかける点だからである。未熟な年齢における判断力の欠如と思いやりのある親の愛情という、親の権力のたった二つの根拠から明

(8)「福音書における、不義の場合以外のあらゆる離婚の禁止」は **the prohibitions in the gospel of all divorces except in the case of adultery** の訳である。原文は、「夫または妻が不義をはたらいた（姦通の罪を犯した）場合にのみ、離婚が認められる」という意味に読める。しかし、原注に挙げられた福音書の参照個所では、「妻を離縁して他の女を妻にする者は、姦通の罪を犯すことになる。離縁された女を妻にする者も姦通の罪を犯すことになる」と述べられている。つまり、原文とは原因と結果が逆になっていて、姦通（不義）は、離婚が許される原因・理由としてではなく、もし離婚すれば犯しかねない罪として、離婚を禁じる目的で述べられている。

らかとなるのは、この権力が永続的または生涯を通じるものではありえず、子どもが成長して心身ともに成熟した強さをもつようになれば、ただちに失効せねばならない、ということである。しかし、親の愛情はいつまでも残り、子どもが自分の援助や助言を必要とするとき、親はこの愛情に動かされて思いやりのあるあらゆる役目を果たそうとするだろう。

同じ考察から、この権力がかなり過酷な罰にまで、たとえば、このような幼い年齢での教育には必要となりえない罰にまで拡張されるはずはなく、ましてや〔子どもの〕命や自由〔の剥奪〕にまで拡張されるはずもないことが、明らかである。親は、わが子を売却して永続的な奴隷状態へ貶めたり、その教育への必要かつ賢明な支出の価値をこえて、子どもに重荷を負わせたりする権利をもたない。

二　この親の権力は等しく両親に属するが、家庭内の問題では、父親の権力が少し優越している。しかし、もし彼が死んだか不在なら、この権力は全面的に母親にゆだねられる。

つまらないのは、この権力の根拠をたんに生殖に求めること(原注1)、あるいは、手持ちの材料からわれわれの労働でつくった財に関する、または、生物であれ無生物であれ、〔労働による〕ある事物の付加物に関する〔労働が所有権を設定するといった〕法的原則にしたがうことである。これらの財や付加物には、理性の使用も、なんらかの権利を保持する能力もないからである。子どもの身体と魂はともに神の力によって創られているから、彼らは、たとえしばらくは他の人々の知恵によって支配されねばならないとしても、成長すれば、われわれと同じ生活条件と権利の平等性に到達しうる。というのも、子どもは、親からまったく独立した所有権とその他の権利をもちうるからである。親は、他の人々がわが子に与えた財に対して、後見人または保護者がもつより他の権力をもたないように思われる。親がわが子を遺棄したり、完全に無視したりして、自然によって自己に委託されたわが子の保護〔の義務〕を放棄するのなら、それがどんな人であれ、この保護と結びついた親の権力をも同時に喪失する。そして、この子どもの面倒を見る人が、親の全権力を獲得する。

〔原注1〕 これは、ホッブズとフィルマー(9)への反論を意図されている。

親が負うもっとも神聖な責務は、わが子らに生活のあらゆる必需品を与えること、さらに、できるかぎり彼らの境遇を改善すること、そしてなにより、教育と実例によって彼らの生活態度を完全な徳へ形成することである。というのも、これがなければ彼らの生活は、たとえ非常に裕福でも、必ず不幸で恥ずべきものとなるからである。

自己の財産をもたない子どもに親が支出するものは、贈与であると正当に想定される。そして、それほど困窮しているわけでもない親が、食事、衣服、そして必要な教育〔の各費用〕を負債としてわが子に課すこ

---

(9) フィルマー(Sir Robert Filmer, 1589–1653)。イギリス王党派の政治思想家。社会契約説を批判し、政治権力の根拠を聖書の記述に求め、神がアダムにその子孫を支配する絶対的権力を与えたこと、この権力がアダムの直系の子孫である君主に受け継がれていること、それゆえ君主の権力は絶対無制限であることを主張した。一六三〇年代後半に執筆された『家父長論』は、復古王政の政治状況のもと一六八〇年に公刊され、王党派の理論的根拠とされた。ロックが『統治二論』の前編でこれを論駁した。

とは、非人間的であろう。しかし、もし親が非常に困窮しているのなら、あるいは、子どものうちの一人がある別の友人から財産を譲られたのなら、親はわが子らに関するこのような説明をおこない、彼らの教育に支出されたすべての賢明な費用の支払いを、彼らに要求することが正当にできる。そして、この場合子どもたちは、自己の労働あるいはその他の方法で、この支払いをしなければならない。したがって普通の愛情からわれわれが正当に結論づけることは、親の私有財産が自分自身のためだけでなく、子どものために獲得されることであり、ここから親の遺産を相続する子どもの権利は明らかなのだが、それでも子どもは、このため自分には〔親への〕感謝の義務がより軽くなる、と考えてはならない。むしろ彼らは、それだけいっそう重い義務を負う。というのも、愛情は、より確固とした無私のものであればあるほど、そして、その人物の本性により深く根ざしていればいるほど、それだけいっそう高く評価されるべきであり、また、感謝の責務はそれだけいっそう強くなるからである。

三　法が為政者に権力を委託するように、親は市民法によってわが子に対するさらなる権力を獲得することがある。というのも市民的権力は、〔親の権力と〕異なった根拠とより大きな目的をもつので、親の権力を超越しているからである。そして子どもたちは、すべての人々の善のために形成された社会のなかで、保護と文明生活のその他の便益を、生まれたときから享受してきたのだから、明らかに、善なる市民なら当然におこなうべきあらゆることを、(原注1)彼らなりに共同体のために実践する義務を負っているし、とくにその体制を維持し、同じものを未来の世代に伝える義務を負っている。したがって、重大な緊急事態では、未成年者が人質として正当に引き渡されること、あるいは、もっとも危険な軍事的役務を果たす責務を負わされることがありうる。

〔原注1〕 契約から生じる責務に類似した責務に関する第二部第一四章第二節、および、後述の第五章第二節を見よ。

**四** 子どもたちは、成人しても、親にあらゆる崇敬と感謝の念を抱いているが、それは、彼らのどんな義務でも充分にはほとんど埋め合わせられない〔親から〕受けた恩義への返礼としてだけでなく、神に対する敬意からでもある。というのも、われわれがこの親から生まれ、血と自然的な愛情の絆で、また揺りかごのころから抱く習慣的な崇敬の念で、親と結ばれていることは神の摂理が命じたことだからである。それゆえ彼らは、ちょうど親が長いあいだ彼らの幼稚な愚かさに耐えたように、年老いた親の〔心身の〕弱さまたは偏屈な気性に辛抱強く耐えねばならない。とくに、結婚するときに親の満足を顧慮することは子どもの義務である。というのも、親もまたこの〔人生の〕重要な一歩に深く関心を寄せているからであり、この一歩で、わが子が他の人と生活のための厳格な関係に入り、そこからは孫がその親のもとに生まれ、ときには自己の名と財産を継承し、そして常に自己の最愛の情を注ぐ後継者となるにちがいないからである。

〔子どもの成長によって〕親の適正な権力が失効すると、そのあとをしばしば継承するのが一家の長（*head of a family*）の権力である。この権力の範囲は、家庭内の人々[10]が、明示的であれ暗黙であれ、彼らの同意によって決めるものである。また彼らが、この程度の権力が想定されているとすでに知っている家庭に自発的に留まるか、参加することで、決めるものである。

# 第三章　主人と使用人の権利

一　人類が相当多数になったとき、自己の労働のほか、生活費の蓄えをもたない人々が多くいただろうし、安逸な暮らしのために、他の人々の多くの労働と役務を必要とする、より大きな富をもつ人々もいただろう。そしてここから、なんらかの契約に基づいた主人と使用人の関係が発生したのだろう。しかし、この契約が当初、生涯にわたるものだったのか、一定期間だけのものだったのかは、重要ではない。というのも、期間の点を除けば、その権利と責務はまさに同じだったからである。次に述べる各点のほうがより重要である。

一、心身ともに健全な人物の労働は、使用人の質素な食事と衣服よりはるかに価値がある。というのも、われわれが明らかに知っているように、このような人々は自己の労働でこれらすべてを購入し、また家族の扶養のため、さらにはなんらかの享楽と装飾のため、それ以上の物を購入することができるからである。したがって、たとえある人が自己の契約で軽率にも〔質素な食事と衣服〕より以上のものを求めなかったとしても、その契約は明らかに互恵的だから、彼はこの不平等を是正させる権利をもつ。(原注1)

(原注1)　第二部第一三章第四節。(11)

二、〔契約で〕労働が特定されなかった場合、使用人は、人間愛をもつ人々がこのような状況で自分の使用人に普通要求する労働だけを約束したとみなされる。また、もし彼が自分の仕事を怠けるか、不正を働くのなら、一家の善き秩序のために必要な彼の主人の強制にのみ服従〔することを約束〕したとみなされる。しかし彼は、その他の自然的および人為的権利をすべて保持している。

三、一家の長が家庭内の人々に対して一種の市民的〔政治的〕権力をもつ、という慣習がおこなわれてきたことが知られているのなら、それが人間愛と矛盾せずに運営されるかぎり、使用人もまたこの慣習に同意したと正当にみなされる。使用人は、自己の仕事を実行しなければならないが、しかし市民政府のもとにある被統治者がもつあらゆる権利を、とくに、本性上譲渡不可能なすべての権利を保持し、また、彼の主人によるこれらの権利の侵害に対して、暴力に訴えてでもそれらを正当に守ることができる。

四、契約で役務が特定された場合、使用人はその他の役務の義務を負わない。そればかりか、たとえ役務が特定されず、その契約が永続的あるいは生涯にわたるものだったとしても、主人は彼自身の同意なしに彼を他の人に引き渡すことはできない。というのも、どんな一家のなかで、どんな主人に仕えるのかは、使用人にとって非常に重要なことだからである。そして、このような使用人の子どもに関しては、彼らはすべて

(10)「家庭内の人々」は domesticks の訳語である。domestic の辞書的な意味は「家事奉公人・召使」であり、そこには「実の子ども」など親族は入らない。しかし、このパラグラフでは子どもが成人した後の「一家の長の権力」が論じられているから、この domesticks には成人した子どもが含まれるはずである。

(11) 原文では Book II. xii. 4となっているが、当該個所は原注が付された文脈に合っていないので、内容を考慮して「第一三章」と訂正した。

自由な者として生まれている。

二　ここまでは、契約に基づいた役務について論じてきた。しかし、はるかにもっとひどい役務がある。それは、〔その役務以外の〕他の方法では補償することができないある大きな損害を与えたことで、あるいは、ある大きな罪のゆえに、他の人々に対する終身の労働を刑罰として宣告された人々の役務である。

しかし、これらの場合でも、彼らは人類の全権利を失うわけではない。ただ、損害を補償するのに本性上適している権利、あるいは同様の侵害に対して将来にわたって公衆に保証を与えるのに必要な権利のみを失うにすぎない。もし凶悪犯でさえ、その命が助けられるのなら、彼らが社会の安全のために必要とされるすべての公的な刑罰に耐えたあと、彼らが刑罰として宣告された労働を進んで実行するのなら、さらなる残酷さで彼らを扱うことは不当である。そして彼らは、あらたな侵害、すなわち依然として自己に残された権利への侵害に対して、暴力に訴えてでも自らを守る権利をもつ。しかし、このような〔一種の〕奴隷制は他人々のためだけに設定されているから、その主人はこの〔一種の〕奴隷を、彼自身の同意なしに、他の人に引き渡すことができる。しかし、いかなる理由であれ、そのために理性的被造物〔たる彼〕を、人間の仲間から獣または無生物の仲間へ貶めて、自己の権利をまったくもたない、他の人の所有物に完全にすることはできない。

他の点では野蛮ではない国民が、戦時下のすべての捕虜にこのもっとも悲惨な状態を強要していた。つまり、自国民に対してさえ非人間的な法を制定し、〔戦争などの〕非常に起こりやすい多くの不測の事態に、自国民とその子孫をもっとも悲惨で屈辱的な扱いにゆだねることを奇妙にも企んでいた。この主題については、次の原則が正当と思われる。

一、正当な大義なしに戦争をおこなう者は誰であれ、略奪した人物または財産に対するどんな権利も、つまり、良心の呵責を感じずに行使することのできるどんな権利も、このような暴力によって獲得しない。ただし、(原注1)あとで明らかにするように、彼は、現実の罰を受けることなく、その人物や財産を〔しばらく〕抑留することができる。

(原注1) 後述の第九章第四節を見よ。

二、正当な大義をもつ人も、しかし、自己の要求に正当な制限を設定すべきである。彼は、処罰（***punishment***）、受けた損害の補償（***reparation of damage***）、未来の侵害に対する予防措置（***precaution***）の名のもとでなければ、征服した相手からなにも要求することはできない(原注1)。

(原注1) 第二部第一五章第五節および第八節を見よ。この〔征服された側の〕奴隷状態の主題については、多くの正当な論証が、ロック氏の『統治二論』後編、およびプーフェンドルフ〔『人間と市民の義務』〕の第二巻第四章についてのカーマイケル氏の注釈に見いだされる。

三、〔征服された国民のなかで〕罰せられるべき者は、自己の義務に反する行為または怠慢によって、われわれが戦争で受けた侵害を引き起こした、あるいはその一因となった人々だけである。そして明らかに、任意の国家における成人の被統治者で、公事に参与しうる大多数の人々には、これはめったに起こらないことである。まして、女と子どもについては言うまでもない。しかも、女と子どもは、各国民の四分の三を占め、その私的所有物に関して一家の長と共同の所有者とみなされるべきである。また、一家の長全員が、戦争を継続するために税金を払ったとしても、このことが彼らにおける犯罪と考えられるはずがない。というのも、彼らは統治者の直接的な強制のもとにあったからであり、この統治者はさもなければ力ずくでこの税金を取り立て、不服従の者には刑罰を科しただろうからである。たとえ彼らが、統治者によって公表された一見正しそうなある理由にしたがって、戦争に同意したとしても、彼らの無知は一般的に克服しえないものであり、また、彼らの同意は戦争を引き起こすほど重要ではなく、さらに彼らの反対は、もしあっても、戦争を阻止することはなかったろう。そして、政治的結合体がある人物の罪を、彼に協力しなかった別の人に転嫁させうるなどと、われわれは決して想定することができない。

四、それればかりでない。兵士そのもの、少なくとも公的な評議会に参加したり、影響力を及ぼしたりしなかった全兵士は、正当な大義でのみ従軍するという想定のもとで兵籍に入ったのだから、あるいは、統治者が公表した理由に説得されたのだから、その無知と必然性のゆえに、彼らは完全に免責される。いったん兵籍に入った人々にとって、命令に背くことは死罪である。したがって、もしわれわれが彼らからのさらなる危害に対する保証を得られるのなら、彼らに刑罰として何か苛酷なことを科すことは、きわめて非人間的にちがいない。そしてわれわれは、捕虜をわが国にとどめ、彼らから決してその自由を奪うことなく、わが市民またはわが植民者と混生させることによって、彼らからのさらなる危害に対する保証を常に得ることができる。以上のことはすべて、人間愛にとって望ましいだけでなく、戦争での不確実な出来事と運命の気まぐれの考慮からも望ましい。

五、征服者は、損害の補償という口実のもと、無実の市民にはなにも要求できない。ただし、ある人が別のある人の奴隷または家畜から受けた損害には補償を要求できる、という同じ根拠に基づくのなら、話は別である。つまり「誰であれ、自己の効用のためにある事物を発明または獲得し、その事物によって他の人々が自身の過失なしに害を受けるのなら、その人は侵害を受けた人物に損害の補償をするか、財または何であれ発明品を引き渡す義務を負う、ということ」である。したがって征服者は、征服した市民たちに、戦争の張本人たるその不当な統治者を追放するか、この統治者に損害の補償の責務を負わせるか、あるいは彼ら自身がその補償をすることを、正当に要求できる。そして、これら三つは彼らの選択にゆだねられるべきである。これがもっとも明確に成立するのは、はじめに政府を構成した第一市民、戦争を遂行した評議会が属する国家で絶大な権力をもつ市民、あるいは、不正な意図をもつ自らの君主を抑止できる市民である。公事ではなんら重きをなさない他の人々については、損害の補償にさえ反対する彼らの弁解はより支持を得やすい。

六、しかし、敗戦国が全損害の補償をすませたのなら、あるいは、征服者が威力と軍事行動で補償を獲得し、賢明な仲裁人が充分と判断するような、未来の侵害に対する保証をも得たのなら、もはや彼は、無実の市民に対するさらなる要求をもたない。ところで、彼はこれをすべて、無実の市民から自由を奪うことなく、はるかに容易な、はるかに慈悲深い方法で達成することができる。全損害の補償をしなければならないのは、第一に統治者であり、統治者がそれをおこなえない、あるいはそれを拒否するとき、二番手としてのみ市民たちがそれをおこなう。

七、すでに明らかにしたように、どんな種類の奴隷の子どもでも、すべて自由な者として生まれている。（原注1）

（原注1） 第二部第一四章第三節。ロック氏の『統治二論』後編、そしてまた、フッカー(12)『教会政治の法について』、およびシドニー(13)『統治論』も見よ。

八、ある人物を奴隷として購入する、あるいは、彼を奴隷として留めおく人は誰でも、この人物が正当な根拠に基づいてその自由を奪われたことを、常に証明しなければならない。問題の対象の本来の所有者は常にそこにいる。というのも、自然は各人を自らの主人、すなわち自らの自由の主人としたからである。したがって、冒瀆的な所有者には、その権利を証明することが明らかに義務となる。しかし、不法に占有され、自らの自由を要求している人物には、自分が自由を喪失していないという否定命題を証明することが義務とはならない。［この種の事前調査がなければ、誰もこの場合、公正な購入者になれない。］

九、またここで、もし捕虜を奴隷にできず、奴隷として売却できなかったら、彼らは殺されるだろう、それゆえ彼らはその命とすべてのものをその購入者に負っているのだ、と正当に主張することはできない。しかし確かに、この場合の購入者には、同等の重要性をもつその他の有益な貢献をした人々、たとえば、強盗や殺人者から仲間の市民を助けたり、海賊に身代金を払って彼らを解放したり、もし技芸の助けがなければ致命的となっていただろう病気や傷を治療したりする人々に生じる権利よりも高級な権利が生じるはずはない。これらの人々はすべて、全費用を返済してもらい、自己の労働と技芸に対して気前のよい補償を受けて当然である。だが、彼らがこうして助けた人物を自分の奴隷として要求できるなどと、いったい誰が主張するだろうか。

三　すべての人々の共通の主人であり、常にわれわれとともに存在する神に敬意を払いつつ、自分の仕事を勤勉かつ誠実に実行することは、他の人々に正当に従属する使用人の義務である。同じように、自分が権利をもって要求できる以上のものを使用人に要求せず、あらゆる残酷さと傲慢さを自制することが、主人の

(12)　フッカー (Richard Hooker, 1553–1600)。イングランド国教会の聖職者でオックスフォード大学教授。主著『教会政治の法について』(1594–1600) では、世俗権力と教会が密着したイングランドの政治社会の現実を前提に、教会を過大に権威づけるカトリックと人間の無力さを過剰に強調するカルヴァン派をともに批判し、教会は救済にとって非本質的ではあるが、儀式や教義で秩序を保つには必要とした。また、客観的秩序たる理性の法としての自然法を強調し、政治的支配には支配される側の同意が必要と考えたが、一度与えた同意は撤回できないとし、抵抗権や反乱の権利を否定した。

(13)　シドニー (Algernon Sidney, 1622–1683)。イングランドの政治思想家。ピューリタン革命期には議会軍に参加し、クロムウェルの共和制も支持したが、彼の独裁であるプロテクター制には反対した共和派。ライ・ハウス陰謀で刑死。その理論は自然法的社会契約論で、特に専制君主に対する闘いは反乱ではなく、国民の自衛権の発動であるとして、革命権を主張した。ただし、人間は権利においては平等だが、徳と能力においては差があるとする貴族主義的な考えをもち、平等派的な万人の政治参加を認めなかった。

義務である。というのも、それが次のような人々にはふさわしいからである。すなわち、すべての人々が一つの血筋に属し、本性上相互に同盟関係にあること、運命が気まぐれであること、使用人の魂と肉体がわれわれ自身のものと同じ素材から成り、同じ構造をもつこと、そして、われわれ全員が、すべての人々の共通の親にして主たる神に対して、自分の行動を説明しなければならないことを銘記している人々である。

# 第四章　市民政府の起源

一　家族内的な社会の説明を終えたので、つづいて市民社会の起源と諸権利を明らかにする。〔この社会には、普遍的に理解されているように、ある人物または評議会に与えられた次のような権利が含まれる。すなわち、きわめて多数の諸団体間に生じるあらゆる論争を解決すること、共通の利益のためにすべての人々の行為を指導すること、すべての人々をその命令に服従するよう力ずくで強制することである。〕もしすべての人々が誠実に自己の義務を果たすのなら、すでに説明した〔人々の〕連合によって、人間の生活は充分に豊かで快適となるにちがいない。したがって、人々の弱さあるいは悪徳から生じる災いへのなんらかの恐怖心こそが、彼らに、市民的権力に服従しようという気をもたせたにちがいない。しかし、だからといってわれわれは、市民社会を不自然なもの（*unnatural*）、または自然・本性に反するものと言ってはならない。というのも、理性は自然がわれわれに授けたものだから、われわれが自然に欲する利益の獲得のため、あるいは、それと正反対の悪の回避のために、この理性が必要または非常に役立つと証明するものはすべて、理性と洞察力を先天的に授けられた被造物には自然なものと明らかにみなされねばならないからである。それゆえ人間は、「自然・本性によって統治組織に適した被造物」と正当に呼ばれる。

　すべての人々が充分に正しいので、誰も自分が侵害的と判断することを他の人々にしない、しかし彼らは、利己的な強い欲望と激しい情念の偏見のせいで、自分自身と他の人々の権利について非常に間違えやすい、と想定してみよう。この場合、彼らのあいだには、しばしば論争が生じるだろう。ここでさらに、多くの正直な人々がそのうえあまりにも猜疑的なので、各人がおそらく敵と仲裁人の利害関係や、彼を籠絡する敵の術策を恐れ、自らの論争を他の人々の仲裁にゆだねようとしない、と想定してみよう。もし、これに加えて、両者に自己の力への過剰な自信と、意見に対する頑強さがあれば、彼らの論争は、自然的自由では、暴力と戦争のあらゆる災いによってしか解決されえない。

しかし、より直接的に市民的権力をわれわれに推奨する何かが、われわれの本性にある。庶民がしばしば感づいているように、われわれ人類のなかには、知恵において庶民より明らかに優れた人々がいる。すべての人々が認めるにちがいないように、より優れた賢明さをもつこれらの人々は、多数者の共通の効用にとって重要な多くの事物を考案し発明することができるし、また、もし彼らの指導にしたがうなら、各人が自らの利益を増進できるよう、より効果的な方法を指摘することができる。もし、これらの能力に加えて、卓越した道徳上の徳、善性、正義、不屈の精神もあるのなら、これらの卓越性のあらわれは、すべての人々の信用と信頼を引きつけ、この人物たちを栄誉と権力〔の地位〕へ押し上げようとする彼らの熱意を焚きつける。というのも彼らは、この人物たちの指導のもとなら、全員があらゆる種類の繁栄を獲得できると結論づけるからである。したがって、非常に可能性の高いことは、侵害への恐れだけでなく、卓越した徳とそれらに対するわれわれの自然な高い是認のゆえに、人々が市民社会の最初の形成に取り組んだ、ということである。

二　しかし、不正、生活態度の堕落、貪欲、野心、奢侈が、どれほどわれわれのあいだに蔓延しているかを考えると、市民的権力なしには、社会で享受しうる高い利益と快適さは言うに及ばず、人々が安全に生存を維持することすらできないことは明白だろう。そして、市民的権力によってのみ、人々のこれらの悪徳から生じる恐れのある悪に対して、効果的な対策、とくに、もっとも軽率な人々の感覚を必ず呼びさます対策が、見いだされうることは明白だろう。というのも、たとえ大きな議会の全成員が非常に不正な人々で、適当な機会に各人が自己の利益のために他の人々に侵害をおこなうとしても、それでも各人は、自分がその利益に与れないとき、自分の仲間による同様な不正を憎悪するだろうからである。したがって、各人が自分には大目に見るだろう不正を自分の隣人には非難するという、このような人々から成る議会は、彼らの社会全体に対して決して不正な命令をくださないだろう。もしすべての人々が適切な刑罰によって強制される平等な法の拘束を受けなければ、各人は、恥ずかしさで自分の不正直さを認めようとしないだろうし、他の人々から侵害を受けることを恐れて生きることになるだろう。

社会を安全に維持するその他の方法は存在しない。というのも、たとえ人々が一般的にそれほど堕落していないとしても、また、人間愛と良心のゆえに大多数の人々が侵害を抑制し、たまたま害を受けた人を援助する気になるとしても、もしこの義務のためにわが身を危険にさらさねばならないのなら、多くの人々は恐怖心と臆病さからそれを無視するだろうからである。そればかりではない。充分な数の誠実で勇敢な人々でも、もしある頭目によって指揮されず、その力の発揮において統一されないなら、彼らは各自の異なった見解にしたがって、きわめて多様な方策に走るだろう。そして彼らは、このように分散されているときには、その意図において統一された、彼らほど勇敢でなく人数も少ない人々さえもの、餌食となるだろう。

したがって、より賢明で明敏な幾人かが、無政府状態のこの不都合を観察し、唯一の解決策を思いついたということは、非常にありうることである。その解決策とは、多数の人々が安定した社会に入ることについて相互に信約を結び、個人または社会全体の安全と利益にかかわるすべての問題について、より賢明な少数者の勧告によって規制されるようにすることである。そして〔彼らは〕、この企図から生じる多くの好都合を見きわめ、他の人々にこの企図を説明し、それを実行に移すよう説得した。

三　あらゆる市民的権力の最初の起源を野心的な人々の暴力に求める人たちは、その起源を探している当のものがすでに存在していることを明らかに前提している。というのも、もし多数の人々がすでに自己の指揮と統治に服従しているのでなければ、誰も、国家を形成するほど多数の人々を、自己の権力に服従させるよう強制できるほどの力をもてないからである。したがって、市民的権力が構成されたのは、彼らが最初の市民的権力を生み出したと想定する征服より前である。
一家の有力な長が、多数の使用人とともに、近隣の人々を征服し、そうして彼らの君主として自分に服従するよう強制したのかもしれない、と主張すべきだろうか。もちろん、これは起こったことかもしれない。しかしわれわれは、言葉ではなく、事実そのものを重視すべきである。言うまでもなく、一家の長たちはときに自分の使用人に対して固有の法的権力をもっていた。そしてさらに言えば、われわれが探究しているのは、簒奪という起こりうる不正な方法ではなく、正当な権力の正当で確かな原因である。

四　賢明な人々の評議会による統治が多数の人々の利益に大いに貢献するにちがいないことは、誰も否定できない。確かに、政府の愚かな構想のもとでは、権力がしばしば悪の手にゆだねられ、そこから巨大な災いが生じるかもしれない。というのも、最良の事物の腐敗は、もっとも有害なものになりうるからである。しかし、この、まるで市民政府一般がほとんど有用でないか、有害であるかのような主張は、市民政府にとってなんら不名誉とはならない。というのも、神によって人間には充分な理性の能力が与えられているので、考えられうる無数のものから、より賢明で好都合の形態のいくつかを選択することができるからである。

国家あるいは市民社会とは「自由な人々がその共通の利益のために一つの政府のもとに統合された社会」である。社会全体の共通の利益があらゆる統治組織の目的であることは、すべての人々が認めることである。これを全被統治者が主張し、また、全統治者がそれを自己の尊厳〔の根拠〕として誇りとする。もちろん、うぬぼれた怪物は別であり、彼らは、自らの人間としての立場を忘れ、全能なる神の権利や、さらにはもっと強大な権力までも、わが物とする。市民生活または統治組織という概念そのものは、専制政治や、奴隷に対する主人の権力と対立するものである。したがって、本性上この目的に適合する市民的権力だけが正当である。その他の権力は、たとえ無知な民衆の軽率な行為によって認められたとしても、正当性の根拠をもたない。それを認めた行為には、本質的な欠陥があった。というのも、その行為は、この契約でもっとも本質的だとすべての人々が認めることに関する錯誤に、基づいていたからである。

まるで市民的服従への人々の参入を妨害する意図をもつかのように、幾人かの優秀な著者たち（原注1）が、市民的服従のあらゆる負担を重大視・過大視したことを自慢しているように思われること、しかし同時に彼らが、この妨害を避けようと、自由と無政府の状態をあらゆるもののなかでもっとも恐ろしい怪物として描いていることは、不思議に思わざるをえない。しかしながら、明らかに、どちらの状態にもそれぞれ利益と不利益の両方がある。もちろん、自由の状態には多くの危険が存在する。しかし、それらは連続的なものではない。一般的にいってそれらは、民衆が自ら形成する権力の構想にあまりにも軽率だった場合を除けば、市民生活におけるよりもいっそう大きいし、数も多い。というのも、市民生活においてわれわれは、すべての人々の統合された力による侵害からの保護について、はるかに確かな見通しをもっているからである。正規の政府のもとでの市民生活に特有の悪は存在しない。同様の、あるいはそれ以上の悪に、人々は自由〔の状態〕において身をさらしていた。(原注2) 〔このことは、以下の章で市民的権力の各要素について考察すれば、明らかになるだろう。〕

（原注1）　著者はここでホッブズと、大著と小著の両方におけるプーフェンドルフを念頭においている。後者は、あまりにも盲目的にホッブズに追従し、そればかりか彼の言葉そのものを書き写しさえした。

（原注2）　たとえば被統治者は、共通の利益のため、国家の強化または防衛のため、税金を払わねばならない。しかし、自由〔の状態〕における各人も、自らの便益のため、家の強化と使用人の武装化のため、あるいは、協力者の雇用のため、より大きな費用を自分で負担しなければならない。また、各被統治者は、国家のためにその命を危険にさらす責務を負うかもしれない。しかし、無政府状態での各人も、自らを守るため、より頻繁にそうしなければならないかもしれない。被統治者は、刑事司法権における自己に対する生殺与奪の権力に服従している。しかし同じように、無政府状態での各人も、俺はおまえから侵害を受けた、よって賠償のために力を行使する資格があると主張する激怒した人物のより邪悪な権力に服従している。

もし生殺与奪の権力〔という言葉〕で、申し立てられた犯罪もなしに、気まぐれに人々の命を奪える統治者の恣意的な権力を意味しているのなら、このような権力はどんな賢明な統治組織にも存在しない。いかなる人間の行為も、それを構成できない。

# 第五章　国家の内的構造と至高の権力の各要素

一　統治者たちは、その民衆の実の親あるいは祖先ではない。また、たとえそうだったとしても、彼らは、成人した兄弟に対する親の権力を、そのうちの一人の相続人に譲渡することはできないだろう。というのも、親の権力は、親の愛情と未熟な年齢の子どもたちの弱さにのみ基づくからである。したがって、親の権力は、政治権力の自然な描写または比喩ではあるが、その根拠にはなりえない。いかなる人物も、すでに述べたことから明らかなように、奴隷に対して主人がもつような権力を、民衆全体に対してもつことはできない。神は、なんらかの啓示によって為政者を指名したことも、彼らの権力の本性と範囲を示したことも、統治組織の構想を人類に与えたこともない。最後に、なんらかの正当性の根拠を欠いたたんなる力は、正当な権力を構成しえない。それゆえ、民衆のある行為あるいは契約（*deed* or *contract*）こそが、あらゆる正当な権力の唯一の自然な起源でなければならないことに、なんら変わりはない。

〔しかし〕ある異例の状況では、事情は異なるかもしれない。というのも、すべての人々が認めるように、社会全体の善があらゆる政治権力の唯一の目的だから、卓越した知恵と大きな力をもつ人物が、この目的を充分に考慮に入れながら、すべての人々が試みれば即座に心底から受け入れるはずの法案を定めるのなら、彼は、おそらくなんの不正もなしに、粗野で経験のない民衆にこの法案を課すことができるからである。つまり、たとえ彼がそれに対する彼らの事前の同意を得られなかったにしても、この法案は、彼らが経験すれば即座に是認するはずのものだからである。しかし民衆は、自己の最高の利益を権力者の侵害から守る保証について、たえず疑念と恐怖心を抱きながら生活している場合には、決して幸福にはなれない。したがって、民衆全体の心底からの同意に基づくか、それを迅速に獲得するものでなければ、権力にはなんの正当性もありえないと、われわれは一般的に宣言できる。

二　国家または統治組織を正規の方法で構成するには、次の三つの行為が必要である。第一に、一つの協議組織によって統治される一つの社会に一体となって入るという、各人とすべての人々との契約である。次に、政治体制の構想および統治者の指名に関する、民衆の命令あるいは法令（*decree* or *ordinance*）である。最後に、自らに委託された任務の誠実な執行を支配者に義務づけ、服従を民衆に義務づける、この統治者と民衆のあいだのその他の信約または契約である。もちろん、権力の最初の構成において、粗野で軽率な多数の人々が、より卓越した人物たちの光輝ある徳に対する感嘆の念に満たされて、この三つの正式な手続きを踏んだなどとは、ほとんど信じられない。しかし、権力の正当な構成においてはいつも、この三つの契約の全効力を明らかに内包するもの（原注1）がはじめになされた。というのも、権力のこの構成において、あらゆる立場の人が知り、かつ公言した目的は、社会全体の共通の善だったからである。

（原注1）　プーフェンドルフ〔『人間と市民の義務』〕の第二巻第六章第九節についてのカーマイケル氏の注釈を見よ。

これらの政治的責務を子孫に伝えることについては、次の考察がその説明となるだろう。一、各市民は、自己を市民的権力に服従させるとき、文明生活のあらゆる便益とともに、社会全体からの保護も契約したが、それは、自分のためだけでなく、自分の子孫のためでもあった。この点で彼らは、〔子孫から〕委任されたわけではないが、子孫にもっとも重要な貢献をしたことになる。したがって子孫は、同意していると否とにかかわらず、(原注1)この受けた重要な利益の対価として成人に合理的に要求されうるすべてのことを、国家全体に対して、その能力の及ぶかぎり実行しなければならない。ところで、このようなすべての人々は、国家によって充分長期にわたり文明生活のなかで保護されてきたのだから、彼らがこの国家の防衛と支援に彼らなりに貢献し、また、時機悪く国家を見捨てたりせず、国家の有益な影響力との連繫を子孫に伝えることは、きわめて合理的なことである。

(原注1) これは、契約から生じる責務に類似した責務 (an obligation *quasi ex contractu*) である。第二部第一四章第一節を見よ。

二、どこであれ、ある地域の土地が統合体の市民的権力の支配を受けず、逃亡者および外国の敵の避難場所となっていることは、この地域に設立されたどの政治体にとっても、きわめて危険にちがいない。したがって、このような地域の土地を所有する人々の集団が市民的権力を構成するときには、誰も、自らをこの市民的権力に服従させ、政治体と一体となることなしには、同じ土地を保持しえないように、各人が自分の土地を市民的権力にゆだねると想定することは、正当である。

三、しかし、平穏な時代には、市民が自分の土地を売り、自ら好む他国へ移り、以前の政治的関係から自己を解放しようとするのを妨害することは、国家にとって不正で不名誉だと思われるだろう。というのも、それぞれの被統治者は、毎年納める税金または貢物で、共同体から受け取る通常の便益をすべて相殺しているからである。それに、もし他国にあれば、彼らはよりよく自らの利益を図ることができるのに、それを妨害することは不正であろう。どんな国家であれ、多数の被統治者から見捨てられる危険はない。ただし、国家が悲惨な構成または運営のされ方をしているのなら、話は別で、この場合には、市民は、それを放棄するより正しい権利をもち、その被統治者でありつづけるよう強制されえない。

三　以上のように構成された国家は、法的に一人の人格（*one person*）のようになり、各成員の権利とは異なる権利をもち、どの個人をも拘束しない責務を負い、共通の利益の処置を特定の人物または評議会にゆだねる。このように構成された諸国家は、互いに対して自然的自由と独立の状態にあるから、各国のあいだでは、〔自然的〕自由における諸個人のあいだと同じ権利と法がおこなわれる。諸国家は、自然的自由における諸個人と同じように、互いに対して完全な権利と責務をもち、人間愛に基づく任務に拘束され、同じ自己防衛の権利をもつ。これはすべての独立国家に当てはまることであり、大国であれ小国であれ、どんな国名および称号を担うのであれ、また、質素であれ華美であれ、関係がない。したがって、個人と国家の簡単な入れ換えによって、〔自然的〕自由での諸個人に関する自然法が、強制的な責務を伴った、国家相互に関する国際公法（***publick law*** of states）のすべてとなる。随意的または実定的な〔国際〕公法については、のちに触れる。（原注1）

（原注1）　第三部の第九章と第一〇章。

**四**　民衆を統治するのに必要な各権力は、より大きいものとより小さいもの（*greater* and *lesser*）に分類される。より大きい権力には、国境の内側で執行されるものと、外国にかかわり、国境の外側で行使されるものがある。前者には、〔一、〕依然として自然の法を考慮に入れながら、被統治者の行動を規制し、彼らの権利を維持するために、法を制定する権力（power of *making laws*）がある。

二、第二は、国家の運営に必要なすべての税または収入を徴収する権力（power of *exacting all such tributes*）である。これを、第一の部門とする人もいる。収入は、ときに被統治者から、ときに征服した地方から集められる。そのうち、至高の統治者の家族の生活費に当てられるものと、国家の公的な使用に当てられるものとがある。前者に関しては、選挙による君主は一代限りの地位保持者とのみみなされ、世襲君主は封土権と同じような権利をもち、この権利がなんの負担もなしに相続人へ継承される。後者に関しては、君主は、国家全体のための〔収入の〕管理者または保管人とみなされうるのみである。

三、第三の部門は、行政上の権力（*executive* power）である。ここには、民事および刑事のあらゆる司法権が含まれ、また、すべての公事に配慮し、論争を解決する為政者と裁判官、および、税を徴収する役人を任命する権利が含まれる。

国境の外側で行使される権力は、〔一、〕まず、戦争の権力であり、兵士を登録し、将校を任命し、あらゆる軍事行動を指揮する。

二、〔第二は〕講和のため、あるいは商業の維持のために条約（*treaties*）を結ぶ権力と、この目的のために大使を任命する権力である。

これらすべてのほかに、重大な緊急事態には、いかなる民衆の至高の統治者にも、特定の非常大権（*extraordinary right*）がある。それは、通常なら被統治者に対して厳正に守られるべき彼らの諸権利を侵害する権利である。たとえば、ある危機的な非常時に、異常に危険な役務を彼らに強制すること、あるいは、通常の比率以上に彼らの財産の拠出を強制することが、たまたま絶対的に必要となる場合が、それにあたる。市民生活におけるこの権利に対応するのが、自然的自由〔に関する章〕において以前に言及した[原注1]、必要性に基づく例外的権利である。

（原注1）　第二部第一六章第三節の終わりあたり。

至高の統治者に一般的にゆだねられる、より小さい権利は、市民的栄誉の授与、貨幣の鋳造、縁日および市場の開催の許可、子どもの嫡出子としての認可、自治組織の創設、未成年者の適正年齢としての認可、犯罪者の赦免、債務者の保護である。これらは、それほど重要ではないし、すべての国家に常に必要というわけでもないので、簡単に触れるにとどめる。

**五**　上述のより大きい権力の各部門あるいはその大部分を信託され、それゆえ自己の判断にしたがってそれらを行使することができ、他の人物や評議会がその行為を無効にできない人物または評議会が、至高の権力をもつ。至高の権力をもつ多くの者が、それを無制限に保持するわけでも、生涯にわたって保持するわけでもない。また、相続の順序を変更したり、国家の基本法を廃止したりできない人々も、至高の権力をもつ。至高の人とは、たとえ一定の限界内であっても、市民的権力の主要な部分をゆだねられ、社会全体の善のため自己の命令によってそれを執行し、それゆえ他の人からのあらたな指示または委任にしたがっては行為せず、自己の行為が威力をもつために、より上位の人物の同意を必要としない人である。

すべての国家では、同じだけの権力がどこかに、すなわち、君主、元老院、民衆議会、あるいは、少なくとも民衆の全体に、与えられていると考えられる。もしある国家が、依然として市民的権力の大部分をすべて執行することができ、他国から独立して自らを統治することができるのなら、たとえその国家が他国との条約に拘束されるとしても、しかも、その条約が非常に不都合なものだったとしても、それによってその国家の至高性または独立性が損なわれることはない。

いくつかの国家が厳格な同盟関係を結び、これらすべての国家のために一人の人物または常設の共通の評議会を任命し、この人物または評議会に至高の権力の一定部分をゆだね、全国家のためにそれが執行されるようにするとき、この諸国家は、連邦国家（***system of states***）、あるいは、この形態の有名な先例にちなみアカイア同盟と呼ばれる。[14] しかし、〔連邦国家の一員になる決定ができる各国の〕まさに同じ人物や評議会が、一人の人物または共通の評議会に至高の権力のあらゆる部分をゆだね、全国家のためにそれが執行されるようにする場合には、各独立国は完全に合体して、一つの国家になる。

# 第六章　政体の多様な構想について

一　権力をゆだねられるのが、一人の人物（one person）であるか、一つの評議会（one council）であるかに応じて、政体の単純な形態は三種に分類される。権力をゆだねられるのが、一人の人物であるとき、それは君主政（monarchy）と呼ばれ、少数の卓越した市民の評議会であるとき、それは貴族政（aristocracy）である。そして、権力をゆだねられるのが、自由な全市民の、あるいは、彼らが代表に選んだより名声のある人物の民衆議会であるとき、それは民主政（democracy）である。

権力が一つの評議会にゆだねられるとき、〔出席者の〕過半数の決定が評議会の意志とみなされる。ただし、なんらかの基本法によって、公的な行政問題の決定には成員の一定数が定足数（*quorum*）として必要とされる場合、そしてこの定足数のうち、どれくらいの比率で変更が可能となるか〔が決められている〕場合は、この限りではない。三つ以上の選択肢からなる議案が投票にかけられるとき、〔単独で投票されれば〕大多数がもっとも反対するだろう選択肢が、それでも他の選択肢より多く票を集め、それゆえ立法化される、という不都合は常に起こりうるから、これに対しても対策を講じるべきである。この不都合を常に防止でき

(14)　原文では Achaian states となっているが、現代では Achaean League と言われる。「アカイア同盟」は、ギリシア南部のコリント湾に臨む古代の一地方アカイアと、他のギリシアの諸都市とのあいだに結ばれた政治上の同盟である。紀元前四世紀に締結され、紀元前一四六年にローマに屈服して解散された。

る方法は、複雑な議案を、それぞれが二つの選択肢をもつ二つ以上の単純な議案に分割すること、あるいは、事前の投票で複雑な議案の一つあるいは二つの選択肢を排除し、最後の決選投票には二つの選択肢だけが残るようにすることである。多くの候補者が同一の役職に立候補する場合も、同じ方法を採用することができる。

二　上述の〔政体の〕単純な形態には、それぞれ多くの種類がある。君主政は絶対的（*absolute*）であるか、制限的（*limited*）である。前者では、すべての政体の全般的な目的から常に理解される制限のほか、どんな制限もなしに行政の全体が君主の思慮分別にゆだねられる。後者は、権力の最初の譲渡において制限を受けている。つまり、特定の諸権利が民衆にとどまり、譲渡されない。また、これらの種類は、それぞれ世襲によるものと選挙によるもの（*hereditary* and *elective*）に細分される。選挙による君主はさらに、終身（for *life*）、あるいは、一定期間（for a *certain term*）選ばれる。

同じように、貴族政にもいくつかの種類がある。すなわち、絶対的または制限的、世襲によるものまたは選挙によるもの、終身または一定期間（*perpetual* or *temporary*）である。(原注1) この最後の種類では、元老院議員は議席を一定期間保持し、任期が満了すれば、他の人がその議席を占める。もしこの新しい元老院議員が民衆によって選ばれ、しかも、どんな自由な市民でも立候補できるのなら、その評議会はむしろ民主政的である。しかし、もしその議席が評議会の残りの成員の投票〔による人物〕で占められるのなら、あるいは、ある卓越した家族だけが候補者となりうるのなら、それは貴族政的である。元老院の議席が富の一定量に依存するのなら、あるいは、この議席を保持するのが正当に所有される一定の土地のおかげなら、それは適切には寡頭政的（*oligarchical*）と呼ばれる。特定の偉大な任務を果たし、是認を受けている人物だけが選出されうるのなら、これがもっとも適切な意味で貴族政とみなされる。この政体の構想は、幾人かの古代の偉大な著者たちがもっとも推奨するものである。

（原注1） 貴族政の特徴は、元老院による終身議席をもつ新議員の選出（*cooptation*）、財産または偉大な任務の担当によって有名な特定の卓越した家族への〔選出対象の〕限定である。民主政の特徴は、民衆による選挙（*popular elections*）、一定期間の議席（*temporary seats*）、立候補の可能性の全市民への開放（*access to all* citizens）である。多くの政体には、これらの多様な特徴の混合がある。

同じように、民衆議会の構成のあり方に応じて、民主政にもさまざまな種類がある。われわれは、古代ローマ人のクリア民会（*comitia curiata*）とケントゥリア民会（*comitia centuriata*）[15]に、二通りの具体例をもつ。前者では、全市民が等しく投票し、後者では、財産にしたがって投票する。ある国家では、抽選で議会の成員を決める。他の国家では、民衆が相当数の部族、州、あるいは地区に分割され、これらがさらに細分され、そして各単位が、自ら選んだ同数の代表者あるいは代理人を民衆議会の成員とする。

複雑な政体は、次のように無数にある。元老院の多様な種類のいずれかが、君主政のいずれかの種類と至高の権力を共有する。また、これらの複雑な政体のいずれかが、民衆議会のどちらかと結合される。しかもその場合に、至高の権力のしかじかの部分が、これらの評議会〔元老院と民衆議会〕のどちらかに、あるいは君主に、あるいはこれら三つすべてに共通に与えられる。

三　これらの形態のうちどれが望ましいのかを識別するには、次に述べる考察が適切と思われる。

一、国家の構成においては、次の四点が目的とされるべきである。第一に、国家にとって最善のものを知りうるほどの充分な知恵（*wisdom*）が政府にあること。次に、最善のものを選択する誠実さ（*fidelity*）があること。その次に、調和（*concord*）が維持されること。最後に、秘密裏の迅速な執行（*secret and speedy execution*）である。もし〔政体の〕構想において充分な対策がこれらすべてのために講じられるのなら、民衆はその統治組織からそれ以上のものを要求しえない。

二、至高の権力の各要素がさまざまな被統治者または集団に与えられる場合には、これらの人物や集団が互いに対立した行為をするのを防止するなんらかの政治的な盟約が、彼らのあいだになければならない。たとえばそれは、君主が元老院または民衆議会の同意なしには非常に重要などんなこともおこなえないようにすることである。また、これらの集団が君主の同意なしには、そして、これらの集団の一方が他方の同意なしには、なにもできないようにすることである。もしこの種の充分な対策が講じられるのなら、市民的権力は、全面的に君主あるいは評議会の一方にゆだねられるより、各要素がよりよくさまざまな集団に与えられる。

三、どこに与えられた権力であれ、それ自身の根拠として巨大な財産（*property*）をもたなければ、この権力は決して安定的であり続けないだろう。財産がなければ、権力は動揺し続け、絶えざる反乱に直面させられるにちがいない。富は、その裏づけのない権利を打倒する力をもたらす、あるいは、市民的権力によって〔富の〕所有者から奪取される。世襲君主政は、その安定性のために、王家に属する広大な王領地または世襲の領地を必要とする。もし国土の大部分が元老院議員の所有地でないなら、元老院は安定的であり続けないだろう。安定的な民主政をつくるには、土地が非常に多数の人々のあいだで分散され、この分散が土地配分法によって維持されなければならない。あるいは、他のなんらかの原因によって、所有地の充分な拡散が維持されなければならない。また、勤勉で活動的な人々が、重大な理由もなしに、正当な〔富の〕獲得を抑

(15)「クリア民会」は、古代ローマの氏族制的社会組織の一単位であるクリアを投票単位とする、王政前期にその起源をもつ民会である。各市民は三〇のクリアに分けられ、投票に際しては、それぞれの市民が各クリア内で投票し、その投票結果にしたがって、各クリアが民会で一票を投じて表決が行われた。この民会は、政務官の権限を最終的に承認することや、家族関係および個人の身分関係の立法を主任務としていた。しかし、ケントゥリア民会の発展により、政治的重要性は失われていった。

「ケントゥリア民会」は、王政後期に起源をもつ、古代ローマでもっとも重要かつ権威ある民会である。高級政務官の選出、立法、宣戦および講和の決定、市民に対する死刑判決などが任務だった。各市民は、家の財産を基準に「ケントゥリア」という集団への所属が決められた。投票に際しては、クリア民会と同じく、一人ひとりの市民が各ケントゥリアに分かれて投票し、その投票結果にしたがって、各ケントゥリアが民会で一票を投じて表決が行われた。

ケントゥリアは合計一九三あり、「騎兵級一八、歩兵級の第一等級八〇、第二〜四等級各二〇、第五等級三〇、等級外五（そのうち第一等級相当が二、第五等級相当が二、第五等級以下が一）」に分類・ランク付けされていた。富者は、少人数ずつ多くの上位ケントゥリアに所属し、無産市民は、数千人が一つのケントゥリアに所属するなど、票の不公平が著しく、しかも、騎兵級と歩兵級の第一等級で過半数を占めるなど、富者に有利なシステムだった。なお、「ケントゥリア」とは、もともとは軍隊の単位で「百人隊」と訳される。

制されるべきではないにしても（確かに、賢明な人が望みうる生活の優雅さや快適さに必要な範囲のものを彼らが獲得することを、最良の民主政は認めるだろう）、それでもわれわれは、少数者の空虚な野心、奢侈、あるいは貪欲の充足と、民衆の自由および安全とを天秤にかけるべきではない。したがって、莫大な富が少数者の手に入り、彼らの秘密結社が国家を危機に陥れることができるという事態を、土地配分法で防止することは、しばしば正当である。

四、尊厳または利益を伴う公的な任務からその他の身分の人々を排除する、傲慢あるいは圧制的などんな特権も、国家の一身分に与えられるべきではない。というのも、それらは、永続的な反乱の契機となるだろうからである。(原注1)

(原注1) これに関してわれわれは、執政官の職までも平民に開放される前のローマ国家に、明確な具体例をもっている。(16)

五、もし賢明で善良な人々だけが権力を手中にするのなら（おそらくどんな対策もこれを保証できない）、統治組織の形態が何であるかは、ほとんど重要でないだろう。したがって、善なる統治組織の中心的な課題は、たとえ悪人たちが権力を手中にしても、彼らがそれを濫用する誘惑にあまりかられない、あるいは少なくとも、権力の濫用で利益は得ても罰は受けないという望みをもてないように備えることである。

六、幸福な国家をつくるのに最適な人数については、なにも正確には決定できない。もし人数が少なければ、不意に襲ってくるかもしれない公然と不正な人々の一団に対抗できる充分な強さがないだろうし、生活の改善のための賢明な企図を執行するだけの充分な富もないだろう。反対に、ある国の人数と国土がきわめて大きい場合には、どんな統治者でも、国民のあらゆる利害に充分な配慮を払い、詐欺、強要、抑圧、さらには為政者代理の貪欲さによるそれらを、防ぐことができないだろう。というのも、〔統治者に対する〕抗議

(16) 紀元前五〇九年に共和政に移行したローマは、体制変更に伴う内外の混乱を鎮めたあと、対外戦争で頻繁に中断しながらも、一〇〇年以上に及ぶ貴族と平民の抗争を経験することになる。この抗争には、次のような政治体制上の要因があった。

王政下のローマでは、王は、世襲ではなく、民会による選出と元老院による承認によって決められたのだが、任期は終身だったので、それなりに元老院を構成する貴族から独立した権力をもつことができた。元老院は王への助言・勧告しかできないのに対して、平民は民会を通じて、王の施策などに賛否を表明できた。このため貴族と平民の対立は顕在化しなかった。ところがローマは、共和政に移行し、政治・軍事の最高権力者を任期一年の二人の執政官とした。この重要な役職に選出されるのは、経験と能力に優れた人物でなければならず、そのような人物を毎年輩出できるのは、元老院しかなかった。すると、年を追うごとに元老院と執政官の距離が縮まり、貴族の権力がより強大になる一方、平民は重要な役職に就けないから疎外感を強め、両者の対立が次第に先鋭化していったわけである。

貴族と平民の抗争が頂点に達し、国力が二分されていたローマは、紀元前三九〇年ケルト族の来襲を受け、あっけなく敗れた。ローマの街は、七ヵ月にわたり破壊・略奪・残虐のかぎりを受けた。

都市ローマの再建と、弱体化したローマを攻める諸部族への対応および同盟関係の再構築に二十年を要したのち、国力の統一が何より重要だと実感したローマ人は、紀元前三六七年に「リキニウス法」を制定し、すべての要職を平民にも開放することを決めた（この翌年には初の平民出身の執政官を選出）。さらにその数年後には、重要な公職の経験者に、貴族・平民の別なく、元老院の議席をもつ権利を認めた。これ以降、貴族と平民の抗争は沈静化していった。

への可能性がより困難になるにちがいないからである。それだけではない。〔この大国と〕同じ人数と同じ広さの土地から、いくつかの個別的な独立した社会が形成された場合と比べると、より大きくより重要な国事に従事し、それゆえ知恵のもっとも重要な部分において進歩できる人数は、はるかに少なくなる。しかし実際のところ、何人が統合すべきなのかは、めったに選択の問題にならない。というのも、いったん広大な帝国が形成されると、その周囲の小国には、強大な力をもつ隣国に対する自国の防衛のために、できるだけ多くの国家が一体となることが必要になるからである。しかし、国内では、少数者の手中にある富の過度の増加を防ぐために、土地配分法がしばしば正当化されるように、これと同じ理由で、隣国がその周囲のすべての国を属国化できるほどの力を獲得しないように、隣り合う小さな国々が適宜に対策を講じること、そして、もしより穏和な方法では成功しそうにないのなら、暴力に訴えてでもそうすることは、等しく正当である。とくに、これらの国々が、隣国のあらゆる制度と習俗に、軍事と征服へ向かう支配的な性向を見る場合には、正当である。

四　君主政は、調和の維持と、ある企図の秘密裏の迅速な執行に適するという、独自の利点をもつ。しかし、世襲君主政では、君主の知恵あるいは誠実さに関してほとんど保証がない。選挙による君主政では、知恵の可能性はより大きくなるが、誠実さの可能性は小さくなり、また、各君主の死去のたびに、内乱への扉が開かれる。絶対的な世襲君主政のもとでは、なにも保証されない。制限的な世襲君主政のもとでは、知恵に関してよりよい措置はなんらとられていないが、誠実な行政運営に関してはよりよい措置がとられている。というのも、もし君主が基本法に違反するか、基本法によって自らの権力に設定された制限を逸脱するのなら、彼は自分が暴君（tyrant）であると明白に宣言していることになり、自らの正当性を失うからである。そして、すべての被統治者は、このことを明白に知るにちがいないから、他の人物を王位につけるため、あるいはよりよい〔政体の〕構想を形成するため、彼を退位させることにより進んで同意するだろう。しかし、制限的な君主政では一般的に諸党派が有力となり、それらがときには内乱に突入する。

より単純な世襲貴族政では、〔元老院の〕知恵に対して充分な措置はほとんどとられていないし、誠実さ、調和、および秘密裏の迅速な執行に対しても、ほとんどなんの措置もとられていない。選挙による貴族政では、知恵と誠実さに対してはよりよい措置がとられているが、調和と執行に対しては、よりよい措置はなんらとられていない。

民主政では、われわれは〔民衆議会の〕誠実さについて常に保証される。また、人々の投票が財産にしたがう場合、あるいは、議会が民衆の選出した代表者たちで構成される場合には、知恵についてもかなりよい見通しをもつことができる。しかし、純粋な民主政では、調和、あるいは秘密裏の迅速な執行に対するなんの保証もない。

すべての大きな評議会または議会におけるもっとも好都合な投票方法は、無記名投票（ballot）である。というのも、この方法にすれば、人々は権力者の憤りを恐れる必要がないし、また、間接的な影響力の行使がより困難になるからである。もちろん、無記名投票では、恥辱に対するなんの抑制もなく、私的な好み・憎しみ・妬みへの扉が開かれるが、それでも、なんらかの正当または確かな理由もなしに、民衆の大多数がこれらの情念に動かされることは、めったに起こらない。しかし、もし抽選の要素が同時に取り入れられるなら、それによって大きな陰謀とその腐敗の術策がしばしば完全に打破され、悪意と妬みの力が阻止されるだろう。(原注1) しかし抽選だけでは、重要な点を決定するのに、あるいは、ある人物を任務に就かせるのに、まったく適さないにちがいない。というのも、確かにこの方法なら、誰も失望で傷つけられないし、不公平な好みが作用する余地もないのだが、しかし抽選は、あらゆる思慮分別あるいは知恵を明らかに欠いているからである。

(原注1) これらのすべての点は、ハリントンが充分に説明している。

**五** これまでに充分に述べたから、政体の単純な形態はどれも、国家を幸福に維持するのにそれほど適さないことが、明らかになっただろう。ここで〔君主政を擁護するために〕古さを主張しても、まったく役に立たない。もし最古の方法がすべて最善なら、われわれは住居と衣服のために洞穴と毛皮へ回帰すべきだろう。君主にへつらう者たちがわれわれにしばしば言うこと、つまり君主政こそが最初の政体だということは、むしろ君主政にとって不名誉である。というのもこれは、君主政がはじめ粗野で経験のない人々を満足させたが、経験を重ね、知恵を増やした人々を引き続いて満足させられなかったことを意味しているからである。実際あらゆる仕事のなかで、最初の試みが完璧だったことを一番期待できないのが、統治組織の設立である。というのも、この仕事は、人間生活の充分な思索と経験によってしか獲得できないもっとも偉大な知識と思慮分別を必要とするからである。いくつかの大きな不都合が単純な各政体に生じる以上、混合された複雑な形態に頼るべき必要性は明らかである。また、いくつかの大きな利点が単純な各政体に特有である以上、三つの政体すべてが巧妙に組み合わされた混合形態が最善であることも明らかである。これは、古代のもっとも賢明な人々の意見であった(原注1)。

(原注1) プラトン、アリストテレス、ゼノン(17)、キケロ。

民衆の全般的な利害によって正当に選ばれた代表者または代理人の評議会は、誠実さや善なる意図を欠くはずはないし、知恵に不足することもめったにないから、たとえば法の制定権や、審議中の最重要事項の最終的な決定権などの、市民的権力の大部分がこの集団に与えられることが、得策と思われるだろう。そして、体制のこの部分は土地配分法で保証されるべきである。しかし、勤勉さをくじいたり、生活における罪

(17) ゼノン(Zeno of Citium, 335?-263? B.C.)。キュプロス島の町キティオン出身のフェニキア人。ストア派の創始者。ストア派に帰される学説のうち、どの範囲が彼の説であるかを確定することは、資料の制約ため困難。しかし、哲学を論理・自然・倫理の三分野に分け、いずれの知識も「よく生きる」ことを目的にするという哲学の実践的な性格づけが彼に始まることは確かとされる。

「ストア派」は、汎神論的唯物論の立場をとり、宇宙理性としてのロゴスが世界に遍在し、一切が必然性にしたがって生起すること、この必然性が神の摂理を意味することを唱えた。道徳説では、自然(理性)にしたがって生きるべきことを教えた。すなわち、情念に心を乱されず、環境に支配されず、ただ内心の理性の声にのみ耳を傾ける賢人の生活(アパテイア)によってだけ、人は真の幸福に与りうると考えた。

のない優雅さや装飾を排除したりするほど、厳格になってはいけない。

もし国家（common-wealth）の偉大な任務の遂行における自らの能力と誠実さを証明した少数の人々から成る元老院（*senate*）が存在するのなら、この元老院には、執務を審議し、議論し、民衆議会に提案する唯一の権利を安心してゆだねることができる。両方の評議会では、新しい成員が徐々に古い成員のあとを継ぐことによる交代制を考案することが適切であろう。ただし、どちらの評議会でも、経験のない新しい成員が〔定員の〕三分の一以上を占めないようにし、しかも、誰ひとりとして終身の成員にならないようにしなければならない。将軍、大臣、および為政者が任務に就いていられる期間を制限する法はまた、大きな利点をもつ。それは、ある人物が充分に権力や人気を自己に定着させ、それゆえ体制にとって危険となるのを予防すること、そして、あらゆる重要な任務の経験によって、より多くの人々を政治上の知恵について熟達させ、それによって国家がそのあらゆる希望を一人の死すべき者の命に依存させる必要がなくなることである。こうした法が神聖に確立されると、国家は、法定の任期を務め終えた人々の知恵および経験の恩恵に決して事欠かないだろう。というのも、任期満了のときに、彼らが法にしたがって自分の任務を放棄しなければならないことは、なんら侮辱の問題にはならないからである。

そして最後に、突然の予期せぬ緊急事態や危機のために、また、公共の利益が要求することの秘密裏の迅速な執行のために、ある種の王的あるいは独裁官的な権力（regal or dictatorial power）が必要である。しかしそれは、法それ自体のほかは、なんら力の根拠をもたないものである。この権力に、戦争での指揮と法の執行がゆだねられる。この第三部門は、もし元老院の身分と平民の身分のあいだに激しい争いが生じるのなら、仲裁人として、国制のこの二つの部分のあいだに均衡を保つことができる。

あらゆる種類の任務に〔人を〕就かせる権力は、なんらかの方法でこれら三つの部門に共通にゆだねられる、あるいは、それらのあいだで分割されるだろう。ただし、大きな能力と知恵を必要とする任務は、元老院の指名〔した者〕によって占められるべきであり、迅速な執行に従事することになる役人は、君主によって指名されるべきであり、また、民衆の権利を擁護し、彼らのあいだで裁判をおこなう予定の役人は、民衆によって選出されるべきである。

また、どのような尊厳ある地位の人物たちであれ、彼らが放蕩の道に入るやいなや、彼らを罷免することで、習俗の腐敗を一掃する、あるいは予防するには、監察権力（censorial power）もきわめて有用だろう。

# 第七章　至高の権力の諸権利とこの権力を獲得する方法

一　至高の権力をゆだねられた人物は、国制または基本法が自らに与えた範囲内で、この権力をもつ。市民的権力の総和は、すべての国家において同じである。同じ量の市民的権力が、どの国家でも、どこかの場所に、あるいは少なくとも一体となった民衆に存在する。しかし、ある国家の王または評議会にゆだねられた権力は、他の国家の同じような人物または評議会にゆだねられたものとは非常に異なっているかもしれない。というのも、民衆の特定の権利が君主または政治的評議会の権力から明白に除外されている国家もあれば、そのような除外のない国家もあるからである。しかし、すべての人々が認めるように、あらゆる市民的権力の目的は社会全体の安全と幸福だから、本性上この目的に役立たない権力は不正である。こんな権力を誤りに基づいて軽率にも認めた民衆は、再度それを廃止することが自分たちの安全に必要だと考えるとき、正当にそうすることができる。そして、民衆の善のためだけに権力を委託された人物が、自らの偉大さのために、しかも、その権力が民衆にとって有害と思われているときに、それを力ずくで維持しようと奮闘するのなら、それ以上に傲慢あるいは背信的と考えられるものはないだろう。

望むらくは、これらの場合にこの権力が、力によるよりもむしろ、互いの同意による平和的な方法で廃止されることだろう。しかし、公共の利益がそれなりに保証され、配慮されているのに、民衆がより軽微な原因で自らの統治者に対する暴力と内乱に訴えることは、正当化されない。しかし、公共の自由と安全がそれほど保証されず、また、市民的権力の構想を維持しようとすると、その変更のための暴力的な努力から生じる恐れのあるものよりもっと大きな、もっと持続的な災いが生じそうなことが明らかなら、その努力を尽くして、政体の構想を変更することは、合法となる、いやむしろ栄誉となる。

統治者、とくに君主の格別に神聖な権利と不可侵の神聖さについて主張されていることは、宮廷のへつらい者のたんなる夢想にすぎない。ある意味では、神と自然の法によって構成されているすべての権利が神聖である。それゆえ民衆の権利は、君主の権利と同じく神聖である。いやむしろ、後者は前者の保護および擁護のために構成されたのだから、前者のほうがより神聖で不可侵とみなされるべきである。統治者の権利は、一私人の権利より重要だから、彼の私的権利より神聖だとみなされるかもしれないが、〔民衆〕全体の権利より神聖だとみなされるはずはない。国家にとって概して有益で善なる君主については、善なる被統治者は、たとえ自分にだけ多くの侵害がなされても、その危険が自分にしか及ばないのなら、彼に対して武器をとるよりも、その侵害に辛抱強く耐えるべきである。しかし、共同体の共通の権利が踏みつけにされるとき、そして、最初一人に試みられたことが残りすべての人々に対する前例とされるとき、統治者は、自己への信頼を明らかに裏切っているから、自己にゆだねられたすべての権力をすでに失っている。

二　あらゆる種類の政体において民衆は、権力の濫用から自己を守るこの権利をもつ。たとえ君主の権力が制限されていても、民衆がその権力の構成のときに〔自らに〕残した権利を彼が侵害し、その限界を逸脱するのなら、民衆の抵抗権（right of resistance）は疑問の余地がない。しかし、統治者が、あたかも自己の権力が社会全体の善のために行使される運命にあるのを認めるかのように、その権力を行使することがなくなり、国家全体を自己の所有物のように支配し、すべての人々の共通の安全を無視し、あらゆる事物を自分の欲望または貪欲を充足するために用いる場合、あるいはまた、彼が民衆への憎しみを公然と宣言するか、彼が非常に卑劣なやり方であらゆることがらを処理するので、それなりの生活に必要な、民衆のもっとも神聖な権利すら彼らに保証されない場合には、絶対的な政体においてすら、民衆は同じ〔抵抗の〕権利をもつ。しかし、この抵抗の教義は、統治者に対する政治的優越性を民衆に与えるわけではない。というのも、自らの犯罪のためにもっとも悲惨な隷属の刑を宣告された奴隷ですら、主人が自分に対して試みるかもしれない特定の侵害から自己を守る権利をもつだろうからである。

統治者が自らの背信行為と悪政によってその権利を失ったか否かというこの論点に関して、いったい誰が判事になるのか、という問題について。もし、民衆は当事者だから判決をくだせないと主張するのなら、同じ理由で統治者も判決をくだせない。したがって、もし確実な見込みがあるのなら、唯一の頼みは、同国人であれ外国人であれ、公平な仲裁人である。しかし、それが不可能なら、確かに民衆がこの論点について判決をくだすより強い請求権をもつ。というのも、彼らこそが最初にこの権力を自らの統治者に委託したからであり、またその権力は、民衆の利害の処理のために企図され、彼らのために構成されたからである。もちろん、この論点については誤りを犯す危険が大きい。しかし、統治者が、民衆以上に誤りから免れているわけではない。人々は、自己防衛の公的な権利およびその私的な権利について、ともにしばしば誤りを犯してきた。しかし、だからといってわれわれは、彼らがこの権利をもつことを否定してはならない。

もちろん、この最重要な問題では、関係者は最大限の注意を払い、あらゆることがらを両方の立場から吟味すべきである。しかし、概して高潔な意図をもつ善良な人物にもときには起こりうるような、統治者の軽微な侵害あるいは不正な行動を理由として、われわれは同胞の市民を、あらゆる戦争のなかでもっとも悲惨な内乱に巻き込むべきではない。しかし、民衆を保護するその他の方法がないとき、そして、彼らの統治者が背信的な欺瞞によって明らかにその権利を失ったときには、統治者からその権力を正当に奪うことができるし、また、別の人物をその地位へ就けるか、権力のあらたな構想を樹立することが正当にできる。

しかし、民衆の権利を擁護するこの抵抗権の教義は、反乱および内乱を引き起こすことに本性上役立つわけではない。むしろ反乱や内乱は、反対の考えによってより頻繁に引き起こされてきた。いつの時代でも、民衆全体にはあまりにも大きな忍耐があり、彼らの君主や統治者に対してはあまりにも愚かしい崇拝の念があった。ここから、それぞれ自由な王国または国家として生み出されてきたのは、理性的な被造物から成る統治組織ではなく、むしろ悲惨で惨めな荷役の奴隷または家畜から成る多くの醜悪な群れだった。しかもこの群れは、最大の傲慢さであらゆる人間的および神的な事物を踏みつける、もっとも非人間的で無価値な主人のもとにあった。

三　暴君の廃位、王家の血筋の断絶、あるいは選挙による君主の死去に際して、空位期間（*interregnum*）が発生する。この場合、たとえ国制にはなにも明確に規定されていなくても、民衆の政治的統一体が完全に瓦解するわけではない。彼らはすべて、すでに言及した最初の信約による拘束を受け、共同の意図によって自らの共通の利害を顧慮し続けなければならない。彼らはしばらくのあいだ一種の単純な民主政にあるかのようになる。そこでは、彼らの統治組織の将来の形態がどんなものになるべきかとか、誰を政府の仕事に就かせるべきかということが、民衆全体の投票の多数によって、あるいは少なくとも、公事にこれまでかかわってきた人々の投票の多数によって決定される。また、大多数の人々が不正あるいは破滅的な統治組織の構想を打ち立てているのでないかぎり、小さな集団が、残りの人々の同意もなしに、政治的統一体から離脱することは、正当ではない。

四　自己への信頼における正直さと誠実さを証明した君主や統治者には、最高の敬意と栄誉が彼らの被統治者から与えられるべきである。彼らは、反逆者からであれ、外国の敵からであれ、すべての人々の生命および財産で支援され、防護されるべきである。自己への信頼に概して高潔で誠実な人々にも起こりうるような、統治者の軽微な過失や間違いによって、被統治者がこの責務から解放されるわけではない。しかし、被統治者たちのあらゆる努力にもかかわらず、この君主が競争相手か、または外国の勢力によって征服され、退位させられ、もはや彼がその正当な権利を回復する確かな希望もなくなるのなら、この場合、〔被統治者たちへの〕自らの請求権を放棄することが彼の義務となる。いやむしろ、この請求権は消滅したと正当にみなされる。というのも、統治者と被統治者のあいだの全責務は、互いの任務に基づく相互的なものだからである。そして、一方がその役割を実行できなくなれば、他方はその責務から解放される。したがって、民衆は、それまでの統治者のための最善の努力が不首尾だったと判明したあと、他の方法では自らの安全を考えられないときには、正当に征服者に服従することができる。実際のところ、民衆全体が君主の尊厳と利益に対する空しい熱意に捉えられ、まったく無駄なのに、征服者のあらゆる憤激と激情に身をさらすにちがいないと、君主が期待するのなら、それは途方もない傲慢だろう。

五　自然的自由とは「自然の法の範囲内で自らの気の向くままに行為する権利」である。（もしより強い者の力からこの自由を保護する法が存在しないとすれば、われわれはこの自由を保持しえないだろう。）同じように、「各人が市民法の範囲内で自らの気の向くままに行為することを許され、しかも他の人の気まぐれに服従していない」とき、民衆は自由を享受しているとわれわれは言う。われわれは法を自由の反対物とみなすべきではない。自由の唯一の敵は、権力者の気まぐれで移り気な意志または命令である。実際ローマの人々は、自由な民衆（*free people*）について話をするとき、たいてい民主政国家を意味していた。そこでは人々は、服従だけでなく命令も順番におこなう。

六　すでに明らかにしたように、民衆の同意によるのでなければ、市民的権力はめったに正当に構成されえない。また、多数の人々は各自、自分のために、自己の権利の一部分を特定の人物または評議会の執行にゆだねたのだが、統治者は、そこから生じうるもののほか、なんら神聖な権利または至上権（majesty）をもたない。たとえば、われわれの自然的自由の一部分を統治者に譲渡し、われわれの所有権をある程度彼の裁量にゆだねることから、立法権（legislative power）が発生する。また、自然的自由での各人は、自分の家族や隣人を防衛する栄誉ある役務において、最大の危険に自らの命をさらす権利をもっていたし、共通の利益が必要とするなら、彼はこの役務で他の人の指揮に自己をゆだねることもできた。ここから軍事的指揮権（**right of military command**）が発生する。そしてまた、〔自然的自由での〕人々は、侵害を防ぐ権利と、侵害を試みたあるいは実行した者を暴力で罰する権利、さらには共通の安全にとって必要なら、彼を死にいたらしめる権利さえもっていた。ここから、死刑をも科すことができる、あらゆる刑事司法権（*criminal jurisdiction*）が発生する。われわれは、市民的主権者（civil sovereign）のこれらの権利を説明するために、神からの異例の授与あるいは委任に訴える必要はない。

七　ある一つの政体が他の政体より神聖だとみなされうるのは、それが共同体の繁栄を促進するのにより適しているという理由に基づくときだけである。そしてこの理由は、絶対的な世襲君主政についてとりわけ主張できない。ここで、自然法であれ実定法であれ、いかなる神の法も君主政の継承順序を、直系による世襲（*lineal hereditary*）なのか、直系に限定しない世襲（*general hereditary*）なのか、後者なら、男性だけの世襲なのか、女性も含むのかを決めていないと、示唆する必要があるだろうか。私有財産の相続なら、ある人の家族および親族のために明らかに獲得された財産が、彼の死去に際して、彼の家族または親族に相続されるべきことは一般的に明白であるが、それでも〔相続人のあいだの〕比率を決定するには少なからぬ困難が伴う。しかし、明らかに一家族のためではなく、国民全体の利益のために構成された市民政府については、その継承が、前任者に対する血縁の近さに基づいて決定されるべきとか、ましてや直系による相続が尊重されるべきといった自然的な理由はないように思われる。〔原注1〕これらの継承権はすべて、人定法や民衆の法令から生じるにちがいないが、それらはときに非常に軽率で思慮を欠いている。

〔原注1〕 第二部第八章第四節を見よ。直系による世襲王国での〔王位〕継承に関する問題の解決は、非常に奇異な理由に基づいている。ある者たちは、〔血縁の〕近さを自然的な理由として主張する。しかし、年長のいとこの孫がしばしば年下のいとこより優先されるだろう。彼らはまた、年長が優先の自然な理由であると言う。しかし、死亡した長男の幼い孫が成人の次男より優先される。また、性の優位性が大きな問題とされる。しかし、死亡した年長のおじの幼い女の孫が年下のおじより優先されるだろう。一般的にいって、〔血縁の〕近さ・年齢差・性差という、優先の有力な理由が重視されるのは、それらが〔世襲の〕競争者たち自身のあいだで発見されたからではなく、一世代か二世代前に死亡した彼らの曾祖父または曾祖母のあいだに〔すでに〕あった〔ので伝統がある〕からである。

八　きわめて有名な**征服による権利**（*right of conquest*）について。この権利によって征服者は、征服された民衆に対する市民的権力を、自己とその継承者に要求する。しかし、強盗や海賊が、自ら手中にした人々とその財産に対しておこなう要求と同じように、この権利も一般的にはほとんど根拠をもたない。〔原注1〕その理由を述べよう。第一に、征服者が正当な大義をもたないなら、彼はどんな権利も獲得しない。第二に、たとえ彼の大義が正当だったとしても、以前に述べたように、〔原注2〕彼の要求には一定の限界がある。つまり、試みられた侵害を防ぐこと、受けた損害のすべてを補償すること、あるいは、将来にわたって侵害に対する充分な保証を獲得することに必要とされる以上のものを被征服民に要求する権利を、彼はもたない。もし彼がそれ以上のものを主張するのなら、この要求において彼の側にはどんな正義もない。ところで、侵害の回避または損害の補償のために、被征服民がその自由または独立を奪われ、征服者の属州に貶められることは、決して必要ではない。いやむしろ、国家がこのように自己の権力を拡大し、周辺の全国家に対してこの権力を恐るべきものにすることは、一般的にいって、人類の共通の利益にとって非常に有害である。戦勝国にとっては、敵国が自国の軍隊によって完全に征服され、壊滅させられるはるか以前に、当面のあらゆる危険は回避され、損害の補償はたいてい得られている。征服者はおおむね、即座に被征服民の動産から充分な補償を手に入れる。そして、すべての国家は、完全に打ち負かされたとき、自らの自由と主権を失って、外国人に服従させられるくらいなら、このように補償することに常に同意するだろうし、それればかりか、不足するものを埋め合わせるために、一定の期間、毎年税金を払うだろう。そして確かに、これらの方法によって、すべての損害は充分に補償されうるだろう。(原注3)

(原注1) この主題については、ロックの『統治二論』を見よ。彼の論証の適切な要約は、プーフェンドルフの小著〔『人間と市民の義務』〕の第二巻第一〇章についてのカーマイケル氏の注釈に載っている。

(原注2) 第二部第一五章第五節および第八節と、第三部第三章第二節。

(原注3) グロティウスとプーフェンドルフは、征服による権利と征服に基づく世襲の王国または公国(***patrimonial kingdoms or principalities***)のための弁解をおこなっているが、この節と次の節の論証は、それらの弁解への反論として意図されている。

未来の侵害に対する保証について。確かに、依然として国力の多くを保持している国家に対しては充分だと普遍的に認められる保証でも、戦争で完全に国力を消耗し、ほとんど廃墟と化した国家には、過剰となろう。ところで、すべての〔講和〕条約で、国力の多くを依然として保持している国家への充分な保証とみなされることは、その国家が捕虜を差し出し、保有する艦隊あるいはその大部分を放棄し、最前線の都市をその防衛施設とともに明け渡すこと、あるいは、隣国の駐留軍を自国に受け入れること、さらには自国を武装解除する、もしくはすべての防衛施設を破壊することである。他国に服従する属州になるくらいなら、これらすべてに同意するほうがましだと考えない国家は存在しない。

九〔被征服民への〕刑罰はまた、他の人々への抑止力となることによるさらなる保証として科されるべきだと、主張されるとしても、犯罪者のほかは、確かに誰も罰せられるべきではない。ところで、征服された民衆の大多数は、もっとも不正な戦争にさえ突入した彼らの統治者によるどんな犯罪にも、関与していなかった。(原注1) したがって征服者は、民衆全体に対して、彼らがその不正な統治者を引き渡すか、あるいは、その統治者をこれ以上守るのをやめ、戦勝国が適正な罰をその統治者に与えられるようにすることしか、要求できない。しかし、公的な戦争で不正にあるいは非人間的になされたことがらに関しては、人類の共通の利益を考慮に入れると、それを固有の刑罰の対象にすることを思いとどまらざるをえないだろう。正規の統治組織の領域内なら、法と為政者の権力が罪を犯した市民たちの権力より優先されるだろうし、それゆえ彼らが裁判にかけられるだろうことは、一般的にきわめて可能性が高い、あるいは確実である。しかし、公的な戦争では、当事国の力が同盟国によって拮抗するのが一般的だから、事の成りゆきは非常に不確実であり、正当な大義がしばしば不首尾に終わる。だからこそ征服者は、もっとも正当な大義をもつ場合でさえ、刑罰という概念のもとでの苛酷さを抑制するはずである。というのも、その苛酷さは、きわめて不当な大義をもつ他の人々の前例となり、しかも、彼らはそれを正当と判断しうるからである。したがって、戦勝国は、のちに模倣されて自国や友好国に向けられるかもしれない前例をつくらないよう、用心すべきである。

（原注1） 第三部第三章第二節を見よ。

たまたま戦勝国となった側が両国に対する市民的権力をもつという暗黙の規約が、交戦国のあいだにはあるのだと主張しても、無駄である。このような信約が明確に結ばれた場合でないかぎり、武器をとることはむしろ、いずれの側も相手国にどんな権利をも付託するつもりがないという、反対の内容の公然たる表明となるし、また、敗戦国が戦争を継続するために、力の再結集、あらたな軍隊の召集、あるいはあらたな同盟国の獲得をしても、それは決して裏切りとはみなされなかった。正当な大義をもち、自国の権利を擁護または遂行する側がこのような規約を結ぶと、誰か主張できるだろうか。そして、一方の側がそれをしないと知られている場合、もう一方の側にこの規約を想定することはできない。また、この征服による権利の弁護者は、一体となった民衆ではなく至高の統治者が〔この規約に〕同意したことしか主張できない。しかし、たとえ統治者がこの明確な規約を結んだとしても、民衆の保護に関する信託において権力を授けられたにすぎない統治者は、無条件であれ、なんらかの条件のもとであれ、民衆全体をその全権利とともに他国に譲渡することを、いったいどんな権利の見せかけによって主張できるのだろうか。この大胆な背信行為で、彼は明らかに自己の権力を失っている。国家はこのような行為に拘束されない。

一〇　したがって、特定の市民的主権が世襲（*patrimonial*）であり、それゆえこの主権は主権者の望むままに売却、分割、あるいはなんらかの方法での譲渡ができると主張するすべての著者たちは、同時に、この主権が一般的に征服に基づくと想定しているから、この権力が正当な根拠をもたないことは、上述したことから明らかである。それればかりではない。ある国家が、蛮族の侵略を受けて極端に狼狽し、自らの行為によって自分たちとその全権利を有力な隣国にゆだね、その隣国に保護だけを望むという状況がたとえ起こったとしても、この行為でさえ世襲の権力を構成できない。（原注1）というのも、不正な力と恐怖による例外的状況〔にあったこと〕、あるいは、この信約が、明らかに互恵的であるものの、本質的な平等を主張しないことに加えて、この信約の本性そのものと内容から、どんな世襲の権力もそこに意図されえなかったことは、明白だからである。自国民に穏健な支配を実行している思いやりのある文明化された隣国に、ある国家が自らをゆだねることで、その後この隣国が彼らに課しうる圧制的あるいは迷惑な態度にも同時に同意したとみなされるはずがないし、また、彼らが、自らを委託した隣国の望むままに、野蛮な君主または民衆に譲渡されることに同意したとみなされるはずもない。そればかりか、もしこの優位国（superior state）がこの種の非常に圧制的なことを試みるのなら、従属国の民衆（subject-people）は束縛を正当に振り払うことができる。というのも、彼らが自らを〔その優位国に〕ゆだねたのは、明らかに別の条件のもとだったからである。彼らは、受けた保護に対する正当な補償とみなされるものをこえて強制される事物の公正さについて、仲裁を要求する権利をもつ。

（原注1）　ここで論駁される理由は、グロティウス〔『戦争および平和の法について』〕第一巻第四章に見られる。

目前の力によって強要されたにすぎない、被征服民の表面的な同意からは、どんな主権の権利も生じえない。というのも、すでに明らかにしたように、〔原注1〕このような力は明白に不正だからである。しかし、戦勝国が、敗戦国民のあいだに、彼らの未来の安全と繁栄を充分に配慮する、それゆえ彼らがそれを経験すれば本当に満足して服従するような、市民的権力の公正な構想を樹立するのなら、この事後的な同意は、戦勝国の権力の正当な根拠となるし、征服の際に犯した侵害への一種の政治的な贖罪となる。

〔原注1〕この章の第八節。

一一　しかしさらに、王家の人物が先王の崩御に際して〔主権を〕継承する権利は、自然的な理由ではなく、ただたんに国家の古い法または法令に基づくにすぎないから、この法または証書の言葉は、世襲とみなされるその他のものに関する同じような言葉と同様に理解されるべきであり、こうしてわれわれは、それらの言葉から、この証書における民衆の意図がどんなものだったかを、推測すべきである。したがって、世襲による事物の現在の所有者がそれを失うとき、彼は自己に対してだけでなく、彼の親族全員に対しても失うことが、ある国で普遍的におこなわれている場合には、民衆の意図は世襲による主権の喪失も同じように考えることだと、われわれは正当に結論づける。私有財産に関しては、〔それを〕失った人物の親族全員にまで喪失を拡張することに反対する主張は、非常に強力かつ説得力がある。というのも、私有財産がおもにその所有者と家族のために獲得されたことを、すべての人々が知っているからである。しかも、これは自然的な責務にかなうことだから、〔所有者の〕子どもと親族の人々もまた、この財産によって支援され、自分たちの境遇を改善させる自然な請求権をもつ。また、〔子どもと親族を含めた〕共同の所有者の一人の過失のせいで、残りの人々が損害を受け、彼らが自然的権利をもつものを獲得できなくなることは、不正である。しかし、世襲による主権に関しては、事情はまったく異なる。この主権は、王家のために構成されたのでも、彼らが自己のためにもつ正当な請求権の帰結に基づくのでもなく、国民全体の利益のため、とくに主権者のあらたな選出のときに危惧される災いを防ぐために構成された。したがって、この主権が王家の全員からの完全な喪失に服するようにされることは、私有財産と比べると、はるかに正当である。

したがって民衆は、背信的な君主を正当に退位させることができるから、〔民衆からの〕信託に明らかに不適格であることを示している人物を〔主権の〕継承から排除するより正しい権利をもつ。このような人物とは、たとえば、神聖な権利についてある信条をもち、それが動機となって、権力を手中にすると即座に民衆のもっとも神聖な権利を踏みにじるにちがいない人々である。あるいは、激しい迷信に取りつかれ、見せかけの宗教的人格のもとにある外国の君主に自らの王冠をゆだねるか、至高の権力のかなりの部分を譲渡する人々、しかも同時に神が自分に委任したことは、もっとも無謀な方法で基本法あるいは国制と、それが自己の権力に設定したすべての制限を突破することだと考え、また、もっとも苛酷な拷問によって被統治者たちに、宗教におけるもっとも醜悪な不合理を信じるよう、あるいは信じると偽りの告白をするように強要し、彼らが不信心と判断する方法で神を崇拝するように強要することだと考える人々である。このような信条をもつか、その信条をもっとも厳粛な方法で公然と放棄せよという正当な要求を受けても、それを拒否する〔主権の〕継承権者（heir apparent）は、彼が愚者または狂人である場合よりもはるかに正しい根拠をもって、その継承から排除することができる。というのも、このような信条をもつことは、愚劣さあるいは狂気以上に、彼を自由な民衆にとってより危険にするにちがいないからである。

ここまで述べてきたことは、君主だけなく、あらゆる種類の統治者と、植民地および属州に対する国家自身の権力にも関連している。もし市民たちが、政府の許可を得て祖国を離れ、自らの出費で新しい居住地を見つけるのなら、彼らは、その母国と友好関係にある独立国家を自分たちで正当につくることができる。国家の商業と権力の拡大のために、その国に従属する植民地をつくることを目的として、市民たちが公費で植民団として派遣されるのなら、この人々は他の被統治者のもつ全権利を保持すべきであり、また、彼らに与えられた許可事項はすべて忠実に遵守されるべきである。もし母国が植民団に圧制的なことを試み、そしてその植民団が主権国家として独立して存続できるのなら、あるいは、母国がその自由を失うか、統治組織の構想を悲惨なほど悪いものに変更させるのなら、その植民団はもはや〔母国に〕服従し続ける義務を負わない。その植民団が友好国のままなら、それで充分である。見通しのもっとも本質的な点についての誤りに基づいた初期の信約に依然として拘束されて、幸福な独立国家として存続するのに適した人々の大きな社会が、あらゆる繁栄と安全に反する服従を継続しなければならないと、考えるべきではない。また、自国の民衆およびあらたに獲得した人々の真の至福を顧慮することなく、自らの帝国を拡大し、すべての隣国を自国に服従させようとする君主と民衆両者の空しい傲慢な野心ほど、人間生活に不幸を引き起こしたものはなかった。そしてここから、周囲のすべての国々にとっての災厄たる広大で制御不能な帝国があらわれた。しかしこの帝国は、しばらくすると、それ自身の大きさによって、人類の膨大な殺害を伴いながら崩壊してしまう。

# 第八章　市民法とその執行について

一　法を制定し、執行する権力は、もっとも重要な内政の権力である。あらゆる法は、国家に対する真の効用を目指すべきである。また、人間の能力の及ぶかぎり、法は、全般的な繁栄に重要性をもつあらゆることを命じるべきである。しかし、統治組織のまさに設立のときに、主権者あるいは主要な為政者が、人々の世俗的な権利の保護に必要な権力しか委託されていないのなら、彼らは、宗教や内面の徳に向けて人々の精神を陶冶する手段について、どんな種類の強制的権力も行使できない。しかし、彼らが特定の収入を委託され、それを彼らの判断で公共の効用のために用いることができるのなら、しかも、彼らが人々の世俗的な権利への配慮だけに明白に限定されているのでないなら、人間の幸福がおもに徳に左右される以上、政治的統治者は、幼いころからの最良の教育と鍛錬によって、被統治者たちの精神に宗教と徳の正しい見解を教え込み、彼らの心がこの見解を享受できるように影響を与え、それによって彼らが人生のあらゆる栄誉ある任務に備えられるようにすることが、自らの任務に属することだと考えなければならない。

しかし、同時に統治者は、すべての人々に対して、自分で判断する彼らの神聖な権利を擁護しなければならない。もし、秘密の意見であれ暴露された意見であれ、社会を破壊する実行にまではいたっていない〔反社会的な〕意見について、刑罰を科す法があるのなら、この神聖な権利はその法によって明らかに侵害されるだろう。それればかりではない。このような信条は、良心においてそれを暴露する義務を負うと考える人々によって、暴露されるべきではあるが、一般的により賢明なことは、この人々が、決して国家に混乱を与えるつもりがなく、公共のために自分に要求されるあらゆる役務の自らの分担部分を引き受けるつもりだという適切な保証を与えるよう、要求するに留めること、そして、危険な意見そのもののために人々に罰則を科すよりも、それらの意見の帰結として実行された侵害だけを厳罰に処すことであろう。このような信条自体のためにあえて苛酷なことに踏み込むよりも、それらの信条が賢明な人々のより正当な論証によって論破されるにまかすほうが、より善いことが多い。

しかし、どこの民衆であれ、その大多数はこの権利を行使せず、腹黒い人々の表面的な神聖さのあらわれと、より優れた知恵の見せびらかしに惑わされて、これらの人々に導かれようと軽率にも自己をゆだねるだろうから、この〔民衆の〕先導（*leading*）を自らの手中に収めることは、明らかに為政者の仕事にちがいない。そのために彼は、人格と学識を備えた人々を任命し、民衆に宗教と徳の正当な見解を教えさせ、もっとも効果的な論証によって民衆に〔この見解を〕より強く信じさせ、それによって民衆が他の人々の邪悪な技芸によって道を踏み外さないようにすることが必要である。そして、もし権力者がそれなりの知恵をもち、それなりの宗教体系をもつのなら、彼は、民衆の大多数がきわめて従順に自分の先導にしたがうから、公的な〔宗教〕体系にしたがわない少数者からは、危惧する必要のあることはほとんど起こらないことを、常に知るだろう。

間違いかつ不合理、あるいは正しいけれどほとんど重要でない〔神への〕崇拝の信条または儀式に、民衆が意見と実践においてしたがうよう、なんらかの罰則のもと法によって強要することは、どの国家であれ、一般的に大きな災いを引き起こす。というのも、人々は、各自の多様な才能と気質に応じて、宗教問題での多様な意見と実践にこれまでも、これからも常に取り組むだろうし、それゆえ幾人かのもっとも有用な人材は、この問題で苦しめられる場合には、祖国を見捨てるだろうし、国家は反乱と紛争に蝕まれ、人々の活動は、共同体にもっとも有用な役務と仕事から離れ、瑣末なことで占められるだろうからである。隣人の誰をも害さない崇拝の意見または様式を理由に、善なる被統治者が困惑に直面したり、市民権を剝奪されたりするべきではない。

二　至高の権力をもつ人々の実例は、民衆の徳を増進させるのに絶大な影響力をもつ。とくに、彼らが、生活態度について是認された正直さと純粋さをもつ人々だけを栄誉〔ある地位〕に昇進させる場合には、そうである。大衆（populace）は、真に自由なら、その選挙の際に、徳があらわれる人物に常に追従するし、きわだった正直さをもつ人物以外、誰もめったに昇進させようとしない。また、任務に就く適正な期間が法によって設定されていて、その期間の満了の際には民衆の普通の〔生活〕条件に戻らねばならないのなら、栄誉や権力〔のある地位〕が、昇進させられた人物の気質を変えることはないだろう。〔栄誉ある〕任務に昇進させる権力が君主にある場合、昇進させられた人々は、おそらくその政治上の創造主〔たる君主〕に似ているだろう。

幸福の偉大なる源泉であり、その他のあらゆる徳へのもっとも強い動機となる神への信心（*piety toward God*）の次に、国家で涵養されるべき徳は、節制、正義、不屈の精神、そして勤勉（*temperance, justice, fortitude,* and *industry*) である。快楽への過剰な衝動だけでなく、生活の虚飾のためのあらゆる奢侈と法外な支出をも抑制する節制は、それについて考えるすべての人々によって、どの国家の繁栄にも必要だと認められるにちがいない。一定程度の肉体的な快楽と〔生活の〕優雅さは、心地よい罪のないものである。われわれにこの程度のものを与えるため、神と自然は、精妙な技で多くの果実とその他の原材料を生み出してきた。また、どんな快楽の享受でも、それが人生の義務と両立するのなら、あるいは、それが精神を非常に弛緩または弱化させ、そのため精神がそれを欠くと苦しむか、それを得るために自らの義務を無視し妨害しがちになるのでないかぎり、そこにはどんな道徳上の卑しさもない。したがって、奢侈とは「人生の任務を遂行することと両立しない、低級な快楽への過剰な欲望あるいは耽溺」と定義されるべきである。しかし、すべての人々にとっての合法的な享楽の一般的な程度を、正確に決定するのは不可能である。彼らの財産、執着心、生活を支えるべき友人、そして身体の構造までもが多様である以上、この享楽の程度も多様にちがいない。ところで、今述べた概念としての奢侈は、人々の財産を浪費させ、しかし彼らの鋭い欲望を増大させ、彼らを欠乏と渇望の状態にするものだから、祖国への彼らの義務と快楽が両立しないときにはいつでも、奢侈のためにその義務を放棄するもっとも強い衝動が引き起こされるにちがいない。また、市民たちがその他の方法では自らの奢侈のための資金を手に入れられないときには、奢侈のために彼らは、国内の暴君または外国の敵に祖国を売り払うにちがいない。奢侈を好む人々に関しては、一般的にあらゆることが金次第である。

奢侈が技術および製造業を奨励するのに必要または有用だという主張は、正当ではない。というのも、技術と産業、少なくとも罪のない、必要な、あるいは優れた技術はすべて、奢侈がなくとも、最高度に奨励されうるからである。財産家の人々は、人生におけるいくつかの自分の責務が許容するかぎり、もっとも創意工夫に富む精密な製品を購入しても、奢侈にならない。また、たとえ彼らが、より繊細な気前よさの観点から、貧しい友人たちの〔生活〕条件を改善するために、自分ではこのような支出をしないとしても、彼らは、その家族と親族、そしてこのような支援を受けた友人たちとともに、まさに同じ生産物や製品を、あるいは、その国家で同じくに奨励に値する他のものを、はるかに多く消費することになる。こうして彼らは、生活を支えるべき人々とともに、職人たちにより多くの利益をもたらしている。

また、まじめで質素な倹約家は、健康で豊かな長い人生で、同じ財産をもつ浪費家より一般的にはるかに多く消費をするが、それは浪費家が、数年の贅沢三昧の代償として、しばしば長い期間の病気と貧窮という罰を受けるからである、と言及する必要があろうか。また、より身分の低い人々は常により上位の人々の生活態度を模倣しているから、奢侈という疫病が即座に最下層の人々を、そして職人たちさえも蝕むだろう。そうなると職人たちは、自分の労働に対するより高い対価がなければ、生きていけない。その結果、製品の価格が上昇しなければならないが、このような製品は、もっと勤勉でまじめな国が同じような製品を海外市場でより低価格で供給できるのなら、海外で売れなくなる。

三　勤勉と産業（*diligence* and industry）の必要性を明らかにすることは、ほとんど必要ではない。というのも、国民の富と力がほとんど全面的にそれらに依存しているからである。農業は、わが民衆の食糧の絶えざる枯渇を防ぐため、また輸出のための穀物を収穫するため、そして、さもなければ外国から購入せねばならない原材料を多くのわが職人たちに供給するために、必要である。同じように、わが国の富が外国製品の購入によって流出しないように、手工業は、より単純なものであれ、より優れたものであれ、すべて奨励されるべきである。商取引と漁業はきわめて重要である。さらに、わが国あるいは外国の商品の輸送による利益を失わないために、船の建造自体もまたきわめて重要であり、それとともに、船員の訓練も同様である。これらは、富の増加だけでなく、戦時下の国家の防衛にも貢献する。職人の仕事は高い評価を受けるべきであり、それによって財産家の人々と家族が、その仕事にかかわることが自分たちに値しないと考えないようにすべきである。

**四**　正義が必要なことは、疑う余地がない。というのも、法と正義なしにはどんな自然的または人為的権利も無事ではありえない以上、もし法と正義がおこなわれなければ、すべての産業が必ず衰亡するからである。そればかりか、商人はあらゆる偶然の損失に比例して自己の〔商品の〕価格を引き上げねばならないから、不正が横行している場合、商人は、不正な人々の詐欺によって被る損失を、自分の商品の価格に上乗せするにちがいない。こうして、最善の市民たちがこの負担を必ず担わされる。さらに、正義がより広くおこなわれている隣国は、その他の条件が同じなら、このためわれわれにより安く売ることができる。したがって、正義が維持されないところでは、国民の商業は、それに付随するすべての利益とともに没落するにちがいない。

正義を執行する（*administering justice*）最善の方法を吟味するには、長い論述を必要とする。われわれはただ簡潔に、次のことを示唆しておく。すなわち、偉大な善性と公正さ、そして是認された正直さをもつ人々に訴訟の判決を委託するような仕組みが裁判所に施されているのなら、少数の単純で平易な法が市民たちを充分に保護し、規制するだろう、ということである。迷惑なあるいは抑圧的な訴訟に対する厳しい制限は、このうえなく有益である。これらの問題に関するローマ人の初期の法と慣行は、模倣に値する。

**五**　軍事上の技術と徳は、より栄誉ある市民全員にきわめて適した素養である。したがって、戦争はどんな人の生涯の職業にもなるべきではなく、すべての人々が順番にこの役務に就くべきである。また、現在の慣習にしたがって、軍隊が民衆のくず、つまりあまりにも自堕落で、他の職業には適さない輩で構成されているときには、数年にわたりこの生活態度を身につけると、誰でも将来にわたって他の職業に適さなくなることは、観察されうることかもしれない。しかし、もし最善の市民全員が順番に軍務に就くのなら、事情はまったく異なるだろう。この方法はまた、次のような大きな利点をもたらすだろう。すなわち、すべての民衆が軍務で鍛えられ、熟達するだろう。たとえわが軍隊の一つが完全に壊滅されたとしても、われわれはただちに経験者で構成されたもう一つの軍隊をもつだろう。たとえ司令官が殺されても、同じ軍歴をもち、指令をくだす準備の整った他の人々がいるだろう。そして、国内の野心家の市民にとっても、外国の侵略者にとっても、充分に軍務で鍛えられた武装した民衆の権利を踏みにじることは、まったく容易ではないだろう。

六　市民たちの複数の小集団が、祖国に対する以上に、相互により強く結びつくか、外国の君主であれ司教であれ、彼らの利害とより強く結びつく、あるいは、彼らにより大きく依存し、彼らによる昇進の期待をもつことを、国家の法と全体制は、防止しうるものでなければならない。そして市民たちが教えられるべきことは、もっとも不信心な欺瞞によって祖先から受け継いだ古い取り決めが、祖国の繁栄に反してまで効力をもつはずがないことである。というのも、聖職者がなんらかの大きな世俗権力をもつことが、宗教にとって有用であるはずがないからである。ましてや、世界中の全聖職者が、共通の君主〔ローマ法王〕または評議会〔枢機卿会〕によって統治される巨大な組織とみなされること、そして、この君主および評議会が、多くの国家で自分たちのお気に入りをすべて、高い尊厳と高収入〔の地位〕に昇進させる権力をもち、さらに、富と権力を左右する問題で、各国の最高法院から彼らに対して上訴がなされることが、宗教にとって有用であるはずがないからである。

七　市民法の一つの大きな企図は、政治的な賞罰規定によっていくつかの自然の法を補強すること、そして、欺瞞を防止し、正義を促進しうるような、法廷での仕事と手続きの形式を指定することである。大衆はまた、法による教化と誘導で、自らの私事を処理する最善の方法と、自分たちの手工業を運営する最善の方法を身につけることもしばしば必要である。そして、一般的に市民法は、自然の法が大幅な許容範囲を残す多くの点を、より正確に決定するべきである。

市民法の最善の体系そのものから、特定の形式的権利が必ず生じる。この権利は、誰も善なる良心をもって主張できないものだが、しかし、もしそれを認められた人々が要求するのなら、彼らは罰を受けることなくこの権利を保持するのでなければならない。この権利に反対して、誰も正当に暴力に訴えることはできないし、法的な是正を得ることもできない。また、もっとも神聖な義務の多くも、決して強制の対象ではありえず、当事者の栄誉と良心にゆだねられなければならない。〔厳密な解釈の適用で〕法によって認められる特定の恩恵があり、善良な人なら誰もこれを要求しないだろうが、もし要求されれば、それは拒否されえない。(原注1) そして、法的な形式を欠くために、人定法によって保証されない信約あるいは遺言でも、そこに当事者または遺言者の道徳上の能力をこえるものや、公正さに反するものが、なんら指定されていないのなら、善良な人はしばしば、それらを有効とみなす義務を負うと考えるだろう。しかし、もしこの信約や遺言が、これらの観点のいずれかにおいて不正なら、善良な人は法の恩恵を受けることができる。

(原注1) これら二つの項目については、バルベイラックの二つの名演説『許可および恩恵の法について (*De Legum Permissione et Beneficiis*)』がある。この演説は、プーフェンドルフの小著の彼による翻訳に、補遺として収録されている。

八　法の賞罰規定 (*sanctions*) は、報賞 (*rewards*) と刑罰 (*punishments*) から成る。市民法への服従に伴う共通の報賞は、それに服従する人々が、引き続き市民生活のあらゆる利益を享受しうることである。特定の少数の市民法には、栄誉や奨励金といった独自の報賞がある。自然的栄誉は「われわれの道徳上の卓越性について他の人々が抱くよい意見」である。市民的栄誉は「法によって指定された、敬意の外面的な表徴」である。

普通の正直さに関する単純な評価（*simple estimation*）あるいは評判〔への要求〕は、当然にあらゆる人の権利だから、どんな統治者も、裁判で決定された理由もなしに、気ままに人からこの権利を奪うことはできない。より高い評価、あるいは一部の人々が言う、強調された（*intensive*）評価は、完全な権利の対象ではない。というのも、ある人物の能力・実績について説得されるのでないかぎり、誰も他の人々の命令で、彼についての高い意見をもつことはできないからである。しかし、敬意と序列の外面的な標章なら、市民的権力は、他の市民的権利と同様に、それらについて決定する権利をもつ。もしこれらの標章が真の能力・実績のある人々にだけ授けられるのなら、それらは賢明な人々にとって高い重要性をもつだろう。しかし、もしそれらがしばしば無分別に授けられるのなら、それらは賢明な人々にとって、ますます瑣末で軽蔑すべきものとなり、嘲笑と冗談の対象となるだろう。というのも、〔このとき〕それらがしばしば見られるのは、それらが世襲である場合だからである。しかも、不適格者からそれらを剥奪する監察権力も存在していないからである。

九　あらゆる刑罰の真の目的は、すべての悪人が刑罰への恐怖心で侵害の実行を抑制され、それによって共同体が安全に維持されるようにすることである。刑罰とは区別される懲罰（*chastisement*）は、受刑者の改心だけを目指している。そして損害の補償は、損失を被った人の効用を目的としている。人々は、先行する犯罪や過失がないときでさえも、しばしばこの補償をする義務を負う。

犯罪者への怒りや憎しみ、あるいは、あらゆる善良な人にとって自然な、道徳上の悪への正直な憤りでさえ、刑罰の唯一の動機になるべきではなく、むしろ、罪のない人々の共通の利益と安全への冷静な配慮が、それになるべきである。正しい量刑は、道徳上の卑しさの程度ではなく、社会の危急性に基づくべきである。大量のひどい道徳上の卑しさは、罰せられずに見過ごされねばならない。しかしその反対に、共同体の安全が要求するのなら、より小さな気質の堕落を示す行為は、厳罰に処されなければならない。たとえば、忘恩および人間愛の欠如には、どんな罰則も科されないが、他方で、至高の権力に対する反乱は、たとえそれが競合者の権利という説得力のある口実に基づいていても、厳罰に処されなければならない。しかし、両方の観点から極刑に値する犯罪は、他の人々の安全のために自らに信託されたものを市民の抑圧に悪用する権力者の公的な犯罪である。

　邪悪さをもつ最初の〔心の〕動きまたは性急な意図を罰することは、不必要であり、また、しばしば実行不可能であろう。というのも、このような軽率な〔心の〕動きは、突然の挑発を受ければ、善良な人々の胸中に生じうるし、しかも彼らは、すぐにそれを自ら抑制するだろうからである。しかし、ある〔心の〕動きが現実の行為にいたり、この行為が実際には偶然または力ずくで、あるいは他の人々の時宜を得た助力で阻止されたが、効果的に悪を実現しえたかもしれず、それゆえ激しい悪意と侵害への執拗な決意を示しているのなら、この〔心の〕動きは、その目的を達成した場合と同じく、厳罰に値する。しかし実際には、公共の利益のために、ある悪の行為に報賞まで与えること、そして最大の犯罪者を赦免することがときに必要となるかもしれない。

　判決の際にきわめて咎められるべきえこひいき（***respect of persons***）が起こるのは、犯罪者の行為または事情の諸性質のうち、その罪の卑劣さにも、刑罰に対する〔彼の〕感覚にも、社会の共通の利益にも影響を与えないものを顧慮するときである。しかし、これら三つのうちのいずれかに影響を与える事情は、常に顧慮されなければならない。したがって、その他の事情が同じなら、同じ罪には、犯罪者の財産に応じて、罰金が引き上げられるべきであり、彼らの身体の強さに応じて、身体的な刑罰が強化されるべきである。また、その人物の尊厳に応じて、屈辱的な刑罰が軽減されるべきである。

しかしわれわれは、より重い罪に対して、刑罰の苛酷さを際限もなく増強し続けてはならない。というのも、拷問の光景をしばしば見ていると、われわれの心中の自然な同情心と思いやりが磨耗し、また、人々の気質がより野蛮で残酷になりやすいからである。

一〇　他の人々の犯罪のためにある人を罰することは、不正である。一家の長の犯罪のためにその家族の全財産を没収することは、不公正である。この財産から生活費を得ることに対する妻子の自然な要求はすべて、罪のない人物に払われるべき負債と同じく、最初に履行されるべきである。また、なんらかの犯罪のためにある団体を罰することは、本性上正当ではない。この場合には、その団体の役職者であれ平の人物であれ、犯罪者のみが罰せられるべきである。団体の犯罪者の成員に、隣人への侵害をおこなうことを促した、あるいは可能にした特権、防衛施設、または武器があって、しかも同様の侵害に対する保証がその他の方法では得られないのなら、それらのいずれかをその団体から取り上げることは、ときに正当となりうる。団体が自己のために獲得した利点、特権、または防衛施設のいずれかによって、損害が引き起こされたか、助長されたのなら、しかも、犯罪者が見つからないか、その損害の補償ができない場合には、その団体はときに、共同の蓄えやさらには成員の私有財産から、損害の補償をする義務を負うことがある。

一一　あらゆる政府は、公事の賢明な執行に必要な範囲内で、法によって被統治者たちから税を徴収するもっとも正当な権利をもつ。というのも、この公的な支出はすべての人々のためにおこなわれるからである。被統治者によるこの法への違反は、窃盗と同罪である。この侵害の対象は、正しくは、統治者というよりわが同胞の被統治者たちである。というのも彼らは、その他のたくさんの不都合に加えて、この詐欺的行為によって生じた不足分を、他のなんらかの方法で穴埋めする責務を負わねばならないし、このためにさらなる負担に甘んじなければならないからである。人々が正当な比率で公的な支出に貢献できるようにするためには、国勢調査（*census*）、すなわち彼らの全財産の評価を制度化する以外に、可能な方法はない。

一二　次に述べるものが、統治者に対する被統治者たちの責務である。〔一、〕第一に、彼らは、統治者の正当な法および命令のすべてに服従する神聖な義務を負う。〔二、〕第二に、もし命令されたことがらが統治者の権力にゆだねられた問題なら、たとえ彼らがその命令を無分別だと判断しても、それに服従するのが一般的に被統治者の義務である。これがもっとも明瞭に当てはまるのが、軍事行動である。というのも、下位者が統治者の命令を判断し、その命令が国家の善にとって賢明だと自ら考えるときのみ服従すればよいと認めるのなら、あらゆる軍事上の規律は破壊され、軍隊は無秩序の群衆に成り下がるだろうからである。

三、したがって、統治者の知恵にゆだねられた問題では、被統治者たちは、統治者にとって非常に犯罪的である命令に服従するとき、正当な、そればかりか栄誉ある役割を果たすことになろう。被統治者たちは、服従することで、最大の災いを防いでいる。というのも、非常に無分別な命令の執行からよりも、あらゆる命令と統治の弛緩からは、はるかに大きな悪が一般的に生じるにちがいないからである。

四、しかし、命令されたことがらが国家に対して完全に有害かつ破滅的なので、この破壊的な命令を執行するくらいなら、この命令者の権威を打破し破壊するほうがましだ、と被統治者に思われるのなら、被統治者は服従を拒否できる。しかし、このような問題では、彼らは、誤った判断をくださないように、最大限の用心をすべきである。

五、もしわれわれが、神に対する直接的に不敬で不信心な行為や、他の人々の完全な権利に反するような行為を命令されるのなら、あるいは、命令されたことがらが、命令者の権力にゆだねられていなかったのなら、われわれは、服従する責務をなんら負わない。そればかりか、祖国に対して破滅的となりうる先例に服従せずに、あえて刑罰に耐えることは、しばしばきわめて栄誉あることとなる。被統治者が統治者に抵抗することが合法的となる場合については、われわれはすでに明らかにした(原注1)。

(原注1) 第三部第七章第二節。

すべての被統治者の共通の義務は、市民的権力と政治的統一体の本性および起源から容易に明らかになるにちがいない。彼らの独自の義務は、その国家における各自の状況、関係、および任務から生じる。

# 第九章　戦時法

一　戦争の権利および条約は、外国人にかかわる類のものである。戦時下の権利の主要事項は、第二部[原注1]で自然的自由における人々のあいだの戦争について論じたとき、その大義と限界について説明した。同じ原則が、国家間の公的な戦争でも成立する。というのも国家は、相互の関係では、自然的自由と同じ状態にあるからである。

（原注1）〔第二部〕第一五章。

主権国家の命令が両陣営双方にあるわけではない、正式さに欠ける公的な戦争については、暴動および反乱を鎮圧する統治者の権利についてすでに述べたことから、また、被統治者が背信的な統治者から自己を守るときにもちうる抵抗権から、充分に理解されるだろう。[原注1]「両陣営の独立国家の命令によって開始される戦争」が正式の戦争と呼ばれる。われわれはこの定義に、その戦争が事前に布告される（*previously proclaimed*）べきことを、つけ加える必要はない。もちろん、あらゆる文明国民にとっては、力に訴えるとき、都合のつくかぎりできるだけ速やかに、周辺のすべての国にその根拠を知らしめることが、きわめて適切ではあるのだが。しかし、他国からの侵略を受ける国民には、自国を防衛するにあたり事前の宣告（previous declaration）をおこなう義務は、明らかに課されない。また、攻撃する国がこの事前の宣告をおこなうことも、必ずしも必要ではない。というのも、この国が自らの権利を獲得するもっとも確実な方法は、おそらく敵の不意をつくことであり、また事前の宣告は、この国が成功をおさめる最善の機会を妨害するかもしれないからである。聡明で学識ある人々が事前の布告を必要とするように導かれたのは、ローマ人のあいだの宣戦布告と和平に関する法（*foecial laws*）(18) に対して、あまりにも大きな敬意があったからである。しかし、暴力による戦いは〔人間の〕理性的および社会的な本性にとって快いことではないから、善良な人がこの戦いに訴えざるをえないときには、安全であるかぎりできるだけ速やかに自己の動機と意図を公然と宣告し、彼がその他の方法では自らの権利を獲得できないことをすべての人々に理解させることをしないとすれば、それは彼にふさわしくない。

（原注1） 第三部第七章第二節。

内乱では、しばしば両陣営にもっともらしい理由があるから、近隣のすべての国家は、交戦中の両陣営に対して、正式の戦争を遂行する両陣営に対するのと同じ支持を示すべきである。いやむしろ内乱では、正式の戦争と同じくらいしばしば、一方の側に正当な大義があり、他方の側に見せかけの大義がある。しかし、

(18) foecial laws を fetial laws の当時の表記法と考えて、これを「宣戦布告と和平に関する法」と訳した。ちなみに fetial は、名詞としては「古代ローマの伝令神官（fetiales）の一員」を意味する。そして fetiales は「国民の伝令使および代表者として他国との論争・宣戦布告・平和条約批准の衝に当たった一団（二〇名）の神官たち」を意味する。

内乱を戦うどちらの陣営も、人類の全権利を放棄または喪失する強盗や海賊のようにみなされるべきではない。

二　戦時法は、交戦中の両陣営および中立国にかかわる。「正しい理性が、人類の全般的な利益のために、戦時下で遵守される必要があると明らかにするもの」は、強制的な責務を伴う国際法（*the law of nations of necessary obligation*）と呼ばれうる。しかし、「諸国民の暗黙の是認または同意のもとに、長い期間を経て慣習となったもの」は、反対の慣習によって変更されうるし、あるいは全関係国の時宜を得た予告で即座に廃止されうるものであり、随意的な国際法（*the voluntary law of nations*）と呼ぶことができる。

戦争の正当な原因は、第二部で説明した。(原注1) しかし、隣り合う諸国家に関しては、次のことが指摘できよう。市民のあいだでは、まだ被っていない損害の予防のため、合法的な行為が許されているし、また、社会に危険だと判明しうる過剰な富の獲得は、たとえそれが不正な方法で実現されていなくても、土地配分法によって抑制される。同じように、隣り合う諸国家のあいだでも、そのうちの一国における危険なほどの国力の増大は、もしもっと穏便な形の安全保障が得られないのなら、ときに戦争の正当な原因となりうる。とくに、その国家の民衆が軍事的な栄光と征服への一般的な野心を示し、かつ、あらゆる平和的な技術を放棄している場合、そして、それゆえに周囲の国々は、もし同じく罪のない平和の技術を放棄して、常に戦争に備えて〔民衆を〕鍛錬するのでなければ、永続的な危険に直面するにちがいない場合には、そうである。しかし、これはめったに起こらない例外的権利（*extraordinary rights*）の一例である。

〔原注1〕〔第二部〕第一五章。

公的な戦争において、〔戦争を〕開始する条件、終結させる条件、およびわれわれの要求の範囲は、自然的自由での私人間のそれらと同じように決定されるだろう。これについては、以前に述べた。

戦争を遂行する正当な方法は、正々堂々たる暴力であり、あるいは自己の感情・見解を敵に伝達する明言または暗黙の取り決めをなんら伴わない、〔敵を〕欺く術策である。〔原注1〕暴力が正当化されうるのは、交戦中の人々、または、われわれが自己の権利を獲得するのを暴力で阻止する人々に対してだけである。もっとも、広くおこなわれてきた非人間的な慣習のせいで、人々は、罰を受けることなく、敵に対していかなる種類の残虐性をも発揮しうるのだが。ある信約または条約を敵と結ぶことを意味するものを除いて、虚偽の物語やある種の言説によって敵を欺くことも、きわめて通常のことである。しかし、平和が回復される、あるいは、より人間性を失わない戦争の方法が維持され、相互の恐ろしい残虐性が防止されうるのは、条約によってのみだから、条約の形式をもつもので敵を欺くことは、決して許されなかったし、許されるべきでもない。

〔原注1〕第二部第一〇章第二節。

三　その他の多くの責務が、暗黙の信約を含意する古くからの慣習によって導入されてきた。しかしそれらは、全関係国の時宜を得た予告によって廃止されうるだろう。たとえばそれは、誰も戦争で毒薬を使用してはならない、あるいは、敵国の君主や将軍を暗殺するために、敵国の被統治者または兵士を雇ってはならない、という責務である。しかし、いずれの陣営であれ、派遣されたすべての使者、外交官、および大使がその身柄を保護されるべきことは、確かに強制的な責務を伴う問題である。というのも、一方の陣営の完全な破壊なしに和平が達成されたり、人間性を失わない戦争の方法が維持されたりしうるのは、彼らを通じてのみだからである。しかし、非武装でやって来る、敵対する国民の被統治者が、相手国を周遊したり、その都市に住んだりできるように、相互に入国許可証を与えることは、随意的な権利の問題にすぎない。

**四**　いかなる正義の根拠に基づいて、敵対する国家の被統治者たちの財は相互に奪われるのか。これが次に説明されなければならない。

一、友好関係にあるすべての国家は、自国の被統治者が略奪行為に及ぶことを、あるいは、なんらかの仕方で周辺国の被統治者を侵害することを、抑制しなければならない。このような侵害がおこなわれたときには、国家は、その張本人に補償するよう強制する責務を負う。ただし、われわれがここで話題にしているのは、法に服従すべき被統治者であって、海賊または強盗ではない。

二、このような補償が要求され、そして拒否されるとき、侵害を受けた国家は力に訴えて、不当に持ち去られた財を奪い返すことが正当にできる、あるいは、もしその財を見つけられないのなら、その価値に見合う分を侵害の張本人から、あるいはその国家から持ち去ることができる。というのも、国家はその略奪者を守ることで、罪を自らに引き受けているからである。そしてこの権利は、もしその侵害が公的な命令でおこなわれたのなら、よりいっそう明白となる。
三、もし侵害を与えた国家の公的な財を奪う機会がないのなら、侵害を受けた国家は、この国の任意の市民の私有財産を奪うことができる。というのも、〔侵害を与えた国家の〕政治体制と市民的権力はすべての被統治者のために創設されたのだから、彼らは、自らの効用のために発案したこの仕組みに起因する〔相手国の〕損害を補償する義務を負うからである。[原注1] しかもこの市民的権力は、自国の被統治者たちを保護することで、明らかに彼らがこのような侵害へ向かう支援と刺激を与えてきたからである。

（原注1） 第二部第一五章[19]第二節、および第三部第三章第二節第五小節。

四、しかし、自らの共同体のために、〔侵害を受けた国家からの〕この報復で以上のように害を受けた罪のない被統治者は、その共同体に対して、共通の蓄えから、あるいは〔侵害の張本人たる〕略奪者の財から自己の損失を補償するように正当に要求できる。罪のない被統治者から報復としてこのように奪われた財は、侵害を受けた国家がその他の方法で補償を受け取るまで、担保として留めおかれるにすぎず、そのあと所有者に返還されるのであれば、確かにそれはより公正で明朗な方法だろう。しかし、反対の慣習がおこなわれてきた。[原注1] つまり、このように奪われた財が、獲得者たちの砦に持ち込まれ、彼らあるいは彼らの共同体に正式

---

（19） 原文ではBook II. xiv. 2となっているが、当該個所は「第一五章」と訂正した。原注が付された文脈に合っていないので、内容を考慮して

に授けられるやいなや、元の所有権はあらゆる側面で消滅するとみなされている。したがって、万が一その財がのちに取り戻されるとしても、元の所有者はそれらを要求できない。それらが中立国の被統治者によってなんらかの仕方で合法的に獲得され、彼らの領土内に持ち込まれたあとでは、元の所有者は、それらを暴力で奪うことも、それらに対する要求をすることもできない。

〔原注1〕 おそらく、敵を苦しめるとき、兵士をより活動的にするためである。というのも、持ち去られた財の大部分は、たいてい獲得者に与えられるからである。

**五** 中立国に関連する主要な法は、簡潔に述べると次のとおり。一、〔交戦中の国に〕隣接する国家は、どちらの陣営にも援軍を派遣する取り決めを結んでいないのなら、その戦争に巻き込まれるべきでもなければ、その戦争によって損害を被るべきでもない。

二、もし中立国が以前の条約で戦争の際には両国に援軍を派遣する責務を負っているのなら、そして、この両同盟国が互いを相手に交戦状態にあるのなら、この中立国はどちらにも援軍を派遣すべきでない。あるいは、もしこの中立国が参戦したいのなら、この国が正当と判断する大義をもつ国家に援軍を派遣すべきである。というのも、このような攻撃と防衛にかかわる同盟はすべて、大義が正当という想定のもとでのみ効力を発揮するからである。また、この同盟の拘束を受けてこの中立国が、正式の条約で自国と同盟を結ぶ国家に対して戦争をおこなう義務を負うこともありえない。

三、いずれかの陣営に持ち去られた動産の戦利品が合法的な賞品と認定されたあとなら、中立国はそれらを正当に購入しうる、あるいは他のなんらかの権利によって獲得しうる。このとき元の所有者は、それらに対するさらなる請求権をもつことができない。中立国やその市民たちは、戦争および獲得物の妥当性についての適任の裁判官ではない。彼らは、購入する財が戦時下に持ち去られた戦利品なのかどうかを、しばしば知らないだろう。

四、しかし、土地、城塞、あるいは都市に関しては、事情が異なる。中立国は、いかなる権利でそれらが占領されているのか、また、それらが自国と友好関係にある国家から奪われたこと、そして、自国がそれらを購入すると、この国がそれらを再度奪還する妨げになるにちがいないことを、必ず知っている。敵国によって最近占領された大きな都市または城塞に、任意の地区や小さな町が毎年納めるべき地代または役務は、中立の地区によっても、現在の所有国に納められるのが正当であろう。むしろ、このような納付の拒否は、占領の妥当性に反対する宣告とみなされるだろう。もしこの大きな都市または城塞が元の統治者によって再度奪還されたなら、占領期間中に敵国になされた納付は妥当と認められねばならず、同じ額の地代や役務の再納付は要求されえない。しかし、暴力的な〔占領による〕所有国が、中立地域によって納められる地代や役務を売却、譲渡、あるいは永久に放棄すると主張するのなら、あるいは、〔元の所有国に対する〕古い負債の支払いを要求するか、その負債を帳消しにすると主張するのなら、この行為は、元の所有国が元の領地を再度奪還したとき、この国の意向に反してまで有効とならないだろう。

五、中立国は、交戦国の一方にあらたな援助を与える場合、それが何であれ、中立性を維持するつもりなら、もう一方の国にも同じ援助を与えなければならない。たとえばそれは、自国の被統治者たちが〔交戦国の〕兵籍に入ることを許可すること、自国の軍隊を賃貸すること、あるいは、軍事物資を供給することである。実際、〔中立国が〕交戦国のいずれかに商取引という形で武器や軍事物資を送ることは、もう一方の国によって、普通中立性の破棄とみなされる。それゆえこの武器や軍事物資は、略奪の対象となる。また、包囲された場所に送られる普通の食糧でさえ略奪の対象となる。

六、中立国は、交戦国のいずれかとの商業を、武器や軍事物資を除いて、妨げられてはならない。ただし、武器および軍事物資の本性も、定義するのは容易ではない。中立国は、いずれの陣営にも貿易のために自国の商船を貸し出すことができる。もしこの商船が奪われたなら、敵国の積み荷は正当な略奪の対象になるが、その船はならない。中立国は、いずれの陣営の船をも借りることができる。そして、もしその船が奪われたなら、積み荷は戦利品にできないが、船ならできる。中立国は、ある動産または不動産について以前に設定された担保や抵当の権利を、たとえそれらが戦時下でたまたま奪われたとしても、失うことはない。

七、交戦国のどちらも、中立国の港で見つけた敵国の人員、船、またはその他の財を奪うことで、中立国の領域内で互いに対し暴力を行使すべきではない。各国の領域は、その港だけでなく、国土に深く入り込んだせまい入江、海岸、そして兵器の射程距離の内側にある海の隣接部分も含む。というのも、もしこのような暴力が許されるのなら、中立国は、戦場とされることで大きな害を被るだろうし、また、自国と両陣営との商業が完全に妨害されるにちがいないからである。

八、脱走兵と亡命者について。交戦中のどちらの国も、中立国の市民的権力から前もって委任された権限によるのでなければ、中立国の領域内にいる自国の市民に、力を伴う司法権を行使することはできない。もちろんどの国家も、より残虐で嫌悪すべき罪を犯した人々を保護すべきではない。このような犯罪者は捕らえられ、裁判にかけられるべきである。しかし、戦時下にいずれかの陣営から逃げてきた脱走兵、あるいは、宗教を理由に逃げてきた人々、または、権利のもっともな見せかけに基づいて国内の党派と共同して実行した政治的犯罪を理由に逃げてきた人々に関しては、祖国の市民的権力に対してあらたな試みをおこなわないあいだは、彼らはあらゆる他国で保護してもらえる、という思いやりのある慣習がおこなわれてきた。

# 第一〇章　条約と大使、および国家の完全な崩壊について

一　条約についての主要な自然の法は、自然的自由における契約の教義のなかで解説した(原注1)。しかし、不正な力と恐怖〔による強制〕を理由とした異議の申し立ては、講和条約の責務に対しては認めることができない、ということを銘記しておかねばならない。そうでなければ、〔戦争の両陣営の〕古い論争がいつまでも続くことになろう。しかし、戦争が一方の陣営において明白かつ公然と不正であるとき、あるいは、より有力な陣営によって押しつけられた条件が明らかに不正で、すべての人間愛に反するとき、このような異議の申し立てが正当におこなわれうる。これらの場合には、侵害を受けた国は仲裁を主張することができる。そして、もう一方の陣営がそれに服従することを拒否するのなら、各陣営は、見いだしうるあらゆる援助を利用して、自国の安全および自国の権利の維持を力ずくで顧慮しなければならない。

（原注1）　第二部第九章。

条約は真正のもの（*real*）と人的なもの（*personal*）に分類される。人的な条約は、あまり利用されないが、君主の人格のために結ばれ、彼の逝去の際にその効力を失う。真正の条約がかかわるのは、一体となった民衆すなわち国民であり、これは不死とみなされる。条約はまた、平等なもの（*equal*）と不平等なもの（*unequal*）に分類される。前者は〔条約を結ぶ〕各国に平等あるいは比例的な負担を課し、後者は不平等な負担を

課す。しかし、後者は、より重い負担を受け入れる国の至上権と独立性(原注1)をともかく毀損または減損する非常に不平等な条約ではない。

(原注1) 第三部第五章第五節。

人質(*hostages*)は、以前の時代には条約の履行のために普通に与えられる保証だったが、今や利用されなくなった。というのも、祖国の背信のせいで罪のない人質をともかくも苛酷に扱うことは、きわめて非人道的であろうからである。

二 条約を結ぶときには、大使(*ambassadors*)が用いられる。もし彼らが主権国家の国事を扱うことを委託されるのなら、彼らに与えられる名称が何であれ、彼らの権利はまったく同じである。すでに述べたように、彼らの身柄は神聖かつ不可侵であるべきである。彼らは、自己の提案が〔相手国政府に〕送達されるよう要求する正当で自然な権利をもつ。しかし、彼らの派遣先の国家にいつでも駐在してよいという許可に関しては、彼らはそれを、人間愛からなされるべきこととして要求できるが、完全な権利としては主張できない。というのも、より活動的な大使の仕事は、その駐在先の国でのスパイの仕事とほぼ同じだからである。たとえ彼らが駐在を許可されるとしても、他の外国人が公的な地位なしに要求できる以上の高級な権利または免責特権(immunities)を、自然の法は彼らに与えないだろう。

しかし随意的な国際法によって、彼らは、自分と自分の必要な全随行員のために、多くの異例な特権

(privileges) および免責特権をもつ。〔これについて次に述べよう。〕しかし、ある国家がそれらすべてを彼らに与えるのを拒否しても、その国家が、そうする自らの企図について時宜を得た通告を全関係国にするのなら、不正にはならない。

一、第一に、大使がこの地位を得る前には服従していなかった法廷で、彼に対して、あるいは彼の秘書か使用人といった彼の必要な随行員に対して、どんな訴訟も起こせないという慣習がある。この慣習で目指されてきたのは次のことである。すなわち、大使は、自らの任務に不眠で励めば励むほど、一般的に彼の駐在先の国家でそれだけいっそう嫌われ憎まれるだろうから、もし彼がその国の法廷に服従すると、彼は自分に偏見をもつ国民のなかで裁判の公正な機会をもてないだろう、ということである。彼が駐在している国家の被統治者は、彼に対して訴訟を起こせないのだから、自分に不正がなされるかもしれない契約を彼と結ぶことを容易に自制するだろう。もし大使やその随行員が途方もない罪を犯すのなら、彼は本国に送還され、彼の代理権授与者 (constituents) に対して、正義が要求されることになろう。それが拒否されるのなら、戦争の正当な原因となろう。もし大使が貿易に干渉するのなら、彼の商品は、大使館での彼の生活費に必要な分を除いて、彼が貿易で契約した負債の代償として、押収または差押えに服すべきである。

二、大使館は、大使自身と彼の全随行員および全従者にとっての聖域とみなされる。しかし、彼の入国許可に際し、随行員と従者のリストが正当に要求されうる。また、彼の駐在先の国家は、どんな随行員を受け入れるのか、あるいは、どんな随行員に免責特権を与えるのかを、決定する権利をもつ。しかし大使は、この特権によって、駐在先の国家がその被統治者に対してもつ司法権を侵害してはならない。つまり、大使館を、彼らのなかの犯罪者のために聖域にしてはならない。

三、大使は、自らの使用人に対して、一家の長の通常の権力をもつ。あるいは、使用人の民事訴訟では、自らの代理権授与者が自己に与えた司法権をもつ。しかし、大使や、外国に滞在中の君主でさえ、駐在・滞在している国家の許可によるのでなければ、自国の被統治者に対して刑事司法権または死刑を科す権力をもたない。

四、大使がわが国の被統治者に不法行為を働くことを抑止するために、彼に対して職務停止令（*inhibitions*）が正当に行使されうる。また、被統治者自身は、力によって力を防ぐ自然的権利をもつ。

五、いかなる国家も、隣国から追放された犯罪者または亡命者を、その国からの大使として受け入れる必要はない。しかし、このような人物がこの〔大使の〕辞令をもって派遣されるのなら、彼は、逮捕または刑罰に正当に処されることはありえないが、わが国から退去するよう即座に命令されることはありうる。

六、大使の栄誉および優位な地位は、明白な規約または古くからある慣習という暗黙の規約によって決定されなければならない。優位な地位の唯一の自然な根拠は、大使が代表する国家の国制のより上位の卓越性、あるいは、彼自身のより優れた人格的価値であろう。もしわれわれが、野蛮人によって導入された慣習ではなく、真の能力・実績を重視するのなら、彼の代理権授与者〔たる君主〕の絶対的あるいは世襲による権力は、あらゆる根拠のなかで最悪である。

三　われわれの政治的関係の崩壊については、次のように述べることができる。〔一、〕永久追放によって、人はもはや被統治者ではなくなる。しかし、一時的な追放の場合にはそうではないし、ましてやその国家の人里離れた地域への永続的な抑留の場合は、なおさらである。

二、祖国が不変のままであるとき、誰も、市民的権力や法の許可なしにその祖国を離れることを、自己の完全な権利として要求できない。

三、既存の国制が、外国の力または〔国内の〕有力な党派によって大きく変更されるとき、この変更に同意しない被統治者は、どこか他国で自らの安全を顧慮する権利をもつ。また属州は、もし可能なら、その独立を回復することができる。というのも、以前に述べたように（原注1）、属州は、自らの同意によってのみ、しかも、非常に異なる仕方で構成されていた国家に対して、服従していたからである。

（原注1）　第三部第七章第八節、第九節、第一〇節。

四、しかし、国制に改善が施される際には、被統治者はこの国を見捨てる正当な権利をもちえない。

五、市民たちによって自国の国制にどのような変更がなされようと、彼らと外国人との条約は、依然として両国で効力をもっている。

**四**　国家は、いかなる権利をもってその領土の一部または属州を、そこに住む民衆とともに、敵国あるいは強大な外国へ割譲できるのか。この点は、上述したことから理解されうる。それは次のような理由による。まず、共同体の各地域と、属州さえもが、各人が参加することになる全体の共通の効用のために、共同体全体に自らを服従させた。したがってこの共同体は、ある地域や属州を、そこに住む人々の同意もなしに、放棄または譲渡する権利をもたないし、また、彼らが他の方法でよりよく自らの利益を顧慮できると考えているときに、他国の権力に服従する責務を彼らに負わせる権利ももたない。しかし他方で、不可能ごとに対する責務はありえないのだから、国家は、その最前線の地域または属州を防衛することが不可能なら、これらの地域を無防備のまま放置するにちがいない。そればかりか、もし国家全体の安全が他の方法では維持されえないのなら、その国家は、これらの地域や属州をこれ以上防衛しないよう、条約で自らを拘束することができる。しかしこの条約は、このように見捨てられた地域や属州に対して、このあらたな要求国に服従する責務をなんら課さない。この地域や属州は、その他のどんな方法によっても、自らの利益を正当に顧慮できる。たとえば、現在の侵略国から防衛されるように、あらたな同盟国を獲得したり、できるだけよい条件でその他の国家に自らをゆだねたりできる。というのも、各地域を[原注1]一つの国家に統合した、すべての人々の共同防衛に関する信約は今や、実行不可能と判明することに関する契約の状況にいたったからである。

（原注1）第三部第七章第八節、第九節、第一〇節〔第二部第九章第一〇節[20]〕。

---

(20) 原文の Book III. vii. 8, 9, 10 は、「征服による権利」の諸問題が論じられている箇所なので、原注が付された文脈に関し、完全な的外れとは言えないものの、正確に合致しているとも言えない。そこで訳者は、文脈により適切な箇所である「第二部第九章第一〇節」を追加しておいた。

民衆の一部や属州の人々について言われることは、激怒した敵国が自国に引き渡すよう要求する勇敢な市民についても成り立つ。このような勇敢な人物は、もっとも極端な場合、いわば見捨てられる、あるいは、もはや保護されないだろう。しかし、彼の祖国は、彼を捕まえて敵国に引き渡す権利、あるいは、彼がどこか他国で自らの安全を顧慮するのを妨害する権利をもたない。

**五**　国家の完全な崩壊については、次の原則が成り立つ。〔一、〕国家が完全に征服されるとき、この国のそれぞれの被統治者は、そして属州の人々もまた、どこか他国に移住するか、この属州の地に自らのあらたな主権国家を設立しようと試みることによって、できるかぎりうまく自らの安全を確保する権利をもつ。もちろん市民は、祖国のためにすべてを危険にさらすべきであり、祖国の安全についてあまりにも性急に絶望してはならない。しかし、彼らが祖国のためにあらゆる可能な努力をし、そしてすべてが無に帰したのなら、彼らは、自らの安全をできるかぎり顧慮することが正当にできる。

二、相当な期間にわたり征服され滅亡したと思われていた国家が、予期せぬ出来事で独立を回復する機会を見いだすのなら、この国の元の被統治者と属州の人々は、自らをこの国に再統合すべきであるように思われる。ただしこれは、征服されていた期間に、彼らがこの再統合と相容れない新しい正当な取り決めをなんら結ばなかった、としての話である。というのも、以前の祖国が破壊されたと思われていたときに、滅亡した国家の市民または属州の人々が、どんな欺瞞もなしに、外国人と結んだ取り決めは、いかなる取り決めとも同じく、拘束力をもたねばならないからである。

三、長期にわたり征服され、征服国の属州にされた国家は、他国へ亡命した元市民および元属州の人々に対するその全権利をすでに喪失している。そして、時代の経過ののちに、昔の国家がかつて占拠していた同じ土地に、新しい国家が形成されるとしても、この新しい国家は、昔の国家の独自の権利をなんら要求できない。異なる時代に同じ土地を占拠している国家は、まったく別の政治体であるかもしれない。そして、ある政治体は、完全にその領土を変更しても、そればかりかなんら領土を所有しない場合でも、同じ政治体のままかもしれない。

わが国が存続しているとき、すべての善良な人々は、どんなことであれ、神がその親にして統治者の、全人類のより古来の神聖な連合体における法に矛盾しないかぎり、わが国の利益のために耐えたりおこなったりするにはあまりにも苛酷すぎると考えるものなどない、という決意を一致してもつべきである。「わが子はわれわれにとって愛しく、わが妻も愛しく、わが親、親族、友人、知人も、同様である。しかしわが国は、これら親愛の情のすべての対象をその内部に擁し、彼らをわれわれのもとに存続させてくれる。だからこそ、善なる人は誰でも、この国に役務を果たすことができるのなら、喜んで国のために自らの命を投げ出すべきである」。

おわり

# 解説

# ハチスンの生涯と道徳哲学

## はじめに

本書はハチスンの主著『道徳哲学序説』（一七四七年）の全訳である。本書はスコットランド啓蒙を代表する重要な著作の一冊であり、啓蒙思想全体のなかでも重要な位置を占めている。本書は十八世紀にもよく読まれたし、今なお読まれるに値する作品である。

グラスゴー大学教授であったハチスンは、ロックとヒュームを媒介するような位置にあり、ヨーロッパ啓蒙全体のなかでも、プーフェンドルフなどの自然法思想とモンテスキューやルソー、カントなどの啓蒙思想の中間にあって、独自の地位を占めている。本書は小著ながら人間と社会を包括的に論じている。スコットランド啓蒙の代表的な学問は道徳哲学であるが、本書はその先駆的な著作であった。スコットランドの道徳哲学は、倫理学にとどまらない社会哲学であり、政治や経済も含んだ社会の学問であった。

フランシス・ハチスン（Francis Hutcheson, 1694-1746）は、道徳的価値の認識基盤としての「道徳感覚」という概念をシャーフツベリから継承し、その概念を展開して、人間の社会性としての仁愛の思想を力説した道徳哲学者として知られている。彼は、スコットランド啓蒙の父であり、『道徳感情論』と『国富論』の著者、アダム・スミスの師でもあった。ハチスンはスミスのみならず、ヒュームやリードなどのスコットランド啓蒙を代表する思想家にさまざまな影響を与えた。スコットランド啓蒙研究が進むにつれて、穏健派のルーツでもあれば、リアル・ウィッグでもあったハチスンはますます注目されてきた。アイルランドの文脈でも無視できず、アメリカに与えた影響も大きい。今ではハチスン抜きにアメリカ啓蒙も語れない。

わが国には、『美と徳の観念の起源』の邦訳（後の注を参照）もあり、いくらかの研究の蓄積もあれば、哲学や思想史の概説書で言及されることも多いけれども、ハチスンの思想の重要性は充分に認識されてはいない。彼の道徳哲学、美学、政治思想、経済思想について、しばしば論文が書かれているが、いまだ理解は充分ではない。『美と徳』の邦訳があるとはいえ、それは品切れで、ハチスンの著作を邦訳で読むことは案外難しいのが現状である。そのような意味では、本書の翻訳は待望久しいものがあるとも言えるであろう。

ハチスンの主著は『美と徳の観念の起源の研究』（一七二五年）、『情念の本性と運動――道徳感覚に関する例証を付す』（一七二八年、以下『情念論』）、『道徳哲学要綱』（ラテン語版、一七四二年）、『道徳哲学序説』（英語版、一七四七年）、『道徳哲学体系』（一七五五年）などである。もっともよく流布したのは『美と徳』であるが、『要綱』、『序説』と『体系』が彼の道徳哲学の代表作となる。フランスでは『美と徳』が一七四九年、『体系』が一七七〇年に訳され、ドイツでは『体系』が一七五六年、『情念論』が一七六〇年、『美と徳』は一七六二年に翻訳されている。

ハチスンの道徳哲学の全貌は、グラスゴー大学の同僚、ウィリアム・リーチマン（William Leechman）による序文をつけて、息子（フランシス）の手で死後出版された『道徳哲学体系』に示されている。その草稿は一七三七年には友人のあいだで回覧されていた。主著の三冊のテクストの形成と内的関係について、欧米で研究者間に論争があった。『体系』は午前の英語による公開講義を基にしたもので、『要綱』は午後の公式の講義ではない、私的なラテン語による講義の産物であった。『要綱』は一七二〇年代のダブリン時代に遡るとの推定もある。ハチスンは英訳を望まなかったが、阻止できないと知って、地元のグラスゴーのファウルズ書店からの出版を許した。それはハチスンが翻訳を校訂しようとしたことを意味するであろう。出版はハチスンの死の翌年なので、ハチスンがどの程度、校閲できたか分からない。この点は、今後の研究課題の一つである。[1]

そうだとすると『体系』を翻訳するのが一番よいのかもしれないが、それは大業なので断念し、内容的にその簡約版である『道徳哲学序説』を翻訳した。ハチスンの道徳哲学が流布したのは、当時はともかく、後世においてはこの英語版によってである。

以下の解説ではハチスンの思想を歴史的背景との関連で理解することを眼目として、彼の伝記と、人間論

（1） Luigi Turco, "Introduction" to his ed. Francis Hutcheson, *Philosophiae Moralis Institutio Compendiaria with A Short Introduction to Moral Philosophy*, Liberty Fund, 2007, pp. x–xi, xxii–xxiii.

から政治論までの彼の道徳哲学＝社会哲学の概要を紹介することにする。ハチスンの伝記は、煩雑を避けて逐一記さないが、スコットのハチスン伝(2)に多く依拠している。一世紀以上前の作品であるから、改訂が必要だが、今なおこれに代わる伝記はない。

## 一、ハチスンの思想形成とその背景

ハチスンは十八世紀前半のアイルランドとスコットランドを背景として牧師、教授として活躍した。時代はオーガスタン時代であった（本来はアン女王時代の文運隆盛時代を指したが、今では十八世紀前半を指す）。彼は一六九四年にアイルランドのダウンのドラマリグという村に生まれ、一七四六年に郷里で他界した。五十二年の人生であった。祖父はグラスゴー出身の長老派牧師で、アイルランドに移住した。父も長老派の牧師であった。長老派はカルヴァン派に属し、ノックスやブキャナンなどのスコットランドの宗教改革者が創始し、スコットランドでは主流を成し、スコットランドからの移民の多い北アイルランドでも有力であった。長老派は厳格で禁欲的な傾向を特徴としたが、ハチスンは自由主義的傾向を強めた。ハチスンの思想は興隆期の文明社会、市民社会の思想を力強く推進する役割を果たした。

### グラスゴー大学で学ぶ

北アイルランドで少年期を過ごしたハチスンには、国教会派のダブリン大学の門戸は閉ざされていたので、一七一一年にグラスゴー大学へ進んだ。アイルランドの非国教徒は同大学で学び、郷里に帰るというルートができつつあった。当時の同大学には数学にロバート・シムスン、医学にジョン・ジョンストン、アレグザンダー・ダンロップ、神学にジョン・シムスン、道徳哲学にガーショム・カーマイケルなどの優秀な教授がいた。歴史でより古いセント・アンドルーズ大学は凋落し、後発のエディンバラ大学が国王ウィリアムの忠臣カーステアズ校長の指導で、オランダの大学をモデルとした専門教授制を導入する改革に着手していた。世紀後半にはスコットランドの四大学は、学問諸分野に傑出するにいたり、名声でオランダの大学を凌駕し、医学、道徳哲学、歴史、修辞学、美学、政治学、経済学などで世界の先端に躍り出た。それがスコットランド啓蒙である。

グラスゴー大学がクラス持ち上がり制（リージェント制度）から専門教授制度に移行したのは一七二七年で、この年にカーマイケルが初代道徳哲学教授になった。この頃にスコットランドの統治権力を学者政治家の第三代アーガイル公爵が掌握したことが、大学改革にも弾みとなった。公爵はアンドルー・フレッチャー、ミルトン卿（愛国者フレッチャーの甥）とケイムズ卿を重用して、各界に有能な人材を登用した。

十六世紀に人文主義が栄えたグラスゴー大学は、十七世紀から十八世紀かけて全般的に沈滞していた。十七世紀は全般的危機の時代であったが、王政復古後の国教会の再建によって大学の収入の大部分が奪われた

（2） William Robert Scott, *Francis Hutcheson, His Life, Teaching and Position in the History of Philosophy*, 1900. (Reprint of Economic Classics, New York: Kelley, 1966).

ことが大学の痛手となった。第二に、西部スコットランドにはいまだ啓蒙の恩恵が及ばなかった。ハチスンは原罪の教義を疑い自由意志を信じたシムスンの影響を受けたが、その彼が異端の疑いで宗教裁判にかけられた。西部スコットランドは長老派のなかでも守旧的な人民派（福音派）が強く、改革者アーガイル公爵は一七二〇年代に自由主義的な穏健派を支援して、啓蒙的改革に乗り出した。したがって、ハチスンの学生時代はスコットランドの転換期であった。一七〇七年のイングランドとの合邦がグラスゴーにも大きな影響を与えた。合邦は永年の懸案であった。国境を接しながら独立国として両国は長く敵対したが、法、宗教などの文化的伝統に大きな差異をもつ二国が一島に共存する不安定さは克服されねばならなかった。

### 合邦（一七〇七年）、貧困、文明化

スコットランドの国民の多数はイングランドとの合邦に反対した。彼らの愛国と亡国の念は強く、合邦によって独立と伝統を失うことを恐れた。一六〇三年の同君連合は合邦への一歩であった。議会統合を目指したイングランドの合邦推進派は、イングランド贔屓のスコットランド議員を委員に抜擢し、一七〇七年に合邦を強行した。合邦は世論の支持を欠いていたから、スコットランドで愛国的なジャコバイトの反乱が繰り返された。しかし、合邦は次第に経済発展を招来し、一七四五年の最後のジャコバイトの反乱の鎮圧後はスコットランドに本格的な文明化（Civilization, Civil Society）と啓蒙の時代が来る。合邦が法、宗教、大学の伝統的制度を温存したために、全面的なイングランド化（Anglicization）はくいとめた。このプロセスをもう少し掘り下げておこう。

スコットランドは長く貧国であった。民衆はカラス麦を食べた。サミュエル・ジョンスンが『英語辞典』（一七五五年）で書いたように、それはイングランドでは家畜の餌であった。民衆は小屋（Cottage）に住み、ハイランドの小農民は家畜と一緒に小屋で寝た。民衆が自立した豊かな生活を享受するのは夢であった。前世紀にはアイルランドやヨーロッパに多くの移民を送り出したスコットランドは、十八世紀にはアメリカ植民地に移民を送った。鎮圧されたジャコバイトも「ハイランド清掃」によってアメリカに送られた。

同君連合にもかかわらず、両国が真の協調へと歩み寄ることは容易ではなかった。イングランドはスコットランドへの偏見を克服できず、カトリックのステュアート家の即位を歓迎できず、王権と議会は抜き差しならぬ対立を引き起こし、イングランドは権利請願から内乱へと突き進む。危機の十七世紀は両国を巻き込んだ。この危機の時代に天才が登場した。ベイコン、クック、ホッブズ、ハリントン、ミルトン、ペティ、ロック、シドニー、ティレル、ボイル、ニュートンなどである。

ブリテンの危機は名誉革命（一六八八年）によって克服されたかに見えた。名誉革命は、一者、少数者、多数者の均衡国制（Balanced Constitution）、議会中心の政治制度（King in the Parliament）を実現した。スコットランドも革命を受け入れ、新教徒国王ウィリアム三世の即位が承認されたが、経済は破綻していた。一六九〇年代の飢饉で人口の一割もの人々が浮浪者となった。政府とパタースンは、この窮状を脱すべく、パナマ地峡に貿易港を設けるダリエン計画を企てたが、失敗した。イングランドは支援しなかった。フランスの支援を得ようというジャコバイトの動きも成功しなかった。

窮状からの脱出は、結局、イングランドとの合邦という選択肢に辿り着くほかになかった。スコットランド議会の議員のなかには連邦制（Federal Union）は認めても、それ以上の統合には反対するアンドルー・フレッチャー（Andrew Fletcher, 1653-1716）のような人物もいた。彼は後世からスコットランドの愛国者として讃えられる。彼が統合的合邦（Incorporate Union）に反対したのは、スコットランドの人材も富もイングランドに吸収され、祖国が寂れてしまうと恐れたからである。実際、合邦直後のスコットランドには厳しい不況がおとずれた。イングランドと競合する産業はことごとく廃れた。

しかし、合邦は、短期的な打撃を克服して、長期的にはスコットランドの経済的繁栄を導いた。大ブリテンが成立し、スコットランド議会は廃止され大ブリテンの議会に統合された。スコットランドは二五条の合邦条約[3]によって、四〇万ポンドの財政支援を得たが、これが改良に役立った。グラスゴーなどのスコットランドの商人は、イングランド市場へも植民地市場へも、密輸しなくてもよくなった。合邦は「イングランドの貨幣で買われた」とロバート・バーンズは嘆いた。スコットランドには自らの独立した伝統的な社会（軍事的・封建的・農本的・自給的な氏族社会）に強い愛着をもつ伝統主義者が多数いた。彼らは合邦による経済的繁栄をイングランド化とみなして拒否しようとした。

### ジャコバイトの反乱と平定、改良運動

一七二〇年代から四〇年代にかけて上から近代化が強力に推進されたが、下からも経済改良（Improvement）がブームとなり、各地に改良団体ができて、スコットランドの商業社会化は進む。ジャコバイトから経済改良に加わる者も出てくる。

グラスゴーでハチスンは神学を専攻し、シムスンのもとで研鑽を積んだが、カーマイケルからも影響を受けた。一七一四年にハノーヴァ家のジョージ一世が即位した。この王位継承は政争の種となった。スコットランドやオランダから国王を迎えた近時の経験があるイングランドにはドイツから王を迎えるには抵抗があった。後にヒュームはこの王位継承を支持する立場から論説を書くが、トーリーは抵抗した。ジャコバイトは反対派の急先鋒であった。彼らは一七一五年に大反乱（オールド・プリテンダー、老王位僭称者の乱）を企てるが、敗北する。

この反乱の時期に、ハチスンはアイルランドにいた。[4] グラスゴー大学は兵士に義捐金を贈り、町の外に塹壕を築き、義勇兵は武装し、街路にバリケードが築かれて、大砲が設置され、軍事法が宣告された。ハチスンの父は数年前に挙兵していた。ウィッグ家族の一員であったのに、ハチスンはこの時期に若いキルマノック伯爵の家庭教師をしていた（伯爵はジャコバイトとして一七四五年の大蜂起の後に処刑される）。

彼は一七一七年にダブリンの牧師となったが、一七二九年には母校の教授に就任し、一七四六年に他界するまで、スコットランドとグラスゴーの変容に接しながら積極的に活動した。一七二〇年代にグラスゴーを訪問したデフォーは町の美しさに驚いたが、商人・製造業者の旺盛な経済活動はグラスゴーの繁栄をもたらした。ハチスンは経済認識をプーフェンドルフから以上にグラスゴーの経済的繁栄から学んだ。

（3）条約の概要は、田中秀夫『スコットランド啓蒙思想史研究』、名古屋大学出版会、一九九一年、四―七頁を参照されたい。

（4）Scott, *op. cit.*, p. 15.

## 二、ハチスンのダブリン時代（一七一七―一七三〇年）

神学生ハチスンの関心は政治より神、宗教、信仰にあった。彼はストア派、とくにキケロの哲学に共鳴しており、一七一七年にはサミュエル・クラークに手紙を書いて、神の存在の先験的証明に疑問を呈した[5]。この年にハチスンは帰郷し、ダブリンの非国教徒学院の校長となって全科目を教えた[6]。学院は成功し、ハチスンは助手にグラスゴー大学の後輩で牧師のトマス・ドレナン（Thomas Drennan）を採用したが、彼は終生の友となった。

ハチスンは一七二四年頃にメアリ・ウィルスンと結婚した。彼女はフランシス・ウィルスンの娘で、フランシスはウィリアム三世に仕えた船長であった。彼らはいとこ同士であったが、いとこ結婚（marriages of cousin-germans）は問題ではないと『体系』でハチスンは書いた[7]。結婚は幸福で、妻は彼にロングフォード郡の大きな土地をもたらした。ハチスンは『美と徳の観念』のなかで恋愛がもたらす美を賛美している。

愛そのものが、愛される人の眼のうちに愛する人にとって一つの美を与えるが、それは他の人の気持ちをそう魅きつけるほどのものではない。もしかするとこれが可能なもっとも強い魅力であるかもしれない。

愛は、感覚的快とならんで、最大の道徳的快および人間愛と寛容さのある数々のやさしい感情への期待を高め、言い尽くせない道徳的快に満ちているとわれわれが想像する社会を、われわれに熱望させる。そこでは無関心なものはなにもなく、あらゆる小さな奉仕はこの強い愛と尊敬の証拠であって、お互いに喜悦と感謝によって最大の恩恵ともっとも実質的な恩義として受け取られる。(8)

ヒュームもスミスも独身を貫いた。愛国者フレッチャーも結婚しなかった。ミラーは幸福な結婚をした。ハチスンのこの側面はミラーが受け継いだ。

## モールズワースとシャーフツベリ

ハチスンは、ダブリンでモールズワース（Robert Molesworth, 1656–1725）と親交を深めた。モールズワースは南海泡沫事件の調査委員として一七二一年までロンドンにいたのち、ダブリンで研究生活に入るので、一

---

（5） ハチスンが十六世紀末以来、秘かに読まれたネオ・ストア派のユストゥス・リプシウスにどの程度の関心があったかは不明である。Lipsius, *De Constantia*, 1584; Lipsius, *Six Bookes of Politickes*, 1594. 弟子のスミスはリプシウスの著作をかなりもっていた。

（6） Scott, *op. cit.*, pp. 15–16.

（7） *System of Moral Philosophy*, Vol. 2, pp. 171–172.

（8） *An Inquiry into the Original of our Ideas of Beauty and Virtue*, 1725, (*Collected Works of Francis Hutcheson*, Olms, 1990) Vol. 1, pp. 232, 235. 山田英彦訳『美と徳の観念の起源』、玉川大学出版部、一九八三年、二一二、二一四頁。

七二二年か二三年に二人は出会った。ハチスンはモールズワースが解釈したシャーフツベリの思想に、シムスンから学んだ思想の基礎を見いだした。この新しい刺激を糧に、彼は最初の著作『美と徳』を執筆したのである。

モールズワースはハチスンが生まれる以前にデンマーク大使としてその宮廷に滞在し、帰国後に『デンマーク事情』(*An Account of Denmark as it was in the Year 1692*, 1693)を書いて、その専制政治を論難した。彼はデンマークの地理、産業、軍事などを説明したのち、もっとも重要な第七章で、なぜデンマークは一種の貴族政から現在のような絶対君主政となったのかを問題にした。一六六〇年のデンマークの国制の革命は教訓になる。自由人たちはなぜ自由を放棄して依存を選んだのか。革命はある貴族が庶民院(Commons)に与えた侮辱から始まった。オットー・クレーク(Otto Craeg)という貴族が市長に語った。「庶民は貴族の特権――貴族は常に免税されてきた――も、自らの真の状態――彼らは奴隷以外ではなかった――も、理解もしなければ、考えもしなかった」。

コペンハーゲン市長のナンソンは、この侮辱が庶民院に巻き起こした怒りを利用して、庶民院が世襲王政を宣言し、国王の権限を拡大するように導いた。その結果、宮廷はこの陰謀家たちに大金で報いた。貨幣不足にもかかわらず、ハンニヴァルは二〇万クラウン、スワンは三万クラウン、ナンソンは二万クラウンを得た。

デンマークはこうした経験から名誉革命を擁護した。デンマークの事例は、フランスで亡命宮廷を営んだステュアート家の潜在的な危険性に警告を与えたし、権力欲をもった君主に対して政治家が有徳である必要性を教えていた。フランス国王の絶対主義的、帝国的な傾向も座視できなかった。イングランドの進攻に直面したアイルランド議会の独立問題も視野にあった。こうした分析をおこなったモールズワースは、アイルランドの代表的な古来の国制論者、ウィリアム・モリヌークス（William Molyneux）の支持者でもあった。(9)

ハチスンは、ウィッグ政治思想をモールズワースと彼のサークル仲間から学ぶとともに、彼の友人、第三代シャーフツベリ伯爵の哲学に親しんだ。暴力や野蛮を退け、貴族的な「洗練」を重視する、楽天的で、調和主義的な彼の哲学は、ダブリンの若者を引きつけた。シャーフツベリの哲学は国教会が精神的権威として君臨するイングランドでは、反宗教的で、危険な傾向をもつと警戒された。ハチスンがシャーフツベリとシムスンに共通の精神を見たのは正しかった。寛容で、自由主義的な洗練の哲学は、穏和な文明社会の哲学としてイングランドでもスコットランドでもアイルランドでも支持者を見いだしていた。

### ダブリン時代の友人たち

一七一七年から一七二九年まで十二年間、ハチスンはダブリンにいた。二十代半ばから三十代の半ばまでである。ダブリン時代は彼の思想形成にとって決定的に重要であった。彼はモールズワース以外に、エドワード・シング（Edward Synge）、ジョージ・バークリ（George Berkeley, 1686–1753）、ジェイムズ・アーバッ

(9) Michael Brown, *Francis Hutcheson in Dublin, 1719–1730, The Crucible of his Thought*, Four Courts Press, 2002, pp. 33–35.

クル（James Arbuckle）を知り、モールズワース亡き後には、スウィフトの友人であった海軍長官（Lord Lieutenant）カートレット卿（Lord Carteret, のち Lord Granville）の恩顧にも恵まれた。一七二四年にカートレットはアイルランドの総督となってダブリンに着任した。匿名書『美と徳』は学問愛好家であった彼の関心を引き、彼は書店を通じて著者を探し出させた。カートレット邸に出入りしたハチスンは、一七二六年刊行の第二版に感謝の献辞を添えた。

ハチスンはモールズワース邸でシングにも会う。二人は奇しくも一七一九年に教会に職を得たが、シングもまたシャーフツベリの影響を受けた説教をした。ハチスンは説教で先んじて寛容を説いた。シングはハチスンの影響を受け、アイルランド議会で「寛容」について説教した。シングはバークリの友人でもあった。バークリとハチスンは三年間、同じ町に住み、共通の友のシングがいたのだから、ハチスンとバークリは知り合っていたであろう。二人は、広い心、高い志をもって、教育と社会改革に取り組んだ共通点がある。バークリは後にシャーフツベリに批判的となり、ハチスンとも思想を異にしていく。

ハチスンはまたアバナシー（John Abernethy）や、『悪の起源』の著者でアイルランドの大主教のウィリアム・キング（William King）とも交流した。ハチスンの説教が異端的であるとして、教会裁判所で弾劾されそうになったとき、キングがハチスンを救った。

アーバックルとの関係は一七二四年に始まった。アーバックルはハチスンのあとを追って、一七二〇年にグラスゴー大学を卒業して、その翌年には神学部に入り、二四年に学位を得た。当時グラスゴー大学ではアーバックルが関係した紛争があった。従来、学長（Rector）の選出に学生の参加が認められていたが、一七二二年に当局によって拒否された。彼は他の学生とともに立ち上がり、危うく除籍になりかけた。そのときに彼は、モールズワースの議会選挙情報をグラスゴーに伝え、大学に急進派の火をつけたという理由で、大学を追放されたジョン・スミス（John Smith）と知り合った。スミスもダブリンから来ていた。アーバックルは、学生演劇「カトーとタメルラン（チムール帝国の建国者）」の上演に際して、その序幕を書いたことでも、大学当局と紛争になった。彼は廉潔で寛容、誠実で慈愛心にあふれた人物だった。

アイルランドに戻ったアーバックルはダブリンに出た。彼はその詩によって文人としての名声を獲得し始めていた。デカルト主義者であった彼は、モールズワースと出会ってシャーフツベリの思想に導かれた。モールズワースの影響下にあった新聞『ダブリン・ジャーナル』に、アーバックルは一七二五年から二七年にかけて『ヒベルニクス書簡（アイルランド人の手紙）』（*Hibernicus's Letters*）を連載する。うち六編はハチスンが執筆した。三編はホッブズ批判、残りはマンデヴィル批判である。彼らは「モールズワース－シャーフツベリ・クラブ」で論考を批評しあい、モールズワースの思想的影響を受けたのである。この時期のハチスンの『美と徳の観念』と『情念論』は、シャーフツベリ寄りの立場から、『蜂の寓話』によってセンセーションを巻き起こしていたマンデヴィルの利己心の哲学を批判することに眼目があった。

## 三、グラスゴー大学教授としてのハチスン（一七三〇―一七四六年）

ハチスンは一七三〇年にカーマイケルの後任として母校の道徳哲学教授に迎えられた。民衆派の対立候補との票決の差はわずかに一票であった。彼は講義と説教を通じて、啓蒙の光をスコットランドに投じた。第三代アーガイル公爵の恩顧によって、スコットランド教会内部の啓蒙的な穏健派（モデレート）の勢力が強化された。アーガイルの権力掌握と穏健派の思想的ヘゲモニーによって啓蒙が勝利した。穏健なシャーフツベリの哲学がスコットランドで主流となり、厳格なカルヴィニズムの人民派（民衆派、福音派）は没落する。ノックスの子孫であるウィザスプーンは教会統治のヘゲモニー争いに敗れて、やがてアメリカに渡っていく。改革派が思想的に主流となっただけではなく、権力者もまた改革派であった点が、スコットランド啓蒙の特徴である。

しかし、スコットランドの啓蒙知識人たちは、一七六〇年代以降には、大ブリテンの政権の中枢に就いたビュート卿の恩顧によって権力に取り込まれ、アメリカ問題が深刻になる一七七〇年代以降、腐敗を深めた。一方、人民派が勢力を盛り返すが、それはハチスンの与り知らぬ時代に属する。母国が腐敗し植民地を抑圧するとき、植民地は独立する権利があると明快に論じたハチスンは、まるでアメリカの独立を予想していたかの感がある。

### プーフェンドルフとカーマイケル

グラスゴー大学の道徳哲学初代教授カーマイケルは、プーフェンドルフの『自然法に基づく人間と市民の義務』（*De Officio Hominis et Civis juxta Legem Naturalem*, 1673）をテクストとし、それを注釈しつつ講義した。プーフェンドルフはこの小著刊行の前年に大著『自然法と万民法』（*De Jure Naturae et Gentium*）を出版したが、大著は自然法の古典としてヨーロッパで広く読まれ、イングランドでもロックが紳士の必読書としていた。

ハチスンはカーマイケルとプーフェンドルフの自然法学を継承するとともに、近代の政治と法の著作を多数参照して、自らの道徳哲学を構築した。ハチスンは十六年間教授を務めたが、彼の英語による講義はスコットランドとアイルランドから多くの学生を引きつけた。ハチスンはイングランドやアメリカ（ペンシルヴァニア）で非国教徒学院を開設した教師たちの求めに応じて、支援の手もさしのべたし、弟子のフランシス・アリスンはアメリカに渡った。ハチスンの体系的な道徳哲学は、スコットランド啓蒙の特徴的な体系的著作のモデルにもなった。しかし、ハチスンは歴史的視点が弱く、社会発展の四段階論（狩猟、遊牧、農耕、商業）もなければ、文明社会史の特徴は希薄である。その意味で、ハチスンの道徳哲学は自然法思想から歴史理論への転換の中間にある。啓蒙思想の流れは十八世紀の中葉に、無時間的な自然法思想から時間的な文明社会論、文明社会史へと転換しつつあったが、ハチスンはマンデヴィルなどと同じく、その直前にいたのである。

『要綱』、『序説』、『体系』

ラテン語の『道徳哲学要綱』（*Philosophiae Moralis Institutio Compendiaria*）はスコットランドの大学、アイルランドとイングランドの非国教徒学院、アメリカのカレッジで教科書として使用された。その狙いは、第一に、神、人間本性、宇宙の調和に関する楽観的な見解を学生に示すこと、第二に、大学の授業にふさわしい自然法と市民法の知識を学生に与えることであった。なぜ楽観的でなければならないか。悲観的な見解や懐疑的な見解は、人生に希望をもって積極的に行動する意欲を若者にもたせることができないであろう。十七世紀の内乱、分裂、不信の時代が終わり、時代は建設的な精神を求めていた。またウェストファリア体制のヨーロッパにあっては、知識人は自然法の知識を習得しなければならなかった。こうした時代の要請を受けてハチスンは自らの道徳哲学の内容を決めていったものと思われる。作為的にそうしたというのではなく、ハチスンにしてみれば、それ以外に選択すべき道はなかった。

『美と徳』と共に『要綱』ラテン語版はよく読まれた。法曹を目指す場合、ラテン語での試問に合格することが求められたし、学問の共通言語としてラテン語はいまだ効用が大きかった。英語で講義をしたハチスンは『体系』を英語で書き、一七三七年にその草稿は友人たちに読まれていた。『要綱』の英語版『序説』はハチスンが他界した年に出た。訳者はハチスンの思想を熟知した人物であったが、まだ特定されていない。当初、ハチスンは、美・徳・情念・道徳感覚という四つの主題からなるものとして道徳哲学の範囲を考えていたが、人間論だけでは充分ではなく、次第に社会の比重が大きくなり、『序説』でも『体系』でも法・経済・政治を詳論するようになった。

### 道徳哲学と自然法

『序説』の「大学生」に当てた言葉のなかに、彼の道徳哲学の範囲が明確に述べられている。ハチスンは古代の偉大な哲学者に触れて、彼らは哲学を、論理学、自然哲学、道徳哲学に分割し、道徳哲学は倫理学

（徳の本性と内的傾向）、自然法の知識からなること、自然法は、一「個人的権利、すなわち自然的自由を獲得する法についての学説」、二「エコノミックス、すなわち、家族の個々の成員の法と権利」、三「政治学、すなわち市民政府のさまざまな構造（plans）、国家間の権利を明らかにする」部門からなると述べている。

古代人はエコノミックス（Oeconomics 経済学）を、公共経済すなわちポリスの経済ではなく家政の学問として考えていた。ハチスンは、これを修正し、公共経済へと拡大する。自然法学には権利論（狭義の法学）も経済学も政治学も含まれていたが、ハチスンはこの枠組みも再編成する方向へ踏み出した。再編成された枠組みを継承したのが、弟子スミスの法学講義であり、スミスはさらに経済学を独立させるにいたる。

ハチスンは古代の偉大な哲学者、プラトン、アリストテレス、クセノフォンの著作に接近するうえで有益な自然法学の著者として、グロティウス、カンバーランド、プーフェンドルフ、ハリントンの四人を挙げている。ハチスンが、古代の経済学者クセノフォンと農地法で知られる共和主義者ハリントンに注目しているのは興味深い。

ハチスン自身はキケロとアリストテレスに多く負うと認め、カーマイケルがプーフェンドルフの義務論につけた注釈の価値を強調した。ハチスンはキケロの『義務論』は誤解されているような道徳ないし倫理学の完全な体系ではなく、徳と最高善についての彼の考えは他の著作に見いだされると指摘している。この序文は熟読すべき内容をもつが、ハチスンはシャーフツベリ、バルベイラック、ロック、ビンカーシェックにも言及している。

ハチスンはプーフェンドルフとカーマイケルの継承者として彼らの思想を共和主義によって民主化した。

ハチスンは自然状態の概念を退け、自由の状態という概念を好み、ホッブズとプーフェンドルフの悲観主義を拒否した。ハチスンは男女の義務をできるだけ平等にしようとした。彼は征服による奴隷も認めなかった。暴力による国家の設立や簒奪もハチスンは否定し、国家を共通の利益を目指す自由人の結合とした。ハチスンは抵抗権を認め、ロックにしたがって権力分立を主張し、ハリントンにしたがって農地法による土地の規制を必要とした。国家は市民の安全と所有権の保全だけではなく、宗教教育を通じて市民の徳を育成する配慮も必要である。ハチスンは戦争の法、国際法を論じて、プーフェンドルフとオランダの自然法学者コルネリス・ファン・ビンカーシェック（Cornelis van Bijinkersgoek）にしたがった。自然法と共和主義がハチスンの思想の要素として重要であった。

### 美・徳・道徳感覚

ハチスンの道徳哲学は、美と徳、道徳感覚（モラル・センス）を中心に論じるのが常套である。その重要性は否定できないが、しかし、ハチスンの思想の射程（Scope）は優に広く、時代とともに発展していった。なぜ、アダム・スミスがハチスンを賛美し、『道徳感情論』や『国富論』のような不滅の意義をもつ思想の書を残しえたかを考えるとき、ハチスンの偉大な思想的遺産と真摯な講義の影響を無視できない。ハチスンはダブリン時代に構築した、美と徳と情念、モラル・センスの思想をさらに掘り下げ、洗練してグラスゴー大学で講義した。自然法の研究にも本格的に取り組み、成果を講義で学生に伝えた。

後進的なアイルランドとスコットランドの文脈においてハチスンが直面した問題は数多くあった。人間とはどのような被造物で、世界や社会はどのようなものか。人間にとって美や徳はなにであるのか。人間は現世においていかに生きるべきか。神の是認する生き方とは何か。どのような社会が望ましく、可能なのか。このような存在の本質論から、認識論、実践哲学にわたる哲学的諸問題にハチスンもまた取り組んだ。

ハチスンにとって美とは自然美であり、神の測り知れぬ叡知の刻印であった。自然の被造物には多様性を貫いて、整合と調和の美がある。経験的観察を通じて、人間は自然界の法則・斉一性原理を発見し、自然界が見事な美的調和を備えている認識を得る。自然界の美に接して人間は神の尊厳へと導かれ、敬虔な感情と崇高への目覚めを経験しうる。

人間は、ホッブズやマンデヴィルの言う、利己的な存在にとどまらない。人間は、生存の原理として利己心・自愛心を刻印されているが、同時に社会的存在として普遍的な仁愛（Benevolence）も備わっている。人間は外部感覚によって外的対象を知覚し、その効用の有無を認識するけれども、善悪正邪の道徳的な価値も、内部感覚が作用して直感的に判断できる。「道徳感覚」という普遍的な能力が人間本性に備わっているからである。ここにプーフェンドルフの社交性の思想とシャーフツベリの調和の思想の継承がある。

シャーフツベリ

シャーフツベリは、古典文化の遺産を被造物崇拝として拒否した非情で熱狂的なピューリタニズムを批判し、人間と世界の調和を求めた。彼は利己主義的な人間観を批判し、人間本性に仁愛を認めた。クロムウェルの共和政時代に、権力を揮ったピューリタンが感覚的な享楽を徹底排除したとすれば、ホッブズは利己的な人間本性は権力の畏怖で矯正するほかないと説いたが、このような峻厳で一面的な思想を退け、シャーフツベリは自由と寛容の政治を提唱した。しかし、名誉革命後のイングランドは党派抗争が絶えなかった。内乱の恐怖もあれば、対外的侵略の脅威もあった。

けれども、政争をも取り込んで、大ブリテンは前代未聞の経済発展を実現し始めていた。オーガスタン時代を迎え、経済的繁栄、自由と豊かさが謳歌される。シャーフツベリはその過渡期にあって、穏健、寛容、調和、楽観の重要性を説いた。それは繁栄した古代ギリシア（ヘレニズム）の平和の再来の希求でもあった。創造主は宇宙を多種多様な要素から成る調和した秩序として造ったから、宇宙は美に満ち、調和と秩序がある。小宇宙である人間も調和、美と秩序にかなった存在である。道徳感覚によって人間は調和へと導かれる。人間は外的調和に美を感知するとともに、内的調和すなわち徳に美を見いだす。こうして洗練（Politeness）がシャーフツベリの価値となる。

争いがないわけではない。人間は常に欲望につき動かされる。人間社会には犯罪もあるし、騒乱もある。しかし、有徳な人間も存在する。徳は腐敗しやすい。利己心だけでは信頼のある社会は生まれないから、徳を涵養することが常に必要である。こうした努力の結果、現に、野蛮な世界に文明と洗練、穏和と秩序が次第に広まってきている。全体としては波風を貫いて調和と秩序が帰結するように世界は造られている。

ハチスンは、シャーフツベリを介して、ライプニッツ的な弁神論、神義論に近い思想を抱いていた。シャーフツベリはギリシアの人文学の継承者であり、恩師のロックから「熟慮する人間」の思想も学んだ。ハチスンもヘレニストで、アイルランドでもスコットランドでも古代ギリシア哲学の再評価が進み、近代的な学問の形成へとつながった。スコットランドでは大学改革がその機運と連動していた。十八世紀には美術と文学で古典主義が成立するが、人間と社会の学問についても経験主義的な哲学の精神が鋭く喚起され、自然法思想、共和主義、キリスト教が新しい展開を示す。ハチスンにはその思想的総合が見られる。ハチスンはロックやシャーフツベリに多くを負っていたが、彼らが瞑想に傾き勝ちであったのに対して、ハチスンは教授＝説教者、改革者として、より活動的であった。彼の行動は公共的知識人としての徳の実践にほかならず、その価値は共和主義が教えた。ハチスンにおいてはキリスト教にギリシアのプラトン・アリストテレスの古典哲学も、ストアの義務論や自然法思想も、共和主義も浸透したのである。

ハチスンはグラスゴーの「新しい光」（New Light）であり、穏健派の源流として守旧派と戦って改革を進めた。やがて弟子のスミスとスミスの弟子のミラーがさらに改革を推進する。彼はリーチマンの神学教授職への就任を実現し、道徳哲学と修辞学の教育に力を入れた。ハチスンは徳を重視するシャーフツベリの弟子として、正しく規律された生活における高貴なもの、美しいものを称賛した講義を雄弁に説いた。ハチスンが卓越した教師であったことは、リーチマンなどの証言がある。

修辞学はアダム・スミスの『修辞学・文学講義』からも伺えるように、発見、説得と理解の方法の学問として論理学と関係があったが、とくに聴衆に理解と感動を与える「公論の技術」として公共圏で重要な技術であった。ハチスンは法律家でも政治家でもなく、教授＝説教者として、学生の関心を喚起しつつ講義に学生を引きつける必要があった。社会に出て行くエリートたちが、言論の力で市民社会、文明社会を形成していくうえで、徳と説得術を習得することも重要であった。共和主義的公共圏、民主主義社会を形成するうえで、討議に大きな役割が期待されたのである。したがって、ハチスンの教えは、市民社会の形成途上にあったアメリカの大学の授業にも影響を与えた。

ハチスン、ヒューム、スミス

十八世紀の道徳哲学は、一般に、ケンブリッジ・プラトニストからサミュエル・クラークを経て、リチャード・プライスなどへと継承される理性主義的系譜と、シャーフツベリからハチスンを経て、ヒューム、スミス、リードへと継承される非理性主義（これをハイエクのように反合理主義と呼ぶのは誤解を招く）、感情論の系譜に分けられるが、実際ははるかに複雑で、ハチスンとヒュームの差異も大きければ、ヒュームとスミス、スミスとリードの差異も大きい。また主意主義と主知主義の系譜に分けることもできるが、単純な二分法ですっきり把握できるわけではない。ある程度は有効な接近法であるが、こういった点は専門書にゆだねるほかはない。たとえばシュナイウィンドの『自立の創生』（Schneewind, *The Invention of Autonomy*, 1995）を参照されたい（近く邦訳が出版の予定）。

ハチスンとスミスは信頼によって結ばれた師弟関係にあったが、直接の関係はスミスのオックスフォード留学までで、スミスが世に出たときハチスンは他界していた。スミスはケイムズたちの恩顧で、一七四八年からおこなったエディンバラ講義で見事に能力を証明した。その結果、一七五一年にスミスはグラスゴー大学論理学教授に採用され、その翌年には道徳哲学講座に移り、ハチスンの後継者となった。スミスは、アーガイル公爵が優遇した穏健派とその盟友に支援された。ヒュームは教会からの弾劾では穏健派に助けられたが、大学のポストを得るチャンスは二度とも逃した。世代の差異もスミスに幸いした。一七三九年にハチスンはヒュームを知った。ヒュームはこの年に画期的な大著『人間本性論』の第一巻を刊行した。二人は手紙を交換し、さまざまな主題について意見を交わした。ハチスンはスミスをヒュームに紹介した。スミスはオックスフォード大学でヒュームのこの大著を読んで譴責されたが、ヒュームとスミスは尊敬しあって無二の友人となる。やがて一七六〇年代になると、フランスのサロンで歓迎されたヒュームはスミスを紹介する。彼らの著作は大陸でよく読まれ、ヒュームとスミスは十八世紀のスコットランドの哲学者としてヨーロッパの啓蒙思想家たちの注目を浴びるようになった。

ハチスンはヒュームをあまり信頼せず、ヒュームの不敬神な懐疑論的傾向を憂慮し、一七四五年のエディンバラ大学道徳哲学講座へのヒュームの就任に反対した。ウィリアム・クレグホーン（William Cleghorn, 1718-1754）が採用された。ウィリアムはそれまでに同講座を部分的に担い、四五年のジャコバイトの反乱に際しては、義勇兵としてエディンバラの防衛に加わったウィッグであったから、泡沫候補でもなかった。彼の甥のヒュー・クレグホーンはファーガスンやロバートスンに可愛がられ、啓蒙知識人として活躍する。

グラスゴー大学時代のハチスンの活動については、まだ充分な研究がない。スコットは『ハチスン伝』で多くを明らかにしており、その後の研究も出ているが、もっと本格的な掘り下げが必要である。この解説でそこまで立ち入ることはできない。最後に後世への影響について簡単に述べておこう。

## 四、後世への影響

ハチスンは十八世紀後半にはスミスやリードによって継承され、道徳感覚学派とコモン・センス学派の源流となる。またその『美と徳の観念の起源』はヨーロッパ大陸でも反響をよび、とりわけドイツにおいて美学の古典として参照された。しかし、後世への影響として無視できないのはアメリカである。ハチスンの『序説』は、植民地時代から、ハーヴァードなどのアメリカの大学で道徳哲学の教科書として長く用いられ、アメリカの若者の人間形成に役立てられた。それはなぜか。

一七六八年には、ハチスンの影響も受けたウィザスプーン（John Witherspoon）がニュージャージー大学（後のプリンストン大学）に招聘され、リードのコモン・センス哲学がアメリカで受容されていくが、それはハチスンの思想の排除を意味したわけではない。ウィザスプーンは穏健派ではなく人民派で福音主義者に近い面もあるけれども、その思想の多くの部分は穏健派と共通であった。スコットランドでは長老派教会の主流となったロバートスンやカーライル、ブレアなどの穏健派との勢力争いで敗北したが、ウィザスプーンはアメリカでは影響力をもち、独立宣言に署名した唯一の教会人であった。

ハチスンもリードも、文明社会を受け入れていたが、キリスト教神学を堅持しつつ、穏健な立場から、平明に人間の義務や徳を説いており、彼らの著作はピューリタンや長老派の強いニューイングランド諸邦やペンシルヴァニアでは、若者の教育の格好のテクストとして歓迎しうるものであった。一時的に、ジョナサン・エドワーズやホイットフィールドの信仰復興運動（熱狂）が巻き起こり、それにはフランクリンなども接触があったが、穏健派の思想は植民地にしっかりと根づいていた。

時代を先取りした、彼の民主主義的で共和主義的な急進的政治思想もまた無視できない。とくに重要なのは、キャロライン・ロビンズ（Caroline Robbins, *The Eighteenth Century Commonwealthman*, Harvard University Press, 1959）などが明らかにしたハチスンの「植民地独立論」である。ハチスンは母国の圧政に対して植民地は抵抗権があり、独立する権利があると明言した。母国ブリテンと課税問題で衝突したアメリカでは、トレンチャード＝ゴードンの『カトーの手紙』の抵抗権論も注目されたが、ハチスンがロックとともに相当に読まれていた。しかし、ロックと『カトーの手紙』の議論が抵抗権止まりであるのに対して、ハチスンは明確に独立論を説いていた。ハチスンはもとよりロックを読んでおり、名誉革命の正当性を奉じるリアル・ウィッグであった。フランクリン、ジェファスン、ウィザスプーンなど独立革命を遂行した人々が誰から独立の思想を得たかといった、ミクロなレベルでの知的源泉の確定はきわめて困難であるが、しかし、ハチスンとその独立論、自由論がアメリカ、スコットランド、アイルランドの自由主義的、また共和主義的政治文化の形成に寄与したことは疑いないのである。

＊

最近、以下のように、ハチスンのテクストがあらたに編集され出版されている。ハチスン研究の新しい機運が生まれてきたが、それがわが国でのハチスン理解の深化に寄与することが期待される。

*Collected Works of Francis Hutcheson*, 7 vols., Olms, 1990.

Francis Hutcheson, *Two Texts on Human Nature*, ed. by Thomas Mautner, Cambridge University Press, 1993.（著作集に未収録の *Reflection on the Common System of Morality*, および *Inaugral Lecture on the Social Nature of Man*, 初の英訳、その他手紙などの資料を収録している）

*An Essay on the Nature and Conduct of the Passions and Affections, with Illustrations on the Moral Sense*, ed. by Aaron Garrett, Liberty Fund, 2002.

*An Inquiry into the Original of Our Ideas of Beauty and Virtue*, ed. with an introduction by Wolfgang Leidhold, Liberty Fund, 2004.

*Logic, Metaphysics, and the Natural Sociability of Mankind*, ed. with an introduction by James Moore and Michael Silverthorne, Liberty Fund, 2006.

*Philosophiae Moralis Institutio Compendiaria with A Short Introduction to Moral Philosophy*, ed. with an introduction by Luigi Turco, Liberty Fund, 2007.

*The Correspondence and Occasional Writings of Francis Hutcheson*, Liberty Fund, forthcoming.

最後に、近代の自然法学者としてハチスンが重視した著者の主要著作を年代順に挙げておこう。

1604 Grotius, *De Iure Praedae Commentarius* (*Commentary on the Law of Prize and Booty*).

1625 Grotius, *De Iure Belli ac Pacis* (*On the Law of War and Peace*), Paris.

1627 Grotius, *De veritate religionis Christianae* (*The Truth of the Christian Religion*).

1656 Harrington, *Commonwealth of Oceana*.

1672 Cumberland, *De Legibus Naturae* (*A Treatise of the Laws of Naure*).

1672 Pufendorf, *De Jure Naturae et Gentium* (*Of the Law of Nature and Nations*).

1673 Pufendorf, *De Officio Hominis et Civis juxta Legem Naturalem*.

1690 Locke, *Two Treatises of Government*.

1699 Shaftesbury, *An Inquiry concerning Virtue, in Two Discourses*.

1706 Barbeyrac, *An Historical and Critical Account of the Science of Morality … from the earliest times down to … Pufendorf*.

1711 Shaftesbury, *Characteristics of Men, Manners, Opinions, Times, etc*.

1724 Carmichael, *Supplements and Observations upon S. Pufendorf's On the Duty of Man and Citizen …* (Originally in Latin)

## 訳者あとがき

本書は津田耕一の訳に田中が手を加えて出来上がったものである。もう十年以上前になるが、かねてからハチスンの翻訳が必要であると思っていたので、津田耕一君に翻訳を勧めた。出来上がった訳稿は丁寧な厳密な訳であったが、いささか冗長な部分があったので、修正が必要と判断した。その後、二〇〇五年にはしばらくの間、関心のある大学院生や大学院の卒業生（中澤信彦、逸見修二、島内明文、門亜樹子、村井路子、野原慎司、太子堂正称、林直樹、山口直樹）とハチスンのゼミを開いて、検討したこともあったが、多忙のために、なかなか満足な訳に仕上げることができなかった。このゼミは二十一回おこなった。

こうして時間がいたずらに過ぎて、出版は今日にいたってしまった。遅延の責任は共訳者としての田中にあり、津田耕一君をはじめ、出版を待望していただいた皆さんにはお詫び申し上げなければならない。必ずしも完璧な邦訳ではないかもしれないが、ハチスンの主著が日本語で読めるメリットは大きいと思われるので、出版を決断した。

京都大学学術出版会の鈴木哲也さんと國方栄二さんは、「近代社会思想コレクション」の刊行に努力を傾けられているが、出版会は國方栄二さんを中心として西洋古典シリーズを刊行してきた経験をもっており、その経験が近代社会思想コレクションの実現に結びついた。本書がこのコレクションに加えられたのは行幸というべきかもしれない。本書が多くの読者に恵まれることを願っているが、それにとどまらず、今後いっそうこのコレクションが充実していくことを、願っている。

読者にもご支援いただけることを期待している。改めて、編集部の國方栄二さんにお礼を申し上げたい。

田中秀夫

二〇〇九年四月十日

訳者を代表して

# 人名索引

アリアノス Arrianos　19
アリストテレス Aristoteles　6, 19, 40, 47, 53, 63, 93, 94, 96, 97, 99, 129, 355
アンドロニコス Andronicus　53
ヴィンニウス Vinnius　151
エピクテトス Epictetus　12, 13
カーマイケル Carmichael　6, 325, 339, 366
カンバーランド Cumberland　6, 10, 19, 146
キケロ Cicero　6, 8, 9, 19, 53, 118, 139, 157, 184, 355
クセノフォン Xenophon　6
グロティウス Grotius　6, 10, 157, 179, 239, 288, 314, 366, 369
シドニー Sidney　328
シャーフツベリ卿 Shaftesbury, 3rd Earl　10, 19
ゼノン Zeno　355
タキトゥス Tacitus　314
ネメシオス Nemesios　19
ハイネキウス Heineccius　311
パウロ Paul　280
ハリントン Harrington　6, 10, 354
バルベイラック Barbeyraque　10, 157, 382
ヒエロニムス Hieronymus　67
ピタゴラス Pythagoras　12, 93
ビンカーショーク Bynkershoek　10
フィルマー Filmer　319
フッカー Hooker　328
プーフェンドルフ Pufendorf　6, 10, 157, 325, 336, 339, 366, 382
プラトン Platon　6, 14, 93, 123, 306, 307, 355
ブルートゥス Brutus　9
ホッブズ Hobbes　178, 319, 336
ホラティウス Horatius　71
マルクス・アウレリウス Marcus Aurelius　13, 14
マールブランシュ Malebranche　19
ライプニッツ Leibniz　157
ロック Locke　10, 19, 23, 325, 328, 366

# 事項索引

*passim* は本書の全体にわたって言及されていることを示す。

あ

愛 love　39, 42, 45, 52, 54, 57, 89, 95, 99, 102, 103, 105, 109, 113～115, 118, 151, 158, 167, 170～172, 180, 213, 306, 307
　祖国愛 —for one's country　45, 96, 167
愛情 affection *passim*
　やさしい愛情 kind—　37, 41, 43, 58, 59, 74, 90, 108～111, 114, 133, 168～170, 184
アカイア同盟 Achaian states　344
悪 evil　*passim*
悪徳 vice　*passim*
憐れみ pity　26, 49, 52, 54, 185
暗黙の規約 implicit convention　239, 241, 242, 269, 368, 401

い

憤り resentment　52, 54, 56, 81, 95, 111, 112, 126, 147, 148, 178, 353, 383
意志 will　18, 19, 22～26, 28, 30, 31, 39～42, 50, 51, 53, 54, 62～64, 74, 88, 91, 93, 98, 103, 107, 111, 117, 138, 143, 144, 162～165, 168, 176, 182, 195, 211～214, 220, 226, 345, 363
逸失利益賠償 *Pensare quod interest*　201
一夫多妻制 polygamy　309, 311
陰謀 conspiracy　354

お

恐れ fear　26, 28, 44, 47, 51, 52, 94, 106, 228, 230, 359
親の権力 parental power　177, 317～320, 338
恩恵 beneficence　42, 54, 55, 57, 69, 81, 97, 98, 170, 183, 184, 194, 226, 356, 382

か

海賊 pirate　197, 280, 328, 365, 390, 392
快楽 pleasure　18, 20～22, 26, 33, 34, 37, 54, 55, 58, 65～78, 83～85, 90, 92, 95, 102, 117, 119, 122, 124, 125, 135, 138, 139, 168, 172, 179, 182, 206, 292, 305, 377
家政学 oeconomicks　5, 304
悲しみ sorrow　22, 25, 28, 50～52, 54, 68, 72, 75, 76, 84, 112, 243
貨幣 money　256, 257, 261, 262, 264, 297, 343
　鋳造— coinage　256, 257
神 God　*passim*
　—の摂理 providence　60, 61, 66, 76, 78, 102, 105, 115, 321
　—への信心 piety　118, 121, 376

感覚　sense　*passim*
外的― external―　20, 23
道徳― moral―　38, 40, 43, 47～49, 60, 69, 91, 154, 162, 171, 180, 181
内的― internal―　22, 23
―的欲求 sensual appetite　26～28, 45
監察権力 sensorial power　357, 383
観察者 observer　46, 53, 238
慣習 custom　37, 55, 57, 98, 176, 192, 193, 214, 215, 220, 224, 225, 239, 241, 254, 287, 301, 314, 323, 380, 390, 391, 393, 397, 400, 401
感情・見解 sentiment　238～240, 243, 391
観念 idea　20, 22, 23, 54, 55, 119
―連合 association of ideas　55

き

議会 assembly　143, 326, 327, 331, 333, 335, 341, 343～348, 353, 355, 356, 358, 363, 381
技芸 arts　18, 31, 32, 91, 305, 328, 329, 375
記号・合図 sign　224, 225, 238, 239, 241, 248, 300
キニク学派 Cynicks　245
気前よさ liberality　55, 73, 81, 96, 125, 183, 184, 188, 254, 272, 296, 378
義務 duty　*passim*
人間の―　―of man　249, 251
市民の―　―of citizen　6, 157, 325, 339, 366
被統治者の―　―of subject　386
規約 convention　239, 241, 242, 269, 368, 401
教育 instruction　8, 55, 57, 97～99, 271, 305, 307～310, 313, 317～320, 374
教会法 canon-law　148, 150, 314
共感 sympathy　32, 33, 75～77, 85, 112, 114, 155
協定 paction, *pactum*　217, 218
共同体 community　179, 184, 186, 198, 208, 213, 232, 277, 281, 304, 320, 341, 359, 364, 376, 383, 384, 393, 402, 403
恐怖、恐怖心 fear　12, 43, 67, 74, 80, 82, 86, 112, 123, 136～139, 147, 167～169, 228, 229, 231, 251, 275, 279, 295, 331, 333, 339, 369, 383, 398
共有、共同所有 community　22, 31, 33, 35, 73, 108, 181, 190, 192, 193, 195, 197, 198～200, 202, 254, 273, 316, 347
消極的― negative community　197
積極的― positive community　197
漁業 fishery　379
均衡 balance　357
勤勉 industry, diligence　91, 136, 188, 189, 193, 212, 214, 258, 260, 265, 306, 329, 349, 355, 376, 378
勤労 industry　189, 306

く

空位期間 interregnum　361

クリア民会 *comitia curiata*　347
軍事的指揮権 right of military command　364
君主 prince　177, 248, 280, 327, 334, 342, 344～348, 352～354, 357～359, 361～364, 369, 371, 372, 376, 381, 392, 398, 401
　世襲― hereditary―　342, 348, 352, 364
　選挙による― elective―　342, 346, 352, 361

け

経験 experience　34, 70, 94, 143, 237, 338, 354, 356, 370, 380
刑事司法権 criminal jurisdiction　336, 364, 401
刑罰 punishment　158, 181, 251, 267, 275～277, 282, 283, 285, 287, 295, 324, 326, 333, 367, 374, 382～385, 387, 401
契約 contract　160, 180, 203, 204, 209, 211, 213, 217～225, 227～237, 242, 249, 251, 257～263, 265～271, 273, 274, 298, 300, 301, 307, 311, 312, 321～324, 335, 338～340, 398, 400
　暗黙の― tacit―　225, 231
　互恵的な― onerous―　260, 261
　贈与的な― beneficent―　258, 259
結婚 marriage　108, 181, 304, 308～316, 321
決闘 duel　286～288
嫌悪 aversion　22, 24～27, 43, 47, 50～52, 62, 74, 76, 84, 86, 95, 109, 120, 135, 237, 245, 281, 310, 397
言語 speech　28, 50, 217, 237～239, 242, 244, 245
限嗣相続 entail　204, 208
ケントゥリア民会 *comitia centuriata*　347
倹約 frugality　96, 125, 136, 378
権利 right　*passim*
　完全な― perfect―　157, 158, 160, 181～183, 219, 224, 233, 249, 252, 261, 275, 279, 282, 296, 341, 383, 387, 399, 402
　不完全な― imperfect―　157, 158, 160, 182, 183, 296
　形式的― external―　159, 181, 219, 230, 381
　自然的―　natural―　177, 272, 371, 401
　私的な―　private―　156, 179, 180, 360
　人為的― adventitious―　181, 185, 323, 379
　譲渡可能な― alienable―　160
　譲渡不可能な― unalienable―　160
　派生的な― derived―　202
権力 power　*passim*
　至高の― supreme―　250, 280, 294, 338, 343, 344, 347, 348, 358, 371, 376, 384
　―の濫用 abuse of―　350, 359
　生殺与奪の――of life and death　336, 337
　法を制定する――of making law　342

税を徴収する— —of exacting tributes　342
行政上の— executive—　342
戦争の— —of war　342
条約を結ぶ— —of making treaties　399
—の安定性 stability of—　348, 349
元老院 senate　344, 346～349, 353, 356, 357

こ

行為 Action　*passim*
自発的— voluntary—　164, 211
非自発的— involuntary—　164
剛毅 fortitude　93～95, 137　→ 不屈の精神もみよ
交代制 rotation　356
幸福 happiness　*passim*
全般的な— general—　60, 155
衡平法裁判所 court of equity　208
古アカデメイア学派 old Academeia　87
公共の利益 public interest　96, 112, 142, 174, 207, 220, 291, 294, 356, 358, 384
効用 utility　159, 174, 181, 182, 194, 198, 199, 219, 291, 294, 304, 327, 332, 374, 383, 393, 402
国際公法 publick law of states　341
国際法 law of nations　10, 390, 399
国制 constitution　215, 357, 358, 361, 371, 401, 402
国勢調査 census　386
国家 state, common-wealth　*passim*
—の崩壊 dissolution of state　398, 404
—の基本法 fundamental laws　344
連邦— system of states　344
幸福な— happy state　350

さ

財 goods　*passim*
—の価格 price of—　257, 261
裁判官 judge　44, 79, 250, 279, 283, 285, 286, 291, 299, 300, 342, 395
裁判所 court of judicature　208, 261, 380

し

自己愛 self-love　100, 168, 188
時効 *usucapio*, prescription　199
自然、本性 nature　*passim*
—神学 natural theology　101
—的自由 natural liberty　5, 177, 202, 279～287, 294, 295, 297, 298, 302, 332, 341, 343, 363, 364, 388, 391, 398
—の意図 intention of nature　16, 17, 24, 34, 69, 140, 306
自然権 natural right　180～182
完全な— perfect—　180
不完全な— imperfect—　180
自然の法、自然法 natural law　5, 10, 19, 140, 142, 146～148, 150,

154～156, 166, 180, 182, 202, 211, 212, 215, 217, 219, 231, 235, 242, 254, 285, 289, 291, 292, 308, 311, 313, 341, 342, 359, 363, 364, 381, 398, 399
慈善 charity　296
実定法 positive law　147, 166, 254, 314, 364
市民 citizen　*passim*
　—社会 civil society　283, 286, 294, 295, 331, 332, 335
　—生活 civil life　284～286, 335, 336, 343, 382
　—政府 civil government　6, 10, 279, 281, 285～287, 323, 331, 335, 364
　—的権力 civil power　230, 279, 280, 285, 302, 320, 331～336, 340, 344, 348, 355, 358, 359, 363, 365, 368, 370, 383, 387, 393, 396, 397, 402
　—法 civil law　4, 146, 148, 160, 192, 199～202, 208～212, 215, 218, 221, 264, 278, 314, 320, 363, 374, 381, 382
社会 society　*passim*
　友好的な— amicable—　73, 108, 140, 153, 156, 190, 191
奢侈 luxury　55, 124, 136, 333, 350, 377, 378
自由 liberty　*passim*
習慣 habit　12, 37, 55, 57, 90, 91, 93, 94, 96～99, 121, 122, 176, 266, 321
宗教 religion　77, 106, 107, 160, 168, 180, 183, 229, 246～248, 251, 254, 371, 374～376, 381, 397
熟練の技 dexterity　202
主権 sovereignty　177, 280, 364, 366, 369, 370～372, 374, 388, 399, 404
　—国家 —state　280, 372, 388, 399, 404
手工業 mechanick art　130, 379, 381
主人と使用人 master and servant　322
商業 commerce　160, 180, 196, 198, 202～204, 211, 217～221, 229, 233, 234, 237, 253～256, 264, 266, 300, 343, 372, 379, 396
　—信用 faith of publick commerce　204
正直さ veracity　118, 127, 138, 180, 203, 217, 218, 220, 243, 244, 246, 290, 333, 362, 376, 380, 383
衝動 impulse　25, 26, 30, 64, 135, 170, 171, 237, 291, 306, 377
情念 passion　*passim*
植民 colony　195, 326, 372
　植民者 colonist　195, 326
職人 artisan　31, 202, 254, 256, 263, 378, 379
所有権　property　185, 188, 190, 191, 193～199, 201～204, 207～209, 211～213, 225, 226, 234, 269, 292, 318, 363, 394
　原初的— original—　190
　派生的— derived—　190
　—の譲渡 transfer of—　209
　契約 contract　211～216
　相続 succession　211～216
　遺言 testament　211～216
条約 treaty　230～232, 242～344,

366, 388, 391, 394, 398, 399, 402, 403
思慮分別 prudence　49, 50, 92, 94, 175, 219, 221, 233, 249, 258, 308, 346, 354　→慎慮もみよ
仁愛 benevolence　115　→博愛心もみよ
人為的 adventitious　143, 177, 180, 181, 185, 199, 238, 276, 304, 323, 379
—権利 —right　181, 185, 323, 379
—状態 —state　304
人口 population　187, 195, 309
信心 piety　43, 61, 79, 86, 96, 100, 101, 105〜107, 118, 121, 136, 138, 160, 183, 219, 228, 229, 246, 247, 249〜252, 291, 292, 313, 371, 376, 381, 387
信託 trust　343, 368, 371, 384
信約 covenant　217, 219, 225, 227, 234, 235, 239, 242, 248, 249, 306, 308, 310〜312, 315, 334, 339, 361, 368, 369, 372, 382, 391, 403
慎慮 prudence　55, 93, 117, 135, 195

す

スコラ学者 schoolmen　26, 27, 62, 87, 88
ストア派 Stoic　8, 62

せ

正義 justice　56, 93, 96, 136, 172, 187, 204, 214, 231, 246, 272, 332, 365, 376, 379, 381, 392, 400
政治学 Politicks　6, 10
政治体 body politick, political body　56, 96, 109, 151, 189, 304, 339, 340, 393, 405
政治体制 civil polity　109, 151, 339, 393
聖書 scripture　11, 12, 280
精神の改善 improvement of mind　117
製造業 manufacture　264, 266, 377
政体 government　196, 345〜348, 353〜355, 359, 360, 364
混合形態 mixed form of—　355
単純な— Simple—　345, 346
複雑な— Complex—　347
君主政 monarchy　345
貴族政 aristocracy　345, 346
民主政 democracy　345
征服 conquest　325, 327, 334, 342, 352, 362, 363, 365〜370, 390, 404, 405
—者 conqueror　327, 363, 365〜367
—による権利 right of—　365, 366, 368
誓約 vow　246, 251, 252
責務 obligation　*passim*
節制 temperance　72, 90, 93, 95〜97, 124, 129, 136, 176, 376, 377
善 good, goods　*passim*
公共— public good
至高の supreme—　8, 62, 66, 70, 96, 118
魂の—　— of the soul　50〜52
身体の—　—of the body　50

境遇の―　―of fortune　309
外在的な―　external―　50
善良な人 good man　*passim*
善行 beneficence　38, 39, 41, 96, 111, 118, 169, 173, 177, 296
専制政治 despotism　335
戦争 war　130, 177, 179, 230, 239, 242, 263, 275, 279～282, 286, 288, 314, 324～327, 332, 342, 356, 361, 366～380, 388～392, 394, 395, 398, 400
―の権利 right of―　275, 388
公的な―public―　280, 288, 367, 388, 391
私的な―private―　280
―の原因 cause of―　286
正当な―just―　239
不正な―unjust―　367
占有 occupation　188, 190～199, 202, 209, 328

そ

贈与 donation　98, 207, 208, 211, 258, 259, 261, 271, 272, 319
祖国 country　29, 44, 45, 74, 77, 96, 127, 130, 167, 171, 172, 288, 292, 372, 376, 377, 381, 387, 397, 399, 402, 404
属州 province　366, 367, 372, 402～405
損害 damage　*passim*
損害賠償 *pensatio damni*　201, 224

た

大使 ambassador　343, 392, 398～401
宝くじ lottery　266
魂 soul　*passim*
団体 corporation　31, 304, 331, 385, 386
担保 pledge　203, 204, 208, 209, 266～268, 393, 396

ち

知恵 wisdom　22, 49, 56, 59, 94, 104, 130, 143, 145, 171, 182, 189, 241, 286, 299, 318, 332, 338, 348, 352～357, 375, 387
誓い oath　246～250, 267, 297, 316
断言の―assertory―　250
約束の―promissory―　250
知覚 perception　17, 20～24, 26, 29～32, 56, 68, 77
知性 understanding　19, 20, 23, 54, 62～65, 91, 92, 94, 102, 117, 120, 122, 133, 163, 165, 220, 240
仲裁 arbitration　278, 283, 284, 286～288, 298, 299, 302, 327, 332, 357, 360, 369, 398
抽選 lot　347, 354
中庸 mediocrity　9, 93, 99, 123, 124, 126
中立国 neutral state　390, 394～396

て

抵抗権 right of resistance　359, 361, 388
帝国 empire　195, 352, 372
抵当 m ortgage　203, 204, 208, 209, 267, 268, 273, 396

と

同意 consent　*passim*
同情 compassion　52, 57, 109, 112, 119, 168, 170, 186, 385
統治者 ruler, governor　72, 144, 149, 150, 283, 285, 288, 323, 326～328, 335～339, 341～343, 348, 351, 353, 358～363, 367, 368, 371, 372, 374, 376, 383, 386～388, 392～395, 400～402, 404, 405
道徳 moral　*passim*
　―感覚 moral―　→感覚をみよ
　―哲学　―philosophy　5, 6, 8, 10, 16, 59, 121, 140
　―上の美、美しさ ―beauty　170～172
動物 animal　13, 18, 22, 23, 34, 35, 82, 108, 109, 112, 185～187, 192, 194, 199, 237, 304, 305
徳　virtue　*passim*
　主要な― cardinal―　89, 93, 96
　知性の― intellectual―　91, 92, 94
　道徳上の― moral―　35, 48, 65, 70, 92～94, 165, 332
　―の起源 original of ―　97
独立国家 independent state　177, 341, 372, 388
土地配分法 agrarian law　349, 350, 352, 355, 390
富 wealth　6, 18, 30, 33, 50, 51, 56, 74, 81, 90, 136, 183, 187, 196, 254～256, 261, 264, 266, 271, 282, 305, 307, 308, 322, 346, 348～350, 352, 378, 379, 381, 390
奴隷 slave　137, 182, 189, 231, 242, 273, 278, 307, 311, 318, 324, 325, 327～329, 335, 338, 360, 361
　―制 slavery　311, 324
貪欲 avarice　125, 196, 226, 266, 307, 333, 350, 351, 360

な

内乱 civil war　280, 352, 353, 358, 361, 389, 390

に

人間愛 humanity　69, 96, 100, 115, 119, 158, 168, 182, 183, 192～194, 207, 214, 215, 220, 223, 230, 231, 252, 259, 282, 296, 322, 323, 327, 333, 341, 384, 398, 399
人間の本性 human nature　16～19, 30, 32, 34, 58, 59, 62, 65, 98, 142

の

農業 agriculture　130, 378

は

博愛心 benevolence　51, 188
反乱 sedition　348, 350, 361, 376, 384, 388

ひ

必需品 necessaries　202, 203, 215, 256, 319
人質 hostage　321, 399
評議会 council　143, 326, 327, 331, 335, 341, 343〜348, 353, 355, 356, 358, 363, 381
平等 equality　95, 181, 182, 265, 267, 299, 309, 318, 322, 333, 369, 398, 399

ふ

封土権 fief　342
付加物 accession　199, 254, 318
不屈の精神 fortitude　77, 90, 95, 121, 125, 137, 138, 243, 288, 332, 376
プネウマ学（ニューマティックス）Pneumaticks　62
腐敗 corruption　43, 57, 80, 255, 309, 335, 354, 357
憤慨 indignation　127
文明国、文明国民 civilized nation　241, 255, 256, 311, 388
文明生活 civilized life　320, 340

へ

平和の技術 arts of peace　390
ペリパトス学派 Peripateticks　63, 87
ヘブライ人 Hebrew　264, 280
便益品 conveniences　202, 214, 217

ほ

法 law　*passim*
　神の法 devine—　39, 48, 60, 104, 147, 149, 168, 220, 291, 364
　教会法 canon—　148, 150, 314
　実定法 positive—　147, 166, 254, 314, 364
　衡平法 equity　148, 208
　少数の単純で平易な— a small number of simple easy laws　380
　戦時法 laws of war　388, 390
防衛 defence　146, 280, 292, 336, 340, 341, 352, 360, 364, 367, 379, 385, 388, 394, 403
傍観者 spectator　238
暴君 tyrant　353, 361, 377
封建法 feudal law　216
暴力 violence　111, 136, 158, 160, 177, 188, 193, 196, 204, 205, 231, 276, 279, 281〜286, 288, 292, 302, 323〜325, 332, 334, 352, 358, 359, 364, 382, 389, 391, 394〜396
保証人 surety　266, 267
捕虜 captive　324, 326, 328, 367
本性 nature　*passim*

む

無記名投票 ballot　353
無主物 *res nullius*　197
無知 ignorance　36, 120, 165, 166, 219, 220, 233, 326, 335
　意図的な無知 voluntary ignorance　166
　非意図的な無知 involuntary ignorance　166

め

迷信 superstition　106, 198, 251, 287, 371
免責特権 immunity　399, 400

も

目的因 final cause　64

や

野心 ambition　26, 27, 51, 57, 95, 125, 145, 196, 333, 334, 350, 372, 380, 390

ゆ

友情 friendship　28, 50, 52, 54, 68, 69, 77, 82, 86, 90, 113～115, 167, 170, 178, 179, 188, 189, 214, 305～310
ユダヤの法 Jewish law　311, 313

よ

用役権 servitude　204, 209, 210
欲望 desire　*passim*
喜び joy　*passim*

り

利害 interest　33, 37, 38, 42, 46, 53, 60, 90, 95, 105, 108, 113, 115, 117, 130, 143, 145, 155～157, 160, 161, 169, 172～174, 177, 182, 246, 258, 269, 299, 332, 351, 355, 360, 362, 381
利己心 selfishness　37, 43, 172, 194
理性 reason　*passim*
　正しい― right―　12, 93, 119, 132, 140, 145, 147, 148, 154, 390
利息 interest　264, 265, 273
立法権 legislative power　363
良心 conscience　13, 36, 37, 43～46, 52, 59, 69, 77, 79～82, 89, 132, 133, 150, 157～159, 162, 163, 166～168, 175, 179, 180, 183, 203, 223, 227, 230, 244, 291, 296, 325, 333, 374, 381, 382
　事前の― antecedent―　162
　事後の― subsequent―　162, 163
　誤った― erroneous―　166～168
倫理学 ethicks　5, 8～10, 31, 47, 53, 91, 92, 101, 300

## ろ

労働 labour　70, 186, 188, 189～196, 199, 202, 203, 212, 217～219, 234, 254, 256, 261, 262, 271～273, 283, 296, 297, 305, 306, 318, 320, 322～324, 329, 378
　結合― joint―　202
浪費 prodigality　125, 206, 266, 377, 378
ローマ Rome　11, 139, 148, 197, 210, 222, 224, 256, 260, 262, 269, 280, 292, 311, 314, 347, 350, 363, 380, 381, 389
　―人 Roman　148, 280, 347, 380, 389
　―法 Roman law　197, 222, 224, 260, 262, 269, 311, 314, 381
ロンバルト族 Lombards　216

## 訳者略歴

田中　秀夫（たなか　ひでお）

京都大学経済学研究科教授　経済学博士

1949年　滋賀県生まれ

1978年　京都大学経済学研究科博士課程単位取得

甲南大学経済学部助教授、京都大学経済学部助教授を経て1994年より現職

主な著訳書

『スコットランド啓蒙思想史研究』（名古屋大学出版会）、『啓蒙と改革――ジョン・ミラー研究』（名古屋大学出版会）、『共和主義の思想空間』（共編著、名古屋大学出版会）、『啓蒙のエピステーメーと経済学の生誕』（編著、京都大学学術出版会）、*The Rise of Political Economy in the Scottish Enlightenment,* eds. by Sakamoto and Tanaka, Routledge, 2003、ハーシュマン『方法としての自己破壊――現実的可能性を求めて』（法政大学出版会）、J. G. A. ポーコック『マキァヴェリアン・モーメント』（共訳、名古屋大学出版会）、ディキンスン『自由と所有』（監訳、ナカニシヤ出版）、その他

津田　耕一（つだ　こういち）

龍谷大学経済学部非常勤講師

1962年　京都府生まれ

1993年　京都大学経済学研究科博士課程単位取得

京都学園大学経済学部非常勤講師を経て現職

専攻　社会思想史、イギリス哲学

道徳哲学序説《どうとくてつがくじょせつ》　近代社会思想コレクション03

平成21（2009）年10月10日　初版第一刷発行

著　者　フランシス・ハチスン

訳　者　田《た》中《なか》秀《ひで》夫《お》
津《つ》田《だ》耕《こう》一《いち》

発行者　加藤重樹

発行所　京都大学学術出版会
京都市左京区吉田河原町15-9
京大会館内（606-8305）
電話　075(761)6182
FAX　075(761)6190
http://www.kyoto-up.or.jp/

印刷・製本　亜細亜印刷株式会社


ISBN978-4-87698-926-3

# 近代社会思想コレクション刊行書目

（既刊書）

01　トマス・ホッブズ　『市民論』
02　ユストゥス・メーザー　『郷土愛の夢』
03　フランシス・ハチスン　『道徳哲学序説』

（近刊予定）

04　ジョン・S・ミル　『功利主義論集』